Verkehrspolitik

Eine Einführung

von

Dr. W. M. Frhr. v. BISSING
Professor an der Universität in Marburg

Mit 3 Karten, 10 Schaubildern, 8 Zahlenübersichten

Berlin 1956

WALTER DE GRUYTER & CO.

vormals G. J. Göschen'sche Verlagshandlung — J. Guttentag, Verlagsbuchhandlung
Georg Reimer — Karl J. Trübner — Veit & Comp.

Archiv-Nr. 27 12 56

Satz: Walter de Gruyter & Co., Berlin W 35
Druck: Thormann & Goetsch, Berlin SW 61

Inhaltsverzeichnis

A

Einleitung

Verkehr ist die Fortbewegung von Menschen, Gütern und Nachrichten im Raum von einem Ort zum anderen unter Benutzung bestimmter Mittel und Wege, die die Fortbewegung ermöglichen. Die Gesamtheit der technischen Mittel, die dieser Ortsveränderung dienen, nennen wir das Verkehrswesen.

Da das Verkehrswesen eine der tragenden Säulen der Volkswirtschaft ist, kann der Staat nicht darauf verzichten, regelnd in das Wirken des Verkehrswesens einzugreifen. Es soll nicht dem Vorteil nur einzelner oder einzelner Gruppen dienen, weil dann die gleichmäßige Entwicklung der Volkswirtschaft unterbunden werden würde, sondern es ist Mittel, um die Volkswirtschaft als Ganzes zu entfalten. Vom Gesichtspunkt der Volkswirtschaft aus betrachtet ist der Verkehr eine Einheit. Diese Einheit aufrechtzuerhalten, sie wieder herzustellen, wenn sie verlorengegangen ist, ist die Aufgabe der staatlichen Verkehrspolitik.

Die Einheit des Verkehrs ist dann vorhanden, wenn die verschiedenen Verkehrsmittel in der Lage sind, arbeitsteilig mit dem geringsten volkswirtschaftlichen Aufwand das Verkehrsbedürfnis so zu befriedigen, daß jedes Verkehrsmittel diejenigen Transporte übernimmt, zu deren Durchführung es technisch und wirtschaftlich am geeignetsten ist.

Die Gesamtheit der Eingriffe des Staates in den Ablauf des Verkehrs um der Einheit des Verkehrs willen ist die Verkehrspolitik. Aber auch die gesellschaftlichen Gruppen in Gestalt der politischen Parteien und der wirtschaftlichen Interessenverbände suchen das Verkehrswesen in bestimmter Weise zu beeinflussen. Es bilden sich dadurch bestimmte politische Kräfte, die je nach der Macht, über die sie verfügen, die staatliche Verkehrspolitik mitzuformen suchen. Auch diese Bestrebungen sollen neben den Eingriffen des Staates Gegenstand der folgenden Kapitel sein.

§ 1

Die Arten des Verkehrs

Wenn auch der Verkehr eine Einheit ist, so ist er doch keine einfache, sondern eine komplexe Erscheinung. Je nach der Art dieser Erscheinung müssen die verkehrspolitischen Maßnahmen gestaltet werden. Aus diesem Grunde ist es notwendig, die komplexe Erscheinung des Verkehrs aufzugliedern.

Nach dem Gegenstand der Beförderung unterscheidet man den Güter-, Personen- und Nachrichtenverkehr. Alle drei Arten des Verkehrs sind ihrem Wesen nach durchaus etwas Verschiedenes. Wir behandeln zunächst den Güter- und Personenverkehr, um dem Nachrichtenverkehr am Schluß ein besonderes Kapitel zu widmen. Ordnen wir dann den Güter- und Personenverkehr nach den Wegen, die er benutzt, so kann er sich einmal auf den Landstraßen abspielen, er kann die Schiene benutzen, er kann sich der künstlichen und natürlichen Wasserstraßen bedienen, er kann über die See fahren und endlich seinen Weg durch die Luft suchen. Alle diese Verkehrsarten und die Mittel, die den Verkehr bewältigen, ergänzen einander in ihren Leistungen und stehen gleichzeitig miteinander im Wettbewerb. Die Einheit der Leistung, die sie erzeugen, nennen wir, wenn es sich um die Bewegung von Gütern handelt den t/km, und wenn die Beförderung von Personen in Frage kommt, den Personenkm. Jedes Verkehrsmittel und jede Verkehrsart ist Gegenstand verschiedener Interessengebiete und Interessentensphären. Nach dem Mittel, dessen sich der Verkehr zur Beförderung bedient, unterscheiden wir die Eisenbahn, das Schiff und den Kraftwagen sowie das Flugzeug. Nach der Entfernung, die bewältigt werden soll, sprechen wir vom Fern- und Nahverkehr. Gehen wir vom staatlichen Raum aus, so trennt man den Binnenverkehr innerhalb des staatlichen Raums vom Auslandsverkehr. Ferner hebt sich der öffentliche vom privaten Verkehr ab, und endlich kann jeder Verkehr planmäßig oder nicht planmäßig betrieben werden. Um jede dieser Einteilungen ranken sich eine Anzahl volkswirtschaftlicher Probleme, die dann auch Gegenstand der staatlichen Verkehrspolitik werden.

§ 2

Die Kräfte, die auf die Verkehrspolitik einwirken

Der entscheidende Faktor für die Gestaltung der Verkehrspolitik ist der Staat. Aber vor allem in der Demokratie schwebt der Staat nicht über dem Volk als eine von diesem nicht beeinflußbare Macht, sondern gerade in der Demokratie geht die Staatsgewalt vom Volke aus. So müssen die verschiedenen gesellschaftlichen Gruppen, aus denen sich das Volk zusammensetzt, auch das Bestreben haben, auf die Verkehrspolitik Einfluß zu gewinnen. Als in den dreißiger Jahren des 19. Jahrhunderts sich die Eisenbahnen zu entwickeln begannen, hatte z. B. die Industrie des Siegerlandes schon frühzeitig erkannt, welche Bedeutung die Streckenführung und die Gestaltung der Eisenbahntarife für die künftige Gestaltung der Wettbewerbslage dieser Industrie haben müßte. So gründeten die Industriellen des Siegerlandes den ersten Interessenverband mit dem ausgesprochenen Zweck, mit seiner Hilfe die Eisenbahnpolitik des preußischen Staates und die Tarifpolitik der Eisenbahngesellschaften zu beeinflussen.

Heute suchen die Interessenverbände von Landwirtschaft, Industrie und Handel, die Gewerkschaften und endlich die Verbände des Verkehrswesens selbst Einfluß auf die Tarifpolitik der Verkehrsmittel und auf die Ordnung des Verkehrs durch den Staat zu gewinnen. Dabei stehen natürlich die Interessen der einzelnen Verbände und Gruppen nicht immer im Einklang mit den volkswirtschaftlichen Notwendigkeiten. Es ist aber gerade die Aufgabe der Wissenschaft von der Verkehrspolitik, die volkswirtschaftlichen Gesichtspunkte denen der Interessenten gegenüberzustellen und dabei die Einheit des Verkehrs im Auge zu haben. Inwieweit der Politiker und Staatsmann in der Lage ist, die Erkenntnisse der Wissenschaft gegenüber den Interessenten durchzusetzen, muß ihm überlassen bleiben; ebenso muß er die Wege suchen, auf denen das möglich ist. Die Wissenschaft kann keine politischen Rezepte verschreiben, weil politische Entscheidungen nicht allein Entscheidungen aus wissenschaftlicher Objektivität über wissenschaftliche Objektivitäten, sondern weil sie in erheblichem Umfang Machtentscheidungen sind.

Neben den Interessentenverbänden wirken noch die öffentlichen Stellen mit, die dazu bestimmt sind, die wirtschaftlichen Belange verschiedener Gebiete und Berufsgruppen wahrzunehmen. Dazu gehören die Handelskammern, die Landwirtschaftskammern und die Handwerkskammern. Auch sie kommen mit bestimmten Vorschlägen, die naturgemäß weitgehend regionale oder lokale Interessen berücksichtigt sehen wollen. Der Staat hat dann die Aufgabe, die divergierenden Interessen der verschiedenen Gruppen so miteinander in Einklang zu bringen, daß das Wohl des Ganzen und die Einheit des Verkehrs gewahrt werden.

Die Gestaltung der Verkehrspolitik ist ein politischer Machtkampf. Das ist zu allen Zeiten so gewesen. Als z. B. die Preußische Regierung im Jahre 1895 dem Preußischen Abgeordnetenhaus eine Vorlage unterbreitete, wonach das Parlament ersucht wurde, Mittel für den Bau eines Kanals zu bewilligen, der den Rhein mit der Elbe verbinden sollte, lehnte die konservative Fraktion des Landtages diese Vorlage ab. Sie stand unter dem Einfluß des ostelbischen Großgrundbesitzes, der befürchtete, daß über den Kanal ausländisches Getreide billiger an die großen Berliner Mühlen gelangen könne als das Getreide aus den marktfernen preußischen Ostprovinzen. Auch die oberschlesische Kohlenindustrie befürchtete, daß die Konkurrenz der Ruhrkohle auf dem Berliner Markt durch den Kanal erleichtert werden könnte; darauf wurde die Kanalvorlage im preußischen Abgeordnetenhaus abgelehnt, und der Kanal konnte erst in Angriff genommen werden, als nach 1919 andere politische Kräfte an die Macht gekommen waren.

Neben innerpolitischen Momenten aber dürfen die außenpolitischen Einflüsse auf die Verkehrspolitik nicht vergessen werden. Gerade bei einem Durchgangsland, wie es die Bundesrepublik ist, haben diese besondere Bedeutung.

Der Versailler Vertrag z. B. hat bis 1925 die Verkehrspolitik weitgehend dadurch beeinflußt, daß er die deutschen Eisenbahnverwaltungen verpflichtete, den alliierten und assoziierten Mächten für die Ein- und Durchfuhr sämtlicher Güter stets den billigsten überhaupt geltenden Tarif zur Verfügung zu stellen.

Am Rande muß auch der militärischen Einflüsse gedacht werden, denn die Transportmittel sind ja nicht allein friedliche Verkehrsmittel, sondern sie sind die Voraussetzung dafür, daß die Heere im Kriegsfall versammelt und verpflegt werden können. So sind eine Reihe von Eisenbahnen in Deutschland, als sich das deutsche Eisenbahnnetz noch im Ausbau befand, auf militärischen Wunsch hin gebaut worden, und die Elektrifizierung der deutschen Eisenbahnen, die nach dem ersten Weltkrieg weitgehend geplant war, ist am Widerspruch des Generalstabs gescheitert, der der Meinung war, daß die Kraftwerke durch mittelbare oder unmittelbare feindliche Einwirkung leicht lahmgelegt werden könnten, wodurch dann der Eisenbahnverkehr in weitem Ausmaß zum Stillstand gebracht werden würde.

§ 3

Die einzelnen Verkehrsmittel

An alle Verkehrsmittel werden bestimmte Anforderungen gestellt. Sie müssen gewährleisten: Regelmäßigkeit, Pünktlichkeit, Sicherheit, Schnelligkeit und Bequemlichkeit. Wenn die Verkehrsmittel diese Voraussetzungen nicht erfüllen, so laufen die Käufer und Verkäufer von Waren, die sie den Verkehrsmitteln anvertrauen, ein nicht kalkulierbares Risiko. Das aber heißt nichts anderes, als daß der Warenpreis erhöht wird, weil er dafür eine Risikoprämie in sich birgt. Je schlechter und je unzuverlässiger ein Verkehrswesen arbeitet, um so schlechter wird der Markt mit Waren versorgt, um so größer muß die Lagerhaltung bei Produktion und Handel sein, wodurch mehr Kapitalien als an sich notwendig, gebunden werden. Je besser das Verkehrswesen ausgebaut und organisiert ist, desto mehr trägt es zu einer billigen Versorgung der Volkswirtschaft bei.

Die einzelnen Verkehrsmittel genügen diesen Anforderungen in verschiedener Weise.

1. Die Eisenbahnen entsprechen in weitem Umfang den Anforderungen der Regelmäßigkeit und Pünktlichkeit, weil sie sich auf besonderen, ihnen vorbehaltenen Schienenwegen bewegen. Mit Hilfe der Dampfkraft oder der Elektrizität kann die Eisenbahn schnell große Gütermengen sicher und pünktlich von einem Ort zum anderen befördern. Ihre großen Transportgefäße haben, da sie auf Schienen und meist sogar auf Kugellagern laufen, einen verhältnismäßig nur geringen Reibungswiderstand zu überwinden und lassen die Ver-

ladung großer und schwerer Gütermengen zu. Aus dem gleichen Grunde können sie rasch große Menschenmengen von einem Ort zum anderen auf weite Entfernungen transportieren. Die Eisenbahnen sind das gegebene Massentransportmittel sowohl für Güter als auch für Menschen. Die moderne Volkswirtschaft kann ohne Eisenbahnen nicht auskommen. Sie sind das Rückgrad des Verkehrswesens. Allerdings ist die Eisenbahn dadurch, daß sie an den Schienenweg gebunden ist, nicht in der Lage, einfach ihren Weg zu verändern. Ebensowenig kann man in kurzer Zeit neue Eisenbahnen bauen oder die Zahl der vorhandenen Gleise und Anlagen schnell vermehren. Zu diesen rein technischen Schwierigkeiten kommen die Schwierigkeiten der Kapitalbeschaffung hinzu. Eisenbahnen benötigen viel festes Kapital, das zur Beschaffung des Grund und Bodens Verwendung finden und dazu dienen muß, Gebäude zu errichten, den Oberbau und das rollende Material zu beschaffen.

2. Der Lastkraftwagen ist im Gegensatz zur Eisenbahn nicht schienengebunden. Er kann sich auf einigermaßen gebahnten Wegen überall hin bewegen. Dadurch kann er sich den wechselnden Bedürfnissen des Verkehrs zwar elastisch anpassen, er kann auch leichter entweder dauernd oder vorübergehend solche Gegenden betreuen, die von der Eisenbahn nicht erfaßt sind und auch in absehbarer Zeit nicht erfaßt werden, weil der Bau einer Eisenbahn zu lange dauern würde. Aber da die Reibung zwischen Fahrbahn und Rädern beim Lastkraftwagen erheblich größer ist als bei der auf Schienen fahrenden Eisenbahn, da ferner die Breite der Straßen und die Stärke ihrer Decken der Größe und Schwere der Lastkraftwagen eine enge Grenze setzen, ist der Lastkraftwagen kein Mittel, um Massenverkehr zu bewältigen. Allerdings ist das Kapital, das zum Ankauf und Betrieb eines Lastkraftwagens benötigt wird, erheblich geringer als das, was eine Eisenbahn braucht. Darin liegt ein Vorteil des Lastkraftwagens; der andere besteht darin, daß man eine Ladung von Haus zu Haus transportieren kann, ohne sie umladen zu müssen. Deshalb ist er ein geeignetes Transportmittel für wertvolles Stückgut, dessen Beförderung dann u. U. schneller, billiger und bequemer mit dem Lastkraftwagen erfolgt. Der Personenkraftwagen als Wagen zur Beförderung von Einzelpersonen oder als Omnibus ist in der Lage, in den großen Städten den Reisenden in der Nähe seiner Wohnung aufzunehmen und abzusetzen. Doch ist seine Reisegeschwindigkeit und seine Bequemlichkeit geringer als bei der Eisenbahn. Alle Kraftwagen aber sind von dem Zustand der Straßen abhängig, die sie benutzen; vom Zustand der Straßen und vom Wetter hängt auch die Sicherheit und die Pünktlichkeit ihres Verkehrs ab.

3. Das Schiff verfügt über eine große Fassungskraft, weil auf dem Wasser bei nicht großen Geschwindigkeiten der Reibungswiderstand geringer ist als auf dem Lande. Allerdings wächst der Reibungswiderstand auf dem Wasser

sehr schnell mit steigender Geschwindigkeit. So ist das Schiff durchaus dann für den Massenverkehr geeignet, wenn es nicht auf Schnelligkeit ankommt. Die Regelmäßigkeit und die Pünktlichkeit des Transportes ist jedoch durch Witterungseinflüsse (Nebel, Sturm, auf den Flüssen Hoch- und Niedrigwasser, Eisbildung und Zufrieren der Fahrstraße im Winter) erheblich beeinflußt.

4. Das Flugzeug ist außerordentlich schnell. Es kann weite Entfernungen in kurzer Zeit zurücklegen. Doch die Tragfähigkeit der Maschinen ist heute noch sehr beschränkt. Die Pünktlichkeit leidet oft durch Nebelbildungen, die ein Aufsteigen oder ein Landen der Flugzeuge nicht gestatten. Der Aufwand für die Beschaffung der Flugzeuge und der notwendigen Bodeneinrichtungen ist recht hoch. Das Flugzeug ist daher kein Mittel für den Massenverkehr, aber es ist unentbehrlich, wenn kleinere Menschengruppen größere Entfernungen, vor allem von Kontinent zu Kontinent, in kurzer Zeit überwinden müssen und wenn es gilt, wertvolle und transportempfindliche Güter auf größere Entfernungen schnell zu befördern.

Welches Verkehrsmittel im einzelnen Fall benutzt wird, hängt einmal von den Kosten des Transports, d. h. des Tonnen- oder Personenkilometers ab. Aber daneben spielt die technische Eigenart der verschiedenen Transportmittel eine ebenso große Rolle, die die Voraussetzung für die Schnelligkeit und Pünktlichkeit des Transportes ist. Als drittes Moment kommt die natürliche Transportfähigkeit des zu befördernden Gutes hinzu. Darunter versteht man die Eigenschaft eines Gutes, die es gestattet, ein Gut von einem Ort zum anderen zu befördern, ohne daß seine volle Gebrauchsfähigkeit leidet.

Bis in die zwanziger Jahre dieses Jahrhunderts hinein hatte die Eisenbahn in weitem Umfang eine Monopolstellung innerhalb des Verkehrswesens inne. Sie stand damals nur in einem begrenzten Wettbewerb mit der Binnenschiffahrt. Vor dem ersten Weltkrieg wurden von der beförderten Gütermenge $^4/_5$ von der Eisenbahn und $^1/_5$ von der Binnenschiffahrt transportiert. Vor dem zweiten Weltkrieg dagegen entfielen auf die Eisenbahn im Fernverkehr nur noch 68% der Güter, auf die Binnenschiffahrt weiter 25% und auf den Lastkraftwagen 7%. Damit tritt das Problem auf, wie die Einheit des Verkehrs unter diesen veränderten Verhältnissen aufrecht erhalten werden kann.

Und dieses Problem wird nach dem zweiten Weltkrieg noch brennender[1]). Denn im Jahre 1952 wurden befördert

auf der Eisenbahn	262 Mill. t = 28,6%
auf den Binnenwasserstraßen	95 Mill. t = 10,4%
auf den Straßen des Bundesgebietes . .	559 Mill. t = 61,0%
	916 Mill. t = 100

[1]) S. Zahlenübersicht 1.

Der Kraftwagen hat also über die Hälfte der beförderter Güter in den letzten Jahren an sich gerissen. Allerdings in den Verkehrsleistungen hat auch jetzt noch die Eisenbahn die Führung. Es entfielen im Jahre 1952

auf die Eisenbahn	55,3 Mill. t/km =	56,0%
auf die Binnenschiffahrt	22,5 Mill. t/km =	22,8%
auf die Lastkraftwagen	20,9 Mill. t/km =	21,2%
	98,7 Mill. t/km =	100

§ 4

Die Verkehrsbedürfnisse

An der Spitze der Verkehrsbedürfnisse stehen die wirtschaftlichen Verkehrsbedürfnisse. Es ist das der Bedarf an Transportleistungen, um die Güter, Personen und Nachrichten zu befördern, die zur planmäßigen Unterhaltungsfürsorge erforderlich sind. Dazu gehört die Versorgung mit Nahrungsmitteln, Rohstoffen und Fertigwaren, mit Arbeitskräften und Kapital. Ohne den modernen Verkehr und seine Mittel wäre die Versorgung der auf engen Raum zusammengepreßten Menschenmassen, wie man sie im Ruhrgebiet und in den Großstädten der ganzen Welt antrifft, gar nicht denkbar. Würden die Verkehrsmittel nicht die großen Massen von Arbeitern von ihren Wohnstätten zu den Betrieben und von dort wieder zurückbefördern, hätte die große Industrie, wie wir sie in Deutschland im Ruhrgebiet haben, in Berlin und Hamburg entstehen sahen, gar nicht erst geboren werden können. So ist der Verkehr nicht nur Hilfsorgan des Handels, sondern er ist mitbestimmend für den Ablauf der Produktion, er ermöglicht überhaupt erst den volkswirtschaftlichen Zirkulationsprozeß. Er regt ferner von sich aus neue Produktion und neuen Verkehr an. Der Grad der Arbeitsteilung und der Grad der Ergiebigkeit der Produktion ist abhängig von der Leistungsfähigkeit des Verkehrswesens, die wiederum Voraussetzung für die regelmäßige Versorgung der Märkte ist.

Damit wird der Verkehr zu einem der wichtigsten Motoren der wirtschaftlichen Entwicklung und des wirtschaftlichen Fortschritts. Der Standort und die Wettbewerbsfähigkeit der Industrie und ihrer einzelnen Zweige werden durch den Verkehr weitgehend beeinflußt, und die Verkehrspolitik hat es in gewissen Grenzen in der Hand, mit ihren Mitteln die Zusammenballung von Betrieben und von Menschenmassen zu fördern oder auch zu hemmen. Aber dabei muß man sich doch darüber klar sein, daß, wenn die Verkehrspolitik raumgestaltend wirken soll, sie immer nur e i n Mittel im Rahmen der anderen den Standort der Industrie beeinflussenden Faktoren sein kann.

Die Verkehrspolitik kann ferner in erheblichem Umfang an der Erschließung wirtschaftlich zurückgebliebener Gebiete mitwirken. Das zeigte sich z. B., als die amerikanische Prärie in den sechziger Jahren des 19. Jahrhunderts durch den Bau der transkontinentalen Eisenbahnen erschlossen wurde. Dadurch wurden diese gewaltigen Agrargebiete erst mit den europäischen Märkten in Verbindung gebracht. Die ständige technische Verbesserung von Schiffahrt und Eisenbahn führte zu einer ständigen Verbilligung der Frachten, und dadurch wurde eine tiefgreifende Strukturwandlung in der europäischen Landwirtschaft hervorgerufen. Die Landwirte der amerikanischen Prärie waren durch den Verkehr, um mit Thünen zu sprechen, zwar nicht räumlich, aber ökonomisch aus den äußeren Ringen der agrarischen Produktion in den dritten Ring hineingezogen worden, den bis dahin Ostdeutschland und Rußland innegehabt hatten. Dasselbe zeigte sich, als es möglich wurde, aus Australien und Südafrika frische Butter und frisches Fleisch auf den englischen Markt zu bringen, und als dadurch der holländischen und dänischen Landwirtschaft eine schwere Konkurrenz erwuchs.

Der Verkehr bringt die Märkte näher aneinander und damit die Länder und die Menschen. Außerdem erschließt er Gegenden, die bisher nicht leicht zugänglich waren. Je mehr sich aber der Verkehr entwickelt, desto leichter und desto billiger wird eine Ortsveränderung. Dadurch entwickeln sich weitere Verkehrsbedürfnisse, auf die Pirath hingewiesen hat. Es entsteht Verkehrsbedürfnis aus Gründen der „human relations", der Erholung, der Kultur und aus religiösen Gründen. Gerade in den Zeiten der Rationalisierung der Betriebe und der Zusammenballung der Menschen in großen Städten entsteht ein notwendiges Bedürfnis nach Erholungsreisen, um die Arbeitskraft wieder voll herzustellen. Die Verkehrsbedürfnisse kultureller Art entstehen durch die Bestrebungen der internationalen Wissenschaft nach Erfahrungs- und Gedankenaustausch, während das religiöse Verkehrsbedürfnis beispielsweise in den Pilgerfahrten aus allen Teilen der Welt nach Rom und in den Wallfahrten nach Lourdes zum Ausdruck kommt.

Nicht zu vergessen ist endlich der staatspolitische Verkehr, wie er sich in den Zusammenkünften der leitenden Staatsmänner, in den Reisen der Staatsoberhäupter aus politischen Gründen und endlich in den Transporten der bewaffneten Macht im Frieden zu größeren Übungen und im Kriege zur Erreichung der Aufmarschräume an den Grenzen äußert.

Alle diese Momente sind ausschlaggebend für die Gestaltung des Verkehrswesens und der Verkehrspolitik. Je dichter die Bevölkerung eines Landes zusammengedrängt ist, um so größer ist ihr Verkehrsbedürfnis. Wir können dafür einen ungefähren Maßstab in der Dichte des Eisenbahnnetzes finden, wenn man die Länge der Eisenbahnstrecken in km gerechnet auf den qkm des betreffenden Landes ermittelt. Es waren auf den qkm des Staatsgebietes vorhanden an Eisenbahnstrecken

	1937	1953	Einwohner auf den qkm 1953
in der Bundesrepublik . . .	11,6	12,4 km	201
in Belgien	15,8	16,3 km	287
in England	12,6	12,7 km	208
in Frankreich	7,8	7,5 km	78
in USA	4,8	4,7 km	20
in den Niederlanden	9,6	9,5 km	325

Je mehr ein Land industrialisiert ist, je dichter es dadurch besiedelt ist, um so dichter auch das Eisenbahnnetz, als Zeichen des Verkehrsbedürfnisses. In den USA wird das Bild getrübt, wenn man die Gesamtdurchschnittszahl benutzt, weil sich an der Ostküste und an den großen Seen die industriellen Zentren befinden, weil auch dort die Bevölkerung viel dichter ist als in den agrarischen Gebieten der Mitte und an der Westküste, die sich noch in der Entwicklung befinden. Gerade im Osten der USA ist ein außerordentlich lebhaftes Verkehrsbedürfnis, das aber in den Durchschnittszahlen nicht zum Ausdruck kommt.

Doch mit zunehmender Transportweite nimmt, veranlaßt durch die steigenden Kosten und den vermehrten Zeitaufwand, das Verkehrsbedürfnis ab. Pirath nennt diese Tendenz das Grundgesetz der Verkehrswirtschaft und hat den Verkehrsbedarf durch das spezifische Verkehrsbedürfnis ausgedrückt. Er versteht darunter die Zahl der Reisenden, der Tonnen Fracht und Post, die auf 1000 Einwohner eines Verkehrsgebietes in einem Jahr entfallen. Er kommt dann für den Personenverkehr zu folgenden Zahlen[1]):

	Spez. Verkehrsbed. (abfahrende Reisende je 1000 Einwohner im Jahr)	Mittlere Reiseweite km
Öffentlicher Nahverkehr von mittleren Großstädten	200 000	4
Fern- und Überlandverkehr (Deutschland)	20 000	30
Schnellzugsverkehr (Deutschland) . .	1 000	200
Interkontinentaler Verkehr zur See zwischen Europa und Nordamerika .	4	4500

Für den Fracht- und Postverkehr ergibt sich nach Pirath die gleiche Tendenz.

[1]) Forschungsergebnisse des Verkehrswissenschaftlichen Instituts an der Technischen Hochschule Stuttgart, Heft 15. 1952 S. 2.

Je mehr also der Verkehr verbilligt wird, desto mehr werden die Märkte einander genähert, desto enger werden die einzelnen Volkswirtschaften miteinander verbunden. Je mehr die Märkte einander genähert werden, desto schneller werden aber auch die Preisbewegungen der einen Volkswirtschaft auf die andere übertragen, womit sich die konjunkturellen Bewegungen der einen Volkswirtschaft auch auf die andere fortpflanzen. Wir sehen daher, wie im 19. und 20. Jahrhundert die Krisen zu Weltwirtschaftskrisen werden, wie die nationale Güterzirkulation immer mehr zu einer internationalen wird. Das gleiche gilt für die Zirkulation des Kapitals und des Geldes. Daher stehen alle Preise der verschiedenen Ländermärkte in ihrer Bewegung und Höhe in Abhängigkeit voneinander, und je enger die Beziehungen zwischen den Volkswirtschaften durch den Personen- und Güterverkehr geworden sind, um so mehr passen sich auch die Konsumgewohnheiten einander an.

§ 5

Die geographischen Grundlagen des Verkehrs[1])

Die Wege, die der Verkehr nimmt, die Orte, von denen er ausgeht und zu denen er hinführt, sind durch die wirtschaftlichen Tatbestände und die natürlichen Gegebenheiten vorgezeichnet. Die Zusammendrängung der europäischen industriellen Potenz in Nordwesteuropa und die daraus sich ergebende Zusammenballung von großen Menschenmassen in diesen Gegenden bringen es mit sich, daß einmal hierher die großen Ströme der Rohstofftransporte und der Nahrungsmittel fließen, und daß von hier aus rückläufig in die Rohstoffgebiete industrielle Fertigwaren verfrachtet werden. So ist das Gebiet am Rhein und an der Ruhr als die große Quelle der Kohlenversorgung für die gesamte Bundesrepublik und für erhebliche Teile des westeuropäischen Industrieraumes der Brennpunkt des Verkehrs in Westdeutschland, wo sich das dichteste Eisenbahn- und Straßennetz befindet, das noch durch ein enges Netz der natürlichen und künstlichen Wasserstraßen ergänzt wird, dessen Grundlage der Rhein ist. Der Rhein wiederum als die große, natürliche, von Süd nach Nord fließende Wasserstraße, die mitten durch das rheinisch-westfälische Industrierevier hindurchläuft, stellt die Verbindung dieses Reviers und darüber hinaus der Mitte des europäischen Kontinents, mit dem Meere her. So kommt es, daß die Träger des dichtesten Verkehrs der Rhein selbst und die an ihm entlang führenden Eisenbahnen und Fernstraßen sind, daß sich am Rhein und in der Gegend des Rheins die großen deutschen Lufthäfen befinden, die Ausgangspunkte des kontinentalen und interkontinentalen Luftverkehrs sind. Da im Nordwesten Europas die großen Kohlenvorkommen liegen und außerdem die

[1]) S. Karten 1—3.

großen Erzvorkommen in Luxemburg und Lothringen zu finden sind, ist dieser Raum auch das Zentrum des europäischen Verkehrs überhaupt. Deswegen liegen auch hier die großen europäischen Welthäfen wie Rotterdam, Amsterdam, Antwerpen, Bremen, Hamburg und auf der englischen Insel Liverpool und London. Von ihnen geht dann ein dichtes Eisenbahn- und Straßennetz in das Hinterland.

Aus der geographischen Gestaltung des Raumes sind dem Verkehr bestimmte Zentren und Wege vorgeschrieben. Von der Entwicklung der Technik hängt es ab, inwieweit der Mensch die natürlichen Vorbedingungen des Verkehrs zu verbessern vermag. Davon ist die Eigenart der Verkehrslinien und davon sind die Kunstbauten bestimmt, auf denen die Verkehrslinien geführt werden. Bei der Gestaltung der Verkehrslinien entscheidet nicht immer die kürzeste in der Luft gemessene Entfernung zwischen zwei Verkehrszielen, die miteinander verbunden werden sollen, für die Wahl des Weges; sondern ebenso wichtig ist auch die Zeit, die unter Berücksichtigung der natürlichen Hindernisse notwendig ist, um die Entfernung zwischen den beiden in Frage kommenden Punkten zurückzulegen. Die Transportzeit ist mit davon abhängig, wie leistungsfähig eine Verkehrsverbindung ist und dann, inwieweit die natürlichen Hindernisse, wie große Höhen oder breite Flüsse mit Brücken, die volle Entfaltung der den Verkehrsmitteln eigenen Geschwindigkeit behindern. Endlich spielen bei der Anlage einer Verkehrsverbindung und der Wahl des Weges auch die Kosten eine Rolle, die der Bau der Eisenbahn oder der Straße im Hinblick auf die natürlichen geographischen Gegebenheiten verursacht.

Wenn z. B. Basel entfernungsmäßig näher am Mittelmeer liegt als an der Nordsee, so gehen die Verkehrsbeziehungen der Stadt trotzdem in erster Linie über die Nordsee und den Rhein und über die beiderseits des Rheines verlaufenden Eisenbahnen. Diese Verbindung ist schneller als die über das Mittelmeer und Genua. Auf dem Weg von Basel nach Genua sind die Alpen zu überqueren, über die nur Bahnen führen, die weniger leistungsfähig sind als der Rhein und die deutschen Rheinstrecken.

Knotenpunkte des Verkehrs sind die dichtbesiedelten Industriegebiete, die großen Hafenstädte und endlich die Hauptstädte mit ihren Zentren der staatlichen Verwaltung. Dort ist auch das Netz der Eisenbahnen und Straßen am dichtesten, wie man es im Ruhrgebiet, in Belgien, in Südengland um London, Paris und Berlin und auch in den USA sieht. Dort sind die Eisenbahnen und Straßen im Osten, in den Staaten an der atlantischen Küste, am dichtesten, während das Netz des Verkehrs um so großmaschiger wird, je weiter es in die großen Räume des Westens vordringt, die noch verhältnismäßig dünn besiedelt sind und vornehmlich landwirtschaftliches Gepräge tragen. Eine ähnliche Erscheinung war bis zum zweiten Weltkrieg in Deutschland zu beobachten. In den östlichen Provinzen Preußens, die mit Ausnahme von Schlesien über keine

Erdschätze verfügten, und wo daher auch keine große Industrie ansässig war, sondern die Landwirtschaft vorherrschte, war der Verkehr geringer als in den westlich der Elbe gelegenen Provinzen. In Norddeutschland nahm damals der Verkehr von West nach Ost ab.

Das gleiche gilt heute für die Randgebiete der Deutschen Bundesrepublik an den Grenzen der sowjetisch besetzten Zone. Dort sind schwierige Verkehrsprobleme aus der anorganischen Abtrennung dieser Landstriche von ihrem Hinterland entstanden. In diesen Randgebieten haben dadurch erhebliche Verlagerungen des Verkehrs stattgefunden. Eine solche Verlagerung kann eintreten aus wirtschaftlichen Gründen, wenn z. B. wichtige Absatzquellen oder Rohstoffgebiete neu entdeckt werden. Das trat in ganz großem Maßstabe in Erscheinung bei der Entdeckung Amerikas, als sich der Weltverkehr vom Mittelmeer in den Atlantik verlagerte. Erst nach dem Bau des Suez-Kanals wurde das Mittelmeer wieder eine Weltverkehrsstraße. Der Ostseeverkehr ging zurück, als die Weizenexporte nach England aus den an der Ostsee gelegenen Weizenerzeugungsgebieten durch das Dazwischentreten der amerikanischen Weizenexporteure in den 60er Jahren des 19. Jahrhunderts nicht mehr lohnend waren. So führen Verkehrsverlagerungen zu Strukturwandlungen in den davon betroffenen Volkswirtschaften.

Verkehrsverlagerungen können aber auch aus politischen Gründen eintreten. So lenkten z. B. die Polen, nachdem sie die eigene Staatlichkeit im Jahre 1920 gewonnen und mit Hilfe des französischen Kapitals den Hafen von Gdingen ausgebaut hatten, durch verbilligte Frachten die Holztransporte aus den großen Wäldern um Bialowies von Königsberg ab und führten sie nach Gdingen hin.

An den Grenzen zwischen dem Bundesgebiet und der sowjetischen Zone sind alte Verkehrsverbindungen durchschnitten, so daß dadurch größere Umleitungen erforderlich sind. Die Verbindung von Hamburg nach München ging bis 1945 über Magdeburg-Leipzig-Hof. Diese Strecke aber wurde von der Zonengrenze durchschnitten. Deshalb müssen die Züge jetzt über Hannover-Bebra geleitet werden. Auf dieser Strecke wurde früher und heute die Verbindung zwischen Hamburg und Frankfurt am Main und zwischen Bremen und Frankfurt am Main und München hergestellt. Durch die Verlagerung des Verkehrs von Hamburg und München auch auf die Strecke Hannover-Bebra ist eine starke Überlastung dieser Nordsüdstrecke eingetreten, die nur dadurch gemildert wird, daß ein Teil des Verkehrs auf die Weser-Main-Bahn über Kassel-Marburg abgeleitet wird. 1938 stammten 32% aller nach Bayern verfrachteten Güter aus den Gebieten, die heute hinter dem eisernen Vorhang liegen. Am gesamten Kohlenbezug Bayerns waren die Reviere der heutigen sowjetischen Besatzungszone mit 42% beteiligt. Im Güterversand gingen 36,6% aller Güter aus Bayern nach Thüringen, Sachsen, Brandenburg und Pommern. Heute muß Bayern seine Kohle aus dem Ruhrrevier beziehen und für seine Waren den Absatz im Westen allein suchen, so daß sich daraus erhebliche Verkehrsverlagerungen ergeben. Diese sind im ostbayerischen Grenzland besonders groß, weil ihm der Eisenbahnweg nach Thüringen durch den eisernen Vorhang versperrt ist. Dadurch müssen die Güter, die in das ostbayerische Grenzland gefahren oder aus ihm heraus befördert werden, im Durchschnitt einen Umweg von 250 km machen, wodurch natürlich eine erhebliche Mehrausgabe an Frachten entsteht. Zum Ausgleich dieser Mehrkosten gewährt der bayerische Staat Frachtbeihilfen.

Noch krasser treten die Verkehrsverlagerungen in Westberlin auf. Berlin hatte seine Kohle vor dem Kriege entweder aus Oberschlesien zu Wasser oder zu Wasser und mit der Bahn aus den vor seinen Toren gelegenen Lausitzer Braunkohlenbergwerken bezogen. Daneben wurden auch erhebliche Partien aus dem Ruhrgebiet mit der Eisenbahn oder zu Schiff über den Mittellandkanal herangeschafft. Jetzt muß Westberlin seine Kohle ausschließlich aus dem Ruhrgebiet heranfahren. Das aber bedeutet eine erhebliche Verteuerung der Kohle und eine starke Belastung der Bundesbahn. Dafür liegen die leistungsfähigen Berliner Wasserstraßen unbenutzt, weil die sowjetzonale Verwaltung die Wasserstraßen weitgehend vernachlässigt hat. Das gleiche gilt für den Bezug von Kalksandsteinen, die zum Wiederaufbau der zahlreichen zerstörten Gebäude benötigt werden. Sie kamen früher aus den Rüdersdorfer Kalkwerken, die 45 km von der Berliner Stadtmitte entfernt liegen. Von dort wurden sie mit dem Lastkraftwagen herangefahren; dafür waren an Fracht 2,80 RM je t zu zahlen; heute müssen diese Steine aus Dörentrup in Lippe bezogen werden. Das sind 187 km Entfernung, und die Fracht macht 17,70 DM für die t aus.

In der Bundesrepublik als Ganzem hat sich der Verkehr ebenso verlagert. Früher war Deutschland das Land des Ost-Westverkehrs. Außerdem war es durch seine Lage in der Mitte des europäischen Kontinents das Land, durch das ein großer Teil des Nord-Südverkehrs hindurchging, der die skandinavischen Länder mit der Schweiz und mit Italien verband. Der eiserne Vorhang hat den Ost-Westverkehr weitgehend unterbunden, die durchgehenden West-Oststrecken sind am Zonengrenzpfahl unterbrochen. Den Rückgang des West-Ostverkehrs zeigen auf der Hauptstrecke Bebra-Erfurt die folgenden Zahlen.

Entwicklung des Verkehrs auf der Strecke Bebra-Erfurt 1938 und 1953
1938 = 100

I. Bebra-Erfurt

a) Reisezüge

	Zugzahl	Achsenzahl	Bruttotonnen
1938	100	100	100
1953	34	11	12

b) Güterzüge

	Zugzahl	Achsenzahl	Bruttotonnen	Nettotonnen
1938	100	100	100	100
1953	7	3	2	2

II. Erfurt-Bebra

a) Reisezüge

	Zugzahl	Achsenzahl	Bruttotonnen
1938	100	100	100
1953	35	17	14

b) Güterzüge

	Zugzahl	Achsenzahl	Bruttotonnen	Nettotonnen
1938	100	100	100	100
1953	7	5	7	7

Durch den eisernen Vorhang ist das der Bundesrepublik verbliebene Eisenbahnnetz zu einem Torso geworden. Die größte Ost-Westentfernung, die 1937 von Königsberg nach Aachen rund 1000 km betrug, hat sich in der Entfernung Helmstedt-Aachen auf rund 400 km verkürzt. Dadurch haben sich auch die Voraussetzungen, auf denen das deutsche Tarifsystem beruhte, geändert, und ebenso sind die Wettbewerbsverhältnisse zwischen Kraftwagen und Eisenbahn verschoben worden.

An Stelle der zahlreichen Ost-West-Strecken sind jetzt nur noch vier Nord-Südstrecken vorhanden, auf denen sich sowohl der Durchgangsverkehr als auch der gesamte innerdeutsche Verkehr auf größere Entfernungen abspielen muß. Dadurch sind die vier Strecken überlastet, und ein Teil des internationalen Nord-Südverkehrs beginnt sich auf die Strecken des belgischen und französischen Eisenbahnnetzes zu verlagern. Der internationale Durchgangsverkehr war für die deutsche Volkswirtschaft ein erheblicher Devisenbringer; außerdem trug er dazu bei, daß die Anlagen der Reichsbahn voll ausgenutzt wurden. Da der Ost-Westverkehr infolge des eisernen Vorhangs weniger nach Polen und den ehemaligen baltischen Staaten und der Tscheschoslowakei geht, sondern sich stärker nach Südosten, nach dem Balkan zu, verlagert hat, wird er jetzt in erheblichem Umfang über die schweizerischen, österreichischen und italienischen Eisenbahnen geleitet.

So hat der eiserne Vorhang der Bundesrepublik ihre verkehrsmäßig so günstige Mittelstellung weithin genommen, und der internationale Verkehr sucht sich Wege, die um die Bundesrepublik herumführen. Je länger dieser Zustand dauert, um so mehr spielt sich der Verkehr auf diesen Umwegen ein, wodurch uns die Rückgewinnung unserer alten Stellung erschwert wird.

Literatur

1. Allgemeines

Emil Sax, Die Verkehrsmittel in Volks- und Staatswirtschaft. 1922.
Kurt Wiedenfeld, Transportwesen. G. d. S. Abt. 5, Teil 3. 1930.
Alfons Schmitt, Verkehrspolitik. 1931.
Emil Pirath, Die Grundlagen der Verkehrswirtschaft. 1949.
Alfons Schmitt, Über einige Grundfragen der Verkehrstheorie und Verkehrspolitik. Festgabe für Adolf Weber. 1951.
Art. Verkehr im Hwb. d. Stw. und im Wb. d. Vw.
Zeitschrift für Verkehrswissenschaft.

2. Besondere Literatur

Kurt Hassert, Allgemeine Verkehrsgeographie. 1931.
Sapper, Allgemeine Wirtschafts- und Verkehrsgeographie. 1929.

Kapitel I

Der Verkehr auf den Schienenwegen

Begriffliches

Eisenbahnen sind entweder Haupt- oder Nebenbahnen. Die Hauptbahnen verbinden wirtschaftlich oder politisch wichtige Orte miteinander. Sie sind in der Regel mehrgleisig und haben einen dichten Reisezug- und Güterzugverkehr. Nebenbahnen erschließen dagegen abgelegene Gebiete; sie sind meist eingleisig und haben einen schwachen Zugverkehr. Nach der Spurweite unterscheidet man Voll- und Schmalspurbahnen. Vollspurbahnen haben die europäische Normalspur von 1,435 m; diese Spur herrscht in den wichtigsten europäischen Staaten. Rußland fährt auf einer Spur von 1,55 m, und in Spanien finden sich Spurweiten bis zu 1,60 m. Auch in den USA hat man die europäische Normalspur übernommen. Schmalspurbahnen sind in Deutschland Nebenbahnen mit einer Spurweite von 1 m bis 0,60 m.

§ 1

Die Geschichte der deutschen Eisenbahnen

1. Die ersten Eisenbahnen entstanden in Deutschland im Jahre 1835. Obwohl Friedrich List und der rheinische Industrielle Harkort schon vorher seit Jahren dafür geworben hatten, daß ein einheitliches deutsches Eisenbahnnetz geschaffen werden müßte, entstand zunächst nur ein zusammenhangloses Gebilde einzelner Strecken. Die Verwaltungsbürokratie in den einzelnen deutschen Staaten war der Meinung, daß die neu gebauten und noch im Bau befindlichen Straßen ausreichend seien, um den Verkehr zu bewältigen. Die Regierungen der einzelnen Staaten standen vor einem ganz neuen Problem, demgegenüber sie sich zunächst im wesentlichen ablehnend verhielten. Deshalb wurde der Bau der ersten Eisenbahnen in Deutschland von privaten Gesellschaften vorgenommen, die natürlich die Strecken nicht nach volkswirtschaftlichen Gesichtspunkten führten, sondern dabei in erster Linie die Rentabilität des in den Eisenbahnen angelegten Kapitals im Auge hatten. Unter diesem Gesichtspunkt wurde die Linie von Nürnberg nach Fürth im Jahre 1835 als erste deutsche Eisenbahn gebaut. 1838 kam die Berlin-Potsdamer Eisenbahn hinzu, 1839 die von Dresden nach Leipzig, 1841 stellte man die Verbindung zwischen Berlin

und Stettin und zwischen Berlin und Dessau her. Kurz darauf kam die Berlin-Hamburger Eisenbahn zustande, so daß sich Berlin in Norddeutschland als ein Eisenbahnknotenpunkt von Bedeutung herauszubilden begann. Bis zum Ende der vierziger Jahre entstanden noch einige andere Zentren des Eisenbahnverkehrs, um die sich einzelne nicht miteinander verbundene Netze gruppierten, wie Köln und Frankfurt am Main. Von Köln war nach Osten hin schon 1842 die Köln-Mindener Eisenbahn gebaut worden, doch die Grenze des Königreichs Hannover, wo man besonders eisenbahnfeindlich war, hinderte den Weiterbau nach Berlin.

Im Gegensatz zu Norddeutschland hat der Staat in Süddeutschland gleich den Ausbau des Eisenbahnnetzes in die Hand genommen, wobei die einzelnen Staaten natürlich ihr partikularistisches Interesse in den Vordergrund stellten.

In Preußen dagegen war bis zum Ende der vierziger Jahre der Staat nicht in der Lage, sich an größeren Bahnbauten zu beteiligen. Ein Gesetz von 1820 bestimmte nämlich, daß der Staat nur Anleihen aufnehmen dürfe, wenn diese von „Reichsständen" garantiert wären. Da aber Friedrich Wilhelm III. sich gegen die Einberufung von Reichsständen sträubte, und da sein Nachfolger Friedrich Wilhelm IV. dazu ebenfalls keine Neigung verspürte, war es dem Staat nicht möglich, die für den Bahnbau erforderlichen großen Kapitalien zu beschaffen. Der Staat hatte sich im Eisenbahngesetz von 1838 einen Einfluß auf das Eisenbahnwesen gesichert und sich das Recht vorbehalten, den Bau von Eisenbahnen an eine staatliche Konzession zu knüpfen; ferner waren die Bahnen der staatlichen Aufsicht unterstellt. Die Tarife konnten zwar die Gesellschaften nach eigenem Ermessen festsetzen, aber Änderungen bedurften der Genehmigung durch den Staat und mußten veröffentlicht werden. Für den Ablauf der Konzessionen hatte sich der Staat ein Heimfallsrecht vorbehalten. Ohne staatliche Genehmigung durften die Gesellschaften den Betrieb einer einmal eröffneten Linie nicht einstellen. So hatte der preußische Staat wohl eine gewisse Einwirkung auf die Gestaltung des Eisenbahnnetzes, aber es war ihm nicht möglich, eine Verbindung zwischen Berlin und der Provinz Ostpreußen zu erhalten. Friedrich Wilhelm IV. erkannte jedoch die Bedeutung der Eisenbahnen. Von 1842 ab übernahm der Staat daher Aktien von Eisenbahngesellschaften und leistete Zinsbürgschaften. Die Mittel dazu wurden meist aus Ersparungen des Staatshaushalts genommen, und dann nahm die Preußische Seehandlung in Berlin Kredite für den Staat auf, die dieser zum Ankauf von Eisenbahnaktien verwandte. Aber diese Mittel reichten nicht zum Bau einer Eisenbahn nach Ostpreußen aus. Die privaten Gesellschaften wollten das Risiko dafür nicht übernehmen, und als sich die Regierung an die großen Banken wandte, um im Wege einer Anleihe die Mittel für den Bau dieser Bahnlinie durch den Staat zu beschaffen, versagten sich die Banken im Hinblick auf das Gesetz von 1820. So mußte sich der König entschließen, einen Vereinigten

Landtag einzuberufen, der die Rolle der im Gesetz von 1820 geforderten Reichsstände übernehmen sollte. Jedoch der König wollte dem Vereinigten Landtag nicht die Rechte einer Volksvertretung einräumen, und aus dem daraus sich ergebenden Konflikt kam es zur Revolution von 1848, zu der also die Eisenbahnen mit die Veranlassung waren. Erst nachdem die preußische Verfassung im Jahre 1850 zustande gekommen war, konnte der preußische Staat sich am Ausbau des Eisenbahnnetzes nachhaltig beteiligen.

2. Von 1850 bis 1878 herrschte in Preußen das gemischte Eisenbahnsystem, in dem Privatbahnen und staatliche Bahnen nebeneinander bestanden. Doch blieb die Initiative noch im wesentlichen bei den Eisenbahngesellschaften. Aber man ging jetzt an die Herstellung eines zusammenhängenden Netzes, das im großen und ganzen bis zum Ausbruch des Krieges von 1866 beendet war. Nach der Beendigung des Krieges von 1866 fielen an den preußischen Staat die Staatsbahnen in Hannover, Kurhessen, Nassau und in Frankfurt am Main.

Nach der Einigung des Reiches unter Bismarck strömten aus der französischen Kriegsentschädigung in kurzer Zeit vier Milliarden Mark nach Deutschland hinein. Dadurch schossen in der „Gründerzeit" der Jahre 1871/73 die Eisenbahngesellschaften wie die Pilze aus der Erde. Ein beträchtlicher Teil dieser Gesellschaften stand aber finanziell auf sehr schwachen Füßen und konnte daher die Krise von 1873 nicht überstehen. Aber auch die anderen Eisenbahngesellschaften widersetzten sich den gemeinwirtschaftlichen Bestrebungen Bismarcks und suchten ihre privilegierte Stellung zum Schaden der Allgemeinheit auszunützen. Das Tarifwesen war zudem außerordentlich verworren, und so drängte die Entwicklung zu einer Verstaatlichung der Eisenbahnen hin. Bismarck sah in den Eisenbahnen ein hervorragendes Mittel, um das neu entstandene Reich wirtschaftlich und politisch fester zusammenzuschließen. Deshalb hatte die von ihm verfaßte Reichsverfassung schon vorgesehen, daß die Bundesstaaten verpflichtet sein sollten, die Eisenbahnen wie ein einheitliches Netz zu verwalten. Ein Reichseisenbahnamt wurde geschaffen, das im Auftrag des Reichskanzlers die einheitliche Verwaltung der Eisenbahnen durchführen sollte, aber Bayern machte zunächst seine Reservatrechte geltend, wonach die Befugnis des Reichseisenbahnamtes sich nicht auf die bayerischen Eisenbahnlinien erstrecken durfte, so daß dem Amt außer der Verwaltung der elsaß-lothringischen Eisenbahnen nur die Aufsicht über das Tarifwesen, die Fahrpläne und die allgemeinen Sicherheitseinrichtungen zustand. Es war damit ein totgeborenes Kind. Versuche Bismarcks, die Eisenbahnen überhaupt in die Hand des Reiches zu legen, scheiterten ebenfalls an dem Widerstand der Mittelstaaten.

3. Bismarck ging jetzt einen anderen Weg; er beauftragte den preußischen Handelsminister v. Maybach im Jahre 1878, die in Preußen gelegenen Privatbahnen für den preußischen Staat aufzukaufen. Die Finanzierung erfolgte durch

die Ausgabe von Anleihen, die der Landtag bewilligte. Bis zum Jahre 1895 war die Aktion im wesentlichen abgeschlossen. Nunmehr begann ein zielbewußter Ausbau des preußischen Eisenbahnnetzes, wobei das Schwergewicht auf die Nebenbahnen gelegt wurde, um wirtschaftlich wenig entwickelte Teile der Monarchie, vor allem die östlichen Provinzen, dichter an den großen Verkehr anzuschließen und damit wirtschaftlich zu fördern. Die Hebung des Ostens war einer der Hauptgesichtspunkte der damaligen Eisenbahnpolitik; er sollte mit dem reicheren Westen auf möglichst gleichen wirtschaftlichen Fuß gestellt werden. Deshalb wurden dort von 1892 bis zum ersten Weltkrieg jährlich etwa 6–700 km Eisenbahnstrecken neu gebaut oder aber eingleisige Strecken mit einem zweiten Gleis versehen. Während im Jahre 1880 von 33700 km vollspurigen Staats- und Privatbahnen Deutschlands nur etwa 10% auf die Nebenbahnen entfielen, werden in den Jahrzehnten von 1880 bis 1910 allein 22000 km Nebenbahnen und nur etwa 4000 km Hauptbahnen gebaut. Mit dem Beginn des ersten Weltkrieges war der Ausbau des deutschen Eisenbahnnetzes beendet.

Wenn auch die Nebenbahnen, an deren Ausbau man so eifrig gegangen war, Zuschußbetriebe waren, so erhielt der preußische Staatshaushalt für allgemeine Staatszwecke aus den Überschüssen der Eisenbahnen seit 1895 jährlich doch etwa 162 Millionen Mark. Diese Einkünfte aus den Eisenbahnen waren eine tragende Säule der preußischen Staatsfinanzen vor dem ersten Weltkrieg. Sie beruhten einmal auf der musterhaften Verwaltung der Bahnen und vor allem darauf, daß die Eisenbahn nur mit der Binnenschiffahrt in einer sehr bedingten Konkurrenz stand. Praktisch hatte die Eisenbahn vor dem ersten Weltkrieg ein Monopol.

Allerdings wurde dieses Monopol weitgehend von partikularistischen Interessen ausgenützt. So war die Verkehrspolitik der einzelnen Bundesstaaten an deren gemeinwirtschaftlichen Interessen, aber weniger an denen des Reiches orientiert. Außerdem suchten sie den Verkehr möglichst auf die eigenen Strecken zu konzentrieren und von denen anderer Bundesstaaten abzuziehen, um sich die Einnahmen aus diesem Verkehr zu sichern. Württemberg war z. B. von Baden und Bayern eingeschlossen. Diese beiden Länder leiteten den gegenseitigen Verkehr nicht über die württembergischen Strecken, sondern zogen Umwege über die badische Pfalz vor, um die Einnahmen den eigenen Eisenbahnen, aber nicht den württembergischen zuzuführen. Aus dem gleichen Grunde wurde im Interesse der preußischen Staatsbahnen der Hauptverkehr von Norddeutschland nach München nicht über Leipzig-Hof, sondern über Saalfeld-Probstzella geführt, damit er sich länger auf preußischen Strecken abspielte. So war also die Eisenbahnpolitik trotz der Bestimmung der Reichsverfassung, daß die Bundesstaaten die Eisenbahnen wie ein einheitliches Netz verwalten sollten, stark von partikularistischen Rücksichten beeinflußt, die sich zum Schaden der Volkswirtschaft auswirken mußten.

4. Die wirtschaftliche Entwicklung trieb aber zu einem Zusammenschluß der Eisenbahnen in der Hand des Reiches. Wie einst bei der Gründung des Zollvereins ging auch hier Hessen den anderen Bundesstaaten voran. Im Jahre 1896 kam es zur preußisch-hessischen Eisenbahngemeinschaft, die allerdings der einzige Zusammenschluß blieb. So bestanden unmittelbar vor dem ersten Weltkrieg in Deutschland noch 8 Staatseisenbahnverwaltungen. Neben dem preußisch-hessischen war ein bayerisches, ein württembergisches, ein badisches, ein oldenburgisches, ein mecklenburgisches und ein elsaß-lothringisches Netz vorhanden.

Vereinbarungen zwischen den einzelnen Eisenbahnverwaltungen hatten sich allerdings schon frühzeitig als notwendig herausgestellt. Im Jahre 1846 entstand der Verein Deutscher Eisenbahnverwaltungen, dem 41 deutsche, österreichische und ungarische Eisenbahnverwaltungen angehörten. Der Verein hat bis zum ersten Weltkrieg bestanden und lebte dann nach dem ersten Weltkrieg als Mitteleuropäischer Eisenbahnverein weiter, um 1945 zugrunde zu gehen. Dort wurden Regeln für die Beschaffenheit des Ober- und Unterbaues ausgearbeitet, Richtlinien für eine einheitliche Ausrüstung des rollenden Materials gegeben und die Abrechnung zwischen den einzelnen Bahnen hinsichtlich der Verkehrseinnahmen aus dem wechselseitigen Verkehr vereinfacht. Der Verein wirkte nicht nur für Deutschland bahnbrechend, sondern auch darüber hinaus für ganz Mitteleuropa. Auf seine Veranlassung kam es im Jahre 1872 zur europäischen Fahrplan- und Wagenbeistellungskonferenz, die für eine einheitliche Gestaltung des Personenfahrplans im internationalen Verkehr und für die Flüssigkeit der internationalen Verbindungen sorgte. Diese Konferenz wurde zu einer ständigen unentbehrlichen Einrichtung und besteht heute noch.

Ein weiterer Fortschritt in der Vereinheitlichung des deutschen Eisenbahnwesens war die Schaffung des deutschen Staatswagenverbandes im Jahre 1909, wodurch die Güterwagen der verschiedenen Staatsbahnverwaltungen zu einem einheitlichen Güterwagenpark vereinigt wurden.

Im Jahre 1914 hatte Deutschland ein Eisenbahnnetz von 35000 km Hauptbahnen und 29000 km Nebenbahnen. Die große Anzahl der Nebenbahnen ist ein schlagender Beweis für die von gemeinwirtschaftlichen Gesichtspunkten geleitete Verkehrspolitik der deutschen Bundesstaaten vor dem ersten Weltkrieg.

5. Der erste Weltkrieg zeigte deutlich die Notwendigkeit einer straffen organisatorischen Zusammenfassung des deutschen Eisenbahnwesens. Die Anregungen hierzu gingen von militärischer Seite aus. In Preußen kam man auf den Gedanken, einen Eisenbahnbund zu errichten, in dem die Eisenbahnverwaltungen der Bundesstaaten unter Wahrung ihrer Selbständigkeit zusammengeschlossen werden sollten. Man wollte damit von preußischer Seite die Möglichkeit, die Eisenbahnen in das Reichseigentum zu überführen, zerschlagen.

Preußen war gegen eine solche Verreichlichung der Eisenbahnen, weil es dadurch einen erheblichen Einnahmeausfall für seinen Staatshaushalt befürchtete, und die süddeutschen Staaten sahen in der Abtretung der Eisenbahnen an das Reich eine Minderung ihrer staatlichen Selbständigkeit. Durch das Ende des ersten Weltkrieges kam man jedoch über einleitende Verhandlungen nicht hinaus.

6. Als der erste Weltkrieg unglücklich ausgegangen war, mußten auf Grund der Waffenstillstandsbedingungen von Compiègne an den Feind sofort im Winter 1918/19 ausgeliefert werden

15000 Güterwagen
10000 Personenwagen
5000 Lokomotiven.

Die Staatsumwälzung vom 9. November 1918 hatte die Monarchien in Deutschland gestürzt, und damit war ein wesentliches Hemmnis zur Schaffung einer einheitlichen Reichsbahn beseitigt. Die Weimarer Verfassung bestimmte deshalb in ihrem Artikel 89: „Aufgabe des Reiches ist es, die dem allgemeinen Verkehr dienenden Eisenbahnen in sein Eigentum zu übernehmen und als einheitliche Verkehrsanstalt zu verwalten." Artikel 92 erläuterte dies näher dahin, daß die Reichseisenbahnen als ein selbständiges wirtschaftliches Unternehmen verwaltet werden sollten, das seine Ausgaben einschließlich der Verzinsung und Tilgung der Eisenbahnschuld selbst zu bestreiten habe. Außerdem war eine Eisenbahnrücklage für die Zeit der Not anzusammeln. Der Artikel 171 endlich setzt fest, daß die Übernahme der Staatsbahnen durch das Reich spätestens bis zum 1. April 1921 zu erfolgen hat.

Die Verreichlichung der Eisenbahnen erfolgte bereits im Jahre 1920. Die gesamte vom Reich übernommene Betriebslänge betrug 53000 km. Zunächst mußte an den Wiederaufbau des durch den Krieg und die Ablieferungen an die Sieger erschütterten Eisenbahnwesens gegangen werden. Diese Aufgabe war schwer zu erfüllen, weil durch die von den Siegern erzwungenen Reparationsleistungen ein erheblicher Mangel an Kohle herrschte, und weil infolge der Inflation der Haushalt der Reichsbahn nicht ins Gleichgewicht zu bringen war. Politische Einflüsse verhinderten, daß die Tarife der Geldentwertung angepaßt werden konnten. Man wollte es der deutschen Wirtschaft durch niedrige Eisenbahntarife erleichtern, sich solche Positionen auf dem Weltmarkt wieder zu gewinnen, die sie durch den Krieg verloren hatte. Aber auf der anderen Seite waren Materialkosten und Löhne sehr gestiegen, und dazu mußten die im Kriege entstandenen Schäden beseitigt werden, die vor allem den Oberbau betrafen. Dieser hatte während des Krieges nicht im erforderlichen Umfang erneuert werden können. So kamen die Reichsbahnen sehr schnell finanziell ins Defizit. Daher schlug der Reichsverband der Deutschen Industrie 1922 vor, daß die Reichseisenbahnen der privaten Wirtschaft überlassen werden sollten. Man glaubte durch eine Entstaatlichung die finanzielle Lage der Bahnen bessern zu können. Dieser Versuch, vor allem der schweren Industrie, das damals noch bestehende Verkehrsmonopol der Eisenbahnen an sich zu reißen, wurde abgewehrt. Der Ruhreinbruch von 1922 zerstörte die verwaltungsmäßige und betriebliche Einheit der Reichseisenbahn, weil die Besatzungsmächte den Betrieb im Ruhrgebiet in ihre eigenen Hände nahmen. Nachdem der Ruhreinbruch beendet war, stellte sich die Notwendigkeit immer dringender heraus, energische Schritte zur Sanierung der Reichseisenbahn zu tun. Ein schon im Jahre 1922 entworfenes Gesetz trat als Notverordnung im Februar 1924 in Kraft, wodurch ein Unternehmen Deutsche Reichsbahn geschaffen wurde, dessen Finanzgebarung aus dem allgemeinen Reichshaushalt herausgelöst wurde. Das Reich blieb Eigentümer des Reichseisenbahnvermögens. Die Leitung und die Aufsicht über das Vermögen erhielt das Reichsverkehrsministerium, so daß Leitung und Aufsicht noch in einer Hand vereinigt waren.

Dieser Zustand aber mußte bereits im gleichen Jahr wieder geändert werden, als das auf Grund des Dawesplanes zustandegekommene Londoner Abkommen die Reichsbahn als Pfandgegenstand für die von Deutschland zu leistenden Reparationszahlungen bestimmte. Aus dem Unternehmen Deutsche Reichsbahn wurde auf Grund eines besonderen Gesetzes die Deutsche Reichsbahngesellschaft. Diese Gesellschaft hatte unter Wahrung der Interessen der deutschen Volkswirtschaft nach kaufmännischen Grundsätzen den Betrieb zu führen, während das Eigentum an den Bahnanlagen weiter dem Reich verblieb. Dem Reich stand auch die Aufsicht über die Gesellschaft zu, und Tarifänderungen bedurften der Genehmigung des Reiches ebenso wie die Einstellung des Betriebes auf einzelnen Strecken. So waren Aufsicht und Leitung getrennt, denn die Leitung der Eisenbahn lag in den Händen eines Generaldirektors, über dem ein Verwaltungsrat zur Entscheidung grundsätzlicher Angelegenheiten stand.

Die Gesellschaft hatte ein Grundkapital von 15 Milliarden Goldmark. Daneben wurde ihr eine Reparationsbelastung von 11 Milliarden Goldmark auferlegt, für deren Zins- und Tilgungsdienst jährlich 660 Milliarden Goldmark aufzubringen waren. Das Grundkapital von 15 Milliarden Goldmark bestand aus 13 Milliarden Goldmark Stammaktien, die in den Händen des Reiches verblieben, während 2 Milliarden Goldmark Vorzugsaktien, die zu 7% fest verzinslich waren, aber ihren Inhabern kein Stimmrecht gewährten, an der Börse veräußert werden konnten, damit die Gesellschaft auf diese Weise sich das notwendige Anlagekapital beschaffen konnte.

Die Rechte der Reparationsgläubiger wurden durch die ständige Kontrolle eines ausländischen Kommissars gewahrt, und von den 18 Mitgliedern des Verwaltungsrates mußten vier Ausländer sein.

Mit der Annahme des Young-Planes im Jahre 1930 fiel zwar die ausländische Kontrolle durch den Kommissar fort, ebenso schieden die Ausländer aus dem Verwaltungsrat aus, so daß nun das Reich allein die Aufsicht über die Reichsbahn hatte, während die Leitung nach wie vor in den Händen des Generaldirektors lag. Ebenso blieb die Belastung für die Reparationen, nur daß sie jetzt zu einer innerdeutschen Angelegenheit geworden waren und die 660 Millionen Goldmark als Steuer an das Reich abgeführt werden mußten. Die internationale Bindung der Reichsbahn an die Gesellschaftsform blieb auch, als die Reparationszahlungen auf Grund des Lausanner Abkommens eingestellt wurden, bestehen; ebenso wurde die Reparationssteuer an das Reich weitergezahlt.

Erst durch das Gesetz von 1937 wurden die internationalen Bindungen der Deutschen Reichsbahn für erloschen erklärt, und das Reich übernahm die volle Hoheit über die Eisenbahnen. Das Amt des Generaldirektors ging auf den Reichsverkehrsminister über, so daß nunmehr Aufsicht und Leitung wieder in einer Hand lagen. Da auch die Gesellschaftsform beseitigt war, wurde die Deutsche Reichsbahn eine Verwaltungsstelle des Reiches, die das Reichsbahnvermögen als ein vom übrigen Reichsvermögen getrenntes Sondervermögen mit eigener Wirtschaftsführung verwaltete. Der Betrieb sollte im Interesse der Volkswirtschaft so geführt werden, daß die Reichsbahn ihre notwendigen Ausgaben selbst bestreiten konnte.

Die große Wirtschaftskrise von 1929—32 traf die Reichsbahn schwer, zumal der Wettbewerb des Lastkraftwagens, der schon bald nach der Beendigung der Inflation sich bemerkbar gemacht hatte, immer fühlbarer wurde. Zeitweise waren während der Krise 50% des verfügbaren Güterwagenladeraumes bei der Reichsbahn unbeschäftigt, so daß eine starke Stauung des Waggonmaterials auf den Abstellgleisen entstand. Deshalb war die Reichsbahn in den Jahren 33—36 in der Erweiterung ihrer Transportkapazität zurückhaltend. Als dann im Jahre 1937 die Nachfrage nach Transportraum unter dem Einfluß der Aufrüstung wieder zunahm, traten Spannungen im Güterverkehr wegen unzureichenden Transportraumes ein. Die auf vollen Touren laufende Aufrüstung und der durch die Autarkiepolitik hervorgerufene Mangel an Eisen und Stahl erlaubten es der Reichsbahn erst im Jahre 1939, mit einem großen Investitionsprogramm hervorzutreten. Jedenfalls wurde durch die Aufrüstung von 36—39 der Ausbau des Verkehrswesens erheblich zurückgestellt, und diese Tatsache sollte sich nachher im Kriege in unangenehmer Weise auswirken.

7. Im zweiten Weltkrieg waren 40% der Anlagen der Deutschen Reichsbahn den Fliegerbomben zum Opfer gefallen, und dazu kamen große Verluste an rollendem Material, das bei den Rückzügen des deutschen Heeres und bei der bedingungslosen Kapitulation in die Hände der Sieger gefallen war. Zerstörte Verschiebebahnhöfe, zerbombte Lokomotiven und Lokomotivstände, ge-

sprengte Brücken und vernichtete Bahnhöfe sowie Mangel an einsatzfähigem rollendem Material führten zu einer weitgehenden Lähmung des Verkehrs.

8. Nach der Beendigung des zweiten Weltkrieges wurde durch die Zerlegung Deutschlands in vier Besatzungszonen die Organisation der Deutschen Reichsbahn aufgelöst. Erst mit der Entstehung der Deutschen Bundesrepublik und mit dem Inkrafttreten des Bundesbahngesetzes von 1951 erhielten die in der Bundesrepublik befindlichen staatlichen Eisenbahnen wieder eine einheitliche Organisation und Verwaltung.

Literatur

Werner Sombart, Die Entwicklung der deutschen Volkswirtschaft im 19. Jahrhundert. 8. Aufl. 1954.

Hundert Jahre deutsche Eisenbahnen, herausgegeben vom Reichsverkehrsministerium. 1938.

Geschäftsberichte der Deutschen Reichsbahn und der Deutschen Bundesbahn.

A. v. d. Leyen, Die Eisenbahnpolitik des Fürsten Bismarck. 1914.

§ 2

Die Organisation der Deutschen Bundesbahn

Nach dem Grundgesetz hat der Bund die alleinige Gesetzgebung über die Bundeseisenbahnen. Mit den Ländern gemeinsam steht ihm die Gesetzgebung über die Schienenbahnen zu, soweit sie nicht Bundeseisenbahnen sind. Auf Grund des Bundesbahnvermögensgesetzes wurde das dem Eisenbahnbetrieb gewidmete ehemalige Reichseisenbahnvermögen, das innerhalb der Grenzen der Bundesrepublik gelegen war, als Sondervermögen „Deutsche Bundesbahn" auf den Bund übergeleitet. Die Organisation und Verwaltung dieses Bundesbahnvermögens regelt das Bundesbahngesetz von 1951.

Das Bundesbahnvermögen wird unter dem Namen „Deutsche Bundesbahn" als nicht rechtsfähiges Sondervermögen mit eigener Wirtschafts- und Rechnungsführung von einem Vorstand und einem Verwaltungsrat verwaltet. Für die Verbindlichkeiten der Bundesbahn haftet der Bund nur mit dem Bundesbahnvermögen, das vom sonstigen Vermögen des Bundes getrennt zu halten ist. Die Deutsche Bundesbahn soll unter der Wahrung der Interessen der deutschen Volkswirtschaft nach kaufmännischen Grundsätzen geführt und verwaltet werden. Damit wird verlangt, daß die Leitung der Bundesbahn einen gesunden Mittelweg zwischen dem Gewinnstreben, das für die Gesundhaltung der Eisenbahnfinanzen erforderlich ist, und dem gemeinwirtschaftlichen Interesse zu finden weiß, so daß sie zum mindesten ohne Fehlbetrag arbeitet.

Die Organe der Deutschen Bundesbahn sind der Vorstand und der Verwaltungsrat. Der Vorstand besteht aus einem Vorsitzer und drei weiteren Mitgliedern. Sie werden im Einvernehmen mit dem Verwaltungsrat vom Bundesminister für den Verkehr vorgeschlagen und vom Bundespräsidenten unter Berufung in das Beamtenverhältnis auf 5 Jahre ernannt. In den Händen des Gesamtvorstandes liegt die oberste Geschäftsleitung, wobei der Vorstand an die Beschlüsse des Verwaltungsrates gebunden ist. Im Gegensatz also zu dem Zustand vor 1945 liegt die Leitung der Deutschen Bundesbahn jetzt in den Händen eines Kollegiums und nicht mehr in denen eines Generaldirektors. An Stelle des Präsidialprinzips ist das Kollegialprinzip getreten.

Der Verwaltungsrat besteht aus 20 Mitgliedern, die wiederum in vier Gruppen gegliedert sind. Gruppe A wird vom Bundesrat vorgeschlagen, Gruppe B von der Gesamtwirtschaft, Gruppe C von den Gewerkschaften und Gruppe D vom Bundesminister für Verkehr. Die Mitglieder werden von der Bundesregierung auf 5 Jahre ernannt, und der Verwaltungsrat wählt aus seiner Mitte alle zwei Jahre einen Präsidenten, der auf Vorschlag der Bundesregierung vom Bundespräsidenten bestätigt wird.

Die staatliche Aufsicht übt der Bundesminister für Verkehr aus. Sie ist damit von der Leitung getrennt. Der Bundesminister für Verkehr hat den jährlichen Wirtschaftsplan zu genehmigen, bei der Gestaltung der Tarife weitgehend mitzuwirken und auf diese Weise die Tarifhoheit des Bundes auszuüben. Alle Tarifmaßnahmen sind an seine Genehmigung gebunden.

Die Instanzengliederung der Deutschen Bundesbahn ist derart, daß unter der Zentralinstanz, der Hauptverwaltung, die Direktionsinstanz steht. Das Gesamtnetz der Deutschen Bundesbahn ist auf 16 Bundesbahndirektionen aufgeteilt. Diese Direktionen erledigen die laufenden Angelegenheiten innerhalb ihres Bezirks weitgehend und selbständig. Unter den Direktionen stehen Ämter, die den örtlichen Dienst nach Weisungen der Direktionen überwachen. Dabei haben die Bundesbahnbetriebsämter Betriebs- und Bauaufgaben durchzuführen, während die Bundesbahnverkehrsämter für den Verkehrsdienst sowie für den Kassendienst zuständig sind. Die Bundesbahnmaschinenämter endlich haben den Einsatz der Lokomotiven, die Unterhaltung und die Reinigung des rollenden Materials unter sich.

Die Bundesbahn unterscheidet den Betrieb und den Verkehr. Verkehr sind alle Vorkehrungen und Einrichtungen, die von der Bahn getroffen werden, um dem Publikum die Benutzung der Beförderungseinrichtungen zu ermöglichen. Betrieb sind alle Maßnahmen zur Bahnunterhaltung, Bahnbewachung, Zugbildung und Zugförderung. Der Betrieb führt also die Aufträge aus, die der Verkehr ihm stellt. Dementsprechend kennt man Betriebs- und Verkehrsleistungen. Die Betriebsleistungen werden ausgedrückt in Zug- und Wagenachskilometern, in Lokomotiv- und Triebwagenkilometern, in der Zahl der gestellten Güterwagen und in der Güterwagenumlaufszeit.

Die Verkehrsleistung ist das, was die Eisenbahn gegen die Zahlung eines entsprechenden Preises an das Publikum verkauft. Diese Leistung wird ausgedrückt im Güterverkehr in Tonnenkilometern und im Personenverkehr in Personenkilometern.

Die Bewegung der Betriebsleistungen zeigt an, inwieweit der Betrieb die ihm vom Verkehr gestellte Aufgabe gelöst hat. Die Betriebsleistungen verglichen mit den dafür getätigten Ausgaben und die Verkehrsleistungen, verglichen mit den von ihnen gebrachten Einnahmen, geben ein Bild von der Wirtschaftlichkeit des Eisenbahnunternehmens.

Unter der Hauptverwaltung der Deutschen Bundesbahn unmittelbar stehen die Oberbetriebsleitungen in Bielefeld und Stuttgart. Die Oberbetriebsleitung West in Bielefeld ist für die nordwestlichen Bundesbahndirektionen zuständig, während der Oberbetriebsleitung Süd die süddeutschen Direktionen überwiesen sind. Die Aufgabe der Oberbetriebsleitungen ist es, den Betrieb über das Gebiet mehrerer Direktionen hinweg so zu lenken, daß ein glatter Ablauf des Betriebes gewährleistet ist. Sie verhüten und beseitigen Betriebs- und Verkehrsschwierigkeiten.

Ebenso wie die Oberbetriebsleitungen unterstehen die beiden Bundesbahnzentralämter in München und Minden der Hauptverwaltung unmittelbar. Ihnen obliegt die Konstruktion und die Normung sowie der Einkauf von Lokomotiven und Fahrzeugen, die Durchführung von Versuchen, die Wärme- und Energiewirtschaft, der Einkauf von Betriebsstoffen, Geräten, Werkzeugen und Ersatzstücken sowie die Preisprüfung.
Das Bundesbahnsozialamt in Frankfurt am Main bearbeitet die Aufgaben des Sozialdienstes, der zentralen Unfallverhütung und der Berufsfürsorge.

Das Hauptwagenamt, ebenfalls in Frankfurt am Main, verwaltet den Wagenpark, gleicht den Wagenbedarf unter den verschiedenen Direktionen aus und führt die Abrechnung für die Benutzung von Wagen fremder Bahnverwaltungen mit diesen durch.

Das Werkstättenwesen ist einigen geschäftsführenden Bundesbahndirektionen unterstellt. In den Werkstätten werden regelmäßig die planmäßigen Untersuchungen des rollenden Materials und die notwendigen Ausbesserungen daran vorgenommen.

Zu den Nebenbetrieben der Bundesbahn gehört die Deutsche Eisenbahn-Speisewagen- und Schlafwagengesellschaft. Sie betreibt Speisewagen und Schlafwagen auf den Strecken der Deutschen Bundesbahn und stellt Schlafwagenkurse nach Österreich, den Niederlanden, den nordischen Staaten und der Schweiz. Sie ist in Mitteleuropa eine wichtige Konkurrenz für die unter französisch-belgischem Einfluß stehende Internationale Schlafwagengesellschaft.

Mit der Deutschen Verkehrs-Kredit-Bank ist die Bundesbahn kapitalmäßig eng verbunden. Die Bank besorgt einmal die bankmäßigen Geschäfte der Hauptverwaltung und betreibt ein ausgedehntes Frachtstundungsgeschäft. Ebenso kapitalmäßig verbunden ist die Bundesbahn mit der Deutschen Zentrale für Fremdenverkehr und dem Deutschen Reisebüro. Beide Unternehmen sind Werbeorganisationen, die die Aufgabe haben, dem reisenden Publikum das Reisen zu erleichtern.

Die Deutsche Bundesbahn arbeitet an einer Anzahl von internationalen Verbänden und Vereinigungen mit. Diese Organisationen sind teils von den Regierungen der beteiligten Staaten ins Leben gerufen, teils sind sie durch Vereinbarungen unter den einzelnen Eisenbahnverwaltungen entstanden. Zu den auf zwischen**staat**licher Ebene ruhenden internationalen Organisationen gehören:

1. Die Berner Union für den internationalen Eisenbahnverkehr. Sie befaßt sich mit Fragen des Eisenbahnbeförderungsrechtes und hat internationale Abkommen über den Eisenbahnpersonen-, Gepäck- und Frachtverkehr ausgearbeitet, die dann von den teilnehmenden Staaten als Staatsverträge unterzeichnet worden sind.

2. Die internationalen Konferenzen über technische Einheit im Eisenbahnwesen. Hier werden Vereinbarungen von Staat zu Staat über die Spurweite der Bahnanlagen, die Bauart der im Verkehr verwendeten Fahrzeuge und deren betriebssichere Beladung geschaffen.

Die wichtigsten Vereinbarungen unter den einzelnen Eisenbahn**verwaltungen** sind:

1. Der Internationale Eisenbahnverband in Paris. Seine Aufgabe ist es, für Verbesserungen der Eisenbahneinrichtungen zu sorgen, um den internationalen durchgehenden Verkehr zu erleichtern und zu heben.

2. Das Internationale Eisenbahntransportkommitee; es ist das ausführende Organ für das internationale Übereinkommen über den Eisenbahnfrachtverkehr sowie über den Eisenbahnpersonen- und Gepäckverkehr.

3. Der Internationale Personenwagenverband (RIC).

4. Der Internationale Güterwagenverband (RIV).

5. Die Internationale Reisezugfahrplankonferenz.

6. Die Internationale Güterzugfahrplankonferenz.

7. Die Europäische Güterwagengemeinschaft.

Diese entstand aus einem Abkommen zwischen der Deutschen Bundesbahn und der Verwaltung der französischen Eisenbahnen vom 1. 5. 1951, wonach zur besseren Ausnutzung des Wagenparks ein europäischer Güterwagenverband gebildet worden ist. Von deutscher Seite sind dazu 10000 G-Wagen und 40000 O-Wagen eingebracht worden. Damit war der erste Schritt zu einer westeuropäischen Eisenbahngüterwagengemeinschaft getan. Diesem ersten Schritt folgte ein zweiter im Jahre 1953, als sich auch Belgien, die Niederlande, Dänemark, Luxemburg, Österreich, das Saarland und Italien sowie die Schweiz dem Abkommen anschlossen. Der europäische Güterwagenpark, soweit er diesem Abkommen unterliegt, besteht aus 165000 Fahrzeugen, an denen die Deutsche Bundesbahn mit 56000 und die französische Eisenbahnverwaltung mit 55000 Wagen beteiligt sind.

Als die Deutsche Bundesbahn errichtet wurde, mußte sie mit erheblichen Belastungen ins Leben treten. Der Bund ersetzte nämlich im Gegensatz zur Regelung in den anderen Ländern, die am zweiten Weltkrieg beteiligt waren, nicht die durch den Krieg entstandenen Schäden. Diese mußte die Bundesbahn vielmehr selbst aus eigenen Mitteln tragen und beseitigen. Die große Masse der Schäden wurde allerdings schneller behoben, als man ursprünglich annahm, weil sich das gesamte Personal mit vollen Kräften dafür einsetzte, um die Bundesbahn wieder funktionsfähig zu gestalten. Bis zum Herbst 1947 war es gelungen, 2600 Brücken wiederherzustellen. Ende 1945 waren von 15700 Dampflokomotiven nur 38% betriebsfähig; 25% des Wagenparks waren schadhaft. Die Umlaufzeit der Güterwagen betrug 9 Tage. Ende 1947 waren von 320000 Güterwagen bereits 235000 wieder betriebsfähig, und von den noch verbleibenden 85000 Schadwagen konnten $^2/_3$ wieder ausgebessert werden. Aber es fehlte dazu erheblich an Material, vorallem an Eisen, Stahl und Kohle. Der Mangel an Güterwagen wurde in gewissen Grenzen dadurch ausgeglichen, daß der durchschnittliche Umlauf der Güterwagen auf 6,5 Tage verkürzt wurde. Bedenklich war der Zustand des Oberbaus, der schon vor dem Kriege nicht in vollem Umfang hatte wiederhergestellt werden können. Die Folge war eine erhebliche Anzahl von Schienenbrüchen und viele Langsamfahrstellen, wodurch natürlich der Ablauf der Transportbewegung verzögert wurde.

Ende 1952 war der Wiederaufbau im wesentlichen beendet. 92% der zerstörten Brücken waren wieder hergestellt. Allerdings war der Oberbau immer noch in erheblichem Rückstand in seiner Unterhaltung, und aus Mangel an Geldmitteln konnten 1953 nur 74% des Normalprogramms an Ausbesserungsarbeiten durchgeführt werden. Doch hatte die Zahl der Schienenbrüche und der Langsamfahrstellen abgenommen, so daß der Verkehr flüssiger abgewickelt werden konnte.

Der Bestand an rollendem Material war nicht überall in einem den Notwendigkeiten entsprechenden Ausmaß vorhanden. Ende 1953 verfügte die Bundesbahn über rund 10000 Dampflokomotiven, wobei die Zahl der Schnellzuglokomotiven knapp dem Bedarf entsprach, während schwere Güterzugmaschinen in ausreichendem Umfang vorhanden waren. An Güterwagen waren

239000 vorhanden, und der Personenwagenpark betrug 23000 Stück. Für den Berufsverkehr fehlten etwa 3000 Reisewagen, und ein erheblicher Teil des Personenwagenmaterials war überaltert. Der Mangel an Güterwagen zwang die Deutsche Bundesbahn bei der konjunkturmäßig bedingten starken Zunahme der Erz- und Kohlentransporte im Jahre 1955, zeitweilig von ausländischen Eisenbahnverwaltungen Güterwagen anzumieten. Die Waggonindustrie war wegen der ungenügenden Versorgung mit Walzstahl nicht in der Lage, die von der Deutschen Bundesbahn bestellten Waggons zeitgerecht zu liefern.

Auch die Betriebs- und Verkehrsleistungen hatten sich schnell gehoben und zum Teil die Vorkriegsleistungen überschritten. Die mittlere Transportweite im Güterverkehr, die 1936 168 km betragen hatte, stellte sich 1948 auf 188 und 1952 auf 211 km. Die Laufleistungen der Dampflokomotiven hatten sich je Betriebstag von 171 km im Jahre 1936, auf 187 km im Jahre 1949 und auf 221 km im Jahre 1953 erhöht. Die Umlaufzeit der Güterwagen war auf 4,3 Tage, stellenweise sogar auf 4 Tage vermindert worden.

Die Leistungen im Güterverkehr zeigen folgendes Bild:[1])

Zeit M.D.	Bef. Güter 1000 t	Güterwagengest. 1000	Netto t/km der Güterwagen Millionen	Güterwagen-umlaufszeit Tage
1936	22970	2132	3894	4,5
1952	21864	1521	4604	4,3
1953	20566	1450	4245	4,3
1954	21024	1468	4338	4,3

Und im Personenverkehr verlief die Entwicklung ähnlich:

Zeit M.D.	Bef. Personen 1000	betriebsf. Personenwagen[2])	Personen km Mill.	Wagenachskm Mill.
1936	62309	31523	1965	485
1952	101584	20854	2458	544
1953	103338	21438	2646	574
1954	107370	22485	2767	596

Es wurde also mit weniger Material eine größere Betriebs- und Verkehrsleistung erzielt. Wenn trotzdem die finanziellen Ergebnisse der Bundesbahn nicht befriedigend sind, so liegen besondere Umstände vor, die später eingehender dargestellt werden sollen. (s. S. 80ff).

[1]) Wirtschaft und Statistik, N. F. 7. Jahrg. 1955. S. 531*.
[2]) Jahresende.

§ 3

Die Entwicklung der Eisenbahnen in den großen europäischen Ländern außerhalb Deutschlands

1. England

Die Eisenbahnen kamen auf, als in England die Blüte des ökonomischen Liberalismus begann. So war es beinahe selbstverständlich, wenn in den dreißiger Jahren des 19. Jahrhunderts, als die Grundlage der englischen Eisenbahnen geschaffen wurde, man dies der Initiative des privaten Kapitals überließ, und wenn man weiter der Ansicht war, daß durch den Wettbewerb der verschiedenen Eisenbahngesellschaften untereinander der Verkehr am besten und am billigsten bedient werden würde. Ein Eisenbahngesetz vom Jahre 1842 verlangte, daß die Eisenbahngesellschaften konzessioniert würden. Ein Gesetz von 1844 gab dem Staat das Recht, die Tarife zeitweise herabzusetzen oder abzuändern. Außerdem erhielt er die Befugnis, die Eisenbahnen nach Ablauf ihrer Konzessionen zu erwerben. Diese Konzessionierung erfolgte auf Grund von Private Acts, und auf diese Weise entstanden mehrere Eisenbahnlinien verschiedener Gesellschaften, die die gleichen Orte verbanden. Sie lagen miteinander im Wettbewerb, und durch die Private Acts waren ihnen oft Tarife von verschiedener Höhe vorgeschrieben worden. Da die Gesellschaften die Gewinnerzielung in den Vordergrund stellten, fehlte es an einem planmäßigen Ausbau des Eisenbahnnetzes, denn es wurden nur die Strecken gebaut, die einen Gewinn abzuwerfen versprachen. Erst im Laufe der Entwicklung entstand ein einigermaßen geschlossenes Netz. Der scharfe Konkurrenzkampf zwischen den verschiedenen Eisenbahngesellschaften brachte bald die finanziell schwächeren Gesellschaften zur Strecke, so daß es zu einer weitgehenden Konzentrationsbewegung kam. Im Jahre 1888 wurden durch Gesetz Höchsttarife für die Eisenbahnen festgesetzt; die Differenzialtarife wurden verboten und die Veröffentlichung der Tarife verbessert.

Im ersten Weltkrieg nahm der Staat die Eisenbahnen in eigene Verwaltung, gab sie jedoch nach Beendigung des Krieges wieder an die Gesellschaften zurück. Doch begann jetzt eine durchgreifende Ordnung des Eisenbahnwesens. 1923 wurden durch Gesetz die Netze der Gesellschaften in vier Gruppen zusammengefaßt, die einheitlich verwaltet und betrieben wurden. Innerhalb der Netze hörte der Wettbewerb zwischen den verschiedenen Gesellschaften auf. Aber zwischen den Netzen blieb er weiter bestehen, da sich die Netze an zahlreichen Stellen kreuzten. Im Verkehr mit Schottland z. B. standen die London-Midland and Scottish Railway und die London-Eastern Railway im Wettbewerb. Allerdings kam es im Verlauf der großen Krise von 1929–32 zu einer größeren Anzahl von Abkommen zwischen den Gesellschaften, die den Wettbewerb einschränkten. So hatten die Netze durchaus noch den Charakter von privaten Unternehmen behalten. Durch Zusammenschlüsse ging in diesen Jahren bis zum zweiten Weltkrieg die Zahl der Eisenbahngesellschaften von 58 auf 17 zurück.

Im zweiten Weltkrieg übernahm die Regierung abermals die Eisenbahnen in eigene Verwaltung. Im Jahre 1948 jedoch wurden die Bahnen auf Grund eines Gesetzes von 1947 verstaatlicht. Die Verwaltung wurde der British Transport Corporation übertragen, die für den Staat die Eisenbahnen betreibt.

2. Frankreich

Die Entwicklung in Frankreich verlief etwas anders als in England. Das entsprach dem systematisch veranlagten Franzosen und den damals in Frankreich herrschenden gesellschaftlichen Verhältnissen. Die Hochfinanz bestimmte entscheidend das innerpolitische Kräfteverhältnis, und so ist die französische Eisenbahnpolitik ein Ergebnis nationaler Eigenart und bestimmter innerpolitischer Kräfte. Auf Grund des Eisenbahngesetzes von 1833 und 1842 ging man auf Veranlassung des Staates sogleich daran, planmäßig ein von Paris aus radial auslaufendes Netz auszubauen. Dabei erwarb der Staat im Verein mit den beteiligten Departements und Gemeinden den Grund und Boden und stellte den Unterbau her. Der Betrieb der Eisenbahnen jedoch wurde in die Hand von privaten Gesellschaften gelegt, die konzessionspflichtig waren. Sie hatten den Oberbau herzustellen, ebenso die zum Betrieb nötigen Gebäude und das rollende Material zu beschaffen. Die vom Staat auf 20–25 Jahre konzessionierten Linien sollten nach dem Ablauf der Konzession an den Staat fallen. So begannen 27 Gesellschaften einen lebhaften planmäßigen Ausbau, wovon allerdings nur die gewinnbringenden Hauptverkehrslinien betroffen wurden.

Als die Wirtschaftskrise von 1857 ausbrach, kam der Bau aus Mangel an Kapital ins Stocken. Auf Veranlassung Napoleons III. wurden die 27 Gesellschaften zu 6 zusammengelegt und alle Konzessionen auf 99 Jahre verlängert. Der Staat übernahm die Zinsgarantie für die von den Eisenbahngesellschaften herausgegebenen Obligationen. Dadurch strömte den Gesellschaften wieder Kapital zu, und der Ausbau des Netzes wurde planmäßig fortgesetzt. Die Garantiezuschüsse, die die Gesellschaften vom Staat in Anspruch nahmen, mußten von ihnen mit 4% verzinst und nach spätestens 50 Jahren zurückgezahlt werden.

Im Jahre 1878 stellte der damalige Verkehrsminister de Freycinet ein neues Programm auf. Weil die Netze der Eisenbahngesellschaften sektorartig von Paris ausgingen, hatten die einzelnen Gesellschaften keine Konkurrenz untereinander zu befürchten. Dadurch stellten sich erhebliche Mißstände ein, wie sie eben mit einem Monopol verbunden zu sein pflegen. Kleine Eisenbahngesellschaften, die Nebenbahnen innerhalb der Netze betrieben, hatten auch hauptbahnähnliche Strecken gebaut, die Querverbindungen darstellten und dadurch einen Wettbewerb mit den großen Gesellschaften hervorriefen. Sie gerieten dabei in die Gefahr, von den großen Gesellschaften erdrückt zu werden. Deshalb sollte der Staat auf Wunsch der Deputiertenkammer einen Teil dieser Nebenbahnen übernehmen und damit das Monopol der großen Gesellschaften brechen. Ferner sollte der Staat selbst dort Eisenbahnen bauen, wo die privaten Gesellschaften infolge ihres auf den Gewinn abgestellten Verhaltens ein dringendes Verkehrsbedürfnis nicht haben befriedigen können. Auch dabei sollte der Staat den Oberbau und den Unterbau herstellen, so daß die großen Gesellschaften nur den Betrieb zu übernehmen brauchten. Doch die vom Staat übernommenen Eisenbahnen stellten für den Staat bald eine nicht tragbare finanzielle Belastung dar. Deshalb wurden sie 1883 den großen Gesellschaften übergeben, die sie ihrem Netz einverleibten. Gleichzeitig wurden eine Reihe von Strecken neu konzessioniert, wobei der Staat Zuschüsse zahlte, auf die die Summen angerechnet wurden, die der Staat als Zinsgarantie seit 1859 vorgeschossen hatte. Außerdem gab der Staat den Gesellschaften eine Dividendengarantie.

Im Jahre 1909 mußte der Staat die Westbahn übernehmen, die besonders hohe Zuschüsse gefordert hatte. Damit war der Anfang zu einem, wenn auch kleinen, Staatseisenbahnnetz in Frankreich gemacht. Von insgesamt im Jahre 1912 vorhandenen 41000 km Strecke gehörten dem Staat 9000 km.

Im ersten Weltkrieg übernahm der Staat die Eisenbahnen in Verwaltung, gab sie aber 1920 den Gesellschaften wieder zurück. Gleichzeitig gingen auf Grund des Versailler Vertrages die bisherigen elsaß-lothringischen Reichseisenbahnen in den Besitz des französischen Staates über.

Beim Ende des ersten Weltkrieges war die Schuld der französischen Eisenbahngesellschaften an den Staat aus den seit 1858 gewährten Zins- und Dividendengarantien auf rund 3,2 Milliarden Fr. gewachsen. Da infolge der gestiegenen Kosten die Lage der französischen Eisenbahnen immer schlechter wurde, obwohl ihnen der Staat die Kriegsschäden ersetzt hatte, errichtete man im Jahre 1923 einen Eisenbahnrat, dessen Aufgabe es war, dem Minister der öffentlichen Arbeiten in allen Eisenbahnangelegenheiten zu beraten. Dann begründete man ein Comitée de Direction, das auf eine Vereinheitlichung des französischen Eisenbahnwesens hinwirken und einen zentralen Ausgleichsfonds verwalten sollte. Er sollte aus den Überschüssen der Eisenbahngesellschaften gespeist werden und dann die Verluste der mit Fehlbeträgen abschneidenden Gesellschaften decken.

Der Staat übernahm nunmehr auch die Kriegsschulden der Eisenbahngesellschaften, während die vor dem Kriege eingegangenen Verpflichtungen von den Gesellschaften weiter getragen werden mußten. Soweit der Staat in Frage kam, verzichtete er auf die Verzinsung seiner Forderungen. Da die Tarife in ihrer Höhe hinter der Preissteigerung herhinkten, die durch die nach dem ersten Weltkrieg einsetzende Inflation ausgelöst wurde, wurden die Fehlbeträge bei den französischen Eisenbahngesellschaften bis zum Jahre 1926 chronisch. Nach der Stabilisierung des Franken im Jahre 1926 schlossen bis 1929 die Bahnen ohne Fehlbeträge ab. Als jedoch die große Wirtschaftskrise auch Frankreich heimsuchte, stellten sich die Fehlbeträge wieder ein, die besonders bei den Staatsbahnen erhebliche Ausmaße erreichten.

Aus allen diesen Gründen suchte man in Frankreich nach einer neuen Regelung, um die Eisenbahnen zu sanieren. Dazu wurde im Jahre 1938 die Société nationale de Chemins de Fer francais (SNCF) errichtet. Es ist dies ein gemischtwirtschaftliches Unternehmen, an dessen Aktienkapital der Staat zu 51% beteiligt ist. Damit wurden die Forderungen des Staates an die Eisenbahngesellschaften abgegolten.

Die SNFC ist Eigentümerin der französischen Bahnen und betreibt sie als ein einheitliches Netz. Der Staat gibt Zuschüsse zur Deckung der Mindereinnahmen aus solchen Personentarifen, die aus sozialen Gründen niedrig gehalten werden müssen. Außerdem gibt er einen Beitrag zur Erhaltung und Erneuerung des Oberbaues sowie für die Bewachung der an den routes nationales gelegenen schienengleichen Übergänge. Allerdings dürfen diese beiden Beträge 12% der Betriebsausgaben nicht überschreiten. Dafür erhält der Staat eine Nutznießerabgabe aus den Einnahmen, die 1952 2% der Einnahmen betrug. Fehlbeträge werden vom Staat gedeckt, und ebenso werden die von der SNCF aufgenommenen Anleihen vom Staat garantiert. Die der Gesellschaft durch den zweiten Weltkrieg entstandenen Schäden hat der Staat ersetzt.

3. USA

In den USA hat man auch heute noch das private Eisenbahnsystem behalten. Das entspricht der dort herrschenden Wirtschaftsauffassung. Die Eisenbahnen wurden von Anfang an weitgehend unter spekulativen Gesichtspunkten angelegt, und sie haben in den sechziger Jahren des 19. Jahrhunderts wesentlich zur Erschließung des Westens beigetragen. Sie erhielten damals sowohl vom Bund als auch von den einzelnen Bundesstaaten Land zur Besiedlung angewiesen, so daß durch die Eisenbahnen gleichzeitig sowohl die Besiedlung als auch die verkehrsmäßige Erschließung des Landes erfolgte. Anders wäre die schnelle Einbeziehung der Präriegebiete in die Kultur und ihr Anschluß an die Wirtschaft bei den großen Entfernungen gar nicht möglich gewesen.

Um 1850 beginnt sich in den Staaten an der atlantischen Küste ein geschlossenes Eisenbahnnetz zu bilden. Zwischen 1860 und 1885 werden die transkontinentalen Strecken beendet. Die Finanzierung des Eisenbahnbaues erfolgte durch die Ausgabe von Aktien und von Obligationen. Vereinzelt gaben in den 60er Jahren einzelne Bundesstaaten Darlehen. Viel englisches und deutsches Kapital ist im Laufe der zweiten Hälfte des 19. Jahrhunderts in den amerikanischen Bahnen investiert worden.

Bald wurden die Eisenbahnen ein Machtobjekt in den Händen der großen Kapitalbesitzer, die sich in den Besitz der verschiedenen Eisenbahngesellschaften setzten. Der Kampf um die Herrschaft über die Eisenbahnen und der gegenseitige schrankenlose Wettbewerb sowie die Tarifpolitik der Gesellschaften machte ein Eingreifen des Bundes notwendig. Aus diesem Grund rief der Kongreß im Jahre 1887 die Interstate Commerce Commission ins Leben, die auf Grund der Interstate Commerce Act darüber zu wachen hatte, daß sich die Eisenbahnen nicht zu Gewinngemeinschaften zusammenschlossen, und daß sie sich ferner der im Gesetz geforderten Betriebspflicht und Beförderungspflicht unterwarfen, daß sie endlich ihre Tarife gegen jedermann ohne Unterschied anwandten und sie veröffentlichten. Nach dem Gesetz sollten die Tarife in ihrer Höhe „just and reasonnable“, gerecht und billig, sein. Wurde gegen einen Tarif bei der I. C. C. Einspruch erhoben, weil er nicht gerecht und billig wäre, so konnte die I. C. C. den Tarif als unbillig erklären, und die ordentlichen Gerichte hatten dann diese Frage endgültig zu entscheiden, wobei sie sich oft allerdings nicht der Auffassung der I. C. C. anschlossen. Dabei waren der Zuständigkeit der I. C. C. nur solche Tarife unterworfen, die zwischen mehreren Staaten galten. Ein Gesetz von 1906 ermächtigte sie, Höchstsätze für solche Tarife festzusetzen, die für unangemessen erklärt worden waren und diese Sätze den Gesellschaften aufzuzwingen. Durch eine weitere Novelle von 1910 konnte die I. C. C. bei der Vorlage neuer Tarife sogar andere Frachtsätze von Amts wegen festsetzen, wenn die vorgelegten Tarife unbillig erschienen. Über die Entscheidungen der I. C. C. entschieden nun nicht mehr die ordentlichen Gerichte, sondern ein Bundeseisenbahngericht. Die Interstate Commerce Act engte also schon frühzeitig die Freiheit der Eisenbahngesellschaften ein, und es zeigte sich, wie im Laufe der Entwicklung die Befugnisse der I. C. C. mehr und mehr wuchsen.

Während des ersten Weltkrieges nahm der Staat die Eisenbahnen in eigene Verwaltung, da sich herausgestellt hatte, daß diese den Anforderungen des Krieges nicht gewachsen waren. 1920 wurden sie den Eigentümer zurückgegeben. Der Gedanke einer Verstaatlichung, der im Kriege aufgetaucht war, wurde nicht weiter verfolgt.

Die Transportation Act von 1920 erweiterte wiederum die Befugnisse der I. C. C. und gab ihr die Berechtigung, nicht nur die zwischenstaatlichen Eisenbahntarife, sondern auch diejenigen, die innerhalb eines Bundesstaates allein galten, in ihrer Höhe daraufhin nachzuprüfen, ob sie gerecht und billig wären.

Das neue Gesetz machte ferner die Ausgabe von neuen Aktien oder von Obligationen durch die Eisenbahngesellschaften genehmigungspflichtig. Zusammenschlüsse von Eisenbahngesellschaften nahm die Transportation Act von der Antitrustgesetzgebung aus, wenn sie einer Verbesserung des Verkehrs dienten.

Die große Wirtschaftskrise, die im Jahre 1928 in den USA ausbrach, richtete unter den Eisenbahngesellschaften schweren Schaden an. Von 1928 bis 1934 machten ein Drittel der Eisenbahnen, an der Strecke gemessen, bankerott. 1932 schuf die Railroad Credit Corporation bei der Interstate Commerce Commission einen Ausgleichsfonds für die Verluste, die die Eisenbahngesellschaften durch die Krise erlitten hatten. Darlehn der Reconstruction Finance Corporation dienten des weiteren dazu, solche Eisenbahngesellschaften finanziell zu stützen, die sonst zusammengebrochen wären.

Das Eisenbahnnetz der USA hat heute eine Betriebslänge von 360500 km. Es ist im Eigentum von 699 verschiedenen Eisenbahngesellschaften. Etwa 20 von ihnen besitzen 70% der Gesamtstrecken. Von den Eisenbahngesellschaften gehören:

133 zu den Eisenbahngesellschaften I. Klasse; das sind solche, die eine Betriebseinnahme von über einer Million Dollar im Jahre haben. Auf diese Gesellschaften I. Klasse entfallen 95% des investierten Kapitals, und ihnen gehören 94% aller Lokomotiven, 98% aller Güterwagen und 99% aller Personenwagen.

177 Eisenbahngesellschaften gehören der II. Klasse an; das sind die Gesellschaften mit einer Betriebseinnahme von 100000 Dollar bis zu einer Million Dollar im Jahr.

176 Gesellschaften sind in die III. Klasse eingereiht, die weniger als 100000 Dollar im Jahr an Betriebseinnahmen haben.

Dazu kommen noch 213 switching and terminal Gesellschaften. Sie betreiben örtliche Rangiereisenbahnen, Hafenbahnen und Personenbahnhöfe in den Großstädten, die von mehreren Eisenbahngesellschaften benutzt werden, wie das z. B. in Chikago der Fall ist.

Die größte Eisenbahngesellschaft in den USA nach der Streckenlänge ist die Michigan-Topeka and Santa Fe Railway Co. in Chikago mit einer Gesamtstreckenlänge von 26000 km. Nach dem Verkehrsaufkommen steht die Pensilvania Railroad Co. an der Spitze. Die großen Eisenbahngesellschaften sind kapitalmäßig seit der Jahrhundertwende in großen Gruppen zusammengefaßt, nämlich die Vanderbilt-Morgan-Gruppe mit einem Netz von rund 40000 km, die Pensilvania-Gruppe mit rund 30000 km im Nordosten, die Morgan-Walker-Gruppe mit einem Netz von ebenfalls rund 40000 km im Südosten und die Morgan-Harriman-Gruppe mit rund 70000 km im Westen.

Seit 1934 besteht die Vereinigung amerikanischer Eisenbahngesellschaften (Association of American Railroads) AAR, die in gewissem Umfang dem ehemaligen Verein Mitteleuropäischer Eisenbahnverwaltungen ähnelt. Sie vollzieht die Normung und Typisierung von Fahrzeugen, vereinheitlicht Tarife und Fahrplangestaltungen, arbeitet Verträge zwischen den Gesellschaften über die freizügige Benutzung von Güterwagen aus; sie regelt den Ausgleich der Betriebsleistungen und den Ausgleich von Ausbesserungsleistungen an den Wagen fremder Gesellschaften zwischen den einzelnen Gesellschaften. In ihr sind 198 Gesellschaften der USA, 5 kanadische und 6 mexikanische Gesellschaften zusammengefaßt.

Neben der AAR besteht noch die Vereinigung der Kurzstreckeneisenbahnen (Short Line Railroad Association), die hauptsächlich die Eisenbahnen der II. und III. Klasse umfaßt.

Die mittlere Transportweite in den USA beträgt C50 km, und das Durchschnittsgewicht der Güterzüge stellt sich auf 2650 t brutto mit 59 Wagen je Zug, gegenüber 647 t brutto und 33 Wagen je Zug und einer durchschnittlichen Transportweite von 211 km in der Deutschen Bundesrepublik. Die schweren Züge und die großen Transportweiten sind wegen der großen Entfernungen und wegen der großen Mengen, die in den USA zu befördern sind, vorteilhaft und deswegen dort am Platz.

Literatur

C. E. R. Sterington, Die Britischen Eisenbahnen seit ihrer Verstaatlichung. Jahrbuch des Eisenbahnwes(ns 1953.

Greenleaf Horace, Britains Big Four. The Story of the London-Midland and Scottish, London and North Eastern, Great Western and Southern Railways.

Jonston, Kenneth H., British Railways and Economic Recovery. 1949.

Allen, G. Freeman. Railways the World over. London o. J. 1950?

Sampson Henry, World Railways 1952—53.

E. Frohne, Lage und Zukunft der Eisenbahnen in Europa. 1953.

Internationaler Eisenbahnverband, Die Lage der europäischen Eisenbahnen. 1951.

Grancé, L'Essor des Chemins de Fer francais. 1947.

R. Johnson, Transport Facilities, Services and Politics, 1947 New York.

H. Parmelee, The modern Railway, New York 1940.

Philip Lochlin, Economics of Transportation. Chikago 1949.

Die Eisenbahnen in den Vereinigten Staaten. Schriftenreihe „Die Deutsche Bundesbahn" Heft 2. 1952.

§ 4

Eisenbahn und Staat

Die beherrschende wirtschaftliche Stellung, die die Eisenbahnen in den westeuropäischen dichtbevölkerten Ländern mit ihrer komplizierten Wirtschaft einnehmen, hat allenthalben dazu geführt, daß sich der Staat einen maßgebenden Einfluß auf die Eisenbahnen, ihre Betriebsführung und ihre

Tarifpolitik vorbehalten hat. Auch dort, wo sie noch vom privaten Kapital gebaut und betrieben werden, wie das in den amerikanischen Ländern der Fall ist, hat sich der Staat im Wege der Gesetzgebung einen nachhaltigen Einfluß gesichert. In Westeuropa hat der Staat fast durchweg den Betrieb selbst in die Hand genommen, sei es, daß er die Bahnen unmittelbar betreibt, sei es, daß er in Gestalt besonderer Gesellschaften oder öffentlich-rechtlicher Anstalten sich ein Organ geschaffen hat, das in seinem Auftrag den Betrieb führt.

Unmittelbar hat der Staat die ehemaligen Preußisch-hessischen Eisenbahnen betrieben. Damals war die Verwaltung an das Haushaltsgesetz in ihrer finanziellen Gebarung gebunden. Das war auch zunächst noch der Fall, als die Bahnen der Einzelstaaten vom Reich im Jahre 1920 übernommen wurden. Aber schon 1921 erwog man, der Verwaltung der Eisenbahnen größere finanzielle Freiheit und Beweglichkeit zu geben. So kam es zur Schaffung des Unternehmens Deutsche Reichsbahn als eines besonderen öffentlich-rechtlichen Unternehmens. Ebenso ist die Lage nach dem Gesetz über die Deutsche Bundesbahn, das die Trennung der staatlichen Aufsicht von der im Auftrage des Staates erfolgenden Betriebsführung und die Trennung der staatlichen Finanzen von denen der Bundesbahn vorsieht. In solchen Fällen betreibt die Staat die Eisenbahnen nur mittelbar. Betreibt der Staat die Eisenbahnen mittelbar, so kann er sich vom gemeinwirtschaftlichen und vom erwerbswirtschaftlichen Gesichtspunkt leiten lassen. Pirath sagt: Gemeinwirtschaftlich im Verkehrswesen ist ein Verhalten, das von volkswirtschaftlichen, sozialen und kulturellen Motiven im Interesse der Allgemeinheit dem Verkehr Rechte und Pflichten auferlegt, ohne auf das Gewinnstreben Rücksicht zu nehmen. Nach dem gemeinwirtschaftlichen Prinzip wird die Deutsche Bundesbahn betrieben; nach dem erwerbswirtschaftlichen Prinzip verfährt man in den Niederlanden und in Belgien, wo man das kaufmännische Moment in der Betriebsführung mehr in den Vordergrund treten läßt. Man hat deswegen dort den Eisenbahnen eine privatrechtliche Gesellschaftsform gegeben, aber dabei den Staat zum entscheidenden Beherrscher der Gesellschaft gemacht.

In den beiden Lösungen, die man in neuerer Zeit für die Gestaltung des Verhältnisses zwischen Staat und Eisenbahn gefunden hat, herrscht das Bestreben vor, die Eisenbahn auf eigene finanzielle Füße zu stellen und sie mit ihren Finanzen aus dem allgemeinen Staatshaushalt herauszulösen. Zu diesem Zweck wird auch die Trennung von Aufsicht und Leitung herbeigeführt. Man spricht darum auch von einer „Autonomie" der Eisenbahnverwaltung gegenüber dem Staat, auch dort, wo sich die Eisenbahnen im Besitz des Staates befinden. Dieser Ausdruck ist nicht sehr glücklich, weil der Staat durch sein Aufsichtsrecht doch sehr weitgehend in die Willensgestaltung der Eisenbahnverwaltungen eingreifen kann.

Je mehr aber der Lastkraftwagen sich nach dem ersten Weltkrieg als Konkurrent der Eisenbahn entwickelte, um so mehr stellte sich auch das Bedürfnis heraus, daß der Staat ordnend in das Verkehrswesen eingriff, um die bedrohte Einheit des Verkehrs wieder herzustellen. Das ist nicht nur in den engbesiedelten Teilen und Ländern Westeuropas der Fall, sondern auch in den USA. So ist der Staat immer mehr zum Lenker und Ordner des Verkehrs geworden, und eine Politik des Laisser faire hat sich auf dem Gebiet des Verkehrs mehr und mehr als unzweckmäßig herausgestellt. Es ist das große Problem, wie man zu einer solchen Ordnung und Lenkung des Verkehrs durch den Staat kommt, ohne daß die Beweglichkeit und Elastizität des Verkehrswesens darunter leidet.

Die Politik der Eisenbahngesellschaften, die Entwicklung der deutschen Volkswirtschaft im Schatten der überlegenen englischen Industrie und die Tendenz, dem Kapitalismus die sozialen Schärfen zu nehmen, haben gegen Ende des vergangenenen Jahrhunderts den Preußischen Staat veranlaßt, die Eisenbahnen in seiner Hand zu vereinigen. Denn nur dann war ein Ausbau und Betrieb der Eisenbahnen gewährleistet, der sich nicht nur von der Rücksicht auf die Interessen des investierten privaten Kapitals leiten ließ, sondern das allgemeine Interesse im Auge hatte. Der preußische Minister v. Maybach betonte daher vor dem Hause der Abgeordneten am 19. 2. 1879, als dort die Verstaatlichung der Eisenbahnen in Preußen zur Verhandlung stand, daß die Staatsbahnen nicht dazu bestimmt seien, um Geschäfte mit ihnen zu machen, sondern sie sollten lediglich „das Land meliorieren und die Steuerkraft heben". Außerdem fürchtete Bismarck, daß die privaten Bahnen durch ihre Tarifpolitik seine im Jahre 1879 begonnene Politik des Schutzzolles zu stören vermöchten.

Endlich sprachen auch militärische Gründe dafür. So haben wirtschaftspolitische und soziale Gründe in Preußen dazu geführt, die Eisenbahnen in die Hände des Staates zu überführen. Es zeigt sich darin eine Änderung der Wirtschaftsgesinnung, die zwar am kapitalistischen Wirtschaftssystem im wesentlichen nicht rühren wollte, aber bestrebt war, ihm seine sozialen Schärfen zu nehmen. Das mußte weitgehend möglich sein, wenn der Staat das Eisenbahnwesen als eines der wichtigsten Nervenzentren der Wirtschaft in seinen Händen hatte und dadurch in der Lage war, gemeinwirtschaftlichem Denken und Handeln zum Durchbruch zu verhelfen.

Die Erfahrungen haben gezeigt, daß der Staat durchaus in der Lage ist, den Betrieb der Eisenbahn mit Erfolg zu führen. Wenn es jetzt den Anschein hat, als ob im Hinblick auf die Konkurrenz des Kraftwagens die vom Staat verwalteten Eisenbahnen diesem Wettbewerb nicht gewachsen wären, so ist das ein Irrtum. Denn auch die in privater Hand befindlichen Eisenbahnen in den USA leiden ebenso unter der Konkurrenz des Kraftwagens wie die in staatlicher Hand befindlichen Eisenbahnen Westeuropas. So ist der Streit, der vor dem ersten Weltkrieg noch darum ging, ob das Privatbahn- oder das Staatsbahn-System vorzuziehen sei, heute dahin entschieden, daß die Staatsbahnen sehr wohl die Aufgaben, die an sie in sozialer, volkswirtschaftlicher, verkehrsmäßiger und finanzieller Art gestellt werden, zu erfüllen vermögen. Staatsbahnen entsprechen der heute in Westeuropa herrschenden Wirtschaftsauffassung besser als Privatbahnen.

Darin kommt bereits zum Ausdruck, daß sich unsere gesellschaftlichen Verhältnisse durch den ersten und den zweiten Weltkrieg weitgehend gewandelt haben. Die Schicht der reichen Leute ist kleiner geworden, aber das Verkehrsbedürfnis ist durch die Zusammenballung der Menschen in den großen Städten und durch die Verdichtung der Bevölkerung allenthalben gewachsen. Unter dem Einfluß der beiden Kriege und der großen Wirtschaftskrise der dreißiger Jahre hat sich die Auffassung verbreitet, daß der Staat nicht allein dazu da sei, die äußere und die innere Sicherheit zu gewährleisten, sondern daß er auch für die ökonomische Sicherheit, das heißt für die Aufrechterhaltung, wenn nicht sogar für die Hebung, des allgemeinen Lebensstandards zu sorgen habe. Da durch die Politik des Staates in den beiden großen Weltkriegen weite Schichten der westeuropäischen Völker verarmt sind, so stellte man an den Staat die Forderung, daß er einer weiteren Verelendung der breiten Massen entgegenzutreten und den verarmten Schichten seine besondere Fürsorge zu widmen habe. Im übrigen aber sollte er verhüten, daß das, was in den Jahren nach dem Kriege wieder erspart worden war, erneut verloren ging. So hat man sich in den westeuropäischen Ländern von der liberalen Auffassung der Wirtschaft und ihres Verhältnisses zum Staat erheblich entfernt. Das mußte auf das Verkehrswesen zurückwirken und dabei vor allem auf die Eisenbahnen. Schon in den ersten Jahren der Eisenbahnen hatte der Staat entweder bei der Konzessionierung der Gesellschaften oder aber durch besonderes Gesetz, wie in Preußen, den Eisenbahnunternehmern drei Bedingungen auferlegt:

1. die Beförderungspflicht,
2. die Betriebspflicht,
3. den Tarifzwang.

Die Beförderungspflicht ist die grundsätzliche Verpflichtung der Eisenbahn, mit dem transportsuchenden Publikum ohne Ansehen der Person Verträge auf die Beförderung von Personen oder von Sachen abzuschließen.

Die Betriebspflicht umfaßt die Verpflichtung der Eisenbahn, vorhandene Strecken auch dann zu betreiben, wenn sie nicht gewinnbringend sind.

Der Tarifzwang umfaßt vier Auflagen:

1. Die Eisenbahn ist verpflichtet, Tarife aufzustellen.
2. Diese Tarife müssen veröffentlicht werden.

3. Die Tarife müssen gegen jedermann in der gleichen Weise angewandt werden.
4. Die Tarifgleichheit im Raum; die Tarife müssen für alle betriebenen Strecken gleich sein und gelten. Gewinnbringende Strecken zahlen daher die gleichen Sätze wie verlustbringende, und der Tarif muß deswegen so gestellt werden, daß die Mehreinnahmen der gewinnbringenden Strecken die Mindereinnahmen der verlustbringenden ausgleichen.

Die Strenge, mit der die einzelnen Staaten darauf achten, daß diese Bestimmungen durch die Eisenbahnen eingehalten werden, ist verschieden und darin besteht ein wesentlicher Teil der staatlichen Eisenbahnpolitik.

Die Innehaltung dieser Pflichten war für die Eisenbahnen zu der Zeit keine übermäßige Belastung, als sie allein in der Binnenschiffahrt einen auch nur zeitweiligen Konkurrenten hatten. Die Eisenbahn hatte damals innerhalb des Transportwesens eine monopolähnliche Stellung. Aber diese Marktstellung der Eisenbahn wurde wesentlich geändert, als der Lastkraftwagenverkehr dazu kam. Der Wettbewerb des Kraftwagens ist für die Eisenbahnen dort nur schwer durchzuhalten, wo sie immer mehr zu einem Instrument der staatlichen Wirtschafts- und Sozialpolitik geworden sind. Das ist vor allem in Deutschland der Fall.

Damit taucht die Frage auf, inwieweit mit der starken gemeinwirtschaftlichen Rolle der Eisenbahnen die vom Gesetz über die Deutsche Bundesbahn verlangte kaufmännische Rechnungsführung zu vereinbaren ist. In früheren Zeiten ist es der Deutschen Reichsbahn durchaus gelungen, einen Ausgleich zwischen den Belangen der deutschen Volkswirtschaft und den finanziellen Notwendigkeiten herzustellen. Allerdings stand damals der Wettbewerb mit dem Kraftwagen erst in den Anfängen, und die deutsche Reichsbahn hatte die Folgen von Inflation und Krieg im wesentlichen überwunden. So hat sie die gemeinwirtschaftlichen Interessen sehr gut mit den aus der Reparationsbelastung sich ergebenden finanziellen Notwendigkeiten in Übereinstimmung bringen können.

Die volkswirtschaftlichen und sozialen Pflichten, die der Bundesbahn auferlegt sind, entsprechen der heute in Deutschland allgemein herrschenden Wirtschaftsauffassung. Daneben hat die Abtrennung der sowjetischen Zone Verhältnisse geschaffen, die ohne eine Sonderbehandlung nicht zu lösen sind, weil sonst die an der Zonengrenze liegenden verkehrsungünstigen Gebiete wirtschaftlich zugrunde gehen und entvölkert werden würden. Damit aber würde die Zusammenballung der Menschen im übrigen Bundesgebiet noch mehr gefördert werden, was sozial durchaus unerwünscht ist. Außerdem hat die Zerstörung großer Wohnkomplexe in den großen Städten zu einer an sich begrüßenswerten Dezentralisierung der in den Großstädten arbeitenden Massen geführt. Die Arbeiter haben aber dadurch einen erheblich weiteren Weg zur Arbeitsstätte zurückzulegen, und zum Transport dieser Massen zu den Werkstätten ist die Eisenbahn als Massentransportmittel gar nicht zu entbehren, zumal die zurückzulegende Entfernung oft nicht unerheblich über das hinausgeht, was noch entfernungsmäßig von den kommunalen Nahverkehrsmitteln bewältigt werden kann. Aber gerade dieser Nahverkehr ist für die Bundesbahn wenig gewinnbringend. Seine Durchführung wird aber nicht unter dem Gesichtspunkt der Gewinnerzielung betrachtet werden können, sondern hier wird man dem sozialen Moment den entscheidenden Vorrang einräumen müssen. So sind durch die Gestaltung der sozialen und der wirtschaftlichen Verhältnisse durch zwei große Kriege die Eisenbahnen in Deutschland nicht nur eine Einrichtung des Transportwesens, sondern in ebenso starkem Maße ein Mittel in der Hand des Staates für die Durchführung seiner Wirtschafts- und Sozialpolitik geworden.

Allerdings ist im Gegensatz zur Deutschen Bundesbahn die sozialpolitische Einspannung der Eisenbahnen in den Niederlanden und in den angelsächsischen Ländern geringer oder gar nicht vorhanden. Die niederländischen Eisenbahnen werden in der Form einer Aktiengesellschaft betrieben, deren alleiniger Aktionär der Staat ist. Er will aus dieser Vermögensanlage einen Gewinn erzielen. So hat er die Betriebspflicht weitgehend gelockert; allerdings ist an der Beförderungspflicht festgehalten worden, aber dafür ist wieder der Tarifzwang erheblich gemildert. Die von der Bahnverwaltung veröffentlichten Tarife sind nur Höchsttarife, die nicht überschritten werden dürfen, doch ist es durchaus möglich, sie durch Sondervereinbarungen mit den Verfrachtern zu unterschreiten, wenn es aus Wettbewerbsgründen angemessen erscheint. Dadurch hat die Verwaltung der niederländischen Eisenbahnen eine sehr große finanzielle Bewegungsfreiheit, wobei allerdings der soziale Gesichtspunkt weitgehend zurücktritt. Im Jahre 1952 beförderten die niederländischen Eisenbahnen 92% der Reisenden zu Normalpreisen und nur 8% zu ermäßigten Preisen, während die Bundesbahn 89% der Reisenden zu ermäßigten Preisen befördert.

In England haben die Eisenbahnen auch nach ihrer Verstaatlichung nur in geringem Umfang gemeinwirtschaftliche Verpflichtungen. Man steht dort nach wie vor auf dem Standpunkt, daß die Transportleistung eine Ware ist, die man gewinnbringend verkauft. Lediglich um den Umsatz zu steigern, werden tarifarische Vergünstigungen gewährt. So besteht kein Zwang, die Tarife zu veröffentlichen, so daß auch hier die Verwaltung eine viel weitgehendere finanzielle Freiheit hat, als das in der Bundesrepublik der Fall ist.

In den USA sind die Eisenbahnen eine „Industrie", die dazu bestimmt ist, ihren Unternehmern Gewinn abzuwerfen. Dort sind Ausnahmetarife im Güterverkehr aus volkswirtschaftlichen Gründen und ebenso Fahrpreisermäßigungen aus sozialpolitischen Gründen unbekannt. Beides würde der Wirtschaftsauffassung, wie sie in den USA herrscht, widersprechen, und man würde darin einen Versuch sehen, die kaufmännische Freiheit der Eisenbahnunternehmer zu beschränken. Jedoch herrscht in den USA Tarifzwang, Beförderungspflicht und Betriebspflicht. Damit hat man versucht, ein Gegengewicht gegen eine schädliche Ausnutzung der Freiheit des Unternehmers zu schaffen, und außerdem soll auf diese Weise die Grundlage für eine faire Konkurrenz gegeben werden.

Wenn wir dieses unterschiedliche Verhalten der Staaten den Eisenbahnen gegenüber sehen, so zeigt sich hier der Unterschied in den wirtschaftspolitischen und den sozialpolitischen Auffassungen, die wieder stark durch das Wohlstandsniveau der betreffenden Völker bedingt sind. Je mehr die beiden Weltkriege den nationalen Wohlstand gemindert haben, wie in Deutschland und in Frankreich, desto mehr sind die Eisenbahnen zum Instrument geworden, dessen sich der Staat mit bedient, um seine Wirtschafts- und Sozialpolitik durchzuführen. Dabei knüpft man in Deutschland an die alte Tradition an, die immer in den Eisenbahnen ein Mittel sah, die gesamte Volkswirtschaft zu heben und zu entwickeln.

§ 5

Tarife und Tarifpolitik

Literatur

F. Ulrich, Das Eisenbahntarifwesen. 1886.
Launhardt, Theorie der Tarifbildung der Eisenbahn. Archiv für Eisenbahnwesen. 13. Jahrg. 1890.
E. Rank, Das Eisenbahntarifwesen in seiner Beziehung zu Volkswirtschaft und Verwaltung. 1895.
Oskar Engländer, Theorie des Güterverkehrs und der Frachtsätze. 1921.
W. Spiess, Tarif, eine enzyklopädische Studie. 1931.
W. Spiess, Der Eisenbahngütertarif in der Volkswirtschaft.
W. Spiess, Die Betriebswissenschaft des Eisenbahngütertarifs. — Archiv für Eisenbahnwesen, 62. Jahrg. 1939.
Acworth, Grundzüge der Eisenbahnwirtschaftslehre. 1926.
Karl Moormann, Das Tarifwesen. 1951.
G. Cassel, Grundsätze der Bildung der Personentarife. Archiv für Eisenbahnwesen, 23. Jahrg. 1900.
Oskar Knebel, Die Reichsbahnpersonentarife. 1926.
Metzger, Die Differenzialpreise im Verkehr.
Kurt Tecklenburg, Betriebskostenrechnung und Selbstkostenermittlung bei der deutschen Reichsbahn. 1930.
Schulz-Kiesow, Die Eisenbahntarifpolitik in ihrer Wirkung auf den industriellen Standort. 1940.
K. Schobert, Der soziale Verkehrsausgleich im Güterverkehr zu Lande. 1943.

Hagner-Helfrich, Die Eisenbahngütertarifreform und ihre Wirkungen. Verkehrswissenschaftliche Forschungen aus dem Institut für Verkehrswissenschaft an der Westfälischen Landesuniversität zu Münster i. W. Heft 8.
Heribert Stecken, Die Problematik des Selbstkostenvergleichs im Verkehrswesen und seine Bedeutung für die Transportgestaltung. Marburger rer. pol. Diss. 1951 (ungedruckt).
W. Böttger, Über Kostenrechnung und Preisbildung bei Verkehrsbetrieben. 1955.
Reichsverkehrsministerium, 100 Jahre deutsche Eisenbahnen.
Zahlreiche Aufsätze in der Zeitschrift für Verkehrswissenschaft im Archiv für Eisenbahnwesen, der „Bundesbahn" und im Internationalen Archiv für Verkehrswesen.

1. Begriffliche Grundlagen

Tarif ist die systematische, veröffentlichte Zusammenstellung von Preisen und allgemeinen Bedingungen für wiederholte oder wiederholbare Dienstleistungen der Transportanstalten und -unternehmen (Spiess).

Der Tarif wird von den Verkehrsunternehmen einseitig festgesetzt. Das ist nur möglich, wenn dieses Unternehmen über ein Monopol verfügt, oder aber wenn der Markt oligopol so gestaltet ist, daß das Unternehmen, das Tarife aufstellt und veröffentlicht, die stärkste Kraft am Markte ist, nach deren Verhalten sich die anderen Verkehrsunternehmen richten. Tarifarisch können ferner nur solche Leistungen erfaßt und preismäßig festgesetzt werden, die gleichmäßig und daher vertretbar sind.

Für die Volkswirtschaft sind tarifmäßig gebundene Preise von Vorteil, denn der Verlader weiß, daß er stets unabhängig von vorübergehenden Schwankungen von Angebot und Nachfrage mit festen Preisen für die Transportleistung zu rechnen hat. Damit geht von den Tarifpreisen eine gewisse stabilisierende Wirkung auf das Preisniveau aus.

Man unterscheidet nach den Gegenständen, die befördert werden sollen, Personen-, Gepäck-, Expreßgut-, Güter- und Vieh-Tarife. Im Personenverkehr nennt man den im Tarif für die Transportleistung veröffentlichten Preis den Fahrpreis, im Gepäckverkehr den Gepäcksatz und im Güterverkehr den Frachtsatz. Für diese Preise verkauft die Eisenbahn ihre Transportleistung, und diese ist im Personenverkehr der Personenkilometer und im Güterverkehr der Tonnenkilometer.

Nach dem besonderen Zweck, dem die Tarife dienen sollen, spricht man gegenüber dem Regeltarif von Ausnahme- und Sondertarifen. Zu den Sondertarifen gehören die Ein- und Ausfuhrtarife, die Durchfuhrtarife und die Saisontarife.

Im Personenverkehr kann der Fahrpreis entweder dadurch berechnet werden, daß ein Einheitssatz für den Kilometer je Person mit der Kilometerzahl multipliziert wird, die der Reisende zurückzulegen wünscht. Dann spricht man von einem Kilometertarif. Eine andere Möglichkeit ist, daß eine bestimmte

Anzahl von Kilometern zu Gruppen zusammengefaßt werden, so daß eine Reihe von Zonen entsteht. Die Fahrpreise steigen dann von Zone zu Zone. In diesem Fall hat man es mit einem Zonentarif zu tun. Kilometertarif und Zonentarif faßt man unter dem Begriff Entfernungstarife zusammen. Den Gegensatz dazu bildet der Einheitstarif, bei dem ein auf alle Entfernungen gleicher Preis erhoben wird.

Zum Personentarif gehört der Gepäcktarif, d. h. das Verzeichnis der Preise und Bedingungen, zu denen das dem Reisenden gehörende und ihn begleitende Gepäck befördert wird. Beim Gepäcktarif wird der Preis einmal nach dem Gewicht und dann an dessen Hand entweder nach einem Kilometer- oder Zonentarif berechnet.

Die Gütertarife können entweder Entfernungs- oder Stationstarife sein. Im ersten Fall wendet man entweder einen Kilometertarif oder einen Staffeltarif an. Der Staffeltarif vervielfältigt nicht die Zahl der Kilometer mit einem Einheitssatz, sondern von einer bestimmten Entfernung an, seien es 100 oder 200 km, läßt man die Streckenfracht je tkm mit wachsender Entfernung um ein bestimmtes Maß, den Degressionskoeffizienten, abnehmen. Dann beträgt der Frachtsatz auf große Entfernungen, sagen wir auf 1000 km, nur einen Prozentsatz dessen — z. B. 60% — was nach einem Kilometertarif zu zahlen wäre.

Einen Stationstarif hat man dann vor sich, wenn man die kilometrische Leistung nur mittelbar berücksichtigt und einen bestimmten Frachtsatz für die Gewichtseinheit von jeder nach jeder im Tarif verzeichneten Station erhebt.

Die Transportleistung besteht aber darin, daß ein Gut über eine gewisse Entfernung befördert wird. Dieses Gut stellt entweder eine bestimmte Gewichtsmenge dar oder nimmt einen bestimmten Raum des Transportgefäßes in Anspruch. Demnach muß der Preis, der für die Beförderung gezahlt werden muß, eine Funktion aus der Transportentfernung und dem Gewicht oder dem Raum, den das zu befördernde Gut beansprucht, sein. Das Gewicht steht bei Stückgütern[1]) im Vordergrund, die keinen ganzen Wagenraum in Anspruch nehmen, während der Wagenraum dann der Berechnung des Beförderungspreises zugrunde gelegt wird, wenn entweder ein ganzer oder ein halber Waggon beladen wird. Bei den europäischen Bahnen gelten meist 15 t als ganze und 10 und 5 t als nicht volle Wagenladungen.

Einen solchen Tarif, der die Ladung entweder nach dem Gewicht oder nach dem in Anspruch genommenen Raum klassifiziert, nennt man einen Wagenraumtarif.

---

[1]) Stückgut sind solche Güter, die vom Verlader am Güterschuppen aufgeliefert werden und dann von der Eisenbahn mit eigenen Arbeitskräften in den Wagen verladen werden. Wagenladungsgut ist solche Fracht, die der Verlader in einen von ihm angeforderten und von der Eisenbahn gestellten Waggon selbst mit seinen eigenen Arbeitskräften verlädt.

Der Werttarif dagegen geht nach dem Wert der Güter, wobei er ihren durchschnittlichen Marktpreis zugrunde legt. Es gibt nun frachtempfindliche Güter, bei deren Preis der Frachtanteil sehr groß ist, und es gibt weniger frachtempfindliche Güter, bei deren Preis der Frachtanteil verhältnismäßig gering ist. Je geringer der Frachtanteil am Preise des Gutes am Verbrauchsort, umso weniger wird eine Änderung der Fracht sich unter sonst gleichen Umständen voraussichtlich auf den Preis des Gutes auswirken. Wenn z. B. frei Empfangsstation 1000 kg Margarine 1651,60 DM kosten, so beträgt der Anteil der Fracht bei einer durchschnittlichen Versandentfernung von 211 km nach dem Tarif B 15 der deutschen Bundesbahn 28,70 DM je t; das sind rund 1,7%. Dagegen kostet eine t Portlandzement in Säcken ebenfalls frei Empfangsstation 72,00 DM. Darin sind wieder unter Berücksichtigung einer durchschnittlichen Transportentfernung von 211 km nach dem Tarif 4 B 6 der Deutschen Bundesbahn 19 DM oder rund 26,4% Fracht enthalten.

Je wertvoller ein Gut also ist, desto mehr Fracht kann es vertragen. Unter diesem Gesichtspunkt spaltet der Werttarif die Nachfrage, indem er sie zu verschiedenen Preisen befriedigt und dann die Preiswilligkeit der Nachfrage in verschieden hohem Maße beansprucht. Dabei können für das Maß der Beanspruchung entweder Rücksichten auf die Gewinnerzielung des Verkehrsunternehmens maßgebend sein, dann wird das Gut belastet nach dem Grundsatz, daß die Fracht so hoch sein darf, wie es der Verkehr zu tragen imstande ist, oder aber es herrscht der gemeinwirtschaftliche Gesichtspunkt vor, dann werden volkswirtschaftlich wichtige Güter, wie Rohstoffe und Gegenstände des täglichen Lebensbedarfs der breiten Massen, geringer belastet als Luxusgüter und volkswirtschaftlich weniger wichtige Waren. Man schafft dann auf diese Weise einen Ausgleich in den Einnahmen, indem die hochwertigen Güter einen Teil der Fracht aus gemeinwirtschaftlichen Gesichtspunkten mittragen, die sonst den sozial- und volkswirtschaftlich wichtigen Gütern hätte auferlegt werden müssen. Beim Differenzialtarif endlich, der wohl vom Staffeltarif zu unterscheiden ist, ist der Frachtsatz für die nähere Entfernung höher als für die weitere. Es wird also für die gleiche Menge gleichen Gutes nach einer weiten Entfernung eine geringere Fracht erhoben als nach einer nahen Entfernung.

Den Normal- oder Regeltarifen stehen Ausnahmetarife gegenüber. Ausnahmetarife sollen besonderen Verhältnissen Rechnung tragen und dadurch das ganze Tarifsystem elastischer gestalten. Allerdings wird es durch eine große Zahl von Ausnahmefällen umständlich in der Anwendung. Ausnahmetarife sind besonders geeignet, um volkswirtschaftlichen Notwendigkeiten Rechnung zu tragen. Sie können entweder für bestimmte Güter nach allen Stationen gelten, oder sie können die Versendung von Gütern aus bestimmten Gebieten des Staates nach allen Gebieten oder von allen Gebieten nach bestimmten

Gebieten begünstigen. Ausnahmetarife können daher warenmäßig oder gebietsmäßig orientiert sein.

Neben den Ausnahmetarifen stehen die Sondertarife, die nur für ganz bestimmte Verkehrsbeziehungen gelten und von sozialpolitischen oder volkswirtschaftlichen Gesichtspunkten diktiert sind. Zu den Sondertarifen gehören die Durchfuhrtarife, die den Güterstrom von ausländischen konkurrierenden Bahnen abziehen und den eigenen Bahnen zuführen. Als Seehafentarife dienen sie dazu, den eigenen Export zu fördern und den Import über die eigenen Häfen zu leiten.

Notstandstarife sollen Notständen in bestimmten Gebieten oder bei bestimmten Gewerbezweigen steuern. Sie haben meist vorübergehenden Charakter.

Die Fracht, die für ein Gut zu zahlen ist, besteht aus zwei Teilen: dem Streckensatz, der als Entgelt für die Beförderung auf eine bestimmte Entfernung dienen soll, und der Abfertigungsgebühr, die die Kosten für die Annahme der Güter, das Wiegen, das Verladen, Umladen und Entladen der Güter umfaßt. Da die Kosten der Abfertigung vom Wert des Gutes oder von der Entfernung, auf die es befördert werden soll, unabhängig sind, so ist es durchaus möglich, daß die Abfertigungsgebühren stets in gleicher Höhe bei allen Güterarten erhoben werden. Sie können allerdings für Wagenladungen niedriger sein als für Stückgut, weil die Abfertigung von Stückgut mehr Arbeit verursacht als die von Wagenladungen.

2. Die Höhe der Tarifsätze

Wenn die Eisenbahnverwaltung ihren Tarif veröffentlicht, so macht sie jedem, der an sie herantritt, das Angebot, ihre Transportleistungen (t/km, Personen/km) zu den im Tarif angegebenen Preisen zu verkaufen. Dieser Tarif beruht auf einer bestimmten Systematik der volkswirtschaftlichen und betriebswirtschaftlichen Erwägungen der Eisenbahnverwaltung. Die Höhe der Frachtsätze, die die Eisenbahn in ihren Tarifsätzen anbietet, wird zunächst bestimmt durch die finanziellen Verhältnisse, gleich ob sie als kaufmännisches auf Gewinnerzielung abgestelltes Unternehmen sich in der Hand des privaten Kapitals befindet, oder ob sie als Verkehrsanstalt vom Staate mittelbar oder unmittelbar betrieben wird. In beiden Fällen müssen die Erlöse aus dem Eisenbahnbetrieb den Aufwand decken, der der Eisenbahn dadurch entsteht, daß sie ihren Betrieb in Bereitschaft hält und dann die angebotenen Transportleistungen durchführt. Die Frage ist nur, ob bei Festsetzung der Tarife mehr die gemeinwirtschaftlichen oder mehr die gewinnorientierten Gesichtspunkte im Vordergrund stehen. Eine gemeinwirtschaftliche Tarifpolitik wird bestrebt sein, zur Erschließung und Hebung wirtschaftlich und verkehrsmäßig zurückgebliebener Gebiete beizutragen, und sie wird weiter darauf zielen, die Zusammenballung von Produktionsstätten und Menschenmassen an wenigen Punkten zu erschweren und damit raumpolitische Gesichtspunkte berücksichtigen.

Auf der Seite des Angebots ist für die Höhe der Tarife zunächst die Frage des Aufwands maßgebend. Schon Sax und ebenso die englische Literatur und neuerdings auch Spiess meinen, daß eine exakte Kostenberechnung bei der Eisenbahn nicht möglich sei, weil die Schienenwege, die Sicherheitseinrichtungen sowie die Anlagen der Nachrichtenübermittlung dem gesamten Verkehr dienten, so daß eine Aufgliederung des Aufwandes auf die einzelnen Verkehrsleistungen nicht möglich wäre. Spiess betont vor allem, daß es unmöglich sei, die aus dem Tarif sich ergebende Verkehrsmasse im voraus zu übersehen, die aber wiederum die Kosten bestimme. Sicher besteht zwischen der Fracht als Preis der Verkehrsleistung und den Kosten kein kausaler Zusammenhang, weil der Transportunternehmer die Anzahl der Transportleistungen nicht vorher übersehen und bestimmen kann. Aber das geht dem Landwirt nicht anders, der auch bei der Aussaat nicht die Mengen festlegen kann, die er ernten wird. Im übrigen ist der Umfang der Nachfrage nach Transportleistungen in gewissen Grenzen auch eine Funktion der Höhe der Frachten, also des Preises, und die Nachfrage wiederum bestimmt durch die Zahl der Transportleistungen, welche sie in Anspruch nimmt, wieder die Höhe der Durchschnittskosten der Transportleistung und damit deren Preis. Es ist also ein Wechselverhältnis vorhanden, in das der anbietende Unternehmer auf der Grundlage des allgemeinen Preisniveaus eintritt. Von ihm ausgehend berechnet er unter Berücksichtigung der ihm gestellten Transportaufgabe die wahrscheinlich daraus sich ergebenden Transportleistungen und den sich wiederum daraus ergebenden Aufwand. Um eine bestimmte Menge der Transportleistungen zu erfüllen, ist ein bestimmter Aufwand an Arbeitskraft und an sachlichen Gütern notwendig, und beides muß zu den Preisen, die auf dem Markt gegeben sind, erworben werden. Der Aufwand ist also die in Geld gerechnete Summe aller Güter und Leistungen, die notwendig sind, damit die Eisenbahn ihre Transportaufgaben erfüllen kann. Dabei wird von einer bestimmten Größe dieser Transportaufgabe und der dadurch bedingten Anzahl von Leistungen ausgegangen, die von der Eisenbahn in einer bestimmten Zeit über eine bestimmte durchschnittliche Entfernung voraussichtlich zu erfüllen ist.

Der Aufwand, der dazu erforderlich ist, ist teils fix, teils variabel. Der variable Aufwand steigt und fällt mit den Schwankungen, in denen die Menge der Transportleistungen zu- oder abnehmen, während die fixen Aufwendungen im Rahmen der der Kalkulation zugrunde gelegten Transportaufgabe etwa gleich bleiben.

Der in Geld ausgedrückte Aufwand, bezogen auf die Leistungseinheit, stellt die Kosten der Leistung dar, also bei der Eisenbahn den Aufwand auf den t/km oder den Personen/km bezogen. Die Kosten dieser Leistungseinheit müssen im

Rahmen der Transportaufgabe mit den täglichen Schwankungen des Verkehrs ebenfalls schwanken. Legt man sie also den Tarifsätzen zugrunde, so müßten die Tarifsätze ständig geändert werden, ja, dann wäre ein Tarif ökonomisch und rechtlich gar nicht möglich. Der Tarif kann deshalb auch nur den Aufwand, der eben innerhalb einer bestimmten Transportaufgabe wenig oder gar nicht schwankt, den im Tarif angegebenen Sätzen zugrunde legen. Der Aufwand schwankt um so weniger, je größer der Anteil des fixen Aufwandes am Gesamtaufwand ist. Und das ist bei der Eisenbahn der Fall angesichts des großen Umfangs ihrer dauerhaften Anlagen. Der Anteil des fixen Aufwandes am Gesamtaufwand beträgt bei der Eisenbahn etwa 60–66%. Nimmt die Verkehrsmenge innerhalb der gestellten Aufgabe zu, so verteilt sich der fixe Aufwand auf eine größere Anzahl von Leistungseinheiten (t/km, Personen/km). Da der Aufwand bezogen auf die Leistungseinheit aber die Kosten sind, so sinken die Kosten unter sonst gleichen Umständen mit zunehmender Verkehrsleistung. Eine solche Degression der Kosten ist aber ein Zeichen einer fortschreitend besseren Deckung des Aufwandes durch die Einnahmen (Rössle).

Die Deutsche Reichsbahn, der auch die Deutsche Bundesbahn darin gefolgt ist, hat nun Methoden entwickelt, um den Aufwand für die verschiedenen Transportleistungen zu berechnen, und sie hat damit eine Unterlage geschaffen, auf der die Frachtsätze in den Tarifen berechnet werden können, wenn eine bestimmte Transportaufgabe vorliegt. Sie will durch Ermittlung des Aufwandes Unterlagen dafür gewinnen, was der t/km und der Personen/km in den verschiedenen Beförderungsarten kosten. Allerdings ist eine unmittelbare Zurechnung des Aufwands auf die einzelne Verkehrsleistung nicht möglich. Eine solche auf höchste Genauigkeit abzielende Berechnung des Aufwandes ist nicht mehr durchführbar. Wohl aber ist möglich „die ökonomische Begrenzung der Ungenauigkeit" (Schmalenbach) und diese ist allerdings erreicht. Man kann dann auf die Kosten der einzelnen Verkehrsleistung kommen, indem man feststellt, in welchem Ausmaß hierfür betriebliche Leistungen in Anspruch genommen werden. Dazu wird der Aufwand nach folgenden Verkehrszweigen gegliedert:

1. in den allgemeinen Fernverkehr;
2. Hamburger S-Bahnverkehr;
3. Schmalspurverkehr;
4. Schiffsverkehr;
5. sonstiger Verkehr.

Im allgemeinen Fernverkehr werden wieder zwei Gruppen unterschieden:

1. der Reisezugverkehr;
2. der Güterzugverkehr.

Beide Gruppen benötigen folgende betriebliche Leistungsgebiete:
1. die Abfertigung;
2. die Zugbildung;
3. die Zugförderung.

Abfertigung ist bei den Reisezügen die Abfertigung der Reisenden an der Ausgangs- und Endstation (Fahrkartenverkauf, Abfertigung des Gepäcks, Kontrolle an der Sperre). Bei den Güterzügen müssen die Güter gewogen werden, die Fracht berechnet und endlich, soweit es sich um Stückgut handelt, die Güter verladen werden. Stückgut muß umgeladen werden, wenn der betreffende Stückgutwagen am Ende seiner Laufstrecke angelangt ist, die in ihm verladenen Güter aber noch darüber hinaus befördert werden sollen. Wagenladungen müssen auf den Verschiebebahnhöfen umrangiert werden, wenn der Zug, in den sie eingestellt sind, das Transportziel nicht erreicht, weil sein Laufplan erfüllt ist. Die Zugbildung umfaßt alle Maßnahmen zur Bereitstellung der Wagen und der Lokomotiven und ihre Vereinigung zu geschlossenen Zügen. Die Zugförderung ist die Beförderung des Zuges auf der Strecke.

Die Aufwendungen der Eisenbahn bestehen
1. in der Verzinsung des Anlagekapitals;
2. in den Wertminderungen durch die Abnutzung der Anlagen und Betriebsmittel;
3. für den Verbrauch von Stoffen;
4. für die Beschäftigung des Personals.

Ein Verkehrsunternehmen, das vorwiegend darauf abgestellt ist, Gewinn zu erzielen, wird zu dem Aufwand auch eine Gewinnquote als Entgelt für die Unternehmertätigkeit hinzurechnen, während vorwiegend gemeinnützig orientierte Unternehmen davon absehen. Jeder Leistungseinheit (Lokomotiv-km, Wagenachs-km, Zug-km) werden die auf sie entfallenden Teile der Gesamtaufwendungen gegenüber gestellt, wobei die allgemeinen Aufwendungen für die Geschäftsführung der Direktionen und der Hauptverwaltung anteilmäßig mitberücksichtigt werden. Auf jede DMark der im Betrieb entstehenden Aufwendungen wird ein gleicher Zuschlag als Aufwand für die Geschäftsleitung zugeschlagen.

Die Aufwendungen in den drei Leistungsgebieten werden in Sach- und Personalaufwendungen unterteilt. Dabei können 80% der Aufwendungen für das Personal entweder infolge seiner unmittelbaren Tätigkeit oder auf Grund von sorgfältig ermittelten Unterlagen auf die Leistungseinheiten der beiden Hauptverkehrsarten, Reisezug- und Güterverkehr, aufgeteilt werden. 7% der Personalaufwendungen werden nach Erfahrungssätzen auf die beiden Verkehrsarten verteilt.

Die Sachaufwendungen wiederum gehen zu 92% auf die Beschaffung von Betriebsstoffen sowie auf die Aufwendungen für Bahn- und Fahrzeugunterhaltung. 88% der Sachausgaben können ebenfalls mit ausreichender Genauigkeit auf die Leistungen der beiden Hauptverkehrsarten verteilt werden. So ergibt sich dann, daß von den Aufwendungen bei den Reisezügen entfallen

70% auf die Zugförderung
15% auf die Abfertigung
15% auf die Zugbildung;

beim Güterverkehr dagegen kommen

25% auf die Zugbildung
32% auf die Abfertigung
45% auf die Zugförderung.

Für die Höhe der Aufwendungen ist die Nettolast, die in einem Güterwagen verladen wird, von verhältnismäßig geringem Einfluß. Sie ist nur insoweit auf die Höhe des Aufwands von Einfluß, als — je geringer sich die Nettolast im Verhältnis zum Gewicht des Wagens stellt — um so mehr tote Last befördert werden muß. Dann wird das im Wagen investierte Kapital umso weniger wertmäßig ausgenutzt, und umso langsamer wird es umgeschlagen.

Etwas anders steht es mit der Entfernung, auf die transpotiert wird. Von der Transportentfernung ist nämlich abhängig

1. die Beanspruchung des Personals und des Materials;
2. die Höhe der Aufwendungen für Betriebsstoffe;
3. die Zeit, in der Zugmittel und Fahrzeuge in Anspruch genommen werden, ehe sie wieder zu neuer Verwendung bereit stehen.

Aber die Transportaufwendungen steigen nicht proportional zu der zunehmenden Transportentfernung. Je größer die Entfernung ist, auf die transportiert wird, desto besser ist die Ausnutzung des Personals berechnet auf die Leistung, und die Kosten für Abfertigung und Zugbildung verteilen sich auf eine größere Anzahl von t/km. Aus dieser Gestaltung der Aufwendungen bei zunehmender Transportentfernung erklärt sich die finanzielle Tragbarkeit des Staffeltarifs, bei dem auch mit wachsender Entfernung der Satz für den zurückgelegten km abnimmt. Dabei wird die Kurve der Degression der Streckenfracht in der Regel über der Kurve der Kosten für den tkm verlaufen, ohne daß damit eine zwangsläufige Abhängigkeit der beiden Kurven gegeben ist. Die Degressionskurve wird stärker nach oben abweichen, wenn es sich um volkswirtschaftlich weniger bedeutsame Güter handelt, und wenn die Eisenbahn den Wettbewerb mit anderen Verkehrsmitteln nicht zu befürchten braucht. Aus gemeinwirtschaftlichen Gründen und mit Rücksicht auf den Wettbewerb der anderen Verkehrsmittel wird die Degressionskurve der Kostenkurve in ihrem Verlauf angeglichen werden und vielleicht sogar in besonderen Ausnahmefällen (Subventionstarif) stellenweise unter die Kostenkurve sinken.

Mit zunehmender Geschwindigkeit des Transportes wachsen die Aufwendungen, weil der Verbrauch an Brennstoffen steigt, weil Gleisanlagen und Fahrzeuge vermehrt abgenutzt werden, so daß die Aufwendungen für Fahrzeug- und Bahnunterhaltung zunehmen. Aber dieser Steigerung der Aufwendungen wirkt entgegen, daß, je schneller der Verkehr durchgeführt wird, der Wagenumlauf unter sonst gleichen Umständen auch beschleunigt werden kann. Dann kann mit einer kleineren Menge von Fahrzeugen eine größere Leistung hervorgebracht werden. Dasselbe gilt für die Lokomotiven und für das Personal. So kommt es, daß die Kosten der Leistungseinheit nicht proportional zur Transportgeschwindigkeit steigen.

Nun ist die Veränderung der Kosten, d. h. des Aufwandes auf die Einheit der Verkehrsleistung gerechnet, bei Zu- oder Abnahme des Verkehrs nicht proportional der Zu- oder der Abnahme des Verkehrs. Zu den 60—66% des fixen Aufwandes gehören nicht nur der Aufwand für den Zinsendienst und die Tilgung des Anlagekapitals, die Aufwendungen für Bahn- und Fahrzeugunterhaltung, sondern auch ein beträchtlicher Teil der Personalkosten. Ein erheblicher Teil des Personals muß ohne Rücksicht auf die Größe des Verkehrs in Bereitschaft gehalten werden; es muß ohne Rücksicht auf die Größe des Verkehrs für die Unterhaltung der vorhandenen Wagen, Anlagen und Fahrzeuge gesorgt werden, und es müssen die vorhandenen Anlagen bedient werden, die zur Aufrechterhaltung des Betriebes erforderlich sind. Daraus ergibt sich, daß bei einem gegebenen Stand der Anlagen und des Personals die Aufwendungen für die Unterhaltung von Bahn und Fahrzeugen, auf die Leistungseinheit gerechnet, umso niedriger sind, je größer die Menge der beförderten Personen und Güter ist. Die Kosten sinken also, während der Aufwand gleich bleibt.

Aber das trifft nur so lange zu, als die Leistungsfähigkeit des vorhandenen sachlichen und personellen Apparates nicht voll ausgenutzt ist. Aber soweit eine Erweiterung notwendig ist, hört diese Bewegung auf, weil zusätzlich aufgewendet werden mußte, so daß die Kosten der Leistungseinheit ebenfalls zunehmen, wenn auch nicht im Ausmaß, in dem der Aufwand hat vermehrt werden müssen. Ist aber durch eine Zunahme des Verkehrs die Zunahme des Aufwandes abermals kompensiert, so beginnen die Kosten der Leistung wieder zu sinken. Als Beispiel sei angegeben, daß wenn ein Güterzug, der bisher mit 30 Wagen und insgesamt 600 t gefahren ist, in Zukunft stattdessen mit 800 t gefahren werden muß, ohne daß eine Erweiterung der festen Anlagen oder eine vermehrte Einstellung von Personal erfolgen muß, so ist die Vermehrung des Aufwandes für den vermehrten Kohlenverbrauch unbedeutend im Verhältnis zu Gesamtaufwand. Es wird jetzt vielmehr sowohl das Personal als auch das bisher nicht voll ausgenutzte rollende Material besser ausgenutzt, die Kosten für die Leistungsfähigkeit gehen zurück, und der Aufwand wird besser gedeckt. Anders wird die Sache, wenn ein neuer Güterzug in den Fahrplan eingestellt werden muß, weil der eine Güterzug den Verkehr nicht mehr bewältigen kann, obwohl er jetzt voll ausgelastet ist. Dann wird zwar auch nicht das im Grund und Boden angelegte Kapital vermehrt, sondern es werden nur Teile des fixen Kapitals, die bisher nicht verwandt waren, in die Verwendung eingeführt. Dadurch wird dann der Aufwand an Sachgütern und Dienstleistungen gesteigert, aber auch in dem Umfang wie der Verkehr zugenommen hat. Allerdings setzt sich diese Vermehrung des Aufwands zunächst dem Sinken der Kosten je Leistungseinheit entgegen, solange der neue Aufwand nicht voll durch die Leistungen gedeckt ist.

Wenn die Eisenbahnverwaltung in einem Tarif dem nach Transportleistungen nachfragenden Publikum bestimmte Tarifsätze für die Verkehrsleistung anbietet, so kann demnach sehr wohl berechnet werden, zu welchem Frachtsatz eine bestimmte Menge Güter auf eine bestimmte Entfernung gefahren werden kann. Sie kann aber auch ermitteln, wieviel Mengen an beförderten Gütern notwendig sind, um die bisherigen Erlöse aus dem Verkehr zu erzielen, wenn die Frachtsätze um einen bestimmten Betrag gesenkt werden.

Dabei kommt es für die Eisenbahnverwaltung nicht so sehr darauf an, daß jede Strecke oder jede Position des Tarifs mit den darin angegebenen Frachtsätzen auch einen Überschuß der Einnahmen über den Aufwand bringt, sondern es kommt darauf an, daß die Gesamteinnahmen aus dem Tarifsystem die Gesamtausgaben aus dem Betrieb decken und einen angemessenen Überschuß für die Stärkung der Reserven abwerfen, ohne die auch ein auf Gemeinwirtschaftlichkeit abgestelltes Unternehmen nicht zu bestehen vermag.

Aber auch dann, wenn Betriebsführung und Finanzgebarung am Prinzip der Rentabilität orientiert sind, wird eine Eisenbahnverwaltung nicht umhin können, den Betrieb auf einzelnen Strecken aufrecht zu erhalten, die nicht die volle Rentabilität versprechen, solange diese Strecken wichtige Zubringerstrecken sind, die erst die volle Ausnutzung des Bahnnetzes als Ganzem ermöglichen. Ebenso werden sie Güter zu Sätzen befördern, die nicht voll aufwanddeckend sind, wenn diese Güter erst die Vollauslastung des Betriebes gestatten. In dieser Lage befinden sich verschiedentlich die nordamerikanischen Eisenbahnen vor allem gegenüber den Pipe-Lines.

Wenn sich also bei der Bemessung der Tarifsätze die anbietende Eisenbahn nach dem Aufwand richtet, so fragt die Wirtschaft deswegen Transportleistungen nach, weil die Güter nachgefragt werden, die befördert werden sollen.

Es geschieht also nicht um der Leistung als solcher willen, denn niemand reist nur um zu reisen, und kein Gut wird auf der Eisenbahn verladen, nur um es von einem Ort zum anderen zu befördern. Die Transportleistung vermag keine endgültige Befriedigung zu geben, sondern die Bedürfnisbefriedigung erfolgt durch den Genuß der Güter, die transportiert werden. Und Güter werden transportiert, weil an dem Ort, an dem ein nachgefragtes Gut benötigt wird, dieses Gut entweder gar nicht oder in nicht ausreichender Menge vorhanden ist, um die zahlungswillige Nachfrage zu befriedigen.

Damit muß ein Zusammenhang zwischen dem Preis, der für das Gut erzielt werden kann, und dem Preis bestehen, den die Nachfrage nach Transportleistung zu zahlen bereit ist, um das Gut von einem Ort zum anderen zu befördern. Ganz allgemein kann zunächst gesagt werden, daß die Nachfrage nur von einer zu einem bestimmten Preis angebotenen Transportleistung Gebrauch macht, wenn dieser Preis unter der Differenz liegt, die sich aus dem Unterschied des Preises ergibt, zu dem das Gut am Verladungsort gekauft und am Entladungsort wieder verkauft werden kann. Dieser Unterschied muß so groß sein, daß dem Verkäufer am Entladungsort noch ein angemessener Gewinn verbleibt. Das wiederum hängt davon ab, inwieweit derjenige, der eine Gütersendung empfängt, Transportkosten und Gewinn auf seinen Einkaufspreis zuzuschlagen vermag. Dabei spielt die Elastizität der Nachfrage eine Rolle. Die Preise, mit denen die Nachfrage zu rechnen hat, bewegen sich im Rahmen des allgemeinen Preisniveaus.

Daher spielt auf Seiten der Nachfrage das allgemeine Preiniveau für die Höhe der Fracht eine ebenso große Rolle wie auf der Seite des Angebots. Für die Nachfrage nach Transportleistung ist die obere Grenze für die Fracht dort gegeben, wo die Fracht als Zuschlag zu den Produktionskosten unter sonst gleichen Umständen bei einer gegebenen Elastizität der Nachfrage den Absatz eines Gutes zu vermindern beginnt und damit eine Verminderung der Nachfrage nach Transportleistung auslöst.

Der zweite Gesichtspunkt ist die Verwendung des zu transportierenden Gutes am Produktionsprozeß. Rohstoffe, die noch mit einem erheblichen Aufwand von Arbeit und Kapital umgeformt werden müssen, ehe sie in ein Produktionsmittel oder in ein Konsumgut umgewandelt sind, vertragen nur niedrige Frachten; sie sind frachtempfindlich; dasselbe gilt für Hilfsstoffe. Fertigfabrikate dagegen sind weniger frachtempfindlich, weil sie hochwertiger sind als Roh- und Hilfsstoffe.

Die Fracht ist also ein Teil des Aufwandes, der erforderlich ist, um eine bestimmte Gütermenge gebrauchsfertig in die Hand desjenigen zu bringen, der diese Gütermenge verwenden will. Der dafür erzielte Preis muß also auch den Aufwand für die Fracht mit decken.

Eine Änderung der Fracht braucht aber nicht zu einer proportionalen Änderung des Warenpreises zu führen. In welchem Ausmaß sich ein Warenpreis ändert, hängt von dem Grad der Elastizität des Angebotes und der Nachfrage ab. Je starrer die Nachfrage nach einem Gut ist, desto weniger steht die Menge eines Gutes, die verlangt wird, unter dem Einfluß von Preisänderungen.

Damit wird die Tendenz ausgeprägt sein, daß durch eine Frachterhöhung auch eine Preissteigerung erfolgt. Eine Frachtsenkung dagegen wird sich kaum in einer Senkung des Preises auswirken, da dadurch eine Steigerung des Umsatzes bei starrer Nachfrage nicht wahrscheinlich ist.

Ist dagegen die Nachfrage elastisch, so muß damit gerechnet werden, daß wenn die Frachterhöhung eine Preissteigerung auslöst, auch die Nachfrage nach dem betreffenden Gut zurückgeht, so daß dann der Umsatz unter das Maß sinkt, das dem Verkäufer einen angemessenen Gewinn abwirft. Die Folge wird sein, daß die Preiserhöhung nur gering sein kann, so daß ein Teil der Fracht zu Lasten des Verkäufers geht, der nunmehr zu Maßnahmen veranlaßt wird, die ihm den verminderten Gewinn ausgleichen. Ist das nicht möglich, kann mit einem Rückgang des Transportvolumens gerechnet werden, falls nicht eine Möglichkeit besteht, ein anderes Transportmittel in Anspruch zu nehmen, dessen Frachten nicht erhöht worden sind. Wird dagegen die Fracht gesenkt, so ist mit der Elastizität der Nachfrage auch mit einer Erhöhung des Umsatzes zu rechnen, wenn die Preise ebenfalls gesenkt werden. Hier wird der Wettbewerb der Verkäufer das Seine dazu tun.

Bei elastischem Angebot, d. h. wenn die Preisänderung sofort eine Änderung der angebotenen Menge hervorruft, wird eine Frachtermäßigung eine Verminderung des Aufwandes hervorrufen und damit eine Vermehrung der angebotenen Gütermenge als Folge zeitigen, so daß dann dadurch auch eine Senkung der Preise herbeigeführt wird, weil die größere Gütermenge auch einen größeren Umsatz hervorruft. Die Höhe der Warenpreissenkung hängt von der Elastizität der Nachfrage ab, auf die das elastische Angebot stößt. Wird bei elastischem Angebot die Fracht erhöht, so kann sich das Angebot sofort den veränderten Bedingungen anpassen, so daß bei elastischer Nachfrage die angebotenen Mengen zurückgehen, die Preise steigen, und demzufolge kann ein Rückgang des Verkehrsvolumens eintreten. Sind Angebot und Nachfrage jedoch beide starr, so wird die Auswirkung einer Tarifänderung auf den Verkehr nur gering sein. Diese Tendenzen werden allerdings durch die Gestaltung der konjunkturellen Lage in gewissem Umfang modifiziert werden. Aber sie wirken sich sowohl bei freiem Wettbewerb auf dem Warenmarkt als auch dann, wenn sich das Warenangebot in der Hand eines Monopolisten befindet, in gleicher Weise aus, weil auch der Monopolist den Umsatz auf der Höhe erhalten will, der ihm den größten Gewinn abwirft.

Im Personenverkehr geht die Nachfrage von Personen mit verschiedenen Einkommen aus, die auch verschieden hohe Ansprüche an die Bequemlichkeit und an die Schnelligkeit der Beförderung stellen. Auch hier ist das Reisen nicht Selbstzweck, sondern nur Mittel zum Zweck. Der Zweck ist in Verbindung mit der Kaufkraft, die der Reisende auszugeben bereit ist, maßgeblich dafür, welchen Betrag der Reisende für die Beförderung aufzuwenden bereit ist.

Das Angebot an Transportleistung im Personenverkehr wird einmal den Raum sowie die Ausstattung des Wagens und des Platzes berücksichtigen müssen. Dazu kommt die Geschwindigkeit. Alle diese Momente beeinflussen den Aufwand, der wiederum maßgeblich ist für die Preishöhe, mit der die einzelne Transportleistung im Personenverkehr angeboten werden kann. Im Hinblick auf die verschieden hohe Kaufkraft, über die die Reisenden verfügen, wird das Angebot an Transportleistung die Nachfrage spalten, indem man dem Reisenden Wagen verschiedener Ausstattung anbietet. Dann wird es Fahrzeuge geben, die nur verhältnismäßig wenigen Reisenden Platz bieten, die also ein verhältnismäßig hohes totes Gewicht, auf den Reisenden gerechnet, mit befördern, während andere Wagen, die verhältnismäßig vielen Reisenden Platz bieten, dafür ein geringeres totes Gewicht je Reisenden mit sich führen müssen. Je größer das tote Gewicht ist, das — auf den Reisenden gerechnet — befördert werden muß, umso höher müssen die Aufwendungen sein und umso höher auch der Fahrpreis.

Neben diesen Erwägungen die vom Aufwand und vom Ertrage ausgehen, ist für die Höhe der Frachtsätze und der Fahrpreise der Wettbewerb der anderen Verkehrsmittel, vor allem des Kraftwagens mitbestimmt.

3. Die Wirkungen der verschiedenen Tarifsysteme

a) Die Streckensätze

Wir wissen, daß die Eisenbahnen auf die Standorte der Industrie und damit auch auf die Anhäufung der Bevölkerung sowohl eine zentralisierende als auch eine dezentralisierende Wirkung haben können. Welche von beiden Tendenzen stärker zur Geltung kommt, hängt in gewissen Grenzen von der Tarifpolitik der Eisenbahn ab.

Der Wagenraumtarif ist das Tarifsystem, das in erster Linie auf die Erzielung von Gewinn abgestellt ist. Er zielt darauf hin, das rollende Material voll auszunutzen. Bei der Festsetzung der Sätze wird keine Rücksicht auf den Wert der Güter genommen. Wenn z. B. eine Wagenladung Kohle und eine Wagenladung Gold (15 t) nur nach dem Raum, den sie unter sonst gleichen Umständen in Anspruch nehmen, mit Fracht belegt werden, so ist der Aufwand in beiden Fällen gleich. Wenn dann auch beide die gleiche Fracht zahlen, so ist der Anreiz, das wertvolle Gut auf weite Entfernungen zu versenden, groß. Dagegen wird man das frachtempfindliche geringwertige Gut gar nicht verfrachten, sondern es dort verbrauchen, wo es gewonnen wird. Damit kann ein solcher Wagenraumtarif Zusammenballungen der Industrie an den Orten der Rohstoffgewinnung und dort auch eine Zusammenballung von Menschen begünstigen, wenn die sonstigen Voraussetzungen dafür gegeben sind.

Der Wagenraumtarif wirkt dahin, daß möglichst ganze Wagenladungen zum Versand gebracht werden. Damit werden die Großverlader gegenüber den kleinen begünstigt und der Verkehr von Massengütern gegenüber dem von Fertigwaren. Für die Eisenbahn wird dadurch der Aufwand für die Abfertigung gesenkt, weil die Abfertigung ganzer Wagenladungen geringeren Aufwand verursacht als die von Stückgut.

Stückgut wird sehr hoch belastet, weil es sperrig ist und darum den verfügbaren Laderaum nur unvollkommen ausnützt, so daß das Verhältnis der toten Last zur Nutzlast ungünstig wird. Zwischen den Sätzen für Wagenraumladungen und für Stückgut entsteht aus diesen Gründen eine große Spannung, die wiederum einen Vorteil für die großen Verlader darstellt. Damit werden die großen Industrien, besonders soweit sie in der Nähe der Rohstoffquellen liegen, begünstigt gegenüber dem abseits gelegenen Fertigwarenindustriellen. Nach Schulz-Kiesow entfielen von dem Gesamtversand im Inland auf den Stückgutversand bei der

Porzellanindustrie etwa	55%
Glasindustrie	90–53%
Spielwarenindustrie	63%
Kleineisenindustrie	70%
Baumwollspinnerei	50%.

Weil der Wagenraumtarif die Güter nicht nach ihrem Wert klassifiziert, kann er die Frachten weniger nach volkswirtschaftlichen Gesichtspunkten gestalten. Das ist beim Werttarif eher möglich, wenn er die Güter auf Grund ihrer volkswirtschaftlichen Bedeutung klassifiziert und den Preis als Anhalt nimmt. Bei dieser Klassifizierung kann aber auch dem Selbstkosteninteresse der Eisenbahn und dem Wettbewerb mit den anderen Verkehrsmitteln entsprochen werden. Neben der Wertstaffelung kann auch noch durch die Staffelung der Entfernungen auf eine Dezentralisierung der Produktion und damit der Bevölkerung hingewirkt werden. Die Vereinigung von Wertstaffel und Entfernungsstaffel sind also die Voraussetzungen dafür, daß durch ihre Kombination den volkswirtschaftlichen Interessen und einer auflockernden Raumpolitik Rechnung getragen werden kann. Spiess sagt: „Sobald ein Bahnnetz eine Größe erlangt, dessen streckenmäßige Ausdehnung unverhältnismäßig viel bedeutender ist als die durchschnittliche Länge der einzelnen Transporte des Publikums in dem betreffenden Netzbereich, wird der Staffeltarif zur privatwirtschaftlichen Möglichkeit und zur volkswirtschaftlichen Forderung.“

Je mehr die Entfernungsstaffel auf den weiten Entfernungen sinkt, desto mehr wirkt sie dezentralisierend. Diese Wirkung wird verstärkt, wenn die Rohstoffe in die Klasse der geringwertigen Güter eingegliedert werden. Es kommt also beim Werttarif mit Entfernungsstaffel darauf an, welche Spannungen die

Wertstaffel zwischen hoch- und geringwertigen Gütern, und welche Spannungen die Entfernungsstaffel zwischen nahen, mittleren und weiten Entfernungen legt, ob ein solcher Tarif dezentralisierende oder zentralisierende Wirkung im Raum auslöst.

b) Die Abfertigungsgebühren

Eine Staffelung der Abfertigungsgebühren nach dem Wert oder nach der Entfernung ist keine Forderung, die aus der Deckung des Aufwandes abzuleiten wäre. Der Aufwand bei der Abfertigung hängt vielmehr von der Menge der Güter ab, die abgefertigt werden müssen. Wenn also die Abfertigungsgebühren nach dem Wert oder nach der Entfernung oder gar nach beiden in ihrer Höhe gestaffelt werden, so geschieht das einmal, um der Eisenbahn Gewinn zu bringen und dann um volkswirtschaftlicher Gesichtspunkte willen. Eine Staffelung der Abfertigungsgebühren nach dem Wert der Güter und ihre Anpassung an die Klasseneinteilung des Regeltarifs vergrößert die Spanne der Frachtsätze für Fertigwaren gegenüber denen für Rohstoffe und verstärkt damit die dezentralisierende Wirkung des Tarifs. Gleichbleibende Sätze dagegen belasten den Nahverkehr und verteuern die Frachten für frachtempfindliche Güter, so daß sich daraus die gemeinwirtschaftliche Notwendigkeit ergibt, die Abfertigungsgebühren auch nach der Entfernung zu staffeln.

c) Frachtermäßigung und Verkehrssteigerung

Die Eisenbahn ist eine Unternehmung, die offenbar dem von Bücher so genannten Gesetz der Massenproduktion unterliegt. Deshalb könnte es zweckmäßig erscheinen, durch Tarifsenkungen den gesamten Verkehr in der Volkswirtschaft zu beleben, dadurch das Verkehrsvolumen zu steigern und über diese gesteigerte Verkehrsleistung die Kosten der Verkehrsleistung zu senken und damit schließlich die Einnahmen des Verkehrsunternehmens, vor allem der Eisenbahn, zu steigern.

Wenn wir zunächst den Verkehr als Ganzes nehmen und ebenso die verschiedenen Verkehrsmittel als eine Einheit betrachten, so kommen wir zur folgenden Überlegung:

1. Verkehrsleistungen werden nur dann in erhöhtem Umfang nachgefragt, wenn die Güter, die befördert werden sollen, in größerem Umfang nachgefragt werden. Das aber hängt von der Elastizität der Nachfrage ab. Diese ist wieder bedingt durch die Bedürfnisse, die ein Gut zu befriedigen vermag, vom Stand der Konjunktur, vom Einkommen der breiten Masse und von der Höhe des Preisniveaus. Daraus geht schon hervor, daß eine Senkung der Frachtsätze allein nicht zu einer Steigerung des Verkehrs beitragen kann, wenn nicht gleichzeitig die Voraussetzungen gegeben sind, die zu einer Vermehrung der Güternachfrage führen.

2. Es besteht, wie Spiess ausführt, kein konstantes Verhältnis zwischen Verkehrssteigerung und Aufwandsminderung; ebenso wenig ist ein gesetzmäßiges Verhältnis zwischen Verkehrsmenge und Tarifhöhe gegeben. Alle diese Momente sind von dem Grad abhängig, in dem das Verkehrsunternehmen ausgelastet ist, sowie davon, ob an der Verkehrssteigerung nur die gewinnbringenden Strecken oder auch die Verlust bringenden beteiligt sind.

Wenn nun mehrere Verkehrsmittel miteinander im Wettbewerb stehen, so ist es allerdings wohl möglich, daß wenn eines der Verkehrsmittel seine Tarife senkt, es die Nachfrage und Transportleistungen von den anderen Verkehrsmitteln teilweise ablenkt und auf sich zieht. Aber damit wird das Verkehrsvolumen als Ganzes noch nicht gehoben. Im übrigen kommt es darauf an, inwieweit die Leistungen der verschiedenen Verkehrsmittel, die ja voneinander infolge der technischen Verschiedenheit der Verkehrsmittel verschieden sind, einander ersetzen können. Auch weitgehende Tarifsenkungen des einen Verkehrsmittels können den Verkehr von einem der anderen nicht abziehen, wenn die Leistungen dieses Verkehrsmittels durch seine technische Eigenart derart sind, daß sie einem bestimmten Transportbedürfnis in besonderer Weise entsprechen, das gerade von der Nachfrage bevorzugt wird. Das zeigte sich bei dem Tarifkampf zwischen Eisenbahn und Lastkraftwagen, in dem die Eisenbahn vergeblich versuchte, durch Tarifsenkungen den Abfluß bestimmter Güter zum Lastkraftwagen aufzuhalten.

Die Forderung nach einer Senkung der Tarife, vor allem der Eisenbahntarife, wird vernehmlich in Zeiten der Depression erhoben. Daß eine solche Senkung dann keineswegs zur Belebung des Verkehrs als Ganzem und damit auch nicht zu einer Steigerung der Einnahmen der Eisenbahn zu führen braucht, wird eine Beobachtung der konjunkturellen Bewegung und ihres Einflusses auf die Lage der Eisenbahn zeigen.

d) Konjunktur und Eisenbahnverkehr

In der Zeit seit 1948, nachdem die deutsche Währung wieder gefestigt worden ist, ist noch kein Konjunkturzyklus abgelaufen, der es ermöglichte, den Zusammenhang zwischen der Stärke des Verkehrs und der Bewegung der Konjunktur festzustellen. Man wird deswegen zweckmäßigerweise sich an den Konjunkturzyklus von 1929–1932 halten, für den zuverlässige und eingehende Untersuchungen und Beobachtungen des damaligen Instituts für Konjunkturforschung vorliegen.

In der Zeit des Aufschwungs hat von 1925–1929 die Summe der Verkehrseinnahmen der Deutschen Reichsbahn von 4,3 Milliarden RM auf 4,9 Milliarden RM zugenommen. Von 1929–1932, also in der Zeit der großen Krise, fielen diese Einnahmen um 2,3 Milliarden RM = 47%. Dabei geht der Personenverkehr nur um 35% zurück, und seine Einnahmen vermindern sich von 1,4 Milliarden RM auf 900 Millionen RM; das sind 62%. Im gleichen Zeitraum geht das deutsche Volkseinkommen um 40% zurück, und die Zahl der im Personenverkehr beförderten Personen vermindert sich um 35%. So bestehen offenbar enge Zusammenhänge zwischen der Bewegung des Volkseinkommens und der Zahl der reisenden Personen. Dabei ist im Personenverkehr auf die Gestaltung der Einnahmen und auf die Zahl der beförderten Personen vor allem der Berufsverkehr zu ermäßigten Sätzen maßgebend. Der Berufsverkehr ist auch in der Krise im großen und ganzen gleich geblieben, während der Schnellzugverkehr beträchtlich zurückgegangen ist. Darauf ist der Rückgang der Einnahmen im Personenverkehr während der Jahre 1929–32 in erster Linie zurückzuführen. Eine Senkung der Schnellzugsfahrpreise hätte kaum zu einer Belebung des Verkehrs und zu einer Steigerung der Einnahmen damals beitragen können, weil es einfach an der Kaufkraft der breiten Massen gefehlt hat, die bereit und in der Lage waren zu reisen.

In der Zeit nach dem zweiten Weltkrieg hat man von 1948–1951 versucht, durch Niedrighalten der Personentarife den Personenverkehr zu beleben. Es hat sich aber herausgestellt, daß dadurch der Einnahmerückgang nicht aufzuhalten war, weil die erwartete Belebung des Verkehrs infolge des noch geringen Einkommens der breiten Massen ausgeblieben war[1]). Also nicht eine Tarifsenkung allein vermag den Personenverkehr zu beleben und dadurch die Einnahmen zu steigern, sondern es muß die Kaufkraft der breiten Massen vorhanden sein, die eine solche Verkehrssteigerung im Personenverkehr auslöst.

Im Güterverkehr ohne Dienstgut nahmen von 1929–1932 die beförderten Mengen um 44,5%, die gefahrenen t/km um 43,6% ab.

Dabei nahm der Stückgutverkehr in der gleichen Zeit um 40% ab. In dieser Abnahme liegen allerdings nicht nur konjunkturelle Wirkungen sondern auch strukturelle Faktoren verborgen, die im erfolgreichen Wettbewerb des Kraftwagens mit der Eisenbahn um den Stückgutverkehr zutage traten. Tarifermäßigungen zeigten sich als ungeeignetes Mittel, um diesen Kampf zugunsten der Eisenbahn zu steuern.

Beim Kohlenversand dagegen war damals der Lastkraftwagen noch kein Konkurrent der Eisenbahn. Dieser hielt sich im Rahmen der Produktion wie ein Vergleich des Kohlenversands mit der Kohlenproduktion zeigt.

	Kohlenversand	Kohlenproduktion
1928	100	100
1931	78,9	78,1
1932	68,3	68,9

[1]) S. Schaubild 3 und 5.

Die Konjunkturempfindlichkeit des Kohlenversands und der Kohlenproduktion ist verhältnismäßig gering, weil sich in beiden ein erheblicher Anteil des Hausbrands befindet, dessen Nachfrage starr ist. Aber man sieht auch hier, daß eine Steigerung des Versandes an Kohle kaum durch eine Senkung der Frachten erreicht werden konnte, weil einfach die sinkende Produktion einen erhöhten Versand nicht gestattete. Das wird noch deutlicher, wenn man ein besonders konjunkturempfindliches Gut betrachtet, wie es die Walzwerkerzeugnisse sind.

	Versand	und Produktion von Walzwerkerzeugnissen
1928	100	100
1930	78,3	74,4
1931	57,5	57,3
1932	43,6	38,9

Auch hier mußten Tarifsenkungen ohne Rückwirkung auf die Belebung des Verkehrs bleiben, weil – da die Nachfrage fehlte – nicht mehr Walzwerkerzeugnisse produziert wurden. Man sieht an diesen Beispielen ganz deutlich: es wird nicht die Verkehrsleistung allein nachgefragt, sondern diese Nachfrage ist eine Funktion der Nachfrage nach Gütern, die befördert werden sollen.

4. Die Tarifpolitik in Deutschland seit der Einführung des Reformtarifs von 1877

a) Die Gütertarifpolitik

Im Jahre 1877 kam durch Vereinbarung zwischen den deutschen Eisenbahnverwaltungen der Güterreformtarif zustande. Damit aber war die Grundlage zu einer einheitlichen Tarifpolitik der deutschen Eisenbahnen gegeben. Allerdings war sie, wie das nach der historischen Entwicklung nicht anders erwartet werden konnte, stark von partikularistischen Gesichtspunkten durchsetzt. Aber der Reformtarif gab wenigstens die Möglichkeit der formalen Tarifeinheit, so daß die einzelne Eisenbahnverwaltung nicht mehr in der Lage war, ohne weiteres und ohne Zustimmung der anderen Verwaltungen System und Aufbau des Tarifs zu ändern. Alle mußten auch nach dem gleichen Grundsätzen die Güter in die einzelnen Klassen des Tarifs einreihen. In der Festsetzung der Frachtsätze und der Höhe der Abfertigungsgebühren blieben allerdings die einzelnen Verwaltungen noch autonom.

Der Reformtarif war eine Kombination des von den norddeutschen Eisenbahnen angewandten Werttarifs und des in Süddeutschland vorherrschenden Wagenraumtarifs. So entstand ein „gemischter" Tarif. Er kannte folgende Klassen: Eilgut, Eilgut in Wagenladungen, Frachtstückgut und 4 Hauptklassen von Wagenladungen. Es waren dies die Güter der allgemeinen Wagenladungsklasse (Klasse B, 10 t) und die Nebenklassen (5 t) A 1 sowie die Güter der Spezialtarife I und II mit Nebenklasse A 2 (5 t) und dem Spezialtarif III, bei dem die Fracht für 5 t-Ladungen nach dem Spezialtarif II berechnet wurde. Der Sondertarif I enthielt im wesentlichen Fertigfabrikate, während der Sondertarif II die Halbfabrikate aufführte. Rohstoffe und Massengüter waren im Spezialtarif III zu finden.

Die Streckensätze wurden nach einem Kilometertarif berechnet.

Die Abfertigungsgebühren waren in allen Klassen gleich hoch. Daraus ergab sich eine Abschwächung der Wertstaffelung, denn natürlich waren die Güter nach ihrem Wert in die Klassen eingereiht. Der Anteil der Abfertigungsgebühren stellte sich bei den am höchsten bewerteten Gütern der allgemeinen Klasse B auf 9% der Fracht, während er bei den Massengütern des Spezialtarifs III 21,4% ausmachte. Schulz-Kiesow meint mit Recht, daß die Regelung der Abfertigungsgebühren ohne Rücksicht auf den Wert der Güter „vom Standpunkt des industriellen Standorts" ein Fehler gewesen sei. Denn dadurch wurde die Versendung von Rohstoffen und Massengütern gegenüber den Fertigfabrikaten verhältnismäßig verteuert. Das aber führte zu einer Benachteiligung der Fertigwarenindustrie in den rohstoffarmen Gebieten und zu einer Zusammenballung der Fertigwarenindustrie an den Orten, wo die Rohstoffe gewonnen wurden, also in Sachsen, dem Ruhrgebiet und in Oberschlesien. Allerdings waren die Abfertigungsgebühren nach der Entfernung gestaffelt, obwohl die Entfernung auf die Höhe des Aufwands, der bei der Abfertigung entsteht, ohne Einfluß ist. Wenn man trotzdem die Gebühren nach der Transportentfernung abstellte, tat man das aus gemeinwirtschaftlichen Gründen. Man wollte den Nahverkehr nicht zu stark belasten im Hinblick auf die kleinen Industrien und das Handwerk mit lokalem Absatz. Aber auch die große Industrie des Ruhrgebietes und die hochwertige Qualitätsindustrie hatte an billigen Sätzen für den Nahverkehr Interesse.

Die Einführung eines Staffeltarifs im Jahre 1877 scheiterte am Widerstand der süddeutschen Eisenbahnverwaltungen, während Preußen dafür eintrat. Die Netze der außerpreußischen Verwaltungen waren zu klein, die Entfernungen, die auf ihren Strecken zurückgelegt wurden, zu kurz, so daß dadurch die Entfernungsstaffel hätte sehr früh einsetzen müssen. Das aber widersprach der Gestaltung des Aufwands. Aus den Kreisen der Wirtschaft wandten sich damals gegen die Einführung eines Staffeltarifs die Industrie in den zentralgelegenen Industriegebieten sowie das Handwerk und diejenigen Industrien, die überwiegend für den lokalen Absatz arbeiteten. Dafür trat die Landwirtschaft ein, vor allem die Landwirte in den marktferneren Gebieten der preußischen Ostprovinzen, die Textilindustrie und die kleinen Unternehmer, die Fertigwaren herstellten, sowie die hochwertige Qualitätsindustrie, die ihre Erzeugnisse auf große Entfernungen versandte.

Ein weiterer Nachteil des Reformtarifs war es, daß die Streckensätze für Stückgut und die für die Güter der allgemeinen Wagenklasse (B) die Großbetriebe an den großen Orten begünstigte, die weniger Stückgut sondern mehr Wagenladungen versandten und empfingen. Demgegenüber waren wichtige Industrien, die in kleinen Orten abseits der großen Strecken betrieben wurden, also die Textilindustrie, die Glas- und Spielwarenindustrie, die feinmechanische Industrie sowie das Handwerk und der Kaufmannsstand benachteiligt.

Eine Änderung des Tarifs war nur dann möglich, wenn die Generalkonferenz der deutschen Eisenbahnen, aus deren Beratungen der Tarif hervorgegangen war, dem zustimmte. Dieser Generalkonferenz stand die im Jahre 1877 geschaffene und heute auch noch existierende „Ständige Tarifkommission" zur Seite. Sie bestand aus Vertretern der Eisenbahnverwaltungen, der Industrie, des Handwerks und des Handels und beriet über Vorschläge, die die Änderung des Tarifs oder die Umklassifizierung von Gütern zum Gegenstand hatten. Als besonderes beratendes Organ in Eisenbahnsachen berief der preußische Minister der öffentlichen Arbeiten als Leiter der preußischen Staatsbahnen den Landeseisenbahnrat, der ebenso zusammengesetzt war, wie die Ständige Tarifkommission. Damit war die Gewähr gegeben, daß berechtigte Interessen bei den Beratungen über das Eisenbahntarifwesen zu Worte kamen, und daß die Tarifpolitik nicht nur vom Standpunkt der Eisenbahnverwaltungen aus betrieben wurde. Auf diese Weise kamen auch die volkswirtschaftlichen Gesichtspunkte voll zur Geltung.

Diese wurden in Norddeutschland vor allem von Preußen vertreten, das dazu durch sein von Osten nach Westen sich lang hinstreckendes Staatsgebiet veranlaßt wurde. Außerdem war Preußen der bedeutendste Industriestaat, und neben der Industrie hatte sich noch in den Ostprovinzen eine einflußreiche Großlandwirtschaft erhalten, die in einem schweren Konkurrenzkampf mit der überseeischen Landwirtschaft lag. Diesen Umständen suchte die Verwaltung der Preußischen Staatsbahnen dadurch gerecht zu werden, daß sie eine beträchtliche Anzahl von Ausnahmetarifen schuf, die nicht an die Zustimmung der Generalkonferenz gebunden waren. Bis zum Jahre 1914 waren im Gebiet der Preußisch-hessischen Eisenbahnverwaltung 209 verschiedene Ausnahmetarife in Kraft mit über 1600 Artikeln. Dadurch wurden zu den Sätzen des Regeltarifs nur 37% der beförderten t/km gefahren.

2. Nach der Vereinigung der verschiedenen Staatsbahnnetze in der Hand des Reiches im Jahre 1920 begann eine systematische Reform des Gütertarifs. Der Tarif von 1920 behielt das gemischte System bei, fügte aber der Wertstaffel noch die Entfernungsstaffel hinzu. Damit brachte er die Abkehr vom Kilometertarif.

Die Einführung der Staffeltarife ließ sich im Jahre 1920 nicht mehr umgehen, weil einmal infolge des Versailler Vertrages die vorhandenen Ausnahmetarife außer Kraft gesetzt wurden, und dann waren durch die auf Grund des Versailler Vertrages erfolgte neue Grenzziehung, vor allem im Osten, Randgebiete entstanden, die verkehrsmäßig begünstigt werden mußten, wenn sie nicht schweren volkswirtschaftlichen Schaden erleiden sollten. Endlich war nunmehr ein einheitliches großes Netz vorhanden, und da verlangten die am Rande des Netzes gelegenen Landesteile, wie Schleswig-Holstein, die Hafenstädte an der Nordsee und die abgelegenen Gebiete in Südbaden und in Südbayern die Einführung des Staffeltarifs. Dagegen wandten sich die Wirtschaftskreise der zentral gelegenen Industriegebiete, die dabei übersahen, daß ihnen der Staffeltarif gerade wegen ihrer zentralen Lage gute Absatzmöglichkeiten in den Randgebieten und auf weitere Entfernungen ermöglichte. Die Staffeltarife bedeuteten für die zentralen Industriegebiete nichts anderes als eine Markterweiterung.

Die Tarifpolitik, die die Verwaltung der Reichseisenbahnen einschlug, war von drei Gesichtspunkten geleitet:

1. Sie will das durch das Versailler Diktat zwangsweise neugestaltete Reich in sich wirtschaftlich und politisch festlegen.

2. Sie will Absatz- und Erzeugungsgebiete einander näher bringen und Zusammenballungen von Menschen und Unternehmen an bestimmten Orten entgegenwirken. Dabei ist man sich darüber klar, daß dadurch Verschiebungen in den bisherigen Wettbewerbsverhältnissen eintreten.

3. Die Frachttarife werden auf Grund einer eingehenden Wirtschafts- und Betriebsstatistik und mit Hilfe von Selbstkostenberechnungen, die sehr ins einzelne gehen, überprüft. Man will also genau ermitteln, wo die Grenzen einer gemeinwirtschaftlichen Tarifpolitik liegen, die nicht überschritten werden dürfen, wenn nicht die finanzielle Lage der Eisenbahn gefährdet werden soll.

Der neue Tarif sah zunächst 5 Wagenladungsklassen vor, die dann auf 6 und endlich 1927 endgültig auf 7 (A—G) erhöht wurden. Die Anwendung der Hauptklassen war an ein Mindestladegewicht von 15 t gebunden; daneben bestanden noch zwei Nebenklassen zu 10 und 5 t.

Die Einteilung der Güter in die verschiedenen Klassen ist in der Regel auf Grund ihrer Preise erfolgt, wobei man aus volkswirtschaftlichen Gründen davon abgesehen hat, sich schematisch daran zu halten. Im allgemeinen gehören an der

Klasse A	hochwertige Fertigwaren und hochwertige Rohstoffe;
Klasse B	wertvollere Fertigerzeugnisse und hochwertige Nahrungsmittel;
Klasse C	veredelte Halberzeugnisse;
Klasse D	Halberzeugnisse vor allem der Eisenindustrie;
Klasse E	Schnittholz;
Klasse F	Rohstoffe wie Roheisen, Brennstoffe, Futtermittel, Umzugsgut;

Klasse G Massengüter, Erze, Düngemittel, Kartoffeln, Rüben; Kohlen werden, in einem besonderen Kohlenausnahmetarif befördert (F K).

Die Ausnahmetarife ergänzen den Regeltarif nach volkswirtschaftlichen Seiten hin. Dabei sind für die Aufstellung der Ausnahmetarife folgende Gesichtspunkte maßgebend:

1. die Erschließung deutscher Bodenschätze;
2. die Steigerung des Bodenertrages;
3. Förderung der Leistungssteigerung durch Qualitätsverbesserung;
4. Förderung der allgemeinen Verkehrserschließung durch Wege- und Straßenbau;
5. Erleichterung des Außenhandels;
6. Gesundheitsförderung;
7. Förderung der Schaffung neuer Rohstoffe;
8. Dezentralisierung der Güterherstellung und Verarbeitung;
9. Unterstützung verkehrsgeographisch ungünstig gelegener Landesteile

Entsprechend den Zwecken, denen jeder Ausnahmetarif dienen soll, ist die Entfernungsstaffel gestaltet, so daß jeder Ausnahmetarif mit einer besonderen individuellen Entfernungsstaffel ausgestattet ist. 1938 wurden im Wagenladungsverkehr 75% der t/km mit Ausnahmetarifen gefahren.

In den Nebenklassen (10 t und 5 t) werden die Frachtsätze um 10–40% gegenüber den Hauptklassen erhöht. Damit bleiben die Nebenklassenzuschläge hinter der Steigerung der Kosten zurück. Setzt man nämlich die in der Hauptklasse entstehenden Kosten = 100, steigen sie bei der 10-t-Nebenklasse auf 144 und bei der 5-t-Nebenklasse auf 270. Auf die Nebenklassen entfallen etwa 40–45% der versandten Mengen. Bei der Festsetzung der Nebenklassenzuschläge haben also in erheblichem Maße gemeinwirtschaftliche Gründe mitgesprochen. Man wollte die kleinen Versender gegenüber den großen nicht zu sehr benachteiligen.

Beim Stückgut unterscheidet der Tarif Eilgut und Frachtgut. In beiden Fällen sah der Tarif von 1927 zwei Klassen vor, nämlich die allgemeine Stückgutklasse I und die ermäßigte Stückgutklasse II. In die beiden Klassen wurden die Stückgüter nach ihrem Wert und nach ihrer volkswirtschaftlichen Bedeutung eingereiht. Am 1. 1. 1930 wurde jedoch die Werttarifierung für Stückgut aufgehoben, die beiden Stückgutklassen wurden beseitigt und dafür drei Gewichtsklassen geschaffen, und zwar:

Stückgutklasse I für Stückgüter mit einem Gewicht von 1–500 kg;
Stückgutklasse II für Stückgüter mit einem Gewicht von 501–100 kg;
Stückgutklasse III für Stückgüter mit einem Gewicht von über 1000 kg.

Die Spannung zwischen der ersten und der dritten Stückgutklasse betrug 21%; der Sinn der Maßnahme war, daß man die Abwanderung von Stückgut zum Lastkraftwagen verhindern wollte, der gerade diese hochwertigen Güter an sich zog.

Die Abfertigungsgebühren waren ursprünglich für alle Entfernungen gleich. Erhoben wurde ein fester Satz für je 100 kg, wobei die Höhe des Satzes sich nach der Wagenladungs- oder Stückgutklasse richtete. Von 1927 an wurden jedoch Abfertigungsgebühren für die nahen Entfernungen abgestaffelt und das wieder mit Rücksicht auf den Wettbewerb des Lastkraftwagens. Damit trat eine Verbilligung der Nahfrachten ein, die auch von der schweren Industrie des Ruhrgebietes gefordert wurde.

In den Jahren zwischen den beiden Weltkriegen war die Tarifpolitik der Deutschen Reichsbahn nach 1924 zuerst durch die Reparationsbelastungen bedingt. Auch in der Zeit, wo diese Belastungen von der Reichsbahn getragen werden mußten, hat sie die volkswirtschaftlichen Gesichtspunkte nicht aus den Augen verloren. Von 1928—1932 stand die Tarifpolitik unter dem Druck der Weltwirtschaftskrise und im Zeichen des zunehmenden Wettbewerbs des Lastkraftwagens. Verschiedene Tarifsenkungen vermochten jedoch die Abwanderung hochwertiger Güter zum Lastkraftwagen nicht zu verhindern. Dem von der Reichsbahn geführten Tarifkampf blieb der Erfolg versagt.

Wie vor dem ersten Weltkrieg kam auch die Reichsbahn den Belangen der Volkswirtschaft durch Ausnahmetarife entgegen. Die Gestaltung der Wert- und Entfernungsstaffel in den Tarifen von 1924 und 1927 hat, wie Schulz-Kiesow ausführt, dazu geführt, die Dezentralisation der Industrie zu fördern und damit einer weiteren Zusammenballung von Menschen auf engem Raum entgegenzuwirken. Dabei mußte es die Reichsbahn im Interesse ihrer eigenen Finanzlage vermeiden, daß, wenn die Tarife nach dem gemeinwirtschaftlichen Prinzip gestaltet wurden, der Gesichtspunkt vernachlässigt wurde, wonach die Einnahmen aus den Tarifen die Ausgaben zu decken hatten. Es durfte also das gemeinwirtschaftliche Prinzip und seine Befolgung nicht dazu führen, daß Verluste im Gesamtbetrieb entstanden. Deshalb war die Reichsbahn bestrebt, ihre Ausnahmetarife so zu gestalten, daß sie wenigstens den variablen Aufwand deckten.

An diesen Grundsätzen hat die Deutsche Bundesbahn nach dem zweiten Weltkrieg im allgemeinen festgehalten. Auch heute bestehen wieder trotz verschärften Wettbewerbs mit dem Lastkraftwagen rund 180 Ausnahmetarife. Unter dem Druck des gestiegenen Aufwandes und der erhöhten Preise mußten die Gütertarife erstmalig nach der Währungsreform am 16. 8. 1948 um 40% erhöht werden. Zum 1. 1. 1950 wurden befristet bis zum 31. 12. 1950 als Krisenmaßnahme unterschiedliche Abschläge von den Sätzen der Klassen A—C und Zuschläge zu den Sätzen der Klassen D—G eingeführt. Vom 1. 1. 1951 ab wurden die Sätze für Stückgut um 20–25% und für Wagenladungen auf Entfernungen bis zu 219 km um 17% und von 220 km ab um feste Zuschläge von 2,– DM je t in der Klasse G. bis zu 4,20 DM je t in der Klasse A erhöht. Damit wurde die Wirkung der Erhöhung auf Entfernungen über die durchschnittliche mittlere Transportweite im Güterverkehr (1950 = 210 km; 1951 = 216 km) gemildert. Man wollte auf diese Weise die durch die Zonengrenze benachteiligte Lage Schleswig-Holsteins und Nordostbayerns berücksichtigen. Deshalb wurden die Frachtsätze der Klassen D–G, also der Massengüter, auf größere Entfernungen nur um geringere Prozentsätze als auf den näheren Entfernungen erhöht. Damit wurde der Bezug von Rohstoffen, Kohle usw. für die verarbeitende Industrie der vom Ruhrgebiet abgelegenen Länder gegenüber der Beförderung auf kurze Entfernungen verhältnismäßig verbilligt. Im Oktober 1951 zwang die Preissteigerung der Materialien und die erhöhten Ausgaben für das Personal zu einer abermaligen Erhöhung der Gütertarife. Jetzt wurden die Sätze für die unteren Klassen E, F, G um durchschnittlich 15%, für Stückgut je nach der Gewichtsstufe um 30, 25 und 20 % und für die oberen Wagenklassen zwischen 20 und 25% angehoben. Ab 5. 8. 1952 wurden die Frachtsätze der Regelklassen A–G linear um abermals 7% erhöht. Dadurch konnte der Lastkraftwagen die hochtarifierten Güter noch stärker an sich reißen, und er begann auch in einem Teil der Massengüter einzudringen. Im Jahre 1953 erfolgte dann wieder eine Ermäßigung der Tarifklassen A–D um 10–20%, wodurch die Abwanderung der hochwertigen Güter zum Lastkraftwagen aufgehalten wurde.

Das Kennzeichen der Tarifänderungen von 1948–1953 ist, daß sie im Wege der schematischen und nicht der organischen Satzbildung erfolgte. Die schematische Satzbildung begnügt sich mit prozentualen Änderungen der Sätze, während die organische Änderung die Einheitssätze der einzelnen Klassen je besonders erhöht oder kürzt, so daß eine neue Wertstaffel entsteht, der eine neue Entfernungsstaffel zur Seite gestellt wird. Eine solche organische Umbildung der deutschen Eisenbahngütertarife dürfte sich allein deswegen schon in absehbarer Zeit nicht vermeiden lassen, weil die geographische Gestalt der Bundesrepublik sich grundlegend geändert hat und damit auch die Bedeutung der Entfernungen eine andere geworden ist.

Die Tarifpolitik der Deutschen Bundesbahn nach dem zweiten Weltkrieg ist weitgehend durch die geographische Gestaltung der Bundesrepublik bedingt. Die Industrie des Ruhrgebietes hat durch die Grenze der sowjetisch besetzten Zone ihr Absatzgebiet in Ost- und Mitteldeutschland verloren. Dadurch ist der süddeutsche Raum zum wichtigsten Absatzgebiet der Ruhrindustrie im Inlande geworden. In diesem Raum liegen aber die Werke der saarländischen und lothringischen Industrie näher und frachtgünstiger. Die Sendungen der Ruhrindustrie an ihre Abnehmer müssen sozusagen an der

Haustür der wichtigsten Konkurrenten vorbeigefahren werden. Dieser Nachteil der Lage muß für die Ruhrindustrie durch entsprechend billige Eisenbahnfrachten ausgeglichen werden.

Die Tarifsätze der Bundesbahn sind nicht der Preisbewegung der beförderten Güter in vollem Umfang gefolgt[1]). Setzt man die Preisverhältnisse von 1936 gleich 100, so stellen sich die Wagenladungstarife der Deutschen Bundesbahn durchschnittlich

im Jahre 1950 auf 148
im Jahre 1954 auf 209 dagegen standen die Indizes

	1950	1954
für Form u. Stabstahl	200	321
für Kohle	222	333

Wenn die Bundesbahn davon absieht, ihre Tarife auf das Niveau der Preise der wichtigsten von ihr beförderten Güter zu heben, so geschieht das aus gemeinwirtschaftlichen Erwägungen. Denn eine solche Tariferhöhung würde auch wahrscheinlich eine Erhöhung der Preise auslösen, die sich wiederum nachteilig auf die Entwicklung der sozialen und wirtschaftlichen Verhältnisse in der Bundesrepublik auswirken müßte. Außerdem ist die Gefahr, daß dadurch die Wettbewerbslage der exportierenden Industrie auf dem Weltmarkt verschlechtert würde, die schon den anderen großen Industriestaaten gegenüber durch die in Deutschland herrschenden hohen Zinssätze und den bei uns vorhandenen Kapitalmangel benachteiligt ist. Eine Erhöhung der Tarife nach Maßgabe des Steigens der Industriepreise würde zudem dem Grundsatz der sozialen Marktwirtschaft widersprechen; sie würde sich auch kaum in einer Erhöhung der Einnahmen auswirken, sondern nur die Abwanderung weiterer Güter zum Lastkraftwagen hin auslösen.

Aus allen diesen Gründen wurde auch an der Politik der Ausnahmetarife festgehalten. Das hatte zur Folge, daß im Jahre 1952 befördert wurden

zu Regeltarifen 22,9% der t/km auf eine Versandweite von 140 km, zu Ausnahmetarifen 77,1% der t/km auf eine Versandweite von 216 km.

An dem gesamten auf Ausnahmetarifen erfolgenden Versand waren Kohle und Erze mit 65% der Mengen beteiligt.

Vorschläge, die auf eine Reform der Gütertarife der Deutschen Bundesbahn hinausgehen, halten an der gemeinwirtschaftlichen Tendenz der Tarife fest. Weil die Bevölkerung der Bundesrepublik sich seit 1945 erheblich verdichtet hat, und weil sich dadurch das früher vorhandene regionale Lohngefälle vermindert hat, will der wissenschaftliche Beirat beim Bundesverkehrsministerium die Spannung zwischen den Sätzen der ersten und der letzten Wagenladungsklasse des Regeltarifs erweitert wissen. Um die Zahl der Ausnahme-

[1]) S. Schaubild 9, Zahlenübersicht 2, 3 und 4.

tarife zu vermindern, empfiehlt der wissenschaftliche Beirat, die Zahl der Wertklassen im Wagenladungsverkehr zu vermehren, um allzu starke Sprünge zwischen den Klassen zu vermeiden. Ebenso müßte nach der Meinung des wissenschaftlichen Beirats nicht nur die Wertstaffel sondern auch die Entfernungsstaffel umgestaltet werden, weil sich die geographische Lage der Bundesrepublik in so wenig günstiger Weise geändert, und weil sich durch die Abtrennung der sowjetisch besetzten Zone sowohl die Wirtschaftsstruktur als auch die Richtung des Verkehrs gewandelt hätten. Es gelte Wert- und Entfernungsstaffel wieder mehr in den Dienst der Raumordnung zu stellen. Daher soll für die einzelnen Klassen eine unterschiedliche Abstufung der Entfernungsstaffel Platz greifen, wobei die mittleren und die unteren Klassen besonders berücksichtigt werden müßten.

Nach den Vorschlägen des wissenschaftlichen Beirats sollen die Ausnahmetarife dahin überprüft werden, inwieweit nicht die Subventionierung, die sie einzelnen Gebieten, Wirtschaftszweigen oder Unternehmen angedeihen ließen, durch andere Maßnahmen der Wirtschaftspolitik ersetzt werden könnten, um auf diese Weise die Bundesbahn finanziell zu entlasten. Dadurch würde auch das gesamte Tarifsystem übersichtlicher und einfacher in der Handhabung werden, was sich in einer Senkung des Aufwandes für die Abfertigung auswirken müßte. Eine Tarifreform wird jedoch erst einmal abwarten müssen, welche Wirkungen sich aus dem mit dem Verkehrsfinanzgesetz von 1955 verbundenen Maßnahmen zur Ordnung des Verkehrs ergeben, und wie sich die Möglichkeiten einer Wiedervereinigung des Bundesrepublik mit der sowjetischen Besatzungszone gestalten.

b) Die Montan-Union und ihre Einwirkung auf die Tarifpolitik der Deutschen Bundesbahn

Die im Jahre 1951 geschaffene Europäische Gemeinschaft für Kohle und Stahl, der Frankreich, Italien, Belgien, die Niederlande, Luxemburg, die Saar und die Bundesrepublik angehören, will ein einheitliches kontinentales Marktgebiet für Kohle, Eisen und Stahl schaffen. Weil die Frachten Bestandteil der Preise sind, glaubte man, daß nur dann ein einheitlicher europäischer Markt für Montangüter zustande kommen könne, wenn

1. alle Frachtendiskriminierungen im internationalen Verkehr zwischen den Mitgliedern der Gemeinschaft beseitigt werden und die Montanerzeugnisse innerhalb der Gemeinschaft frachtlich gleichgestellt und behandelt werden;
2. direkte Eisenbahntarife für Montangüter mit durchgehender Entfernungsstaffel, die die Gesamtentfernungen innerhalb der Gemeinschaft berücksichtigen und die degressiven Charakter haben, aufgestellt werden;

3. die heute noch sehr unterschiedlichen Eisenbahntarife einmal innerhalb der beteiligten Länder und dann zwischen den Verkehrsträgern in der Gemeinschaft wechselseitig angepaßt werden (Harmonisierung der Frachten und Beförderungsbedingungen).

Daher sah der Vertrag über die Gründung der Montan-Union vom 18. 4. 1951 in seinen Artikeln 4b und 70 vor, daß vergleichbare Transportbedingungen für alle in vergleichbarer Lage befindlichen Verbraucher von Kohle, Eisen und Stahl geschaffen und etwaige Vergünstigungen, die die einzelnen nationalen Eisenbahnverwaltungen ihren nationalen Verfrachtern zu ungunsten anderer Nationen einräumten, beseitigt würden. Man nannte solche Vergünstigungen Diskriminierungen, weil sie ungleiche Marktbedingungen zu ungunsten bestimmter Verbraucher von Montanerzeugnissen schufen. Es wurde zunächst ein Sachverständigenausschuß beauftragt, um die Eisenbahntarife der in der Montan-Union zusammengeschlossenen Nationen dahin zu überprüfen, inwieweit sie Diskriminierungen anderer Mitglieder enthielten. Diese Diskriminierungen mußten beseitigt sein, bevor der gemeinsame Markt für Kohle, Eisenerz und Schrott am 10. 2. 1953 errichtet wurde.

Auf Grund der Empfehlungen der Sachverständigen räumte deshalb die Deutsche Bundesbahn u. a. den Ausnahmetarif für Kohle A. T. 6 B 1 nicht nur der Ruhrkohle, sondern auch der französischen, belgischen, niederländischen und der Saarkohle ein, die bisher nach den höheren Sätzen des F. K.[1]) gefahren worden waren. Diese Lösung schien im Interesse des deutschen Kohlenbergbaus zweckmäßiger als die Aufhebung des A. T. 6 B 1. Ähnlich verfuhr man bei den Erztarifen, wo die Sätze des Einfuhrtarifs 7 G. 1 für luxemburgisch-lothringische Minette auf die Sätze des deutschen Erzausnahmetarifs 7 B. 25 gesenkt wurden.

Damit war von deutscher Seite die erste Voraussetzung für die Schaffung des gemeinsamen Marktes auf dem Gebiet des Verkehrwesens erfüllt. Man ging nun daran, auch die zweite Voraussetzung zu erfüllen. Am 20. 1. 1955 haben sich die Vertreter der beteiligten Regierungen nach harten Kämpfen auf einen internationalen Tarif für Kohle und Erz geeinigt, der am 1. 5. 1955 in Kraft getreten ist. Der internationale Durchgangsverkehr innerhalb der Mitgliedstaaten der Montan-Union wurde nämlich dadurch behindert, daß beim Überschreiten der Grenze von der fremden Eisenbahnverwaltung eine neue Abfertigungsgebühr erhoben wird. Außerdem aber endet die Entfernungsstaffel an der Landesgrenze. Von dort bis zum Bestimmungsbahnhof im Ausland beginnt eine neue Entfernungsstaffel. Diesem Übelstand sucht der neue Tarif abzuhelfen. Die Abfertigungsgebühr wird nunmehr zunächst um $^1/_3$ und von 1956 ab auf die Hälfte herabgesetzt.

[1]) S. S. 64.

Die Streckenfracht wird im internationalen Tarif berechnet auf Grund der Gesamtentfernung, die die Sendung auf den unmittelbar aneinander anschließenden Strecken der Mitgliedstaaten durchläuft. Dabei wird von den einzelnen Eisenbahnverwaltungen für die auf ihrem Gebiet durchfahrene Strecke eine Teilfracht errechnet. Diese Teilfracht aber wird mit dem für die ganze zurückzulegende Entfernung maßgebenden Degressionskoeffizienten nach Maßgabe der Länge der Teilstrecke berechnet. Das wird am folgenden Beispiel deutlich:

Ein Waggon Steinkohle von 23400 kg soll von Wanne-Eickel nach Paris-la Chapelle befördert werden, und zwar über Palzem. Die Gesamtentfernung beträgt 702 km. Davon waren zurückgelegt

auf deutschem Gebiet Wanne-Eickel—Palzem	307 km;
auf saarländischem Gebiet Nennig—Perl	10 km;
auf französischem Gebiet von Apach G.—Paris-la Chapelle	385 km.

Für die deutsche Teilstrecke wird unter Berücksichtigung einer Gesamtentfernung von 702 km eine Teilentfernung von 307 km berechnet. Die Fracht stellt sich

je t auf	18,70 DM,
also bei 23400 kg auf	437,58 DM,
abgerundet auf	437,60 DM;

dazu kommt die französische Fracht mit 1979 Fr. je t auf 395 km. Wäre die Fracht auf der deutschen Teilstrecke nach dem A. T. 6 B 1 berechnet worden, so würde sie für die t betragen haben 20,50 DM, insgesamt also für 23400 kg 479,70 DM. Der Internationale Tarif bringt also allein auf deutschem Boden eine Ersparnis von 42,10 DM.

Die Herabsetzung der Abfertigungsgebühren und die Senkung der Streckenfrachten, die sich aus der Durchrechnung der Entfernungsstaffel im internationalen Verkehr ergibt, müssen auf den Austausch zwischen den Angehörigen der Montan-Union wie eine Ermäßigung von Zollsätzen wirken. Vielleicht kann dadurch eine intensivere Arbeitsteilung auf dem Gebiet der Montanproduktion hervorgerufen werden, deren Ergebnis u. U. eine Steigerung der Arbeitsproduktivität sein mag.

Diese internationalen Tarife mit degressiver Entfernungsstaffel sind für die Rheinschiffahrt ein Gegenstand der Sorge. Für den Verkehr zwischen dem Ruhrgebiet und der lothringischen Eisenindustrie bedeuten die direkten Tarife der Montanunion eine Ermäßigung der Kohlenfrachten um rund 20%. Dadurch sind die direkten Bahnfrachten niedriger geworden als die gebrochenen Bahn- und Schiffsfrachten von Gelsenkirchen nach Süddeutschland über Ruhrort den Rhein hinauf. Ähnlich liegen die Verhältnisse beim Versand von Kohle aus der Saar und aus Lothringen nach Süddeutschland. Für die t Kohle stellt sich die Fracht

von Saarbrücken	nach dem Montantarif	im gebrochenen Verkehr von der Ruhr über den Rhein
nach Ulm . . .	23,15 DM	27,81 DM
nach Nürnberg	25,67 DM	26,80 DM
nach Mannheim	13,55 DM	15,31 DM

Die Rheinschiffahrt befürchtet dadurch eine Abwanderung der Kohle von der Schiffahrt zur Eisenbahn, wobei die Ruhrkohlenindustrie noch in Kauf nehmen muß, daß ihr Erzeugnis von der Saarkohle und der lothringischen Kohle verdrängt wird. Allerdings wird dies so lange kaum zu befürchten sein, als durch die Hochkonjunktur im ganzen industriellen Europa Kohlenmangel herrscht, der die Einfuhr amerikanischer Kohle notwendig macht, und solange die Ab-Grube-Preise für saarländische und lothringische Kohle höher sind, als die Preise ab Ruhrzeche.

Dadurch, daß die Tarife ermäßigt sind, werden die beteiligten Eisenbahnverwaltungen mit einem Ausfall an Einnahmen rechnen müssen[1]). Deswegen hat die belgische Eisenbahnverwaltung das Niveau ihrer Binnentarife erhöht, wozu sie nach Art. 70 des Montan-Union-Vertrages berechtigt ist. Dieser Weg ist der Bundesbahn verschlossen, weil durch eine Erhöhung der Binnentarife die lothringische und die Saarindustrie, die zum süddeutschen Markt frachtgünstiger gelegen ist, zum Nachteil der Ruhrindustrie daraus Vorteil ziehen würden.

Der Tarif vom Mai 1955 stellt sicher einen Schritt weiter auf dem Wege der Vereinheitlichung des europäischen Verkehrs dar. Als nächster Schritt soll am 1. 5. 1956 ein direkter Tarif auch für Eisen und Stahl folgen. Aber zunächst hat man erst auf einem Teilausschnitt einen Versuch gemacht, wobei man sehr behutsam vorgegangen ist und sich gescheut hat, an den Grundfesten der nationalen Tarifsysteme zu rütteln. Man wird aus der Anwendung des Tarifs vom 1. 5. 1955 Erfahrungen gewinnen müssen, auf denen dann weiter zu bauen sein wird.

Die Harmonisierung der Frachten und Beförderungsbedingungen kann erst erfolgen, wenn die einzelnen in den Mitgliedstaaten geltenden Eisenbahn-, Binnenschiffahrts- und Lastkraftwagen-Tarife für Montangüter untersucht sind, und wenn weiter Klarheit darüber herrscht, in welcher Weise die einzelnen Mitgliedstaaten innerhalb ihres Gebietes den Verkehr geordnet und eine Arbeitsteilung zwischen den einzelnen Verkehrsmitteln geschaffen haben (Koordinierung des Verkehrs). Es wird sich dann herausstellen, inwieweit — ohne daß das Verkehrswesen innerhalb der Mitgliedstaaten gestört wird — eine Harmonisierung und Koordinierung des Verkehrs innerhalb der Montan-Union selbst durchführbar ist. Dazu wird es einer sehr regen Zusammenarbeit

[1]) Bei der Deutschen Bundesbahn auf etwa 50 Millionen DM jährlich geschätzt.

zwischen der Hohen Behörde der Montan-Union und zwischen den einzelnen Regierungen bedürfen. Tarifänderungen in den einzelnen Ländern für die Montangüter wirken sich naturgemäß auf die Tarife der anderen Güter aus und darüber hinaus auf den gesamten Aufbau der verschiedenen nationalen Industrien und auf das Preisniveau. Damit entsteht aber die entscheidende Frage, ob und welche Mitgliedstaaten eine solche Strukturwandlung der nationalen Volkswirtschaft auf sich nehmen können, und welche volkswirtschaftlichen Vorteile letzten Endes aus diesen Strukturwandlungen durch die Schaffung des einheitlichen westeuropäischen Marktes für Montangüter für die einzelnen nationalen Volkswirtschaften zu erwarten sind.

Literatur

Gutachten zur Einführung von direkten Tarifen im Bereich der Montan-Gemeinschaft vom 20. November 1954. Bd. 3 der Gutachtensammlung des wissenschaftlichen Beirats beim Bundeswirtschaftsministerium. Göttingen 1954.

Dr. Ernst Bitter, Montanunion und Transportwesen, Intern. Archiv für Verkehrswesen, 1953.

Werner Klau, Das Transportwesen in der Europäischen Gemeinschaft für Kohle und Stahl. Jahrb. für das Eisenbahnwesen, 1954.

H. Chr. Seebohm, Stand der europäischen Verkehrsintegration, in Schriftreihe des Bundesminister für den Verkehr, Heft 1, 1954.

Europäische Gemeinschaft für Kohle und Stahl; Hohe Behörde. 3. Gesamtbericht vom 10. 4. 1955.

c) Die Tarifpolitik auf dem Gebiet der Personentarife

Vor dem ersten Weltkrieg kam erst im Jahre 1907 ein einheitlicher Personentarif für Deutschland zustande. Es war ein reiner Kilometertarif nach Wagenklassen gestaffelt mit Schnellzugzuschlägen. Allerdings waren in Norddeutschland vier Wagenklassen vorhanden, während man in Süddeutschland nur deren drei führte. Neben dem Regeltarif gab es eine Reihe von Ausnahmetarifen, die im wesentlichen aus sozialen Gründen eingeführt worden waren. Dies trifft insbesondere für den Vorortverkehr in Berlin und Hamburg zu, wo man zur Vereinfachung der Abfertigung den Zonentarif eingeführt hatte. Dann zahlten Kinder bis zum vierten Lebensjahr nur die Hälfte des Fahrpreises; für Schüler und Arbeiter gab es verbilligte Wochenkarten. Von den großen Städten aus wurden Sonntagsrückfahrkarten zu ermäßigten Preisen ausgegeben, um die Erholung der Großstadtbevölkerung auf dem Lande zu fördern. Nach der Beendigung der Inflation im Jahre 1924 kam ein neuer Tarif zustande, der im wesentlichen die Sätze den veränderten Preisverhältnissen anpaßte. Dabei stellte es sich heraus, daß infolge der gesunkenen Kaufkraft der Bevölkerung eine starke Abwanderung aus den teueren in die billigen Wagenklassen, vor allem in die vierte vor sich ging. Dadurch entstanden erhebliche Ausfälle in den Einnahmen. Von hundert beförderten Personen entfielen:

	auf die I. Kl.	auf die II. Kl.	auf die III. Kl.	auf die IV. Kl.
1913	0,13	7,43	46,5	50,89
1927	0,03	4,48	31,4	64,09

Man zog daraus die Folgerungen. Die IV. Klasse wurde abgeschafft und die erste nur noch in den internationalen Zügen geführt. Damit war die Masse der Reisenden gezwungen, die dritte Klasse zu benutzen, deren Kilometersatz der gesunkenen Kaufkraft angepaßt wurde, indem man ihn von 4,5 auf 3,7 Pfennig ermäßigte, aber damit gleichzeitig den bisher niedrigsten Fahrpreis um 12% erhöhte. Außerdem verringerte man das Spannungsverhältnis zwischen den Klassen. Der Satz der zweiten Klasse betrug bisher 100% des Fahrpreises der dritten Klasse; die Spannung wurde jetzt auf 50% herabgesetzt, um einen vermehrten Anreiz zur Benutzung der zweiten Klasse zu geben. Die Tarifpolitik auf dem Gebiet des Personenverkehrs verfolgte zwischen den beiden Weltkriegen das Ziel, den Personenverkehr zu intensivieren und der Abwanderung der Reisenden in den Personenkraftwagen sowie von der Polsterklasse in die Holzklasse entgegenzutreten.

Zur Intensivierung des Verkehrs wurden von 1927 ab auch Sonntagsrückfahrkarten zu ermäßigten Preisen zur Fahrt vom Land in die Stadt ausgegeben und die Geltungsdauer verlängert. Die Ausgabe verbilligter Netz- und Bezirkskarten, die einen Monat galten, sollten in erster Linie dem Berufsverkehr zugute kommen und dessen Abwanderung zum Personenkraftwagen hemmen. Außerdem wurden die sozialen Ausnahmetarife in ihrer Geltung erweitert.

An diesem Prinzip hat man nach dem zweiten Weltkrieg festgehalten. Nach der Währungsreform von 1948 wurden die gewöhnlichen Fahrpreise um 25% gesenkt, um sie der verminderten Kaufkraft der Bevölkerung anzupassen. Aber der gestiegene Aufwand forderte im Januar 1951 eine Erhöhung der Tarife des Schüler- und Berufsverkehrs um 40%. Im Oktober 1951 wurde der Kilometertarif durch einen Zonentarif ersetzt, der Regeltarif um 15% und der Schülertarif um 50% erhöht. Aber gleichzeitig hat man wieder eine Rückfahrkarte zu ermäßigten Preisen eingeführt, wie sie in Preußen vor 1907 in Gebrauch war. Bei der Festsetzung der Fahrpreise wurden die Fahrpreise selbst bis zu 110 km auf volle 10 Pfennig, über 110 km bis zu 218 km auf volle 50 Pfennig und darüber hinaus auf volle Mark aufgerundet. Für die Benutzung der Schnellzüge wird ein fester Zuschlag erhoben, der für alle Klassen gleich ist. Dadurch werden die Fahrpreise für die Schnellzüge auf die nahen Entfernungen stark erhöht. Auf diesem Wege sollen die Schnellzüge vom Nahverkehr befreit und dadurch ihre Abfertigung beschleunigt werden. Auf den großen Entfernungen wirkt sich der gleichbleibende Schnellzugzuschlag umso weniger aus, je teurer die Fahrkarte ist. Das aber ist bei der langgestreckten Gestalt der Bundesrepublik für die im Norden und Süden abgelegenen Randgebiete von Vorteil. Außerdem entspricht der Schnellzugzuschlag damit seiner Aufgabe, Entgelt für die schnellere Beförderung zu sein, aber als Einheitszuschlag trägt er auch dem Umstand Rechnung, daß der Aufwand für die Beförderung nicht proportional der Geschwindigkeit steigt, mit der die Beförderung erfolgt.

Wenn von der Deutschen Bundesbahn noch heute 89% der Reisenden zu Ausnahmetarifen befördert werden, so kommt sie damit ihrer gemeinwirtschaftlichen und sozialpolitischen Aufgabe nach. Wenn man demgegenüber eine Einschränkung der Ausnahmetarife im Personenverkehr fordert, so würde das voraussichtlich eine weitere Abwanderung der Reisenden aus dem Nahverkehr auf die motorisierten Fahrzeuge bedeuten. Dabei kommt nicht allein etwa der Kraftomnibus in Frage, sondern fast in ebenso starkem Maße der eigene Personenkraftwagen und das Motorrad, die beide auf dem Wege der Abzahlung bequem erstanden werden können.

So wie der Personentarif heute gestaltet ist, spaltet er die Nachfrage im Personenverkehr in eine dringliche, die um der sozialen Existenz des Nachfragenden willen unbedingt befriedigt werden muß, und in eine weniger dringliche, der die Zahlung der im Regeltarif festgelegten Fahrpreise zugemutet werden kann.

Setzt man die Sätze des Regeltarifs im Personenverkehr nach dem Stand von 1936 gleich 100 und vergleicht deren Bewegung mit der des Lebenshaltungsindex ebenfalls auf der Basis von 1936, so zeigt sich:

	1936	1949	1950	1951	1952	1953	1954
Tarifindex im Personenverkehr	100	150	150	150	172,5	172,5	172,5
Lebenshaltungsindex. .	100	166	156	168	171	168	169

Der Regeltarif bleibt also bis 1951 hinter dem Lebanshaltungsindex zurück und überholt ihn dann um ein geringes. Aber trotzdem haben die Verkehrsleistungen auf dem Gebiet des Personenverkehrs zugenommen, und ebenso sind die Einnahmen trotz der Tariferhöhungen aus dem Personenverkehr gestiegen. Die Tariferhöhungen sind in ihrer Wirkung durch die Steigerung des Volkseinkommens und durch die dadurch gewachsene Massenkaufkraft ausgeglichen worden.

5.

Die Tarifpolitik im Auslande

Die Tarifpolitik in den beiden angelsächsischen Ländern ist in erster Linie auf die Deckung des Aufwandes und in den USA auf die Erzielung von Gewinn ausgerichtet. Trotz der Verstaatlichung der Eisenbahnen in England werden nur etwa 20% der Güter zu Regeltarifen befördert. Von viel größerer Bedeutung sind dort die agreed charges, d. h. die Sätze, die in einem besonderen Vertrag zwischen dem Verfrachter und der Eisenbahn individuell festgelegt werden mit der Absicht, eine Rückwanderung der Güter vom Lastkraftwagen zur Eisenbahn einzuleiten. Die British Transport Corporation ist dabei das Tarifsystem der englischen Eisenbahnen vom Wertsystem auf das Wagenraumsystem umzustellen. Bewußt wird damit dem Prinzip der Kostendeckung und der Gewinnerzielung gegenüber dem gemeinwirtschaftlichem Prinzip der Vorrang eingeräumt. Es gilt den Fehlbetrag, der in den letzten Jahren durchschnittlich je 300 Mill. DM. betrug, zu beseitigen.

In den USA ist bei der Vielzahl der Gesellschaften die Tarifpolitik außerordentlich unübersichtlich, und es kann von einer einheitlichen Tarifpolitik dort nicht gesprochen werden. Diese ist auch wegen der außerordentlichen Verschiedenheiten der wirtschaftlichen Struktur in den einzelnen Teilen des großen Landes kaum möglich. Die Gesellschaften stehen allerdings unter einem strengen Tarifzwang, so daß sie in ihrer Beweglichkeit erheblich mehr gehemmt sind als die englische Eisenbahnverwaltung. Die Mehrzahl der Tarife ist auf dem gemischten System mit Entfernungsstaffel aufgebaut. Neben den Regeltarifen gibt es jedoch über 10000 Ausnahmetarife, die einmal zur wirtschaftlichen Erschließung zurückgebliebener Gebiete dienen, und dann soll dadurch die Abstufung der Frachten so mannigfaltig gestaltet werden, um möglichst viele Wettbewerber dazu anregen, sich auf dem Markt zu betätigen. Je größer aber die Zahl der Wettbewerber auf dem Markt ist, um so lebhafter der Verkehr.

Eine besondere Eigenart weist das französische Tarifwesen auf. Einmal ist die Tarifpolitik stark vom Gedanken der Deckung des Aufwandes beherrscht, und andererseits sucht sie damit gemeinwirtschaftliche Gesichtspunkte zu vereinigen. Man hat im Jahre 1947 das Wertsystem durch das Wagenraumsystem ersetzt. Der gemeinwirtschaftliche Gedanke kommt in einer nach Gütern differenzierten Entfernungsstaffel zum Ausdruck, aus der vor allem die Massengüter Vorteil ziehen.

Die im Einzelfalle zu zahlende Fracht wird mit Hilfe eines Frachtzeigersystems berechnet. Diese Barèmes gliedern sich in drei Gruppen:

1– 99 mit schwacher Entfernungsstaffel,
101–194 mit mittlerer Entfernungsstaffel,
201–290 mit starker Entfernungsstaffel.

Im Regeltarif werden Maximal- und Minimal-Barèmes angegeben, wobei die Differenz mindestens 4 höchstens 12 Barèmes beträgt. Die Spanne zwischen zwei aufeinanderfolgenden Barèmes macht 2,531% aus, so daß innerhalb einer Gabel eine Spannung von 10–30% vorhanden ist.

Zu den beiden Bewertungssystemen, Menge und Entfernung, kommt nun noch ein drittes hinzu: die Verkehrsdichte. Die 7000 Bahnhöfe der SNCF sind nach ihrer Bedeutung in vier Gruppen eingeteilt, und jede Gruppe erhält eine der Verkehrsdichte entsprechende Indexzahl. 115 Bahnhöfe mit dem stärksten Verkehr erhalten die Indexzahl 3, die Bahnhöfe mit dem geringsten Güterverkehr die Indexzahl 6. Die Summe der Kennziffern von Versand- und Empfangsbahnhof ergibt den Bewertungsindex für die jeweilige Verkehrsrelation. Der für den Frachtsatz dann maßgebende Barème wird dadurch errechnet, daß man die Summe der Bahnhofsindices vom Minimalbarème abzieht. Dabei können sich Frachtsätze ergeben, die den Regeltarif um etwa 15% unterschreiten. Die Einbeziehung der Verkehrsdichte in die Bildung der Frachttarife begünstigt die Großstädte und damit die Räume mit zusammengeballter Bevölkerung.

Seit 1951 ist die SNCF weitgehend vom Tarifzwang befreit, so daß für bestimmte Verkehrsverbindungen Regeltarife nach freiem Ermessen der Gesellschaft festgesetzt werden können.

Schon seit 1922 gaben die französischen Eisenbahnen für Transporte in geschlossenen Zügen oder geschlossenen Wagengruppen Mengenrabatte. Sie beginnen bei der Aufgabe von 300 t. Bei Einsatz geschlossener Wagengruppen oder Züge betragen die Rabatte bei Ladungen von 800 t 20%, bei 1000 t 25% und bei 1500 t 31%. Verlader, die arbeitstäglich einen vollen Zug anfordern und verladen, erhalten eine Regelmäßigkeitsprämie von 8%. Diese Maßnahmen finden ihre Begründung darin, daß durch die Beladung ganzer Züge oder ganzer Zugteile der Abfertigungs- und der Verschiebedienst vereinfacht und damit verbilligt wird. Die regelmäßige Verwendung und Beladung ganzer Züge gestattet eine vorhersehbare und daher gute Verwendung und Ausnutzung von Personal und Material, wodurch der Aufwand der Eisenbahn verringert wird.

In Kanada und den südafrikanischen Ländern hat man sogenannte Verteilertarife. Für Sendungen, die auf Entfernungen bis zu 300 km in geschlossenen Zügen befördert werden, wird ein ermäßigter Tarif mit Mengenrabatt gewährt, solange die Sendung in sich geschlossen bleibt. Sobald der Zug aufgelöst wird, werden die einzelnen Waggons bis zum Empfangsort nach dem Regeltarif abgefertigt. Auch diese Maßnahme hat ihre Begründung darin, daß die Beförderung geschlossener Züge den Verschiebedienst vereinfacht, daß dadurch der Transport beschleunigt wird, wodurch eine Ersparung an Aufwand entsteht.

Literatur

Herbert Grosse, Die verkehrspolitische und finanzielle Lage der europäischen Eisenbahnen, 1954. Sonderdruck aus „Die Bundesbahn".

Schriftenreihe des wissenschaftlichen Beirats beim Bundesverkehrsministerium, Heft 1, Vorschläge für eine Reform des Eisenbahngütertarifs. 1954.

§ 6

Finanzen und Finanzpolitik der Deutschen Bundesbahn[1])

Während in der Zeit von 1931—1943 nur während der großen Krise in den Jahren 1932 und 1933 die Betriebseinnahmen der Reichsbahn einen Fehlbetrag aufwiesen, sonst aber einen jährlichen Überschuß von rund 245 Millionen RM abwarfen, zeigt die finanzielle Entwicklung der Bundesbahn nach dem zweiten Weltkrieg ein ungünstiges Bild, wie die nachstehende Aufstellung zeigt (in Milliarden DM):

	1949	1950	1953	1954
Erträge	3,2	3,3	5,1	5,1
davon Personenverkehr	1,0	1,0	1,4	1,5
davon Güterverkehr	1,9	2,0	3,26	3,28
Aufwendungen insgesamt	3,2	3,3	5,6	5,9
davon Betriebsführung	1,9	2,0	3,2	3,5
davon Unterhaltung u. Erneuerung	1,2	1,3	2,2	2,2
Fehlbetrag	0,1	0,3	0,4	0,5
Gesamtverlust	0,1	0,3	1,08	1,3

Die Einnahmen im Güterverkehr steigen zwar, aber sie bewegen sich nicht in der gleichen Richtung wie die Zunahme des Sozialprodukts, sondern bleiben erheblich hinter dessen Steigerung zurück. Dies ist aber nicht auf eine Erhöhung der Tarife zurückzuführen, wie das Schaubild 4 zeigt, sondern hier macht sich der Wettbewerb des Lastkraftwagens sichtlich bemerkbar. Im Gegensatz dazu bewegen sich die Einnahmen aus dem Personenverkehr, wie schon erwähnt, trotz der Tariferhöhungen gleichlaufend mit dem Anwachsen des Sozialprodukts und des Volkseinkommens. Auf das Betriebsergebnis wirkt neben dem Wettbewerb des Lastkraftwagens entscheidend die starke Steigerung der Ausgaben, die einmal durch die erheblich gestiegenen Personalausgaben und dann durch das Anziehen der Preise für die Betriebsmaterialien zu erklären ist. Die Personalausgaben sind höher geworden, obwohl die Bundesbahn ihr Personal wesentlich vermindert hat; von 1948—1954 um rund 120000 Köpfe. Außerdem aber macht sich auf die finanzielle Lage der Deutschen Bundesbahn ihre starke Belastung mit politisch bedingten Aufwendungen, die ein vom Bundesminister für Verkehr eingesetzter Ausschuß mit 331,0 Millionen DM ermittelt hat[2]), ungünstig bemerkbar.

Da die Bundesbahn die Kriegsschäden vom Bunde nicht vergütet bekam, mußte sie durch die Aufnahme von Krediten die vorhandene Kapitallücke zu schließen suchen. Das war umso schwerer, als der deutsche Kapitalmarkt wenig

[1]) S. Schaubild 1—8.

[2]) Frankfurter Allg. Ztg. vom 17. 5. 1955.

leistungsfähig und ausländisches Kapital nicht zu bekommen war. Ende 1954 betrug in Millionen DM

die kurzfristige Verschuldung insgesamt		1 179
davon Warenwechsel	115	
Schatzwechsel	947	
Kassenkredite der DVK	117[1])	
die mittel- und langfristige Verschuldung		1 659
darunter Anleihen	649	
darunter Kredite vom Bund . .	292	
Zahlungsrückstände		457
darunter gestundete Beförderungssteuer	248	
Verschuldung insgesamt		3 295

Auf Veranlassung der Marshallplan-Verwaltung und der Deutschen Bundesregierung hat im Jahre 1950 die amerikanische Firma Coverdale und Colpitts Consulting Engineers, New York, ein Gutachten erstattet, um die Finanzlage der Deutschen Bundesbahn zu bessern. Es wurde ein Siebenpunkte-Programm entworfen, das im wesentlichen sagte:

1. Die Tarife im Schüler- und Berufsverkehr sollen um 50% erhöht werden;
2. Erhöhung der unter den zusätzlichen Betriebskosten liegenden Gütertarife mindestens so weit, daß diese Kosten gedeckt werden;
3. Verringerung des Personalbestandes um 20000 Köpfe bis Ende 1951;
4. Übernahme der Pensionslasten der Flüchtlinge und Vertriebenen durch den Bund;
5. Befreiung der Bundesbahn von nicht zumutbaren finanziellen Lasten;
6. Befreiung der Bundesbahn von regierungsseitigen und politischen Eingriffen in die laufenden Geschäfte;
7. Koordinierung der Verkehrsmittel.

Die Erhöhung des Gütertarifs ist erfolgt (s. S. 66), ebenso die des Schüler- und Berufsverkehrs. Die Personalminderungen sind ebenfalls erfolgt, und es fragt sich sogar, ob man nicht nahe daran ist, das Personal zu überlasten. Im übrigen hat die Bundesbahn ihren Betrieb erheblich rationalisiert, um dadurch die Kosten zu senken, wobei allerdings eine wirklich durchgreifende Rationalisierung am Mangel an Kapital scheitert, das der schwache deutsche Kapitalmarkt nicht zur Verfügung stellen kann.

---

[1]) Deutsche Verkehrs-Kreditbank.

Im Betrieb hat man die Fahrpläne elastischer aufgestellt, indem neben einer Anzahl von Stammzügen, die nach festem Fahrplan fahren, eine Reihe von Bedarfszügen eingegliedert worden sind, die erst dann eingesetzt werden, wenn der Verkehr es verlangt.

Die Zugleitung auf den vielbefahrenen Strecken und auf den großen Bahnhöfen mit starkem Verkehr wird auf Gleisbildwerke umgestellt, wodurch die Sicherheit und die Pünktlichkeit erhöht, der Verkehr beschleunigt und menschliche Arbeitskraft gespart wird. Im Rangierbetrieb werden an Stelle der mit hohem Aufwand belasteten Dampflokomotiven in erweitertem Umfang Diesel-loks verwandt, und der Personenverkehr auf schwach frequentierten Nebenstrecken wird statt durch unwirtschaftliche Dampfzüge durch sehr wirtschaftlichen Diesel-Schienenomnibusse versehen. Außerdem wurde die Elektrifizierung der stark befahrenen Hauptstrecken in Süddeutschland und im Ruhrgebiet weiter durchgeführt oder in Angriff genommen. Die Elektrifizierung gestattet eine erheblich dichtere Zugfolge als der Dampfbetrieb, so daß dadurch die erforderliche Leistungssteigerung im Rheintal und vor allem auf der Strecke Duisburg-Herne sichergestellt werden kann. Da der elektrische Betrieb nur dort wirtschaftlich ist, wo sich der hohe Aufwand für Kraftwerke und Leitung auf eine ständige dichte Zugfolge verteilt, ist man bestrebt, anderwärts die wenig wirtschaftliche Dampflokomotive in gewissem Umfang allmählich durch die Diesellok zu ersetzen. In der Bundesrepublik ist der Dieseltreibstoff steuerlich sehr hoch belastet (s. S. 102), und dadurch ist er verhältnismäßig teuer. Der hohe Dieselstoffpreis aber steht einer umfassenden Ausdehnung des Dieselbetriebs in der Förderung der schweren Züge entgegen, so daß auch die Dampflokomotive unter den derzeitigen Voraussetzungen in gewissem Rahmen noch wirtschaftlich verwandt werden kann.

Im Zuge der Rationalisierung hat die Bundesbahn im Sommer 1955 bei der deutschen Industrie für 330 Millionen DM Lokomotiven bestellt. Dabei wurden im Auftrag gegeben:

20 elektrische Lokomotiven,
50 Diesel-Lokomotiven für Schnellzüge,
270 Diesel-Lokomotiven für den Rangierbetrieb,
31 Dampf-Lokomotiven.

Die geringe Zahl der Dampflokomotiven zeigt, daß die Deutsche Bundesbahn ebenso wie die englischen und amerikanischen Bahnen den Weg der Motorisierung betritt, wo er wirtschaftlich von Vorteil ist. Von der Waggon-Industrie sollen 1955 und 1956 20000 Güterwagen und 100 D-Zugwagen in Leichtbauweise geliefert werden. Im übrigen werden in den eigenen Werkstätten der Bundesbahn laufend alte dreiachsige Personenwagen mit Holzkästen modernisiert und mit Leichtmetallkästen versehen, wobei die noch gut instandbefindlichen und brauchbaren Fahrgestelle wieder verwendet werden. Diese modernisierten Wagen sollen in erster Linie im Berufsverkehr Verwendung finden, wo ein empfindlicher Mangel an Reisezugwagen herrscht.

Das Eigengewicht der Güterwagen wurde verringert und dadurch die tote Last verkleinert, und das Gleiche fand bei den neuen Reisezugwagen statt. So beträgt der Anteil des Eigengewichts bei offenen Güterwagen im Jahre 1954 nur 32–40% gegen 45% im Jahre 1935, bei gedeckten Güterwagen 46% gegen 69% im Jahre 1910. Bei den D-Zugwagen ist das Eigengewicht je Platz gesenkt von 539 kg im Jahre 1935 auf 350 kg im Jahre 1954.

In erheblichem Umfang wurde die Erneuerung des Oberbaues durch den Einsatz von Maschinen und von besserem Schwellenmaterial beschleunigt, verbessert und verbilligt. Bei der Werkstätten wurde eine Anzahl kleinerer stillgelegt und die Betriebe durchrationalisiert.

Der besonders große Aufwand an Arbeitskraft in den Umladehallen der Verschiebebahnhöfe wird durch weitgehende Anwendung von Paletten und Gabelfahrzeugen vermindert, wodurch gleichzeitig die Umladung beschleunigt wird. Jedes Gabelfahrzeug erspart durchschnittlich zwei Arbeitskräfte. Aber solange die Industrie und die anderen Verlader sich nicht um mehr einheitliche Verpackung bemühen, wie das z. B. in den USA geschieht, läßt sich nicht mehr als 50% des Stückgutes auf Paletten mit Gabelfahrzeugen verladen (s. Bundesbahnrat Dr. Peisker in „Die Bundesbahn“ 1953 Nr. 8). Durch diese Maßnahme soll miterreicht werden, daß die Umlaufzeit der Güterwagen von durchschnittlich vier Tagen auf 3,5 Tage vermindert wird.

Doch die größte Schwierigkeit für die Deutsche Bundesbahn liegt in der Beschaffung des für die Durchführung weiterer Modernisierungsmaßnahmen notwendigen langfristigen Kapitals. Das aber geht einer Reihe anderer europäischer Eisenbahnverwaltungen nicht anders. Aus diesem Grunde hat die Verwaltung der SNCF im Jahre 1953 den Vorschlag gemacht, daß die europäischen Eisenbahnverwaltungen einen Equipmenttrust nach amerikanischem Vorbild schaffen sollten, der sich mit der Beschaffung, der Standardisierung und der Vermietung von rollendem Eisenbahnmaterial zu befassen hätte. Ein solches Unternehmen ist dann auch im Juli 1955 auf einer Konferenz der Verkehrsminister in Paris als Aktiengesellschaft gegründet worden. An der Gesellschaft, „Eurofima“, deren Kapital 50 Millionen Schw. Fr. beträgt, sind die Bundesrepublik und Frankreich mit je 26% beteiligt. Außerdem haben sich von den anderen europäischen Eisenbahnverwaltungen angeschlossen: Italien, Schweiz, Österreich, Spanien, die Beneluxstaaten, Portugal, Dänemark, Schweden und Jugoslawien. Sitz der Gesellschaft ist Basel. Die Gesellschaft soll Anleihen in der Schweiz und in den USA aufnehmen, wo man bereit ist, Schuldverschreibungen eines solchen Unternehmens zu kaufen. Man befolgt mit dieser Gründung das Vorbild der großen amerikanischen Eisenbahngesellschaften, deren Equipmenttrusts mit gutem Erfolg gearbeitet haben.

Aber alle diese Momente werden überschattet durch die Notwendigkeit, im gemeinwirtschaftlichen Interesse Strecken weiter in Betrieb zu halten, die Verluste bringen. Unwirtschaftlich sind vor allem die langsam fahrenden und viel haltenden Personenzüge, die unwirtschaftlich arbeiten, da sie in erster Linie von Reisenden benutzt werden, die auf die stark verbilligten Ausnahmetarife fahren, während die Schnell- und Eilzüge ihre Kosten decken und sogar noch einen Gewinn abwerfen. Ebenso unrentabel sind die Masse der Nahgüterzüge, die durch das häufige Rangieren und Halten erhebliche Kosten verursachen, und die dann durch ihre dadurch hervorgerufene langsame Reisegeschwindigkeit eine schlechte Ausnützung von Material und Personal hervorrufen. Insbesondere die Aufrechterhaltung des Betriebes auf einer Anzahl verkehrsarmer Nebenbahnen hat die Betriebskostenrechnung sehr stark belastet. Aber die Bundesbahn ist auf Grund der ihr auferlegten Betriebspflicht gezwungen, diese verlustbringenden Strecken weiter zu betreiben. Es wird daher kaum zu umgehen sein, daß die Betriebs- und Beförderungspflicht der Bundesbahn gelockert wird, ohne daß aber dabei die gemeinwirtschaftlichen Aufgaben der Bundesbahn aus dem Auge verloren werden.

Vor allem aber gilt es, die Bundesbahn von betriebsfremden Lasten zu befreien. Es sind dies teils gemeinwirtschaftliche, teils politische Belastungen. Die politischen Lasten bestehen in erster Linie in der der Bundesbahn auferlegten Pensionsverpflichtung für solche Personen, die nie im Dienst der früheren Reichsbahn gestanden haben, aber auf Grund des 131er Gesetzes Pension und Wartegeld aus den Kassen der Bundesbahn beziehen. Nach den Ermittelungen eines vom Bundesminister für Verkehr eingesetzten Ausschusses haben diese Belastungen folgende Höhe[1]):

		Mill. DM
a) politische Lasten:		
Versorgungsbezüge für Vertriebene	144,0	
Übergangs- und Versorgungsbezüge für Westberliner Eisenbahner	36,0	
Versorgungsbezüge für Kriegsversehrte und Kriegshinterbliebene	89,0	
Verzinsung der Ausgleichsforderungen der Bank Deutscher Länder	30,0	
Zuschüsse für den Güter- und Personenverkehr über die Zonengrenze	32,0	
		331,0

[1]) Frankfurter Allg. Ztg. vom 17. 5. 1955.

		Mill. DM
Übertrag		331,0
b) gemeinwirtschaftliche Lasten:		
Zuschüsse zur Unterhaltung der Nebenbahnen . . .	180,0	
Subventionstarife im Güterverkehr	110,0	
Sozialtarife im Personenverkehr	180,0	
Umwege im Güterverkehr mit Westberlin	15,0	
Belastung für das Halten von Transportreserven für Spitzenanforderungen im Reisezug- und Güterzugverkehr auf Grund der Betriebs- und Beförderungspflicht	55,0	540,0
		871,0

Zu diesen betriebsfremden Belastungen kommen noch Kriegsschäden in Höhe von 1,3 Milliarden DM hinzu. Ferner ist der Nachhohlbedarf in Höhe von etwa 3 Milliarden DM zu decken, der aus der nicht genügenden Erneuerung und Unterhaltung vor allem des Oberbaues entstanden ist. Die Rationalisierung des Betriebes endlich verlangt nochmals 3—4 Milliarden DM.

Vom Bund hat die Deutsche Bundesbahn im Jahre 1952 einmalig ein Darlehen von 60 Millionen DM erhalten, als sich die finanzielle Lage der Bundesbahn gefährlich zuspitzte. Im Rechnungsjahr 1953 waren es zwei Darlehen mit insgesamt 150 Millionen DM. Gleichzeitig hat man im Rechnungsjahr 1953 und 1954 die Beförderungssteuer mit je 248 Millionen DM gestundet. Auf diesem Wege sollten der Bundesbahn Mittel für die Erneuerung des Oberbaues verfügbar gemacht werden.

Aus den Erträgen, die auf Grund des im Frühjahr 1955 verabschiedeten Verkehrsfinanzgesetzes aufkommen, werden der Bundesbahn auf die Dauer von 10 Jahren jährlich 150 Millionen DM zufließen. Alles das aber genügt nicht, um eine wirkliche finanzielle Gesundung der Bundesbahn herbeizuführen. Diese ist erst dann gewährleistet, wenn die Bahn zum mindesten von den politischen Lasten in Höhe von 331,0 Millionen DM befreit, wenn ihr ferner eine langfristige Anleihe zum Zweck der Rationalisierung und Modernisierung ihrer Anlagen und ihres Betriebes, zur Beseitigung des Nachholbedarfes in der Erhaltung und Erneuerung des Oberbaus gewährt wird.

Die Mehrzahl der europäischen Eisenbahnen arbeiten mit Verlusten. Eine Ausnahme machen die niederländischen Staatseisenbahnen. Die Eisenbahnen in den USA sind rentabel, aber Kraftwagen und Flugzeug schränken auch dort die Gewinnmöglichkeiten ein.

§ 7

Die nicht bundeseigenen Eisenbahnen

In der Bundesrepublik befinden sich 240 Eisenbahnunternehmen mit einem Streckennetz von rund 6000 km, die nicht zur Bundesbahn gehören. Ein Teil dieser Unternehmen hat die Form einer Aktiengesellschaft, wobei sich das Kapital aber zu 70% im Besitz der öffentlichen Hand befindet, nämlich von Ländern, Kreisen und Städten. Von diesen Bahnen sind 70% vollspurig. Die Masse der Unternehmen befindet sich in Nordrhein-Westfalen, in Niedersachsen und in Baden-Württemberg.

Die rechtliche Grundlage dieser nicht bundeseigenen Bahnen ist das Allgemeine Eisenbahngesetz von 1951, das sie der Betriebs- und Beförderungspflicht sowie dem Tarifzwang unterwirft. Die Tarifhoheit liegt in der Hand des Bundes. Damit wird der gemeinwirtschaftliche Charakter auch dieser Bahnen betont. Die Tarife richten sich im allgemeinen nach denen der deutschen Bundesbahn.

Außerdem räumt das Gesetz bei der Neuanlage von Eisenbahnen der Deutschen Bundesbahn ein Vorrecht für den Bau und Betrieb ein. Eine neue Strecke darf erst dann von nicht bundeseigenen Eisenbahnen gebaut werden, wenn die Deutsche Bundesbahn darauf keinen Anspruch erhebt. Alle einzelnen Anordnungen über die Verwaltung und Beaufsichtigung der nicht bundeseigenen Bahnen überläßt das Gesetz den Ländern, die sich zur Durchführung der Aufsicht meist der zuständigen Bundesbahndirektion bedienen.

Die Aufgabe der nicht bundeseigenen Eisenbahnen ist es, abgelegene Gebiete dem Verkehr zu erschließen. Dabei handelt es sich in sehr vielen Fällen um landwirtschaftliche Gebiete mit einer starken Zersplitterung der Beförderungsvorgänge, weil eine Unzahl von Empfängern und Versendern in Frage kommen, die meist kleine Stückgutsendungen auf den Weg bringen, aber selten ganze Wagenladungen. Es sind keine festen Verkehrsrelationen vorhanden wie im Verkehr nach und von den Industriegebieten; dadurch ist die Unkostenlage wenig günstig. Auf diesen Bahnen findet meist gemischter Betrieb statt, d. h. es verkehren neben Güterzügen auch Personenzüge bzw. werden im gleichen Zug Güter und Personen befördert. Auf die Bahnen des gemischten Verkehrs entfallen etwa 4650 km Strecke. Daneben aber gibt es nichtbundeseigene Bahnen, die ausschließlich Personenverkehr betreiben wie die reinen Gebirgsbahnen; andere wieder sind reine Güterbahnen, wie die Masse der Hafenbahnen.

Der Verkehr hat sich auf den nicht bundeseigenen Bahnen in den Jahren nach dem zweiten Weltkrieg dahin entwickelt, daß im Güterverkehr sich die Zahl der beförderten Tonnen von 61,2 Millionen im Jahre 1949 auf 68,4 Millionen Tonnen im Jahre 1952 gehoben hat. Infolge der Konkurrenz des Lastkraftwagens weist 1953 nur 66,3 Mill. t aus. Der Personenverkehr hat von

223,9 Millionen beförderten Personen im Jahre 1949 auf 224,4 Millionen beförderte im Jahre 1952 zugenommen. Beim Güterverkehr zeigte es sich, daß die wertvollen Güter der Tarifklassen A und B mehr und mehr auf den Lastkraftwagen übergingen und daß im Personenverkehr ebenfalls der Autobus den Bahnen erheblichen Abbruch tat. Dazu kommt, daß 52–88% der beförderten Personen unter den Berufs- und Schülerverkehr fallen, der ein ausgesprochener Stoßverkehr ist und deswegen die Ertragslage ungünstig beeinflußt. Das alles zusammen mit den gestiegenen Personal- und Materialkosten hat die Finanzlage auch der nichtbundeseigenen Eisenbahnen ungünstig gestaltet. Die durch den Krieg entstandenen Schäden sind den Eisenbahnen durch den Bund nicht ersetzt worden. Diese Kriegsschäden machen allein etwa 66 Millionen DM aus, zu denen noch ein Nachholbedarf von rund 90 Millionen DM hinzukommt. Da der Kapitalmarkt nur in geringem Umfang für eine Kapitalbeschaffung in Frage kommt, haben die Beseitigungen der wichtigsten Kriegsschäden aus den laufenden Einnahmen finanziert werden müssen. So ist es nicht erstaunlich, wenn 1953 125 Eisenbahnunternehmen mit einem Fehlbetrag von insgesamt etwa 28 Millionen DM abgeschlossen haben.

Eine Lösung der auch den nichtbundeseigenen Eisenbahnen entstandenen Schwierigkeiten wird sich nur im Rahmen der Wiederherstellung der gestörten Einheit des Verkehrs in Deutschland ermöglichen lassen. Dabei aber wird eine Stillegung eines Teils der nichtbundeseigenen Eisenbahnen kaum durchführbar sein. Denn sie halten dort den notwendigen Verkehr aufrecht, wo auch der Lastkraftwagen keine Aussicht auf gewinnbringende Tätigkeit sieht. Das ist vor allem in den ländlichen Gegenden der Fall. Dort ist für die Rentabilität der Landwirtschaft wiederum Voraussetzung, daß der Eisenbahnverkehr aufrechterhalten wird. Zudem ist ein erheblicher Teil des Verkehrs der nichtbundeseigenen Eisenbahnen Zubringerverkehr für die Bundesbahn; denn rund 50 Millionen t der beförderten Güter – das sind etwa 70% aller beförderten Güter – kommen entweder von der Deutschen Bundesbahn auf die Strecken der nichtbundeseigenen Eisenbahnen oder gehen von diesen zur Bundesbahn.

Auch die nichtbundeseigenen Eisenbahnen haben ihren Betrieb weitgehend rationalisiert. Die Dampflokomotive ist im Personenverkehr vielfach durch den motorisierten Triebwagen ersetzt; an Stelle nicht voll ausgelasteter Personenzüge werden Kraftomnibusse eingesetzt, und mit diesen wird nicht nur im Linienverkehr das Netz erweitert, sondern sie werden auch weitgehend in den Dienst des Gelegenheitsverkehrs gestellt.

Um den finanziellen Schwierigkeiten der nichtbundeseigenen Eisenbahnen zu steuern, sollen sie aus den durch das Verkehrsfinanzgesetz aufkommenden Mehrerträgen der Kraftfahrzeug- und Mineralölsteuer jährlich 10 Millionen DM als Darlehen erhalten.

Kapitel II

Der Verkehr auf der Landstraße

§ 1

Das Straßenproblem

Die schnelle und umfangreiche Entwicklung der Eisenbahnen hatte im Anfang des 20. Jahrhunderts die Bedeutung der Landstraßen weitgehend zurückgedrängt. Die Landstraßen begannen mehr und mehr nur noch dem lokalen und dem Nahverkehr zu dienen. Nach dem ersten Weltkrieg aber trat mit der Entwicklung des Lastkraftwagens die Bedeutung der Straßen wieder in den Vordergrund. Es zeigte sich bald, daß im Straßenverkehr Reibungen entstanden, weil einmal die Eigentümer des Weges und der Fahrzeuge nicht personengleich waren, wie bei der Eisenbahn, so daß die Investitionstätigkeit beider nicht übereinstimmte. Dann aber konnte auf einer Eisenbahnstrecke nur ein Verkehrsunternehmen allein den Verkehr betreiben, weil sonst der Betrieb nicht durchführbar war, während auf der Straße mehrere Unternehmer im gegenseitigen Wettbewerb den Verkehr betreiben. Daraus ergab sich, daß die Landstraßen in kurzer Zeit durch die zahlreichen entstehenden Verkehrsunternehmen überlastet wurden. Das verkehrspolitische Problem besteht heute vor allem darin, Straßenkapazität und Verkehrsumfang einander anzupassen. Das ist das vordringliche Problem; daneben aber steht sogleich das zweite: nämlich eine verkehrspolitisch zweckmäßige und der Eigenart der Verkehrsmittel angepaßte Arbeitsteilung zwischen Schiene und Straße herbeizuführen, um die Einheit des Verkehrs wieder herzustellen, die durch die schnelle technische Entwicklung des Lastkraftwagens gestört ist.

Nach dem Bundesfernstraßengesetz von 1953 werden in der Bundesrepublik an Straßengattungen unterschieden:

1. die Bundesautobahnen mit 2119 km Streckenlänge;
2. die Bundesstraßen mit 21667 km Streckenlänge;
3. die Landstraßen I. Ordnung mit 48336 km Streckenlänge;
4. die Landstraßen II. Ordnung mit 49315 km Streckenlänge.

Die Verwaltung der Straßen ist kompliziert und wenig durchsichtig, denn obwohl der Bund nach dem Grundgesetz Eigentümer der Straßen ist, soweit sie

Bundesautobahnen und Bundesfernstraßen sind, überträgt er die Verwaltung auftragsweise an die Länder oder auf die nach Landesrecht zuständigen Behörden. Von dem Recht, die dem Bund gehörenden Straßen in eigene Verwaltung zu nehmen, hat der Bund bisher keinen Gebrauch gemacht. Oberste Verwaltungsstelle der bundeseigenen Straßen ist der Bundesverkehrsminister.

Die Verwaltung und Gesetzgebung über die Straßen I. Ordnung liegt in der Hand der Länder, die der II. Ordnung werden nach Ländergesetzen von den unteren Kommunalverbänden verwaltet. Diese öffentlichen Körper bringen auch die Mittel zur Unterhaltung und zum Ausbau der nichtbundeseigenen Straßen auf, während der Bund die Mittel für die ihm gehörenden Straßen aus seinem Haushalt bereitstellt. Damit ist Gesetzgebung, Finanzierung und Verwaltung des Straßenwesens weitgehend zersplittert.

Am wichtigsten ist zunächst, daß eine einheitliche Planung, ein einheitlicher Ausbau und eine einheitliche Verwaltung[1]) der gesamten Straßen erfolgt, damit neben einem einheitlichen Fernstraßennetz auch ein ausreichendes Netz von Zubringerstraßen vorhanden ist. Dazu wäre es am zweckmäßigsten, die Verwaltung auch der Straßen I. Ordnung in die Hand des Bundes zu legen, der sie im Auftrag der Länder durchführen könnte, damit auch deren Interessen gewahrt werden.

Wenn heute in vielen Staaten, nicht nur in Deutschland allein, die Landstraßen dem Verkehrsbedürfnis nicht mehr genügen, so liegt das daran, daß nach dem Aufkommen der Eisenbahn der Staat die Verwaltung der Straßen als eine unbequeme Last empfand. Deshalb ist sie in den meisten Staaten auf die unteren Verwaltungsorgane übergegangen. Vor dem ersten Weltkrieg hatte man die Bedeutung des Kraftwagens für die Entwicklung des Verkehrs noch nicht voll erkannt. Man hat deswegen dort, wo man Straßen baute, sie nicht anders gebaut, als man das in den 50er und 60er Jahren auch getan hatte.

Nach dem ersten Weltkrieg hatte man es im Jahre 1920 versäumt, gleichzeitig mit den Eisenbahnen und den großen Wasserstraßen die durchgehenden Landstraßen in das Eigentum und die Verwaltung des Reiches zu überführen. Man sah damals die Notwendigkeit dazu noch nicht ein. Dadurch aber wurde die Einheitlichkeit der Verkehrspolitik gefährdet. An den Folgen dieser Uneinheitlichkeit leiden wir heute. Sie war – wenigstens innerhalb der Bundesstaaten – vor dem ersten Weltkrieg gewährleistet. Kennzeichnend ist, daß noch im Jahre 1927 der damalige Ministerialdirektor im Reichsverkehrsministerium, Pflug, meinte, daß ein Bedürfnis nach Reichsautobahnen nur in beschränktem Umfang anerkannt werden könne, da der Lastkraftwagen in erster Linie ein Nahverkehrsmittel sei[2]). So ist auch zwischen den beiden Weltkriegen wenig

[1]) Dr.-Ing. H. Chr. Seebohm, Die Straßen der Bundesrepublik. Schriftenreihe des Bundesministers für Verkehr. Heft 5, 1954, S. 55ff.

[2]) Strukturwandlungen der deutschen Volkswirtschaft, Bd. II, S. 267. 1927.

und Unzureichendes für den Ausbau des Fernstraßennetzes getan worden. Dazu kam, daß unter den Nachwirkungen der Inflation und durch die Reparationskosten Reich, Länder und Gemeinden in ihrer finanziellen Leistungsfähigkeit sehr beschränkt waren und man es vorzog, die geringen Mittel, vor allem in den Gemeinden, für Zwecke auszugeben, die die soziale Einstellung der Gemeindebehörden stark betonten.

Allerdings mit dem Jahre 1933 beginnt eine gewisse Wandlung. Es ist ohne Zweifel das Verdienst der Machthaber von 1933, daß sie rechtzeitig erkannt hatten, welche Entwicklung der Kraftwagenverkehr nehmen, und daß dem das deutsche Straßennetz nicht gewachsen sein würde. So faßte man den Plan, ein geschlossenes Netz von Reichsautobahnen zu bauen, von breiten festen Straßen, die an den Ortschaften vorbeiführten und das Fahren mit hohen Geschwindigkeiten gestatten würden. Es war beabsichtigt, 8000 km Reichsautobahnen zu bauen, von denen bis 1945 3800 km im damaligen Reichsgebiet vollendet waren. Davon entfallen heute 2119 km auf das Gebiet der Bundesrepublik. Gleichzeitig ging man an die Modernisierung der wichtigsten Landstraßen heran. Um die Einheitlichkeit des Netzes zu gewährleisten, wurden auf Grund eines Gesetzes von 1934 diese Straßen vom Reich übernommen, ohne daß aber eine Reichsstraßenverwaltung errichtet wurde. Die Aufrüstung und der zweite Weltkrieg verhinderten einen durchgreifenden Ausbau des deutschen Straßennetzes. Auch die Reichsautobahnen blieben ein Torso. Das Reichsstraßengesetz von 1934 wurde im Jahre 1953 durch das Bundesfernstraßengesetz abgelöst.

Während des zweiten Weltkrieges verhinderten Mangel an Arbeitskräften und Material die notwendigen Erhaltungsarbeiten, und durch die Kämpfe im eigenen Lande wurden große Zerstörungen an den Landstraßen angerichtet. Von insgesamt 15607 Straßenbrücken wurden 4808 zerstört, davon allein 1395 im Zuge der Bundesstraßen. Aus allen diesen Gründen ist es zu erklären, wenn heute über 80% der Bundesstraßen nur 6–6½ m breit sind, wenn nur 23% aller Bundesstraßen schwere Decken besitzen, wenn noch 77% nur leichte, mittelschwere und kopfsteingepflasterte Decken haben und dadurch dem Verkehr der schweren Lastzüge mit großem Achsendruck nicht standhalten[1]).

Krieg und Nachkriegsverhältnisse sind schuld daran, daß noch eine große Anzahl von unübersichtlichen und ungenügend überhöhten Kurven sowie von verkehrshindernden Durchfahrten durch Ortschaften vorhanden sind, die dazu beitragen, die Zahl der Unfälle erheblich zu erhöhen.

Eine planmäßige Wiederherstellung des Straßennetzes und sein systematischer Ausbau konnte erst einsetzen, nachdem die Bundesrepublik entstanden war. Der heute vom Bundesverkehrsministerium geplante Ausbau sieht, um das Torso des Autostraßennetzes zu vollem Verkehrswert zu bringen, den Aus-

[1]) Bundesverkehrsminister Dr. Seebohm in Heft 4, S. 37 der Schriftenreihe des Bundesverkehrsministers für den Verkehr. 1954.

bau von insgesamt 2500 km Autobahnen vor. Davon sollen in 10 Jahren jährlich 200–250 km fertiggestellt werden, wozu jährlich etwa 500–625 Millionen DM erforderlich sind.

Bis zum Ende des Rechnungsjahres 1959 sollen insgesamt rund 400 km neue Autobahnen zweibahnig dem Verkehr übergeben werden, und zwar

1. die Strecke Hamburg-Hannover-Göttingen;
2. die Strecke Frankfurt am Main–Würzburg;
3. die Strecke Karlsruhe—Basel.

Ebenso dringend wie der Ausbau des Autobahnnetzes ist der der Bundesstraßen. Auch hierfür ist ein 10-Jahres-Plan aufgestellt[1]). Dabei handelt es sich in erster Linie darum, die Fahrbahnen auf 7–7½ m zu verbreitern, die Decken schwerer zu machen, enge Ortsdurchfahrten zu beseitigen und schienengleiche Übergänge durch Unterführungen oder Überführungen zu ersetzen und endlich Kurven umzubauen. Insgesamt muß die Hälfte der Streckenlänge auf diese Weise um- und neu ausgebaut werden; das sind rund 11000 km. Die Höhe der Kosten, die bei der Durchführung dieses Planes entstehen, werden auf rund 6 Milliarden DM geschätzt, so daß für jedes der 10 Baujahre mindestens 600 Millionen DM erforderlich sind. Für die Durchführung des gesamten Programms würde also ein Jahresbedarf von 1100–1200 Millionen DM entstehen, wozu noch rund 200 Millionen DM für die laufende Unterhaltung kommen, so daß sich ein jährlicher Gesamtbedarf von mindestens 1500 Millionen DM ergäbe. Der Ausbau der Autobahnen und der Bundesstraßen allein genügt aber nicht, wenn nicht auch die Zubringerstraßen, nämlich die Landstraßen I. und II. Ordnung, instandgesetzt werden, den ständig wachsenden Verkehr aufzunehmen. Dafür aber sind Länder und Kreise zuständig, die ihre Ausbaupläne mit denen des Bundes in Übereinstimmung bringen müssen. Das westdeutsche Straßenproblem ist also nur lösbar, wenn Bund, Länder und Gemeinden einen einheitlichen Ausbauplan aufstellen. Aber infolge der im Grundgesetz festgelegten Aufteilung der Zuständigkeit von Bund, Ländern und Gemeinden stößt die Aufstellung eines solchen einheitlichen Straßenbauprogramms und seine Finanzierung auf außerordentliche Schwierigkeiten. Bundesverkehrsminister Seebohm veranschlagt den Jahresaufwand für ein solches Gesamtstraßenbauprogramm einschließlich Unterhaltung und Verwaltung jährlich auf 2,3 Milliarden DM[2]).

Für den Ausbau der Straßen, die der Verwaltung des Bundes unterliegen, reichen also die Mittel, die der Bund in Höhe von 310 Millionen DM jährlich

---

[1]) S. Karte 2.

[2]) Rede vor der Wirtschaftsvereinigung Eisen- und Stahlindustrie vom 14. 9. 1955 in Düsseldorf.

in den letzten Jahren für den Straßenbau im Bundeshaushaltsplan bereitgestellt hat, nicht aus, ebenso wenig die Beträge, die aus dem im Sommer 1955 beschlossenen Verkehrsfinanzgesetz aufkommen (s. S. 103). Haushaltsmittel (310 Millionen DM) und die für den Bundesstraßenbau bestimmten Erträge des Verkehrsfinanzgesetzes (210 Millionen DM) decken den für den Ausbau der Bundesstraßen notwendigen jährlichen Finanzbedarf von rund 1500 Millionen DM zu etwa 35%. So ergibt sich die zwingende Notwendigkeit, diese Haushalts- und Steuermittel durch Kredite zu ergänzen. Und diese Maßnahme ist auch zulässig, da es sich um volkswirtschaftlich gerechtfertigte und notwendige Investitionen handelt. So wird neben der Öffa auch der Kapitalmarkt herangezogen werden müssen. Die Verkehrspolitik tritt damit in enge Verbindung zur Finanzpolitik.

Aus öffentlichen Mitteln wurden von 1949–1954 für Investitionen, Neu- und Ersatzbauten, für den Aus- und Umbau von Straßen 3,53 Milliarden DM aufgewandt. Daraus ergibt sich, daß Kriegsschäden und Nachholbedarf, die allein 8 Milliarden ausmachen, noch nicht haben voll beseitigt werden können. Auf die Beseitigung der Kriegsschäden war aber die Straßenpolitik in den ersten Jahren nach Beendigung des zweiten Weltkrieges notwendigerweise in erster Linie gerichtet. Darunter hat der Ausbau leiden müssen.

Die Entwicklung des Kraftwagenverkehrs und die Lage Deutschlands mitten im Herz von Europa hat es mit sich gebracht, daß Anlage, Ausbau und Zustand des Straßennetzes nicht nur von nationaler Bedeutung sind, sondern daß hier auch internationale Interessen eine entscheidende Rolle spielen. Die Wirtschaftskommission der Vereinten Nationen in Genf hatte schon im Jahre 1947 ein Netz europäischer Durchgangsstraßen festgelegt. An diesem Netz sind 18 europäische Staaten beteiligt. Es soll sich von Norwegen und Schweden bis nach Italien und Spanien und von Frankreich bis zur Türkei erstrecken. Zunächst sind 22 Hauptlinien, die sogenannten E-Straßen und 60 Verbindungs- und Nebenlinien vorgesehen. Die Bundesrepublik ist an 10 Hauptlinien mit rund 5462 km und an 15 Nebenlinien mit etwa 3120 km beteiligt. Das gesamte europäische Netz soll 48000 km betragen, wovon auf die Bundesrepublik 8592 km entfallen würden. Um in das europäische Netz eingegliedert zu werden, müssen 991 km Autobahnen und 1815 km Bundesstraßen ausgebaut werden. Neu müssen 458 km Bundesstraßen gebaut werden, wofür einheitliche Richtlinien durch die Wirtschaftskommission der Vereinten Nationen festgelegt sind. Zur Finanzierung des internationalen Straßennetzes soll ein europäischer Straßeninvestitionsfonds geschaffen werden, der Schuldverschreibungen an den Markt bringen soll, die von den Mitgliedstaaten garantiert werden. Die Förderung des Straßenbaues auf internationaler Grundlage hat sich die Internationale Straßenliga zur Aufgabe gemacht.

§ 2

Die Entwicklung des Kraftwagenverkehrs

Der Kraftfahrzeugbestand der Bundesrepublik betrug:

	Krad	Pkw	bis 2 t	Lkw über 2 t	i. G.	Anhänger	Kraftfz. i. G.
1938	856711	712861	136840	77331	214171		1836095
1950	913546	515608	209015	149032	358047	214171	1949803
1953	2004796	1126105	345708	208838	554546	305104	4053734
1954	2300677	1393108	395843	212618	572491	320724	4699537

Kennzeichnend für die Entwicklung der letzten Jahre ist die Motorisierung des kleinen Mannes, die aus der starken Zunahme der Krafträder und aus dem Anwachsen der Personenkraftwagen hervorgeht. Bei den Lastkraftwagen fällt die stärkere Vermehrung der Lastkraftwagen über 2 t Nutzlast und der Anhänger auf. Das deutet auf ein Vordringen schwerer Lastzüge, die in erster Linie für den Fernverkehr bestimmt sind. Das wird noch deutlicher, wenn man den Anteil der schweren Lastkraftwagen an den Zulassungen in den letzten Jahren verfolgt.

Zulassung von Lastkraftwagen und Anhängern

	Lkw. i. G.	mit mehr als 5 t Nutzlast	%	Anhänger i. G.	mit mehr als 5 t Nutzlast	%
1951	66852	4842	7,3	16684	3586	21
1952	67710	5461	7,4	16833	3938	23
1953	60167	6417	9,0	20527	5721	34
1954	56413	5795	10,2	22840	5617	24

An den Zulassungen haben die Lastkraftwagen mit über 5 t Nutzlast einen zunehmenden Anteil, und das gleiche gilt bis 1953 für die schweren Anhänger. Dadurch werden die Straßen mit ungenügend starker Decke und mit ungenügender Breite überlastet. Man hat in anderen Ländern dem einen Riegel vorgeschoben, indem man dort das Höchstgewicht der Lastkraftwagen und die Länge der Lastzüge stärker beschränkt hat als in Deutschland. In Deutschland darf die Länge der Lastzüge zur Zeit 20 m und das Gesamtgewicht 40 t betragen, während z. B. Frankreich nur Lastzüge mit einer Länge von 18 m und mit einem Höchstgewicht von 35 t gestattet. Man erwägt daher in der Bundesrepublik eine Reform der Vorschriften über die höchstzulässigen Abmessungen und Gewichte der Kraftfahrzeuge, die diese mehr als bisher der Aufnahmefähigkeit und der Belastbarkeit der Straßen anpassen.

Die deutschen Lastkraftwagenunternehmer sind zur Bevorzugung der schweren Lastzüge veranlaßt worden, weil bei ihnen das Verhältnis von Nutzlast zu toter Last günstiger ist, und weil die Kraftfahrzeugsteuer bis zum April 1955 die schweren Wagen gegenüber den leichten begünstigte.

Durch die Vermehrung der Kraftwagen hat die Verkehrsstärke auf den Straßen stark zugenommen. Man versteht darunter die Anzahl der Kraftwagen, die innerhalb von 24 Stunden auf den Bundesautobahnen oder den Bundesstraßen einen bestimmten Kontrollpunkt überfahren. Auf den Autobahnen bewegten sich im Bundesmittelwert innerhalb von 24 Stunden:

1936/37	1200 Fahrzeuge
1947	1400 Fahrzeuge
1952/53	5000 Fahrzeuge

Auf den Bundesstraßen betrug die Verkehrsstärke:

1936/37	650 Fahrzeuge
1947	700 Fahrzeuge
1952/53	1650 Fahrzeuge

Die Verkehrsbelastung der Straßen hat in den letzten Jahren noch zugenommen. Von 1953–1955 ist auf den Autobahnen eine Verkehrssteigerung von rund 60% und auf den Bundesstraßen von rund 45% eingetreten[1]), wobei der Schwerpunkt des Verkehrs auf den Straßen beim Güterfernverkehr liegt.

Man kann also ohne Übertreibung sagen, daß die Motorisierung in Deutschland in den Jahren nach dem Kriege ein überdurchschnittlich schnelles Tempo eingeschlagen hat, und daß dadurch sowie durch die finanzielle Unmöglichkeit, in so kurzer Zeit die Straßen den gewachsenen Verkehrsbedürfnissen anzupassen, eine Überlastung des deutschen Straßennetzes eingetreten ist. Dementsprechend ist auch die Zahl der Unfälle gewachsen. Im Jahre 1950 zählte man täglich 13 Tote im Straßenverkehr; 1954 war die Zahl bereits auf 30 gestiegen.

Zahl der Verkehrsunfälle und der Getöteten

	Unfälle	Getötete
1950	247994	6328
1953	445538	11025
1954	493473	11655

Von diesen Unfällen waren durch den ungenügenden Zustand der Straßen veranlaßt:

1951	24050 Unfälle
1952	39360 Unfälle
1953	91236 Unfälle
1954	93654 Unfälle

[1]) Minister Seebohm vor der Wirtschaftsvereinigung Eisen- und Stahlindustrie in Düsseldorf am 14. 9. 1955.

Diese Zahlen liefern den Beweis, daß das deutsche Straßennetz immer weniger den Ansprüchen des Verkehrs genügt.

Im Straßenverkehr ist zu unterscheiden der Güternahverkehr vom Güterfernverkehr, soweit sie gewerblich betrieben werden, und zu beiden kommt dann noch der Werkverkehr hinzu. Die Mehrzahl der Unternehmer, die den Güternah- und Güterfernverkehr mit Kraftwagen betreiben, gehören dem Mittelstand an. Von den 75000 Kraftverkehrsunternehmen im Bundesgebiet beschäftigen rund 35000 keine Arbeitnehmer, und über 60% dieser Unternehmer besitzen nur einen Lastkraftwagen. Es handelt sich hier ausgesprochen um einen Gewerbezweig, der mittelständisch orientiert ist. Etwa 70% der Unternehmer sind in Straßenverkehrsgenossenschaften zusammengeschlossen. Diese Genossenschaften vermitteln an ihre Genossen Großaufträge, übernehmen die Einziehung der Frachten, gewähren Kredit und unterhalten auf dem Gebiet der Bundesrepublik 16 Autohöfe. Die einzelnen Straßenverkehrsgenossenschaften sind in einer Bundeszentralgenossenschaft zusammengeschlossen. Die wirtschaftliche Interessenvertretung für das im Güterfernverkehr tätige Kraftfahrgewerbe ist die Arbeitsgemeinschaft für den Güterfernverkehr in Frankfurt am Main. Auf internationaler Basis schlossen sich die Verbände des gewerblichen Straßenverkehrs im Jahre 1948 zum Internationalen Straßenverkehrsverband zusammen. Neben diesen privaten Unternehmern betreibt auch die Deutsche Bundesbahn Güternah- und Fernverkehr mit Kraftwagen.

Der Güternah- und Fernverkehr ist einmal Linienverkehr, der planmäßig zwischen zwei Orten betrieben wird. Dann ist er Trampverkehr, bei dem nicht eine bestimmte Strecke befahren wird, sondern ohne bestimmten Plan dorthin befördert wird, wohin sich lohnende Fracht, vor allem aber Rückfracht ergibt. Der Trampverkehr überwiegt gegenüber dem Linienverkehr. Der Werkverkehr ist endlich Nah- und Fernverkehr. Er wird durch eine Unternehmung auf deren Kosten betrieben und dient dazu, die eigenen Erzeugnisse oder Waren an die Kundschaft unmittelbar heranzuführen und für den Betrieb selbst Güter heranzuschaffen.

Der Güterverkehr auf den Straßen leistete noch eine Repräsantativerhebung des Statistischen Bundesamtes im Jahre 1952:

insgesamt 21 Milliarden t/km;	
davon entfallen auf den Ortsverkehr	3,2 Milliarden t/km
auf den Nahverkehr	5,7 Milliarden t/km
auf den Fernverkehr	12,0 Milliarden t/km

Am Fernverkehr war der gewerbliche Fernverkehr mit 8 Milliarden t/km und der Werkfernverkehr mit 4 Milliarden t/km beteiligt. Daraus ergibt sich, daß die Masse der Leistungen auf den Fernverkehr entfällt. Während der gesamte Fernverkehr auf den Straßen von 1936 bis 1952 von 2 Milliarden t/km auf 12 Milliarden t/km zunahm, sich also versechsfachte, sind im Werkfernverkehr allein die Leistungen von 0,5 Milliarden t/km im Jahre 1937 auf 4 Milliarden t/km im Jahre 1952, also um das Achtfache gestiegen.

Im Jahre 1954 beförderte der gewerbliche Güterfernverkehr nach einer Erhebung der Bundesanstalt für den Güterfernverkehr 36,3 Millionen t und leistete 9,9 Milliarden t/km. Dabei betrug die mittlere Versandweite 274 km; sie war also größer als bei der Bundesbahn. Die größte mittlere Versandweite mit 368 km wiesen die in Berlin beheimateten Kraftfahrzeuge auf, dann folgten die bayerischen mit 312 km und die aus Schleswig-Holstein mit 293 km. Von den geleisteten t/km entfallen 29% auf die in Nordrhein-Westfalen beheimateten Fahrzeuge, während weitere 23% auf die Fahrzeuge aus Bayern und Schleswig-Holstein entfallen.

Wenn man die geleisteten t/km nach Entfernungsgruppen aufgliedert, so kommen auf die Stufen

von	0–149 km	12,5%
von	150–299 km	28,1%
von	300–499 km	29,9%
von	500–499 km	29,5%

Von den beförderten Gütermengen gehören in die Tarifklassen:

A–C	28,9%
D–G	28%

3,4% sind Stückgut und 39,7% werden zu Ausnahmetarifen befördert. 55,1% der zu Ausnahmetarifen gefahrenen Gütermengen sind Baustoffe wie Betonwaren für Hoch- und Tiefbau (AT 3 B 2), Zement (AT 4 B 5) und Schnittholz (AT 1 B 1). Baustoffe allein machen rund 25% der insgesamt beförderten Güter aus, 7,5% gehören zu den Erzeugnissen der Landwirtschaft, 9% entfallen auf Nahrungs- und Genußmittel und 4,6% sind Kohle und Torf.

So ist im Lauf der Entwicklung der Lastkraftwagen dazu übergegangen, nicht nur hochwertige Stückgüter zu befördern, sondern auch Massengüter auf weite Entfernungen zu fahren. Damit ist er tief in das der Eisenbahn eigene Transportgebiet eingedrungen.

Wenn die in Nordrhein-Westfalen beheimateten Fahrzeuge allein 29% der geleisteten t/km trotz des dort dichten Eisenbahnnetzes auf sich vereinigen, so zeigt das, daß das Verkehrsbedürfnis in dem hochentwickelten Industriegebiet mit großer Dichte des Verkehrs von Binnenschiffahrt und Eisenbahn allein nicht befriedigt werden kann. Die großen Versandweiten in Berlin, Bayern und in Schleswig-Holstein weisen darauf hin, daß hier der bewegliche und schnelle Lastkraftwagen die durch die politischen Verhältnisse geschaffene ungünstige Verkehrslage mit ausgleichen muß. Der hohe Anteil der Baustoffe an dem vom Lastkraftwagen beförderten Güter, geht auf eine tiefgreifende Strukturwandlung in der Bauwirtschaft zurück, der sich anzupassen die Eisenbahn aus technischen Gründen nicht in der Lage ist (s. S. 104).

Der Lastkraftwagen ist aber wegen seiner Beweglichkeit in der Lage, in den Zeiten besonders großen Verkehrsbedürfnisses einzuspringen und damit dazu beizutragen, daß der volkswirtschaftlich notwendige Verkehr schnell und reibungslos abgewickelt wird. Das ist besonders im Herbst der Fall, wenn saisonmäßig die starken Ernte-, Düngemittel- und Kohletransporte einsetzen. Nach den Erhebungen der Bundesanstalt für den Güterfernverkehr ist der Oktober aus diesem Grunde der stärkste Beförderungsmonat mit 9,4% der geleisteten t/km. Dafür geht aber die Leistung des Lastkraftwagens in den schneereichen Wintermonaten Januar und Februar zurück, auf die nur je 5,2% der geleisteten t/km entfallen, so daß in diesen Monaten die Eisenbahn verstärkt belastet wird.

Im Personenverkehr spielt der Omnibus eine entscheidende Rolle. Die Zahl der Omnibusse hat sich seit 1938 fast verdoppelt. Es waren in der Bundesrepublik vorhanden:

1938	11556 Kraftomnibusse
1950	14328 Kraftomnibusse
1953	22348 Kraftomnibusse
1954	24775 Kraftomnibusse

Im Kraftomnibusverkehr sind beteiligt die Kommunen, die Bundespost, die Bundesbahn und private Unternehmer. Die Linienlänge der Kraftomnibusstrecken beträgt 1954 222867 km; davon entfallen

auf die Bundesbahn	21%
auf die Bundespost	40%
auf die nichtbundeseigenen Eisenbahnen	4%

An Personen (in Millionen) wurden befördert:

	1953	1954	
im Ortsverkehr . . .	477	588	+ 17%
im Überlandverkehr .	829	956	+ 15%
im Gelegenheitsverkehr	39	41	+ 5,1%
von der Eisenbahn . .	1240	1299	+ 4,1%

Am Verkehr waren beteiligt im Jahre 1954:

	im Linienverkehr	im Gelegenheitsverkehr
Kommunale Betriebe	mit 51,7%	mit 10,1%
Private Unternehmer	mit 21,0%	mit 81,1%
Bundespost	mit 17,5%	mit 4,0%
Bundesbahn	mit 9,8%	mit 4,6%

Danach hat der Personenverkehr mit Kraftomnibussen beträchtlich mehr zugenommen als der der Bundesbahn, wobei die stärkste Zunahme beim Omnibus auf den Nahverkehr entfällt. Während die öffentliche Hand im Linienverkehr vorherrscht, ist die Domäne des privaten Unternehmers der Gelegenheitsverkehr, so daß sich hier eine natürliche Arbeitsteilung herausgebildet hat. Neben dem Omnibus spielt gerade im Nahverkehr das Motorrad und auch der eigene Kraftwagen eine beträchtliche Rolle, die voraussichtlich mit der Steigerung der Massenkaufkraft noch zunehmen wird.

Der gewerbliche Personenverkehr mit Kraftfahrzeugen ist dem Gesetz über die Beförderung von Personen zu Lande vom Jahre 1934 unterworfen. Danach ist die gewerbsmäßige Beförderung von Personen sowohl im Linien- als auch im Gelegenheitsverkehr genehmigungspflichtig. Diese Genehmigung kann versagt werden, wenn kein Bedürfnis vorliegt. Post und Bundesbahn bedurften ursprünglich keiner Genehmigung, doch seit 1945 sind auch sie der Genehmigung durch die Landesverkehrsbehörden unterworfen.

§ 3

Die Wirkungen der Zunahme des Kraftwagenverkehrs auf die anderen Verkehrsträger und die Aufgaben der Verkehrspolitik

Die Wirkungen des zunehmenden Güterkraftverkehrs machten sich in der Binnenschiffahrt wenig, aber bei der Eisenbahn in erheblichem Umfange bemerkbar. Das ist nicht nur in Deutschland der Fall, sondern auch in anderen Ländern. Bei der Bundesbahn stellte sich ein zunehmender Rückgang des Güterverkehrs in den mittleren und unteren Tarifklassen ein, wodurch ein fühlbarer Einnahmeausfall entstand. Die Entwicklung nach dem zweiten Weltkrieg ging so weit, daß im Jahre 1954 nur noch etwa 50% der t/km im Güterverkehr auf die Bundesbahn entfielen, dagegen 25% auf den Verkehr mit Lastkraftwagen und wie bisher, 25% auf die Binnenschiffahrt. So war das Vordringen des Lastkraftwagens fast ausschließlich zu Lasten der Eisenbahn vor sich gegangen. Nach Hering machten die Einnahmen aus dem Güterfernverkehr mit Lastkraftwagen im Jahre 1938 6,7% der Einnahmen der Deutschen Reichsbahn aus dem Güterverkehr aus, 1953 dagegen 24,6% der gleichen Einnahmen bei der Deutschen Bundesbahn[1]). Wenn man die Erhebungen der Bundesanstalt für den gewerblichen Güterfernverkehr zugrunde legt, so hat sich im Jahre 1954 dieser Satz sogar auf 31% erhöht. Der Wettbewerb des Lastkraftwagens ist sicher *eine* der Ursachen, aus denen sich mit die Fehlbeträge in der Betriebsrechnung der Bundesbahn ergeben.

---

[1]) Internationales Archiv für Verkehrswesen, 6. Jahrg. 1954, S. 86 und Zahlenübersicht 1.

Als sich in Deutschland im Laufe der zwanziger Jahre der Wettbewerb des Lastkraftwagens bemerkbar machte, suchte die Reichsbahn dem zuerst durch Tarifänderungen entgegenzutreten, um die ihr vom Lastkraftwagen genommenen Transporte wieder an sich zu ziehen. Das waren damals in erster Linie die hochwertigen Güter der Tarifklassen A und B. Deshalb wurden diese Sätze verbilligt, ebenso wie die der Nebenklassen des Regeltarifs und des Eilgüterverkehrs. So begann in den Jahren 1927–1931 ein Tarifkampf zwischen Eisenbahn und Kraftwagen zu entbrennen, aber die Reichsbahn war nicht in der Lage, dem Kraftwagen wesentlichen Abbruch zu tun.

Deswegen tauchte in den Kreisen der Reichsbahnverwaltung in den dreißiger Jahren der Gedanke auf, den Güterverkehr auf der Landstraße zu verstaatlichen. Aber dieser Plan war schon damals nicht durchführbar, weil er der Eisenbahn ein Monopol gegeben hätte, dem sich die Wirtschaft nicht unterwerfen wollte. Deswegen wurde nunmehr versucht, mit Hilfe des Gesetzgebers eine Regelung herbeizuführen, wobei die Reichsbahn darauf hinwies, daß sie in den ihr auferlegten Reparationsverpflichtungen eine schwere Last zu tragen habe, so daß sie nicht in der Lage sei, ihre Tarife so weit zu ermäßigen wie der Lastkraftwagen, der durchschnittlich die Güter um 30% billiger transportieren könne als die Eisenbahn. Das war deshalb möglich, weil der Lastkraftwagen die öffentlichen Straßen benutzte, die von der Allgemeinheit unterhalten wurden, während die Eisenbahn für die Unterhaltung und den Bau ihrer Schienenwege aus eigenen Mitteln einstehen mußte. Deshalb verlangte die Eisenbahn, daß gleiche Wettbewerbsverhältnisse geschaffen werden sollten. Das aber setzt voraus, daß die Aufwandsstruktur bei beiden Konkurrenten gleich oder zum mindesten vergleichbar ist. Aber das ist bei der Eisenbahn und dem Kraftwagen ebenso wenig der Fall wie etwa bei einer Sektfabrik und einer Selterwasserfabrik. Außerdem aber können für beide Marktpartner nur dann gleiche Wettbewerbsverhältnisse geschaffen werden, wenn beide Konkurrenten auf dem Markt der Transportleistungen mit gleichartigen Dienstleistungen aufwarten. Auch das ist bei Kraftwagen und Eisenbahn durchaus nicht der Fall.

Die Eisenbahn ist ein einheitliches, großes und geschlossenes Verkehrsunternehmen, während der Lastkraftwagentransport von einer großen Anzahl kleiner und mittlerer Unternehmer betrieben wird, die selbst wieder miteinander in Wettbewerb liegen. Der Kraftwagen ist unabhängig von starren Schienen, er ist ein außerordentlich wendiges Verkehrsmittel, das sich leicht den individuellen Bedürfnissen der Nachfrage anpassen kann, außerdem ist er frei von den Bindungen an einen bestimmten Fahrplan oder an eine bestimmte Fahrstraße. Die Fahrzeuge des Kraftverkehrs sind im Vergleich mit denen der Eisenbahn klein und ihre Anlagewerte geringer, so daß sie in kleinen Verkehrsräumen bei geringem Verkehr auch auf kürzere Zeit und kürzere Entfernung mit gewinnbringender Möglichkeit eingesetzt werden können. Dadurch macht der Kraftwagen das Angebot an Verlehrsleistung, das bei der Eisenbahn und der Binnenschiffahrt starr ist, elastischer. Bei großen Verkehrsmengen auf weite Entfernungen ist dagegen die Eisenbahn aufwandsmäßig dem Lastkraftwagen überlegen, weil die Aufwendungen des Kraftwagens für Treibstoff und Personal mit wachsender Entfernung stark steigen, vor allem sobald Fahrzeug, Fahrer und Begleiter über einen Tag hinaus vom Standort fern bleiben. Dann wirken sich die Übernachtungsgelder und die Spesen für Fahrer und Begleiter aus. Im Gegensatz dazu vermindern sich die Kosten je Leistung bei ausreichenden Verkehrsmengen auf weite Entfernungen bei der Eisenbahn.

So ist es kaum möglich, gleiche Wettbewerbsbedingungen und gleiche Startbedingungen für Lastkraftwagen und Eisenbahn zu schaffen, und von dieser Seite ist das verkehrspolitische Problem, das hier vorliegt, nicht zu lösen.

Um „gesunde Wettbewerbsverhältnisse" zwischen Eisenbahn und Kraftwagen herzustellen, kamen eine Reihe von Bestimmungen in der dritten Verordnung des Reichspräsidenten zur Sicherung von Wirtschaft und Finanzen zustande. In dieser Verordnung vom 6. 10. 31 wurde jeder entgeltliche Güterkraftverkehr, der sich über eine Entfernung von über 50 km vom Standort des Fahrzeuges aus gerechnet, erstreckte, genehmigungspflichtig. Gleichzeitig wurde der gesamte Güterfernverkehr auf der Straße in eine Art Zwangskartell zusammengeschlossen, für das die Frachten einheitlich vom Reichsverkehrsminister festgesetzt wurden. Im Orts- und Nahverkehr wurde dem Kraftwagenverkehr weiter freie Betätigung gelassen. Der Werkverkehr wurde von der Notverordnung nicht betroffen. Der Kraftverkehr der Deutschen Reichsbahn und der Deutschen Reichspost unterlag der Genehmigungspflicht nicht.

Auf Grund der Notverordnung wurde für den Güterfernverkehr mit Kraftwagen bestimmt, daß der Lastkraftwagen die Tarife der Klasse A und B des Regeltarifs der Deutschen Reichsbahn mit einem Aufschlag von 5% zu berechnen hätte, so wie es auch die Reichsbahn tat, wenn sie Güter in einem gedeckten Wagen beförderte. Die Maßnahmen waren also in erster Linie darauf abgestellt, die Abwanderung der hochtarifierten Güter zum Kraftwagen hintanzuhalten, gaben aber dem Kraftwagen besonders gute Gewinnchancen, weil sie ja nicht auf seine Aufwandsstruktur, sondern auf die der Eisenbahn zugeschnitten waren.

Doch es zeigte sich bald, daß die Bestimmungen der Notverordnung nicht genügten. Sie wurden deshalb durch das Güterfernverkehrsgesetz von 1935 ersetzt, das abermals einen gerechten Leistungswettbewerb zwischen Lastkraftwagen und Eisenbahn herstellen wollte. Es führte die Genehmigungspflicht für den gesamten gewerblichen Güterverkehr mit Kraftwagen ein. Die Reichsbahn blieb davon ausgeschlossen. Die Genehmigung konnte beim Fehlen eines volkswirtschaftlichen Bedürfnisses versagt werden. Die Tarifkontrolle wurde einem neu errichteten Reichskraftwagenverband übertragen, der im Einvernehmen mit der Reichsbahn die Tarife aufzustellen hatte. Zunächst konnte der Lastkraftwagen die Sätze des Reichsbahnregeltarifs für die Güter der Klassen A–D mit einem Zuschlag von 5% berechnen. Von 1936 aber waren auch die Sätze der Tarifklassen E–G für den Lastkraftwagen zugelassen. Man mußte sich dazu entschließen, weil bei der einsetzenden Aufrüstung die Transportkapazität der Reichsbahn nicht mehr ausreichte.

Für den Güternahverkehr endlich wurde während des Krieges im Jahre 1940 eine Höchstpreisverordnung erlassen, weil das Angebot an Laderaum in einem beträchtlichen Mißverhältnis zur Nachfrage stand. Ein erheblicher Teil der Lastkraftwagen war nämlich von den militärischen Behörden bei Beginn des Krieges beschlagnahmt worden. Diese Verordnung gilt auch heute noch, obwohl inzwischen im Nahverkehr ein erhebliches Überangebot an Laderaum vorhanden ist.

Nach dem zweiten Weltkrieg wurden vom 1. 1. 1950 an die Sätze der Tarifklassen A–C von der Bundesbahn gesenkt und gleichzeitig Zuschläge in den Klassen D–G erhoben. Das hatte zur Folge, daß man sich erneut auf das Gebiet des wenig erfolgreichen Tarifkampfes begab, und daß die an sich schon vorhandene Tendenz der Massengüter, zum Lastkraftwagen abzuwandern noch gefördert wurde. Vor allem solche Massengüter wandten sich jetzt dem Lastkraftwagen zu, bei denen es darauf ankam, daß man wegen ihrer Frachtempfindlichkeit die Ausgaben für ein mehrmaliges Umladen ersparen konnte. Nachdem schon ein Übergangsgesetz des Wirtschaftsrates des Vereinigten Wirtschaftsgebietes zur Änderung des Güterfernverkehrsgesetzes von 1949 die Kontingentierung der Genehmigung gebracht hatte, bestimmte das noch heute gültige Kraftverkehrsgesetz von 1952, daß der Güterfernverkehr der Bundesbahn zwar genehmigungsfrei sein sollte, doch darf der Anteil der der Bundesbahn gehörenden und im Güterfernverkehr eingesetzten Lastkraftwagen 3,5% der an den gesamten im Güterfernverkehr verwandten Lastkraftwagen nicht überschreiten. Ebenso muß sich die Bundesbahn den Tarifvorschriften und der Überwachung durch die Bundesanstalt für den Güterfernverkehr unterwerfen, die schon im Gesetz von 1949 an die Stelle des von den Besatzungsmächten aufgelösten Reichskraftwagenbetriebsverbandes getreten war. Im wesentlichen bestimmte das Gesetz:

1. eine Betätigung im Güterfernverkehr mit Lastkraftwagen ist genehmigungspflichtig, wobei die Genehmigung unter Berücksichtigung des öffentlichen Verkehrsbedürfnisses und der Verkehrssicherheit der Straßen kontingentiert wurde;
2. der Lastkraftwagenverkehr wird an Tarife gebunden, die öffentlich verkündet und von der Bundesanstalt für den Güterfernverkehr überwacht werden. Der Bundesminister für den Verkehr setzt die Tarife fest;

3. der Güternahverkehr mit Kraftfahrzeugen von mehr als 750 kg Nutzlast bedarf der Erlaubnis;
4. der Werkverkehr ist frei.

Auf Grund des Gesetzes wurden von den Verkehrsbehörden der Länder insgesamt 21000 Konzessionen erteilt. Man erkannte jedoch bald, daß diese Zahl die volkswirtschaftlichen Notwendigkeiten erheblich überschritt. Durch eine Verordnung vom Juli 1952 wurde die Zahl der Konzessionen auf 11850 (einschließlich Berlin) und auf 4000 Bezirkskonzessionen für Entfernungen bis zu 150 km festgelegt. Die meisten der gegenwärtig geltenden Konzessionen laufen im Jahre 1958 ab. Dann soll ihre Zahl abermals um 25% vermindert werden.

Im Interesse der Sicherheit auf den Straßen wurde es verboten, daß Lastkraftwagen einen zweiten und dritten Anhänger mit sich führten, und die Länge der Lastzüge wurde auf 20 m festgesetzt.

Man will also den Wettbewerb dadurch regeln, daß man das Angebot an Kraftwagenladeraum für den Fernverkehr verknappt, und damit erstrebt man gleichzeitig eine Verminderung des Lastkraftwagenverkehrs auf den Straßen, um der zunehmenden Überlastung der Straßen entgegenzuwirken. Endlich soll durch die Regelung des Tarifwesens der Wettbewerb zwischen Eisenbahn und Lastkraftwagen geordnet werden. Dies geschieht dadurch, daß der Preis für die Transportleistung des Lastkraftwagens verteuert und auf die gleiche Höhe gebracht wird wie der der Eisenbahn. So hat das Gesetz stark repressiven Charakter, weil es ein durch die technische Entwicklung im Verkehr vordringendes Verkehrsmittel in seiner Betätigungsmöglichkeit und in seiner Entwicklung aufzuhalten sucht. Diese Maßnahme kann allerdings unter den deutschen Verhältnissen in gewissem Umfange gerechtfertigt werden, weil es aus außerwirtschaftlichen Gründen noch nicht möglich war, die Schäden, die der Krieg den Straßen zugefügt hatte, voll zu beseitigen, und weil ferner die geringen Mittel, die den öffentlichen Körpern, ebenfalls als Folge des Krieges, nur zur Verfügung standen, um die vorhandenen Straßen auszubauen und zu erweitern, nicht ausreichten, um einen dem gewachsenen Verkehr auf den Straßen entsprechenden Umbau durchzuführen. Auf der anderen Seite hat jedoch die Eisenbahn ebenso unter den Folgen des Krieges zu leiden, so daß es auch ihr nur in bescheidenem Umfang möglich war, sich den anders gearteten Anforderungen anzupassen, die der verschärfte Wettbewerb mit dem Lastkraftwagen stellte, wenn sie diesen Wettbewerb erfolgreich bestehen wollte. Die deutsche Verkehrspolitik wird sich aber nicht mit dieser repressiven gesetzlichen Regelung zufriedengeben dürfen, sondern sie wird ihre Aufgabe einmal darin sehen müssen, die nötigen Mittel zu beschaffen, die erforderlich sind, um die Eisenbahn und die Straßen so zu gestalten, daß sie den Anforderungen des modernen Verkehrs voll gewachsen sind. Dann wird sie als zweite Aufgabe haben, auf der Grundlage der Erfordernisse des heutigen Verkehrs die Einheit des Verkehrs durch ordnende Maßnahmen sicherzustellen. Die Verkehrspolitik ist damit zugleich Investitions- und Ordnungspolitik.

Die Eisenbahn hatte schon bald die Erkenntnis gewonnen, daß auf dem Wege des Tarifkampfes allein keine Lösung gefunden werden konnte und sich deswegen bemüht, ihre Dienstleistungen den Wünschen ihrer Kunden anzupassen. Daher hatte schon die Deutsche Reichsbahn in den dreißiger Jahren den Haus-zu-Haus-Verkehr aufgenommen. Denn das ist einer der Vorteile, den der Lastkraftwagen dem Verlader bietet, daß er das auf ihn verladene Gut ohne Umladung von Haus zu Haus befördert. Dadurch werden Kosten und Zeit erspart. Das eine Mittel, das die Eisenbahn anwandte, um es dem Lastkraftwagen darin gleichzutun, war der Straßenroller, mit dem ganze Eisenbahnwagen zum Ort der Verladung und dann an der Bestimmungsstation wieder zum Ort der Entladung befördert werden konnten. Allerdings war der Straßenroller nur dann verwendbar, wenn es sich um ganze Wagenladungen handelte. Für kleinere Transporte aber schuf man als zweites Mittel den Behälterverkehr, der sich nach dem zweiten Weltkrieg außerordentlich lebhaft entwickelte. Die Behälter sind große, kistenähnliche Gefäße, die mit dem Kraftwagen vom Ort der Beladung zum Bahnhof gefahren und dort auf den Eisenbahnwagen verladen werden. Am Ort der Bestimmung angekommen, werden die Behälter wieder von der Eisenbahn auf den Kraftwagen gesetzt und dann dem Empfänger zugeführt. Damit wird ein wiederholtes Umladen der im Behälter untergebrachten Güter vermieden, Verpackung wird erspart, Verlade- und Abfertigungszeiten werden verkürzt, dadurch die Transportkosten verringert, und endlich wird eine volkswirtschaftliche Arbeitsteilung zwischen Lastkraftwagen und Eisenbahn hergestellt.

Die Eisenbahn hat sich bemüht, diese Zusammenarbeit mit dem Lastkraftwagen noch zu erweitern. Die Deutsche Bundesbahn hat nach französischem und amerikanischem Muster den sogenannten Huckepackverkehr zunächst einmal versuchsweise ab 1. Dezember 1954 zwischen Hamburg und Frankfurt am Main und zwischen Hamburg und dem Ruhrrevier eingeführt. Dabei werden Lastkraftwagen, am besten Anhänger von Sattelschleppern, auf Plattformwagen der Eisenbahn verladen und so zu einem bestimmten Bahnknotenpunkt befördert. Dort wird der verladene Wagen abgeladen, von einer Zugmaschine in Empfang genommen, die ihn dann an den Ort seiner Bestimmung weiterbefördert. Dasselbe kann natürlich auch mit beladenen Lastkraftwagen geschehen, die ebenso auf Plattformwagen der Eisenbahn verladen werden.

Die beladenen Plattformwagen werden von der Eisenbahn zu besonderen Zügen zusammengestellt, die als Durchgangsgüterzüge mit erhöhter Geschwindigkeit gefahren werden, und die zwischen den beiden Knotenpunkten, zwischen denen sie verkehren, nicht halten. Die dadurch entstehende Arbeitsteilung zwischen Eisenbahn und Kraftwagen bewirkt, daß die Eisenbahn den Transport auf große Entfernungen sicher und schnell durchführt, während der Kraftwagen den zubringenden Flächenverkehr übernimmt.

Voraussetzung für das Funktionieren dieser Arbeitsteilung ist aber, daß ein gut eingespielter Organisationsapparat vorhanden ist, der Eisenbahn und Kraftwagen umfaßt, der die entsprechenden Züge einerseits und die Huckepackwagen andererseits bereitstellt, der die Fahrpläne der Huckepackzüge mit den Notwendigkeiten des Eisenbahntransportes und den Erfordernissen des Kraftwagenverkehrs in Einklang bringt und endlich dafür sorgt, daß an den Endpunkten des Eisenbahntransportes die notwendigen Zugmaschinen und Fahrer zum Abholen bereitstehen.

Für die Eisenbahn bedeutet der Huckepackverkehr, daß ihr hochwertige Transporte auf langen Strecken erhalten bleiben, daß sie ferner mit einer bestimmten Stärke dieses Verkehrs rechnen kann. Aber sie wird nur dann auf diesen Verkehr rechnen dürfen, wenn die von ihr berechneten Frachten billiger sind als der Aufwand, der vom Kraftwagen für die Fahrt mit eigener Kraft auf der gleichen Strecke in Rechnung gestellt werden muß. Durch den Huckepackverkehr kann wohl die Landstraße von einem Teil des Verkehrs mit großen und schweren Lastzügen befreit werden. Dafür wird allerdings, da der Huckepackverkehr sich auf den stark in Anspruch genommenen Nordsüdstrecken der Bundesbahn abspielt, gerade dieser Teil des Eisenbahnnetzes noch stärker beansprucht. So ist der Huckepackverkehr unter den herrschenden deutschen Verhältnissen wohl kaum eine wirkliche verkehrspolitische Lösung.

Allerdings kann der Huckepackverkehr für den Kraftwagenbesitzer erhebliche Ersparnisse mit sich bringen. Bei den variablen Kosten führt er zu einem Minderverbrauch an Kraftstoffen und an Arbeitskraft, weil der Beifahrer eingespart wird, der auf große Entfernungen nicht zu entbehren ist. Dazu kommen geringe Einsparungen an fixen Kosten, weil während der Eisenbahnfahrt das Material weniger abgenutzt wird. Vorteilhaft ist die größere Sicherheit des Eisenbahnverkehrs, vor allem bei Nacht, da der Eisenbahntransport von der Gunst und der Ungunst des Wetter sowie vom Zustand der Straßen unabhängig ist. Ebenso kann aus dem gleichen Grund die Reisegeschwindigkeit bei einem Transport auf der Eisenbahn größer sein, so daß das beförderte Gut schneller an den Ort seiner Bestimmung gelangen kann. Allerdings geht durch die Bindung des Huckepackverkehrs an den festen Fahrplan der Eisenbahn einer der wichtigsten Vorteile des Kraftwagens, seine freie Beweglichkeit, für den disponierenden Unternehmer weitgehend verloren.

Die Erfahrungen, die man mit dem Huckepackverkehr in Deutschland gemacht hat, sind noch nicht abgeschlossen; man wird jedenfalls französische und amerikanische Erfahrungen nicht ohne weiteres auf Deutschland übertragen dürfen.

Aber neben diesen Maßnahmen geht nun der Gesetzgeber daran, die Mittel für die notwendigen Investitionen zu beschaffen und außerdem eine Ordnung des Verkehrs herbeizuführen, um wieder zu einer Einheit des Verkehrs zu gelangen. Man erkannte, daß dazu vier Voraussetzungen erforderlich waren:

1. es mußten die Mittel beschafft werden, um die Straßen zu erneuern, umzubauen und zu erhalten. Der Weg an den noch geschwächten deutschen Kapitalmarkt stand aber dazu nicht offen;
2. es mußte eine verkehrspolitisch zweckmäßige Arbeitsteilung zwischen Schiene und Straße herbeigeführt werden;
3. es galt, den gewerblichen Güterverkehr einmal im Hinblick auf seine Verkehrsnotwendigkeit und dann in Anbetracht der großen Zahl von mittelständischen Existenzen, die in ihm ihren Lebensunterhalt verdienen, im Rahmen des volkswirtschaftlich Berechtigten zu erhalten;
4. es mußte eine finanzielle Gesundung der Deutschen Bundesbahn angebahnt werden.

Diesem Investitions- und Ordnungsproblem versucht das Verkehrsfinanzgesetz vom Frühjahr 1955 gerecht zu werden. Es vertritt den Standpunkt, daß die Leistungsfähigkeit des vorhandenen Straßennetzes infolge der außerordentlich schnellen Entwicklung des Kraftwagenverkehrs ungenügend geworden sei. Deshalb habe auch der Lastkraftwagen das Entscheidende dazu beigetragen, um das Straßennetz in seiner Leistungsfähigkeit den heutigen Bedürfnissen anzupassen. Dabei will das Gesetz die Lasten auf die verschiedenen Kategorien der Lastkraftwagen nach dem Umfang verteilen, in dem sie an der Abnutzung der Straße beteiligt sind. Es bestimmt dazu folgendes:

Die Beförderungssteuer für den Werkverkehr wird erhöht, während der Nahverkehr davon frei bleibt und nur wie bisher die Umsatzsteuer entrichtet. Die Kraftfahrzeugsteuer wird dahin umgestellt, daß die Steuer für Lastkraftwagen, Omnibusse und Anhänger nicht mehr nach dem Eigengewicht des Wagens, sondern nach seinem Gesamtgewicht erhoben wird. Das Gesamtgewicht umfaßt aber das Eigengewicht des Wagens + Gewicht der Ladung. Durch eine entsprechende Progression soll die bisher üblich gewesene steuerliche Bevorzugung der schweren Lastkraftwagen beseitigt werden. Endlich wird die Mineralölsteuer erhöht, wobei die bisher vorhandene steuerliche Begünstigung des Dieselkraftstoffes erheblich vermindert wird. Die Kraftfahrzeuge, die im Güterfernverkehr im unmittelbaren Wettbewerb mit der Bundesbahn stehen, werden nämlich überwiegend mit Dieselkraftstoff betrieben. So wird dadurch einmal die Wettbewerbsfähigkeit der Bundesbahn gehoben und andererseits der schwere Lastzug, der in erster Linie Dieselkraftstoff verbraucht, vermehrt steuerlich herangezogen. Da der Personenkraftwagen bisher steuerlich ungünstiger stand als der Lastkraftwagen, wurde für Personenwagen die Kraftfahrzeugsteuer um 20% gesenkt.

Die Zahlenübersicht 5 zeigt die durchschnittliche Belastung einzelner repräsentativer Kraftfahrzeugtypen je gefahrenen Bruttotonnenkilometer mit Kraftfahrzeug- und Mineralölsteuer. Danach wirkt sich die Besteuerung auf die leichten Lastwagen und auf die Personenkraftwagen doch noch schärfer aus als auf die schweren Typen, so daß die Wettbewerbslage der schweren Fahrzeuge den leichten gegenüber nach wie vor günstiger ist.

Die im Verkehrsfinanzgesetz erhöhten Abgaben brachten im Kalenderjahr 1953 1503,7 Millionen DM. Vom Wirksamwerden der Verkehrsfinanzgesetzes wird ein Mehraufkommen von 460 Millionen DM erwartet. Davon sollen

1. 150 Millionen DM zehn Jahre lang einer Gesellschaft privaten Rechts ausgezahlt werden, die diese Mittel der Deutschen Bundesbahn darlehnsweise zur Verfügung stellt, damit diese ihr rollendes Material und ihre Anlagen modernisieren kann;
2. 120 Millionen DM sollen für den Ausbau des Autobahnnetzes vierzehn Jahre hindurch jährlich bereitgestellt werden. Dieser Betrag soll ähnlich wie bei der Bundesbahn einer Gesellschaft privaten Rechts übergeben werden;
3. 10 Millionen DM sollen in Form verzinslicher Darlehen die nichtbundeseigenen Eisenbahnen erhalten;
4. 90 Millionen DM sind für den Ausbau der Bundesstraßen bestimmt;
5. 90 Millionen DM fließen zum Zweck des Ausbaues der übrigen Straßen an die Länder und Gemeinden.

Die erhöhte Beförderungssteuer soll den Werkverkehr einschränken, damit die mittelständischen Existenzen des Güterfernverkehrs vor dem Wettbewerb des Werkfernverkehrs geschützt und im übrigen die Straßen entlastet werden. Die Einschränkung des Werkverkehrs, die das Verkehrsfinanzgesetz herbeiführen will, ist in gewissen Grenzen sicher gerechtfertigt, vor allem soweit es sich um den unechten Werkverkehr handelt. Das System der Konzessionierung im Straßenkraftverkehr hat nämlich Kraftwagenunternehmer, die keine Konzession erhalten hatten, dazu veranlaßt ein Gewerbe anzumelden, wie z. B. einen Baustoffgroßhandel, um dann mit einem Lastzug unter der eigenen Firma Werkverkehr zu treiben, der aber in Wirklichkeit nichts anderes ist als Güterfernverkehr. Dann haben auch wohl steuerliche Gründe zu einer übermäßigen Zunahme des Werkfernverkehrs geführt, weil die Abschreibungsvorschriften des Einkommen- und Körperschaftssteuergesetzes einen besonderen Anreiz dazu boten, daß sich die Firmen eigene Lastkraftwagen kauften und sie auch betrieben. Dieser Werkverkehr ist meist Nebenbetrieb und unterliegt dann häufig nicht dem strengen Zwang zu genauer Kalkulation. Etwaige Verluste konnten von anderen Zweigen des Betriebes getragen und dann als Gewinnverminderung von den Steuern abgesetzt werden.

Doch wird man nicht ohne weiteres den gesamten Werkverkehr in Bausch und Bogen verurteilen dürfen. Es ist nicht zu übersehen, daß der Werkverkehr ein wichtiges Mittel der Rationalisierung in Handel und Industrie ist. Darin muß auch eine Ursache für das Anschwellen des Werkverkehrs nach dem zweiten Weltkrieg gesehen werden. Der Werkverkehr trägt dazu bei, Produktions- und Vertriebskosten zu senken; er verhilft weiter dazu, die Lager im Detailhandel klein zu halten. Vor allem aber hat der Baustoffhandel ebenso wie dem gewerblichen Güterfernverkehr auch dem Werkverkehr eine Bedeutung gegeben, die er vor dem Kriege nicht hatte. Etwa 18% der im Werkverkehr beförderten Gütermengen und etwa 14% der geleisteten Tonnenkilometer entfallen auf Baustoffe. Dabei schwankt die mittlere Versandweite dieser Güter zwischen 133 und 128 km gegenüber einer durchschnittlichen Versandweite aller im Werkfernverkehr beförderten Güter von 170 bis 180 km. Vor dem Kriege wurden Baustoffe vom Erzeuger zum Händler gefahren und dort auf Lager genommen. Die Händler belieferten dann die einzelnen Baustellen. Heute dagegen rollen die Massen der Baustoffe im Werkverkehr unmittelbar vom Erzeuger zur Baustelle und treffen dort zu dem Zeitpunkt ein, zu dem sie gebraucht werden. Baustoffe werden heute in größerem Umfang auf Abruf bezogen, als das früher der Fall war. Das aber ist nur mit Hilfe des Werkverkehrs möglich; die Eisenbahn in ihrer starren Bindung an den Fahrplan wäre gar nicht in der Lage, diese Art der Transportleistung zu vollbringen. Der Grund für den Bezug auf Abruf ist der Kapitalmangel des Handels, der sich deswegen keine großen Läger hinlegen kann und will, und außerdem erspart dieses Verfahren Zinsen und Spesen.

Von den übrigen im Werkfernverkehr beförderten Gütern entfällt etwa $^1/_3$ auf solche Güter, die gewöhnlich auf Grund von Ausnahmetarifen befördert werden; rund 15% der beförderten Güter entfallen auf die Tarifklasse F und rund 18% auf die Tarifklassen A und B. Man sieht also, daß nur ein verhältnismäßig kleiner Teil der im Werkfernverkehr beförderten Güter auf die hohen Tarifklassen entfällt. Der Schwerpunkt liegt auf den tarifmäßig niedrig eingestuften Massengütern.

Sicher entsteht der Eisenbahn durch den Werkfernverkehr eine sehr unangenehm empfundene Konkurrenz. Doch ist der Werkfernverkehr ebenso wie der ganze Fernkraftverkehr sehr von der Witterung und ihrem Einfluß auf die Straßen abhängig. Während im Werkfernverkehr befördert wurden

im zweiten Vierteljahr 1954 5,5 Mill. t mit 937 Mill. t/km und
im dritten Vierteljahr 1954 6,3 Mill. t mit 1065 Mill. t/km,

hatte der Werkfernverkehr in den schneereichen Monaten Januar und Februar 1955 nur aufzuweisen 3,8 Mill. t beförderter Güter mit 0,7 Mill. t/km. Da aber der Bedarf an Transportleistung bestehen bleibt, muß die Eisenbahn für den Stoßverkehr, der in seinem Ausmaß nicht vorhergesehen werden kann, das notwendige Material und Personal bereithalten. Dadurch entsteht für die Eisenbahn sicher eine Mehrbelastung.

In der Hauptsache hat aber doch der Werkfernverkehr der Eisenbahn Transporte fortgenommen, die sie gar nicht zu leisten vermag, weil sie ihrer technischen Eigenart nach nicht dazu in der Lage ist. Hier handelt es sich also nicht mehr um einen Wettbewerb, sondern um die Befriedigung eines neu aufgetretenen Bedürfnisses mit einem neuen Mittel, und um einen Strukturwandel innerhalb der Volkswirtschaft, der sich auf den Verkehr überträgt. Aber die Eisenbahn wird sehr wohl in der Lage sein, in gewissem Umfang mit dem Werkverkehr den Wettbewerb erfolgreich aufzunehmen, wenn es ihr gelungen ist, sich durch entsprechende Investitionen voll wettbewerbsfähig zu machen. Die Mehrbelastung, die das Verkehrsfinanzgesetz dem Werkfernverkehr auferlegt, gibt der Eisenbahn einen gewissen Vorsprung. Wenn die Eisenbahn diesen Vorsprung auszunutzen versteht, so wird sie dem Werkverkehr gewisse Bremsen anlegen, die auch, soweit es sich um die Ausschaltung des unechten Werkverkehrs handelt, volkswirtschaftlich voll gerechtfertigt sind.

Das Verkehrsfinanzgesetz beruht im wesentlichen auf einem Gutachten, das die Gruppe Verkehrswirtschaft des wissenschaftlichen Beirats des Bundesverkehrsministeriums erstattet hatte. Darin werden verschiedene Wege erwähnt, auf denen eine Ordnung des Verkehrs herbeigeführt werden kann. Der Beirat verwirft den scheinbar einfachsten, durch Verbote den übermäßig angewachsenen Verkehr mit Lastkraftwagen auf der Straße einzuschränken. Es müßte dann ein Katalog von Waren aufgestellt werden, deren Beförderung dem Kraftwagen verboten wird. Einen solchen Verbotskatalog sieht tatsächlich der Entwurf eines Straßenentlastungsgesetzes vor, das bisher nur dem Bundesrat zugeleitet, aber von ihm noch nicht beraten worden ist. Solche Verbote sind aber eine durchaus unerwünschte Maßnahme, wenn sie auch verhältnismäßig einfach anzuordnen sind. Sie widersprechen zunächst dem Bestreben, daß der Staat in den wirtschaftlichen Ablauf nur eingreifen soll, wenn es keinen anderen Weg gibt, um den Interessen der Allgemeinheit Geltung zu verschaffen. Außerdem verlangt die Durchführung solcher Verbote, daß die Verwaltungsorgane eingeschaltet werden, und das hat sich gerade in den Jahren vor und während des zweiten Weltkrieges als wenig zweckentsprechend herausgestellt, da dadurch dem Unternehmer die notwendige Freiheit des Handels weitgehend entzogen wird, die man ihm aber zubilligen muß, wenn man ihm die Verantwortung für den glatten Ablauf des volkswirtschaftlichen Prozesses überträgt. Den unteren Organen der Verwaltung vor allem fehlt es oft an den erforderlichen wirtschaftlichen Kenntnissen, so daß sie häufig wenig Geschick gezeigt haben, wenn es galt, den wirtschaftlichen Ablauf in Fluß zu halten. Bei Schwierigkeiten, denen sich vor allem die unteren Stellen der Verwaltung nicht gewachsen fühlten, haben sie sich auf die in Geltung befindlichen Vorschriften berufen, und dann an die Stelle der sinngemäßen Ausführung der gegebenen Anweisungen nicht selten eine Lösung gefunden, die zwar der formalen Gerechtigkeit, aber nicht der volkswirtschaftlichen Notwendigkeit und Zweckmäßigkeit entsprach. So hat der Beirat den Verbotsweg mit Recht abgelehnt.

Eine weitere Möglichkeit hätte darin bestanden, daß man nach englischem und holländischem Vorbild die Bundesbahn weitgehend von der ihr auferlegten Betriebs- und Beförderungspflicht und vom Tarifzwang befreite. Allerdings eine so weitgehende Befreiung, wie sie in England und Holland stattgefunden hat, würde der deutschen Auffassung von der gemeinwirtschaftlichen Aufgabe der Bundesbahn widersprechen. Aber andererseits wird man nicht umhin können, auch hier die aus vergangenen Zeiten bestehenden engen Fesseln, die ursprünglich verhindern sollten, daß die Eisenbahn ihr Monopol zum Nachteil der Volkswirtschaft ausschlachten könnte, zu lockern. Das braucht keineswegs zu bedeuten, daß damit die gemeinwirtschaftliche Grundlinie der deutschen Verkehrspolitik aufgegeben zu werden braucht, aber man wird im Festhalten am Bestehenden nicht so weit gehen dürfen, daß dadurch die Einheit des Verkehrs gefährdet wird.

Der wissenschaftliche Beirat des Bundesverkehrsministeriums ist aus der Auffassung von der sozialen Marktwirtschaft heraus zu dem Ergebnis gekommen, daß der Wettbewerb zwischen Eisenbahn und Kraftwagen nach dem Grundsatz der „Eigenwirtschaftlichkeit“ geregelt werden müsse. „Binnenschiffahrt, Bahn und Straße sollen grundsätzlich die Kosten für ihre Verkehrsanlagen selbst aufbringen, also auch den Kapitaldienst für die auf sie entfallenden Verkehrsinvestitionen durch Verkehrseinnahmen decken.“ Nach diesem Grundsatz hätte der Kraftwagen die Unterhaltungs-, Erneuerungs- und Polizeikosten sowie den Kapitaldienst für die Landstraßen anteilsmäßig zu decken. Dabei ist die Frage: wie hoch ist das in den Straßen investierte Anlagekapital? Allein schon dieses Problem ist nicht lösbar. Man ging weiter davon aus, daß der Kraftverkehr an der Benutzung der Straßen mit durchschnittlich 60% beteiligt sei, so daß 60% der erwähnten Kosten dem Kraftwagenverkehr anzulasten wären. Wenn man so verführe, dann hätte der Kraftwagen ebenso wie die Bundesbahn, die ihre Bahnanlagen selbst unterhalten müsse, auch eine Fahrbahn zu unterhalten und zu verzinsen, so daß dann Eisenbahn und Kraftwagen auf die gleiche Wettbewerbsebene gestellt wären.

Diese Beweisführung übersicht, daß die Bezahlung der Wegekosten noch keine gleiche Basis für die Wettbewerbsfähigkeit von Eisenbahn und Kraftwagen abgibt, die vielmehr noch auf anderen Voraussetzungen beruht, wie oben dargelegt. Dazu kommt, daß der Wettbewerb zwischen beiden durch die technischen Verschiedenheiten und damit durch die Verschiedenheit der Transportdienste, die sie anbieten, bedingt ist. Es handelt sich also hier nicht um eine marktregelnde Frage allein, sondern hier ist eine verkehrspolitische Frage zu entscheiden, nämlich die Frage, wie die Einheit des Verkehrs wiederherzustellen ist. Der Grund aber dafür, daß die Einheit des Verkehrs verlorengegangen war, lag einmal in der schnellen technischen Entwicklung des Kraftwagens, der die Qualität der Straßen nicht hatte folgen können, weil die dazu erforderlichen Mittel nicht vorhanden waren. Dann fehlte es der Eisenbahn an den erforderlichen Kapitalien, um die Kriegsschäden zu überwinden und ihren Apparat den modernen Anforderungen des Verkehrs anzupassen.

Es liegt also folgender Tatbestand vor: Die Straßen können aus Ursachen, die in der Vergangenheit liegen, den Verkehr nicht mehr bewältigen. Der vermehrte Verkehr ist vor allem auf den Lastkraftwagen zurückzuführen. Demnach wird der Lastkraftwagen in erster Linie dazu herangezogen werden müssen, um die erforderlichen Mittel aufzubringen, um die Straßen den Anforderungen des gesteigerten Verkehrs anzupassen. Das Ausmaß, in dem der Lastkraftwagen zur Verbesserung der Straßen beizusteuern hatte, mußte sich nach dem richten, wie er die Straßen in Anspruch nimmt und nach den Anforderungen die er an die Straßen nach Festigkeit und Breite stellt.

Dann aber kommt es darauf an, eine aus der Sache sich ergebende Arbeitsteilung zwischen Eisenbahn und Kraftwagen herzustellen. Der Lastkraftwagen ist vor allem im Nahverkehr beweglicher als die Eisenbahn, weil er im Haus-zu-Haus-Verkehr besonders Stückgüter schneller befördert als die Eisenbahn. Er ist nicht an einen Fahrplan gebunden, und er kann seine Kunden individueller bedienen als die Eisenbahn. Aber mit wachsender Entfernung ist der Lastkraftwagen der Eisenbahn gegenüber im Nachteil, weil dann bei ihm der variable Aufwand stark in den Vordergrund tritt (s. S. 97). Deshalb ist der Lastkraftwagen das gegebene Transportmittel für den Nah- und Flächenverkehr, wo seine Wendigkeit und Schnelligkeit voll zur Geltung kommt, wo auch nur kleine Ladungen zu befördern sind, die sich für die Eisenbahn nicht lohnen. Pirath hat das spezifische Verkehrsbedürfnis in Tonnen auf den Kopf der Einwohner im Jahr berechnet. Es beträgt:

in kleinbäuerlichen landwirtschaftlichen Gegenden	1–2 t
in gemischrlandwirtschaftlichen und industriellen Gegenden	4–5 t
in industriellen Gegenden	6–8 t.

Gerade in den Gegenden, wo kein großer Massenverkehr zustande kommt und wo ein erheblicher Teil des Verkehrs Lokalverkehr ist, kann der Lastkraftwagen selbständig den Verkehr ausüben und dann auch der Eisenbahn Zubringerdienste leisten.

Geht man von diesen Voraussetzungen aus, so ergibt sich, daß der Lastkraftwagen, für den in erster Linie der Um- und Ausbau des Straßennetzes erforderlich ist, auch die dafür entstehenden Mehrkosten nach Maßgabe der Straßenabnutzung von der Straßenbelastung tragen muß. Das Mittel, um diese

Mehrkosten aufzubringen, ist – da die Straßen der allgemeinen Benutzung dienen und auch dienen müssen, da sie deswegen von der öffentlichen Hand unterhalten und gebaut werden — die Steuer. Aus Steuermitteln ist die Unterhaltung und der Ausbau der Straßen zu bestreiten, während Neuanlagen durch Anleihen zu finanzieren sind. Das ist das unter den deutschen Verhältnissen sehr schwierige Problem der Finanzierung angesichts eines wenig leistungsfähigen Kapitalmarkts.

Für die Verteilung der Steuerlast auf die einzelnen Kraftwagenarten ist die Frage der Wechselwirkung von Kraftwagen und Fahrbahn zunächst zu untersuchen. Dieses technische Problem bedarf noch eingehender Erforschung. Wahrscheinlich führt das zunehmenden Fahrzeuggewicht zum mindesten zu einer proportionalen, wenn nicht sogar zu überproportionaler Abnutzung der Fahrbahn. Nach einer Äußerung des Ersten Hamburger Baudirektors Sill vor dem Verkehrsausschuß des Bundestages ist zu entnehmen, daß der schwere Lkw-Verkehr die Unterhaltungskosten zweieinhalb bis dreimal so stark ansteigen läßt wie das Bruttogewicht des Lastzuges[1]). So kam es darauf an, die Kraftfahrzeugsteuer dem Gesamtgewicht der Wagen anzupassen, dabei die Bevorzugung der schweren Wagen zu beseitigen und die Anhänger ebenfalls schärfer zur Besteuerung heranzuziehen, zumal der glatte Fluß des Verkehrs auf der Straße behindert wird, wenn große Anhänger mitgeführt werden. Der Kraftstoffverbrauch endlich ist ein Maßstab dafür, in welchem Ausmaß die Straße von dem Kraftwagen benutzt wird. Damit wird die Mineralölbesteuerung zu einer sachgemäßen Ergänzung der Kraftwagenbesteuerung. Die Erhöhung der Abgaben auf den Dieselkraftstoff ist gleichzeitig ein weiterer Ausgleich für die verstärkte Abnutzung der Straßen durch die schweren Lastzüge.

Auf diese Weise ist die Wettbewerbschance der Bundesbahn wohl verbessert. Aber entscheidend, ob sie diesen Wettbewerb erfolgreich durchhalten kann, ist nicht die Höhe ihrer Tarife allein, sondern neben der Bereinigung ihrer finanziellen Lage die Notwendigkeit, sich den veränderten technischen Verhältnissen durch eine gründliche Modernisierung ihres Betriebes anzupassen, wozu ihr die entsprechenden Mittel durch das Verkehrsfinanzgesetz, zum Teil wenigstens, zur Verfügung gestellt werden. Daß die Bundesbahn diese Mittel aus den durch das Verkehrsfinanzgesetz erhöhten Kraftfahrzeug- und Mineralölsteueraufkommen erhält, ist unter den gegebenen deutschen Kapitalmarktverhältnissen eine verkehrspolitische Notwendigkeit, um die Einheit des Verkehrs wieder herzustellen. Aber ebenso wichtig ist es, die Bundesbahn von den politischen Lasten zu befreien. Diese Belastung hat die Wirkung, daß die Bundesbahn mit allen Mitteln danach strebt, Güter, die ihr vom Lastkraftwagen entzogen werden, wieder an sich zu ziehen und eine weitere Abwan-

[1]) Alfons Schmitt, Straßenkosten und Verkehrsordnung; Heft 7 der Schriften des Bundesministers für Verkehr. S. 44. 1954.

derung von Gütern auf den Lastkraftwagen zu verhindern. Sie wird dadurch in eine Rolle hineingedrängt, die sich auf den Fortschritt im Verkehrswesen hemmend auswirken muß, und die Einheit des Verkehrs nicht zustande kommen läßt. Denn diese wird nicht nur durch den Konkurrenzkampf zwischen den Verkehrsträgern, sondern in ebenso starkem Maße durch ihre arbeitsteilige Zusammenarbeit geschaffen.

Eine Zusammenarbeit mit dem Lastkraftwagen liegt nicht nur im betriebswirtschaftlichen Interesse der Bundesbahn, sondern vor allem im Interesse der Volkswirtschaft. Daß die Voraussetzungen für eine solche Zusammenarbeit gegeben sind und daß sie notwendig ist, zeigt eine Untersuchung von Jaenicke in der „Bundesbahn" von 1949 (S. 316). Danach entfielen in einer Bundesbahndirektion mit 662 Bahnhöfen auf nur 152 Bahnhöfe (= 23% aller Bahnhöfe des Bezirks) 88% des Frachtstückgutverkehrs. Ähnliche Ergebnisse hatte schon vor dem zweiten Weltkrieg eine Erhebung gezeitigt, die die Industrie- und Handelskammer in Dresden im Bereich der Reichsbahndirektion Dresden angestellt hatte. Da ferner beim Versand auf nahe Entfernung 55% der Kosten auf die Abfertigung und auf die Zugbildung entfallen, wird es notwendig sein, den Nahgüterverkehr neu zu organisieren. Daraus ergibt sich eine naturgemäße Arbeitsteilung zwischen Eisenbahn und Kraftwagen derart, daß die Eisenbahn einen erheblichen Teil der Güterabfertigungen mit ungenügendem Güterverkehr aufhebt, daß hier der Kraftwagen als Zubringer einspringt, der die Güter zu den Knotenpunkten bringt, so daß der Nahgüterzugverkehr der Bundesbahn sich mehr als bisher nur zwischen den Knotenpunkten abspielt, von denen aus dann der Lastkraftwagen die aufgegebenen Zwischenstationen versorgt. Dadurch werden Rangierarbeiten und Umladekosten erspart, der Waggon- und der Lokomotivenumlauf wird beschleunigt, und der Verkehr kann glatter und schneller abgewickelt werden. Dieser Güterknotenpunktverkehr ist mit Vorteil in Frankreich angewandt worden. Dazu ist es allerdings erforderlich, daß die Bundesbahn bei den maßgebenden Regierungsstellen mehr Entgegenkommen erfährt, als es bisher der Fall gewesen ist, wenn sie beantragt, Nebenstrecken und Güterabfertigungen mit ungenügendem Verkehr stillzulegen.

Auch im Ausland ist der zunehmende Wettbewerb zwischen Eisenbahn und Kraftwagen eins der wichtigsten Probleme der Verkehrspolitik.

In Frankreich wurde der Straßenverkehr durch eine Verordnung von 1934 zuerst geregelt. Heute ist das Gesetz von 1949 über die Harmonisierung und Koordinierung des Verkehrs maßgebend. Auf Grund dieses Gesetzes ist ein Dekret vom November 1949 ergangen, wodurch das Verkehrsministerium ermächtigt wird, den Gütertransport auf weite Entfernung und den Massenverkehr der Eisenbahn vorzubehalten. Schwere Lastkraftwagen werden mit einer Sondersteuer belegt, deren Ertrag dazu verwandt wird, um die Kosten für den

Unterhalt der Straßen zu decken. Die SNCF wird ferner ermächtigt, Eisenbahnlinien, die keinen Gewinn abwerfen, stillzulegen.

Das Dekret hält weiter an der schon im Gesetz von 1934 niedergelegten Genehmigungspflicht für den gesamten gewerblichen Kraftverkehr fest. Die SNCF darf den von ihr betriebenen Lastkraftwagenverkehr, wie er bei dem Inkrafttreten des Gesetzes bestand, nicht erweitern. Auf den stillgelegten Eisenbahnstrecken wird die Personenbeförderung unabhängigen Unternehmern übertragen, während der Güterverkehr von Lastkraftwagenunternehmern im Auftrage der SNCF durchgeführt wird. Eine Parität des Lastkraftwagengütertarifs mit dem Eisenbahntarif besteht nicht. Es wird geplant, einen besonderen Lastkraftwagengütertarif auf Grund des Aufwandes des Lastkraftwagenverkehrs aufzustellen.

Der Werkverkehr ist konzessionsfrei.

In der Schweiz ist der Versuch, den Wettbewerb zwischen Eisenbahn und Kraftwagen gesetzlich zu regeln, am Widerspruch des schweizer Volkes gescheitert. Als Reaktion auf die zahlreichen staatlichen Eingriffe in das Marktgetriebe während der Dauer der Kriegswirtschaft hat sich eine Abneigung gegen staatliche Zwangsmaßnahmen im Volk geltend gemacht. Die schweizerischen Bundesbahnen haben nun ihrerseits versucht, selbständig eine Lösung herbeizuführen. Sie gewähren unter der Bedingung günstige Ausnahmetarife für Massengüter, daß der Verlader sich verpflichtet, für seine Transporte den Lastkraftwagen überhaupt nicht oder nur in begrenztem Umfang in Anspruch zu nehmen. Um einen zügellosen Wettbewerb zu vermeiden, der sich zu entwickeln drohte, haben die Schweizer Bundesbahnen mit dem Lastkraftwagentransportgewerbe für den Güterfernverkehr im Jahre 1952 ein Abkommen geschlossen, nach dem sich die Vertragsparteien verpflichten:

1. die Transportkapazität auf den tatsächlichen Bedarf zu beschränken;
2. auf jede Beteiligung an der Gründung neuer Transportunternehmen zu verzichten;
3. die Lastkraftwagentarife weitgehend den Bahntarifen in der Höhe der Sätze anzupassen;
4. Preisunterbietungen und Kampftarife zu unterlassen;
5. sich den gesetzlichen Arbeits- und Ruhevorschriften zu unterwerfen.

Der Güternahverkehr und der Personenverkehr ist in dem Abkommen nicht geregelt.

Die Erfahrungen, die man mit dem Abkommen gemacht hat, sind noch nicht abgeschlossen. Die schweizerischen Bundesbahnen haben allerdings die Wirksamkeit des Abkommens dadurch gesteigert, daß sie in enger Zusammenarbeit mit den Baseler Rheinreedereien diese dazu bewogen haben, daß nur solche Lastkraftwagenunternehmer Ware an den Baseler Rheinhäfen laden können, die sich dem Vertrage der Bundesbahnen mit dem Lastkraftwagengewerbe angeschlossen haben. Diese Maßnahme hat erhebliche Bedeutung, weil die Hälfte des schweizerischen Imports über die großen Baseler Reedereien und die Häfen von Basel geht.

Auch in der Schweiz überlegt man, inwieweit sich der Lastkraftwagen an den Kosten der Straßenunterhaltung zu beteiligen habe, und es hat den Anschein, als ob man sich in der Schweiz in ähnlichen Gedankengängen bewegt, wie sie im deutschen Verkehrsfinanzgesetz ihren Niederschlag gefunden haben.

In den USA ist weniger der Lastkraftwagen als der Autobus, der Personenkraftwagen und das Flugzeug Konkurrent der Eisenbahnen, wie die nachstehende Übersicht zeigt, die dem Jahresbericht der ICC für 1953 entnommen ist.

Prozentualer Anteil der Verkehrsmittel
am gesamten Personenverkehr in den USA, berechnet auf Grund der geleisteten Personenmeilen

	1937	1953
Private Kraftwagen	85,1	86,1
Eisenbahn	9,6	5,6
Autobusse	4,7	5,1
Flugzeuge	0,1	3,0
Inl. Wasserstraßen	0,5	0,3

1953 betrug im Personenverkehr bei den Eisenbahnen in den USA die Betriebszahl 138 gegen 68 im Jahre 1944, so daß der Personenverkehr den Eisenbahnen einen Fehlbetrag von 705 Millionen Dollars brachte, der etwa $^2/_5$ der Frachteinnahmen aus dem Güterverkehr aufzehrte. Im Bereich des Güterverkehrs ist den Eisenbahnen aber noch ein Konkurrent in Gestalt der Ölleitungen (Pipe Lines) immer schärfer entgegengetreten. Die Eigentümer der Ölleitungen sind die großen Ölgesellschaften, die früher das Öl in eigenen Kesselwagen durch die Eisenbahnen befördern ließen, aber mehr und mehr daran gehen, ihr Ölleitungsnetz weiter auszubauen und damit den Eisenbahnen diese Fracht zu nehmen. Die Gesamtlänge der Ölleitungen in den USA beträgt etwa 200000 Kilometer.

Der Güterfernverkehr mit Lastkraftwagen ist in den USA nicht frei, sondern genehmigungspflichtig. Die Tarife müssen veröffentlicht werden und unterliegen, soweit es sich um einen gewerbsmäßigen zwischenstaatlichen Verkehr handelt, der Kontrolle durch die ICC daraufhin, ob die Tarife berechtigt und billig sind. Der Kraftwagenverkehr wird einmal als Linienverkehr nach einen festen Fahrplan zwischen bestimmten Orten betrieben, und dann ist er Trampverkehr ohne bestimmten Fahrplan und ohne feste Linienführung. Den Verkehr betreibt der Spediteur (Common Carrier), der von allen Verladern Fracht entgegenzunehmen verpflichtet ist, die er zu Tarifsätzen zu befördern hat, die veröffentlicht werden müssen, und bei zwischenstaatlichem Verkehr von der ICC kontrolliert werden. Die Transporte können nur über bestimmte Strecken durchgeführt werden, für die eine Konzession erteilt ist. Handelt es sich dagegen nur um innerstaatlichen Verkehr, so kontrollieren die einzelstaatlichen Behörden die Tarifsätze. Dann sind es noch die Vertragsspediteure (Contract Carriers) vorhanden, die mit bestimmten Unternehmern feste Verträge abgeschlossen haben, auf Grund deren sie die Beförderung der von den Vertragspartnern übergebenen Waren übernehmen. In diesen Fällen werden die Frachten von Fall zu Fall auf rein privatrechtlicher Grundlage festgelegt. Der Contract Carrier bedarf für die Ausübung eines Gewerbes der Konzession. Der Werkverkehr (Private Carrier) in den USA unterliegt keiner Regelung. Der stärkste Konkurrent der Eisenbahnen ist der Common Carrier.

Die Höhe der Frachtsätze ist vielfach denen der Eisenbahngesellschaften angepaßt, doch finden vor allem in den Neu-Englandstaaten auch erhebliche Abweichungen davon statt. Eine einheitliche Tarif- oder Frachtpolitik ist wegen der außerordentlichen Verschiedenheit der wirtschaftlichen Verhältnisse in den USA nicht möglich.

Das Lastkraftwagengewerbe ist auch in den USA überwiegend in den Händen kleiner Unternehmer. Daneben finden sich allerdings auch Großunternehmen, an denen die großen Eisenbahngesellschaften mitbeteiligt sind, denen es allerdings verboten ist, sich selbst unmittelbar im Güterkraftwagenverkehr zu betätigen.

Auch in den USA verlangt die starke Zunahme des Kraftwagenverkehrs einen verstärkten Ausbau des Straßennetzes. Man nimmt an, daß sich in den nächsten 20 Jahren der Kraftwagenbestand von 58 Millionen Stück im Jahre 1954 auf über 80 Millionen vermehren wird. Ebenso wie in Deutschland hat in den USA die Überfüllung der Straßen dazu geführt, daß die Verkehrsunfälle zunahmen. In jedem Jahr verlieren dort dadurch durchschnittlich 36000 Menschen ihr Leben. Allerdings ist man in den USA schon nach dem ersten Weltkrieg, als man die steigende Entwicklung des Kraftwagenverkehrs voraussah, an den planmäßigen Ausbau des Straßennetzes gegangen, der damals allerdings fast ausschließlich in der Hand der Einzelstaaten und der Gemeinden lag. Durch die Federal Highway Act von 1921 stellte der Bund erhebliche Mittel für den Ausbau der Straßen bereit und überwies sie den Einzelstaaten. Die Federal Highway Aid Act von 1941 bestimmte 500 Millionen Dollars aus Bundesmitteln zum Ausbau eines nationalen Fernstraßensystems von 62000 km, das dazu dienen sollte, die nationale Verteidigung zu fördern, die wichtigsten Zentren der Industrie und die großen Städte miteinander zu verbinden, und das an geeigneten Stellen Anschluß an die Straßen von kontinentaler Bedeutung von Kanada und Mexiko suchen sollte. Nach Johnson hat die öffentliche Hand in der Zeit von 1920 bis 1945 50 Milliarden Dollars für den Ausbau des Straßennetzes aufgewandt. Trotzdem droht selbst in den USA der Kraftwagenverkehr die Kapazität der Straßen zu überschreiten. Deswegen hat der Präsident einen Ausschuß eingesetzt, der sich mit dem weiteren Ausbau eines zwischenstaatlichen Fernstraßennetzes befassen soll. Der Ausschuß legte ein Zehnjahresprogramm vor, für das 101 Milliarden Dollars benötigt werden. An dieser Summe soll sich der Bund mit 30 Milliarden Dollars beteiligen. Im übrigen soll die Finanzierung weitgehend durch Anleihen erfolgen, die von einer zu errichtenden Federal Highway Corporation in Höhe von 20 Milliarden Dollars aufgenommen werden würden. Um Zinsendienst und Tilgung dieser Anleihe zu begleichen, sind die Mehrerlöse vorgesehen, die man aus einer Erhöhung der Mineralölsteuer erwartet. Zins- und Tilgungsdienst sollen vom Bund garantiert werden. So werden auch in den USA die Verbraucher der Straßen, also in erster Linie die Eigentümer der Kraftwagen, dazu herangezogen, die Kosten aufzubringen, die der Unterhalt der Straßen verursacht. Sie haben auch die Kosten der Anleihen zu decken, die zur Erweiterung der Straßen aufgenommen werden müssen. Also auch in den USA bewegt man sich weitgehend in den Bahnen, die auch die Bundesrepublik mit dem Verkehrsfinanzgesetz beschritten hat.

Zwischen den großen Städten des Ostens der USA haben die einzelnen Bundesstaaten bereits Autobahnen gebaut, die gegen Entrichtung von Gebühren benutzt werden können. Diese Gebühren dienen dazu, die Unterhaltung sowie den Zins- und den Tilgungsdienst der zum Bau der Straßen aufgenommenen Anleihen zu bestreiten. Die Einnahmen aus diesen Gebühren haben die Voranschläge weit überschritten, und ihre Erhebung hat die Kraftfahrer nicht davon abgeschreckt, diese Straßen zu benutzen.

In England hat die Labour-Regierung, die nach den zweiten Weltkriege zur Macht gekommen war, im Jahre 1947 die Verstaatlichung der bisher im Besitz privater Gesellschaften befindlichen Eisenbahnen und Kanäle durchgeführt. Auch der gewerbliche Fernverkehr mit Kraftwagen auf den Landstraßen wurde verstaatlicht. Nur der Nahverkehr mit Lastkraftwagen in einem Umkreis von 25 englischen Meilen um den Standort des Fahrzeugs blieb davon ausgenommen.

Der Zweck dieser Maßnahme war die Vereinheitlichung des Verkehrs, die man dadurch erreichen wollte, daß Eisenbahn, Kraftwagen und Kanäle in einem staatlichen Transportunternehmen organisatorisch und finanziell zusammengefaßt wurden. Aber es gelang nicht, ein allgemeines Tarifsystem einzuführen, das durch seine Preisunterschiede die Verfrachter veranlaßte, die Güter dem Transportmittel zuzuführen, das sie in der gegebenen Lage am billigsten und technisch am zweckmäßigsten zu befördern vermochte. So kam es zu keiner Vereinheitlichung des Verkehrs und zu keiner wirtschaftlich und technisch zweckmäßigen Arbeitsteilung zwischen Eisenbahn, Land- und Wasserstraßen. Die Beschwerden des Handels und der Industrie über die Monopolisierung des Güterverkehrs in der Hand des Staates wurden immer lauter.

Als die Konservativen im Jahre 1950 an die Regierung kamen, hoben sie die Transport Act von 1947 auf und ersetzten sie durch die Transport Act von 1953. Diese legte nun die Straßenferntransporte wieder in die Hände der privaten Unternehmer zurück, machte sie jedoch konzessionspflichtig, während Eisenbahn und Kanäle verstaatlicht blieben. Bei der Erteilung der Konzession will das Gesetz die Interessen der Allgemeinheit berücksichtigt wissen, die nach Auffassung des Gesetzgebers in erster Linie durch die Interessen der Verfrachter und in zweiter Linie durch die Interessen der Transportunternehmer repräsentiert werden. Die Eisenbahnen wurden durch das Gesetz von 1953 in erheblichem Umfang von der Betriebs- und Beförderungspflicht sowie vom Tarifzwang befreit. Inwieweit nunmehr die erstrebte Vereinheitlichung des Verkehrs erreicht werden wird, hängt davon ab, welchen Gebrauch die Eisenbahnverwaltung von den ihr eingeräumten Freiheiten macht, wie die Konzessionierung des gewerblichen Fernverkehrs mit Lastkraftwagen gehandhabt wird, und ob es gelingt, ein allgemeines Tarifsystem aufzustellen, das zu einer wirtschaftlich und technisch zweckmäßigen Arbeitsteilung zwischen den Verkehrsmitteln führt.

Auch in den Niederlanden hat man die Einheit des Verkehrs durch die Gesetzgebung hergestellt, indem der Staat regelnd in das Verhältnis Straße-Schiene eingegriffen hat.

Die niederländischen Staatsbahnen haben als Aktiengesellschaft, deren sämtliche Aktien in Staatsbesitz sind, seit Jahren kein Defizit aufzuweisen. Allerdings haben sie etwa 20% ihres Schienennetzes für den Personenverkehr wegen mangelnder Rentabilität stillgelegt. Im Gegensatz zur deutschen Bundesbahn ist bei den niederländischen Staatsbahnen die wichtigste Einnahmequelle nicht der Güter-, sondern der Personenverkehr. Die Masse des Güterverkehrs fällt in den Niederlanden der Binnenschiffahrt zu. Das ergibt sich aus den geographischen Verhältnissen.

Am Verkehr auf der Straße sind die niederländischen Eisenbahnen insofern beteiligt, als ihnen eine beträchtliche Anzahl von Autobusgesellschaften gehört, die etwa die Hälfte der Autobuslinien dort betreiben, wo die Eisenbahn ihre Strecken hat stillegen müssen. Da die Einrichtung von Autobuslinien konzessionspflichtig ist, sind dadurch die Tochterunternehmen der niederländischen Staatseisenbahnen weitgehend gegen die Konkurrenz privater Unternehmer geschützt.

Auch der gewerbliche Güterverkehr auf der Straße ist konzessionspflichtig. Zwar ist auch hier ein Tochterunternehmen der niederländischen Staatsbahn führend, doch gehen die Richtlinien für die Konzessionserteilung dahin, daß ein Tochterunternehmen der Eisenbahn eine Konzession für den Güterfernverkehr auf der Straße nur dann erhalten darf, wenn sich kein privater Unternehmer bereit gefunden hat, den Verkehr zu übernehmen. Damit wird auf dem Gebiet des Kraftwagenfernverkehrs auf der Straße der private Unternehmer bevorzugt. Der Werkverkehr bedarf einer Konzession nicht.

Es ist also eine Arbeitsteilung zwischen Eisenbahn und privatem Kraftfahrgewerbe so geschaffen, daß der Eisenbahn und ihren Tochterunternehmen in erster Linie der Personenverkehr, den privaten Unternehmen dagegen vornehmlich der Güterfernverkehr mit Kraftwagen auf der Straße überlassen worden ist. Außerdem sind die Beschränkungen, denen die Eisenbahn durch die Betriebs- und die Beförderungspflicht sowie durch den Tarifzwang unterlag, weitgehend gelockert worden.

Literatur

Pflug, Kraftfahrzeugverkehr, in Strukturwandlungen der Deutschen Volkswirtschaft, Bd. II, herausgegeben von B. Harms. 1927.
Schriftenreihe des Bundesminister für den Verkehr, Heft 1—7. 1954.
P. Berkenkopf, Zur Frage der Aufbringung der Straßenbaukosten, in Zeitschrift für Verkehrswissenschaft, 25. Jahrg. 1954.
P. Berkenkopf, Zur Frage der Kapitalberechnung der Investitionen in den Binnenverkehrsstraßen. Int. Archiv für Verkehrswesen, Jahrg. 1954.
Walter Hamm, Schiene und Straße. 1954.
J. Meid, Schiene und Straße, Schriftenreihe „Die Bundesbahn", Folge 5. 1954.
Verkehrspolitische Forderungen der Bundesbahn. 1953.
Andreas Predöhl, Marktwirtschaft und Verkehr. Der Volkswirt. Beilage zu Heft 50. 1954.
Hagemüller-Mennel, Auch Straßen müssen bezahlt werden, ebenda.
Schneider-Petersen, Zur Frage der Verzinsung von Verkehrswegen. Schriftenreihe des Ifo-Instituts, Heft 25. 1954.
Alfons Schmitt, Verkehrsordnung durch Wettbewerb oder Zwang, Ordo, Jahrbuch für Ordnung der Wirtschaft, Bd. III. 1950.
Paul Müller, Schiene und Straße und Schiene und Schiffahrt, Heft 30 der verkehrswissenschaftlichen Veröffentlichungen des Ministeriums für Wirtschaft und Verkehr des Landes Nordrhein-Westfalen. 1954.
A. Gutersohn, Die schweizerische Verkehrskoordination in Der Güterfernverkehr, 4. Jahrg. 1955.
Dr. D. Wersche, Regelung des Güterkraftverkehrs in der Bundesrepublik, den westeuropäischen Ländern und den USA in „Die Bundesbahn", 39. Jahrg. 1955. S. 152.
Bericht der vom britischen Ministerium für Verkehrswesen eingesetzten Arbeitsgemeinschaften Schienenbahn und Straße, vom 29. Juli 1932, London 1932. H. M. Stationary Office.
Charles L. Dearing, American Highway Policy, Washington 1941.
M. R. Bonavia, Economics of transport. Nisbet and Cambridge University Press.
A. M. Milne, Economics of Inland Transport, Pitman.
H. Rittershausen, Die Umstellung eines größten ehemaligen Monopolunternehmens auf eine neue Zeit. 1951.

A. F. Napp-Zinn, Möglichkeiten der Koordinierung von Eisenbahn und Kraftwagen im Güterverkehr. Jahrbuch des Eisenbahnwesens. 1950.

Heribert Stecken, Die Problematik des Selbstkostenvergleichs im Verkehrswesen und seine Bedeutung für die Transportpreisgestaltung. Marburger rer. pol. Diss. 1951 (ungedruckt).

Transport Policy. Cmd. 8538. 1952.

J. J. Ponsonby, The Coordination of british Transport in Schweizerisches Archiv für Verkehrswissenschaft und Verkehrspolitik. 9. Jahrg. 1954.

Walter Fischer, Der Bahnersatzdienst im Züricher Oberland. Schweizerisches Archiv für Verkehrswissenschaft und Verkehrspolitik. 9. Jahrg. 1954.

W. A. Prewitt, The Operation and Regulation of Crude Oil and Gasoline Pipe Lines. Quarterly Journal of Economics. 1952.

Philip Loklin, Economics of Transportation. Chicago 1949.

USA-Departement of Commerce, Bureau of Public Roads, A factual.

Discussion of Motortruck Operation, Regulation and Taxation, 1951.

Zahlreiche Aufsätze in der Monatsschrift, Der Güterfernverkehr, im Internationalen Archiv für Verkehrswesen und im Schweizerischen Archiv für Verkehrswissenschaft und Verkehrspolitik.

Schriftenreihe des wissenschaftlichen Beirats des Bundesverkehrsministeriums; vor allem Heft 3. 1954.

Kapitel III

Der Verkehr auf den Binnenwasserstraßen

§ 1

Die wichtigsten deutschen Binnenwasserstraßen[1])

Binnenwasserstraßen sind schiffbare Flüsse und die für die Schiffahrt bestimmten Kanäle. Durch Gesetz von 1921 wurden die Binnenwasserstraßen, soweit sie dem allgemeinen Verkehr dienen, aus der Verwaltung der Länder in die des Reiches überführt. Artikel 87 und 89 des Grundgesetzes machen den Bund zum Eigentümer der bisherigen Reichswasserstraßen, die durch bundeseigene Behörden verwaltet werden.

Elbe, Weser und Rhein durchströmen die Bundesrepublik von Süden nach Norden. Dadurch wird das Bundesgebiet der Länge nach in verhältnismäßig kurzen Zwischenräumen von natürlichen Wasserstraßen durchschnitten. Der wichtigste Strom ist der Rhein. Die Verkehrsdichte auf dem deutschen Teil des Rheins betrug im Jahre 1953 21,7 Millionen t je km gegen 2,7 Millionen t auf der Elbe von Schnackenburg bis Hamburg und von 1,4 Millionen t auf der Weser von Minden bis Bremen. Der Schiffsverkehr des Rheins bleibt nicht nur auf sein Flußgebiet allein beschränkt, sondern greift durch das westdeutsche Kanalnetz auf Weser und Elbe über. In Süddeutschland durchströmt die Donau das Bundesgebiet von West nach Ost. Die Verkehrsdichte auf der Donau von Kehlheim bis zur österreichischen Grenze stellt sich auf 1,9 Millionen Tonnen je km.

Ein Fluß ist umso geeigneter für den Verkehr, je gleichmäßiger sein Wasserstand ist, je weniger seine Strömung die Schiffahrt behindert, und je weniger im Winter das Eis den Verkehr lahmlegt. Auf dem Rhein ist im Durchschnitt der Jahre die Schiffahrt zwischen Mainz und Koblenz 18 Tage, auf der Unterelbe bei Hamburg durchschnittlich 29 Tage im Jahr durch Eis behindert. Um einen möglichst gleichmäßigen Wasserstand herbeizuführen, sind die großen Ströme und die meisten Flüsse reguliert und weitgehend sogar kanalisiert.

Im Reich vor 1945 war das Gebiet östlich der Elbe durch ein systematisch ausgebautes Kanalnetz schon im 18. Jahrhundert für die Schiffahrt erschlossen

---

[1]) s. Karte 3.

worden. Das Gebiet westlich der Elbe dagegen, und vor allem das Stromgebiet des Rheins, ist erst im Lauf des 19. Jahrhunderts planmäßig mit Kanälen durchzogen worden, nachdem es unter preußische Herrschaft genommen war. Hier hinderte bis dahin die Zersplitterung des Landes in eine große Anzahl kleiner Territorialstaaten den Kanalbau, wie er im Gebiet des alten preußischen Staates unter dem Großen Kurfürsten und später unter Friedrich dem Großen durchgeführt worden war. Erst als man im Laufe des 19. Jahrhunderts die Bedeutung der Kanäle wieder erkannt hatte, obwohl ein dichtes Eisenbahnnetz inzwischen über das Land ausgebreitet worden war, kam der Kanalbau im Westen des preußischen Staates wieder in Gang. Der wichtigste Kanal des Westens, der Dortmund-Ems-Kanal wurde von 1887 bis 1899 erbaut, ihm folgte von 1906 bis 1914 der Rhein-Herne-Kanal, und 1906 begann ebenfalls der Bau des Weser-Ems-Kanals, der dann als Mittellandkanal nach dem ersten Weltkrieg bis zur Einmündung in die Elbe fortgesetzt wurde.

Der Dortmund-Ems-Kanal sollte für den östlichen Teil des Ruhrgebietes eine leistungsfähige Wasserstraßenverbindung mit dem Meer herstellen, über die der westliche am Rhein gelegene Teil des Reviers bereits durch den Strom selbst verfügte. Der Kanal verbindet den um Dortmund gelegenen Teil des Ruhrgebiets über die Ems bei Emden mit der Nordsee und machte es dadurch der Ruhrkohle möglich, erfolgreich mit der englischen Kohle an der deutschen Nordseeküste in Wettbewerb zu treten. Die Hüttenwerke im Raum von Dortmund konnten auf dem Wege über den Dortmund-Ems-Kanal ihre Erze ebenso billig und schnell auf dem Wasserweg beziehen, wie es die am Rhein gelegenen Hüttenwerke bereits taten.

Der Rhein-Herne-Kanal verbindet den Dortmund-Ems-Kanal mit dem Rhein, so daß über diesen Kanal und die Ems eine deutsche Rheinmündung bei Emden entsteht. Gleichzeitig erhält der östliche Teil des Ruhrgebiets eine leistungsfähige Verbindung zum Rhein. Dortmund-Ems-Kanal und Rhein-Herne-Kanal lockern die industrielle Ballung im Ruhrgebiet auf.

Der Mittelland-Kanal soll das Land zwischen Rhein und Elbe, vor allem aber Berlin mit dem Ruhrgebiet verbinden. Diese Verbindung wurde für die Kohlenversorgung Berlins, je mehr die Stadt und ihre Industrien wuchsen, von zunehmender Bedeutung. Das gleiche gilt für die Kohlenversorgung Magdeburgs und Hannovers. Die Verkehrsdichte betrug im Jahre 1953 in 1000 t je km:

auf dem Dortmund-Ems-Kanal von Datteln bis Bergeshövde	13 1
auf dem Rhein-Herne-Kanal	10,9
auf dem Mittellandkanal von Bergeshövde bis Minden . .	6,7

Die Größe der Schiffe, die auf einer Wasserstraße eingesetzt werden können, ist bedingt durch den wasserführenden Querschnitt des Bettes und damit durch die Wassertiefe, die Breite der Fahrbahn sowie durch die Abmessung und die

Zahl der Schleusen. Auf dem Rhein von der Mündung bis Mannheim können Schiffe bis zu 2000 t Ladefähigkeit und von Mannheim bis Basel solche von 1500 t Ladefähigkeit verkehren. Elbschiffe haben im allgemeinen etwa 1400 t Ladefähigkeit, und die Weser vermag zwischen Bremen und Minden 1000 t-Schiffe zu tragen. Für die westdeutschen Kanäle kommen Schiffe zwischen 800 und 1000 t in Betracht. Ein 1000 t-Kahn befördert mehr als ein durchschnittlicher deutscher Güterzug von rund 650 Bruttotonnen.

Auf den Wasserstraßen werden vor allem schwergewichtige Massengüter befördert. Am Gesamtverkehr waren im Jahre 1954 beteiligt:

Eisenerze mit	9,3%
Steinkohlen mit	27,6%
Mineralöle mit	6,2%
Erden, Kies, Sand mit . .	18,7%
Getreide mit	4,2%.

Es sind also die Massengüter, die auch in erster Linie von der Eisenbahn befördert werden, wenn sie auf weite Entfernung transportiert werden sollen. Die mittlere Transportweite der Binnenschiffahrt betrug im Jahre 1953 217,7 km gegen 206 km bei der Eisenbahn. So stehen auf diesem Verkehrsgebiet Eisenbahn und Binnenschiffahrt miteinander im Wettbewerb, in den sich auch noch der Lastkraftwagen einzudrängen versucht. Damit taucht die Frage auf, ob ein weiterer Ausbau des Wasserstraßennetzes, vor allem der Kanäle, unter den obwaltenden Verhältnissen notwendig und zweckmäßig ist. Der wissenschaftliche Beirat beim Bundesverkehrsministerium hat die vorliegenden Projekte auf ihre volkswirtschaftlichen und verkehrspolitischen Notwendigkeiten geprüft und ist zu dem Ergebnis gekommen, daß der Ausbau des Dortmund-Ems-Kanals für größere Schiffe, die Fortführung der Neckarkanalisierung bis Plochingen und die Kanalisierung des Main bis Bamberg als Teilstück der großen Verbindung zwischen Rhein, Main und Donau zu empfehlen sei. Daraufhin hat der Bundesverkehrsminister im Mai 1953 vier Schwerpunkte des Wasserstraßenausbaues für die nächsten Jahre herausgehoben, nämlich:

1. den Ausbau des Dortmund-Ems-Kanals;
2. die Kanalisierung der Mittelweser zwischen Bremen und Minden;
3. die Kanalisierung des Neckar;
4. die Herstellung der Main-Donauverbindung.

Der Dortmund-Ems-Kanal soll bis 1957 so ausgebaut sein, daß ihn auch Schiffe mit 1000 t Tragfähigkeit befahren können. Die Kanalisierung der Mittelweser soll eine Abhilfe gegen die geringe Wasserführung der Weser im Sommer sein, während die beiden süddeutschen Kanalprojekte das Einzugsgebiet des Rheins erweitern und Süddeutschland an das norddeutsche Kanalnetz anschließen. Damit entsteht eine geschlossene Wasserverbindung von Hamburg über die

Elbe, den Mittellandkanal, den Rhein und den Main über die Donau bis zum Schwarzen Meer.

Diese Kanalpläne gehen auf alte Projekte aus der Zeit vor dem zweiten Weltkrieg zurück. Sie konnten bis zu Beginn des Krieges nicht vollendet werden. Obwohl die finanzielle Lage der Bundesbahn es unerwünscht macht, daß ihr weiterer Verkehr entzogen wird, sind sie doch volkswirtschaftlich erforderlich. Die künftige Entwicklung der Volkswirtschaft in der Bundesrepublik läßt eine Intensivierung und Steigerung des Verkehrs erwarten. So ist es notwendig, schon jetzt für eine ausreichende Kapazität der Verkehrsmittel zu sorgen, denn die entscheidend wichtigen Nord-Südstrecken der Bundesbahn sind bereits jetzt stark überlastet, und die Aufnahmefähigkeit des deutschen Straßennetzes wird ebenfalls nicht so bald in dem erforderlichen Ausmaß hergestellt sein. Man wird also vorausschauend gewisse Transportreserven schaffen müssen, um dadurch die Einheit des Verkehrs zu gewährleisten.

Im übrigen darf man sich der Erkenntnis nicht verschließen, daß nach den Erfahrungen aus der Zeit vor dem ersten Weltkrieg neue Wasserstraßen zwar der Eisenbahn zunächst Verkehr und damit auch Einnahmemöglichkeiten entzogen haben, daß aber die Wasserstraßen, nachdem sie fertiggestellt waren, Gewerbe, Handel und Verkehr belebt haben, so daß dadurch auch der Verkehr auf der Eisenbahn sich gehoben hat. Wenn auch heute an einer solchen Belebung des Verkehrs sich der Lastwagen mitbeteiligen wird, so dürfte doch auf die Eisenbahn der Hauptteil des Verkehrszuwachses entfallen.

Demgegenüber aber bedeutet die Kanalisierung der Mosel nur eine Förderung französischer Interessen. Die Franzosen können auf diesem Wege auf eigenen Schiffen vom lothringischen Minette-Revier Erze zur Ruhr und von der Ruhr Kohle nach Lothringen fahren. Dadurch würden sie eine erhebliche Kostenüberlegenheit nicht nur über die konkurrierenden deutschen Werke der eisenverarbeitenden Industrie, sondern auch den luxemburgischen und belgischen Werken gegenüber gewinnen. Da ein erheblicher Teil der Moselkanalisierung aus deutschen Mitteln bestritten werden müßte, würde damit eine indirekte Subvention der lothringischen schweren Industrie zu ungunsten der deutschen mit Geldern der Bundesrepublik erfolgen. Das ist aber offenbar volkswirtschaftlich widersinnig. Zu diesem volkswirtschaftlichen Verlust käme dann noch hinzu, daß die Bundesbahn durch den Fortfall der Kohlen- und Erztransporte zwischen Ruhrgebiet und Lothringen einen erheblichen Frachtausfall erleiden würde, der auf etwa 70 Millionen DM geschätzt wird.

Nicht weniger bedenklich ist der von den Franzosen in Angriff genommene Bau des Canal d'Alsace. Er soll auf dem linken Rheinufer Basel mit Straßburg verbinden. Der Kanal leitet in erheblichem Maße das Rheinwasser ab, so daß damit neben wasserwirtschaftlichen Schäden, die auf dem badischen Oberrheingebiet entstehen werden, dieses Land seiner wichtigsten Verkehrsstraße beraubt wird. Vorstellungen gegenüber, die von deutscher Seite erhoben wurden, haben sich die Franzosen ablehnend verhalten.

Nach dem zweiten Weltkrieg bedurften die deutschen Binnenwasserstraßen großer Mittel, um die durch den Krieg entstandenen Zerstörungen zu beseitigen. Für Investitionen in den Binnenwasserstraßen hat die öffentliche Hand von 1949–1954 575000000 DM aufgewandt. Der größte Teil dieser Summe wurde zur Beseitigung der Kriegsschäden benötigt. Von 1270 über Wasserstraßen führenden Brücken waren 968 zerstört, die inzwischen wieder hergestellt sind. Aus den Schiffahrtswegen mußten 370000 t Stahl und 400000 t Beton entfernt werden, die von zerstörten Bauwerken und von Schiffen herrührten. Allein auf dem Rhein wurden durch Bombenangriffe und durch Sprengungen 3000 Fahrzeuge versenkt und 35 Brücken zerstört, deren Trümmer zur Bildung von Sandbänken im Flußbett Veranlassung gaben, die die Schiffahrt behinderten. Die Dämme der Kanäle waren an vielen Stellen zerstört oder beschädigt. Dadurch wurde die Aufnahme der Schiffahrt nach der Beendigung der Feindseligkeiten verzögert.

Die Hafenanlagen an den Binnenwasserstraßen sind entweder staatliche oder kommunale Einrichtungen. Vereinzelt befinden sie sich auch in privatem Besitz. Der größte und wichtigste Binnenhafen der Bundesrepublik ist Duisburg am Rhein, der auch der größte Binnenhafen des europäischen Kontinents ist. Duisburg verzeichnete im Jahre 1936 einen Umschlag von 27,7 Millionen t, der 1952 auf 18,3 Millionen t zurückgegangen war, aber sich bereits 1954 wieder auf 22,1 Millionen t gehoben hatte. Die Verwaltung des Hafens liegt in der Hand der Duisburg-Ruhrorter Hafen-A.G., deren Aktien sich zu $66^{2}/_{3}\%$ im Eigentum des Landes Nordrhein-Westfalen befinden, während die Stadt Duisburg mit $33^{1}/_{3}\%$ beteiligt ist. In diesem Hafen werden vor allem Massengüter wie Erze, Kohlen, Kies und Sand umgeschlagen, denn er bildet den Eingang zum größten Industriegebiet Europas. Die Erze kommen über den Seeweg und über Rotterdam als Importgüter, während die Kohle als Exportgut zunächst nach den Beneluxhäfen und von dort aus über See verfrachtet wird. Duisburg ist damit eine Zentrale für den Außenhandel des Ruhrgebiets.

In Süddeutschland ist Mannheim der große Umschlagshafen, wobei Kohle und Getreide eine wichtige Rolle spielen, die dann mit der Eisenbahn weiter in die süddeutschen Industriegebiete verfrachtet wird, während das Getreide von den großen Mannheimer Mühlen vermahlen wird. Wenn auch Mannheim der größte Binnenhafen Europas im Stückgüterumschlag ist, so bleibt es im Gesamtgüterumschlag weit hinter Duisburg zurück, da das Mannheimer Versorgungsgebiet weniger dicht bevölkert ist als das von Duisburg. Mannheim hat jedoch mit einem Güterumschlag von 5,5 Millionen t im Jahre 1954 seine Vorkriegshöhe von 5,2 Millionen t im Jahre 1936 überschritten.

Im Elbegebiet ist Hamburg der maßgebende Binnenhafen, dessen Warenumschlag 1938 9,8 Millionen t betrug, und der 1954 mit 5,1 Millionen t nur etwas über die Hälfte des Vorkriegsstandes wieder erreicht hatte. Der eiserne Vorhang hat Hamburg sein Hinterland genommen. Hamburg empfing auf der Elbe von der Tschechoslowakei in 1000 t:

1938	1953		1938	1953
506	189	und versandte dorthin	414	258.

Der größte Binnenhafen des Wesergebietes ist Bremen-Stadt, der im Jahre 1936 einen Güterumschlag von 2,7 Millionen t aufwies, der sich 1954 auf 3,03 Millionen t erhöht hat. An der Donau steht Regensburg an der Spitze, das seinen Güterumschlag von 0,7 Millionen t im Jahre 1936 auf 2,5 Millionen t in 1954 heben konnte. Österreich war durch den eisernen Vorhang gezwungen, sich in verstärktem Maße auf Deutschland zu stützen. Dazu kommt, daß das modernste Hüttenwerk Österreichs, die Vereinigten Österreichischen Eisen- und Stahlwerke in Linz, und ebenso die erst im Jahre 1939 dort errichteten Stickstoffwerke zu einer starken Steigerung des deutsch-österreichischen Donauverkehrs geführt haben.

Der Anteil der einzelnen Stromgebiete am Güterumschlag in den Binnenhäfen des Bundesgebietes zeigt die nachstehende Zusammenstellung:

	1936	1950	1952	1954
Elbegebiet	9,3	5,6	5,2	5,3
Wesergebiet	4,9	5,2	6,1	5,6
Mittellandkanalgebiet	2,9	3,9	4,9	4,2
Westdeutsches Kanalgebiet	22,6	22,5	23,4	22,7
Rheingebiet	59,7	61,5	58,5	51,9
Donaugebiet	0,6	1,3	1,9	1,5

Man sieht deutlich die beherrschende Stellung des Rheingebiets und der westdeutschen Wasserstraßen, die durch das Herz des großen mitteleuropäischen Industriegebiets führen.

Demgegenüber ist die Lage Berlins ganz besonders unglücklich. Berlin war zwischen den beiden Weltkriegen mit einem Güterumschlag von 9 Millionen t im Jahre 1938 der zweitgrößte Binnenhafen Deutschlands. Die Stadt lag inmitten eines gut ausgebauten Kanalsystems, durch das sie sowohl mit der Elbe als auch mit dem Rhein verbunden war. Von den 9 Millionen t Gesamtgüterumschlag entfielen allein 6,3 Mill. t auf Kohle und Baustoffe. Diese Lage im Zentrum eines leistungsfähigen Binnenwasserstraßennetzes erleichterte die Versorgung der Millionenstadt mit ihrer umfangreichen hochqualifizierten Fertigindustrie. Deshalb verfügten fast alle großen Industrieunternehmen Berlins über einen eigenen Wasseranschluß. Die Teilung der Stadt in zwei Hälften, die sich abgeschlossen einander gegenüberstehen, und bei der die eine von ihrem natürlichen Hinterland und damit auch von ihren Verkehrsverbindungen getrennt ist, hat es mit sich gebracht, daß der Güterumschlag Westberlins im Jahre 1954 nur 1,5 Mill. t betrug, wovon wieder 1 Mill. t auf Kohle und Baustoffe entfiel. Die Kohle mußte in erster Linie über den Mittellandkanal aus dem Ruhrgebiet herangefahren werden, weil das durch gute Wasserstraßen mit Berlin verbunden gewesene oberschlesische Kohlengebiet sich unter polnischer Verwaltung befindet.

§ 2
Die deutsche Binnenschiffahrtsflotte

Vor dem zweiten Weltkrieg betrug die Ladefähigkeit der deutschen Binnenflotte im Jahre 1938 6,3 Mill. t. Sie war am 1. 1. 1953 auf 3,1 Mill. t zurückgegangen. Feindliche Bombenangriffe hatten der deutschen Binnenflotte erheblichen Abbruch getan, und dann war der deutsche Binnenschiffsraum, der bei Beendigung der Feindseligkeiten in holländischen, französischen und belgischen Häfen lag, von diesen Mächten beschlagnahmt worden. Außerdem ging fast der gesamte Teil der Binnenflotte verloren, der sich im sowjetisch besetzten Gebiet auf den Gewässern der Oder, Havel und Elbe befand. Nur rund 200000 t deutscher Kahnraum konnte sich aus den ostdeutschen in die Gewässer westlich des eisernen Vorhangs retten.

Nach der Währungsreform und nach der Errichtung der deutschen Bundesrepublik ging man tatkräftig an den Wiederaufbau der Binnenflotte. 1951 konnten, in Ladetonnen gerechnet, bereits wieder 20500 t neu aufgebaut werden und 1953 waren es sogar 177000 t. Man war bestrebt, weniger neuen Schiffsraum zu bauen als vielmehr den vorhandenen zu modernisieren, wobei es vor allem darauf ankam, Schleppkähne zu Selbstfahrern umzubauen, die von motorischer Kraft angetrieben waren. Die Finanzierung erfolgte teils aus eigenen Mitteln der Binnenschiffer, teils aus Zwischenkrediten der Landeszentralbanken, teils aus Darlehen der Schiffshypothepenbanken, teils aus Mitteln der öffentlichen Hand, die als Kredite über die Schiffshypothekenbanken weitergeleitet wurden. Schließlich kamen noch die sogenannten 7d-Gelder hinzu. Die von der öffentlichen Hand gegebenen Mittel waren in weitem Umfang zweckgebunden, als sie anfangs nur zur Wiederinstandsetzung und zur Motorisierung von Güterschiffen verwandt werden durften. Erst vom Jahre 1952 ab war es erlaubt, öffentliche Mittel auch dazu zu verwenden, um Neubauten zu finanzieren. Auf diese Weise wurde die Binnenschiffahrt gezwungen, sich einem weitgehenden Rationalisierungsprozeß zu unterwerfen. Dadurch, daß die öffentlichen Gelder durch die Schiffshypothekenbanken vergeben wurden, war eine wirtschaftliche und sachgemäße Verwendung dieser Mittel gewährleistet. Im Bereich der Bundesrepublik sind vier solcher Banken vorhanden: die Deutsche Schiffahrtsbank in Bremen, die Schiffshypothekenbank in Lübeck, die Schiffsbeleihungsbank in Hamburg und die Deutsche Schiffskreditbank in Duisburg.

Nach dem Entwurf zum Bundeshaushalt für 1955 hat die öffentliche Hand in den Jahren 1949–1953 insgesamt 671,8 Mill. DM zum Wiederaufbau der Binnenschiffahrt aufgewandt.

Durch die Zweckbindung der öffentlichen Mittel hat sich die Struktur der deutschen Binnenhandelsflotte erheblich geändert.

Die Selbstfahrer machten vom gesamten Frachtraum 1938 nur 8%, dagegen 1953 24% aus. Die Tragfähigkeit des einzelnen Selbstfahrers ist gegenüber der Zeit vor dem Kriege erheblich gesteigert. In alledem zeigt sich die Auswirkung der Rationalisierungsmaßnahmen der Schiffseigner. Diese Rationalisierung hat sowohl die großen Reedereien als auch die Kleinschiffer erfassen müssen, da die öffentlichen Gelder gleichmäßig an Reedereien und an Kleinschiffer verteilt wurden. Die vergrößerte Tragfähigkeit der Schiffe verbessert das Verhältnis von toter Last zur Nutzlast und verteilt die Aufwendungen auf eine größere Menge Ladeguts, wodurch die Kosten je Gewichtseinheit Ladegut sinken. Die Selbstfahrer sind fast durchweg Dieselmotorschiffe. Diese Motorschiffe kommen schneller vorwärts als der vom Dampfer gezogene lange Schleppzug. Dadurch wird die Umlaufsgeschwindigkeit des Schiffes gesteigert, und die Ersparung der Schleppkosten senkt den Aufwand. Die Überlegenheit des Selbstfahrers ist über den Schleppzug umso größer, je länger die Transportstrecke ist, weil die Reisegeschwindigkeit des Selbstfahrers größer ist als die des Schleppzuges, je stärker die Stromgeschwindigkeit ist, gegen die der Selbstfahrer besser ankämpfen kann als der Schleppzug, je besser die Möglichkeiten sind andere Schleppzüge zu überholen und je hochwertiger das beförderte Gut ist. Der Selbstfahrer ist also das gegebene Fahrzeug für den Verkehr auf den großen Strömen.

Die Überlegenheit des Motorschiffes über das Dampfschiff geht aus einem von J. Walter angestellten Vergleich der Fahrzeiten von Motorschiff und Dampfschiff auf dem Rhein hervor.

Mittlere Fahrzeiten in der Rheinschiffahrt nach Tagen

	Motorschiff		Dampfschiff	
	zu Berg	zu Tal	zu Berg	zu Tal
Rotterdam—Duisburg	2	1½	5	3
Duisburg—Mannheim	4	2	8	4
Mannheim—Straßburg	1½	½	2	1
Straßburg—Basel	2½	½	3	1

Die Umlaufsgeschwindigkeit der Motorschiffe ist gegenüber den Schleppkähnen um durchschnittlich 50% höher, und deswegen entspricht der 1954 vorhandene Frachtraum einer Kapazität von etwa 86% des Vorkriegsstandes.

Auch die Binnenschiffahrtsflotten anderer Staaten, mit denen die deutsche Binnenschiffahrt auf dem Rhein in Wettbewerb liegt, haben ihren Schiffsraum in erheblichem Umfang motorisiert; die schweizer Rheinflotte zu etwa 70%, die französische zu etwa 20%. Gegenüber den ausländischen Flotten ist die deutsche im Nachteil, weil über die Hälfte der deutschen Schiffe über 25 Jahre alt ist.

Trotzdem ist es der deutschen Binnenschiffahrt gelungen, ihren Anteil am Verkehr auf den deutschen Binnenwasserstraßen bald nach dem Kriege zu steigern und dann festzuhalten, wie die nachstehende Übersicht zeigt:

Jahr	Beförderte Güter 1000 t	% Anteil der deutschen Flotte	Geleistete Mill. t/km	% Anteil der deutschen Flotte
1950	71855	62,5	16752	60,2
1951	88111	64,6	21047	61,2
1952	95270	64,5	22452	61,3
1953	101338	64,5	23041	62,7
1954	109397	64,3	24953	62,7

Die Binnenschiffahrt ist vornehmlich ein mittelständisches Gewerbe. Die Kleinschiffer, auf dem Rhein Partikuliere genannt, besitzen meist ein oder zwei Schiffe. Sie arbeiten entweder auf eigenes Risiko oder zusammen mit den großen Reedereien, mit denen sie langfristige Verträge eingehen, und von denen sie, wenn kein Vertragsverhältnis besteht, Aufträge vor allem dann erhalten, wenn Mangel an Schiffsraum auftritt. Das ist regelmäßig der Fall, wenn die Wassertiefe nicht ausreicht, um die Schiffe voll zu beladen. Die großen Flußreedereien sind größere Unternehmen meist in der Form der Aktiengesellschaft oder der Gesellschaft mit beschränkter Haftung. Um den Wettbewerb mit diesen großen Reedereien aufnehmen zu können, haben sich die Kleinschiffer zu Genossenschaften zusammengeschlossen, die den Außenstehenden gegenüber als ein großes Reederei-Unternehmen auftreten, die dann unter ihre Mitglieder die Fracht verteilen, so daß die Kleinschiffer nicht nur das Risiko der Verkehrsschwankungen zu tragen haben.

Die wirtschaftliche Interessenvertretung der deutschen Binnenschiffahrt erfolgt durch den Zentralausschuß der Deutschen Binnenschiffahrt in Beuel bei Bonn und die rheinischen Partikuliere haben sich in dem Binnenschiffahrtsbetriebsverband Jus et Justitia zusammengeschlossen, der seinen Sitz in Duisburg hat. Die internationale Organisation der Binnenschiffahrt ist die Internationale Binnenschiffahrts-Union, die im Jahre 1952 ins Leben gerufen wurde.

§ 3

Frachtenbildung, Konkurrenzlage und volkswirtschaftliche Bedeutung der Binnenschiffahrt

Für die Frachtenbildung in der Binnenschiffahrt sind die dort herrschenden besonderen Verhältnisse von Angebot und Nachfrage maßgebend. Auf der Angebotsseite wirken auf die Höhe der Frachten alle Aufwendungen, die auf die eigentliche Transportbewegung auf dem Wasser entfallen. Das sind zunächst die fixen Aufwendungen für die Tilgung und Verzinsung des im Schiff selbst investierten Kapitals. Da die Schiffe aber eine sehr lange Lebensdauer haben, da bei ihnen ferner das Verhältnis von Nutzlast zu toter Last sehr günstig ist, sind diese Aufwendungen auf die Zeit der Nutzung und auf die beförderte Gütermenge verteilt sehr viel kleiner als z. B. bei der Eisenbahn. Dazu kommen die variablen Aufwendungen für die Löhne der Arbeitskräfte, die auf dem Schiff beschäftigt werden, sowie die Aufwendungen, die abhängig von der zurückgelegten Entfernung sind, wie die Schleppkosten oder die Aufwendung für den Betriebsstoff bei Selbstfahrern. Wenn Kanäle durchfahren werden, kommen auch die Kanalgebühren hinzu, während die Schiffahrt auf den nicht-kanalisierten Strömen und Flüssen gebührenfrei ist.

Wenn die Flüsse nur niedriges Wasser führen, das nicht erlaubt, die Ladefähigkeit der Schiffe voll auszunutzen, entsteht eine Verknappung an Schiffsraum, die die Fracht in der Regel steigen läßt. Für die Schiffseigentümer ist vor allem entscheidend, ob sie Rückfracht erhalten. Ist das nicht der Fall, so liegen sie still, so daß der Aufwand für den Kahnraum und die Arbeitskräfte nicht gedeckt wird, wodurch Verluste für den Schiffseigner entstehen. Er muß also dieses Risiko durch eine erhöhte Frachtforderung auszugleichen suchen, so daß nach Orten mit ungünstiger Tonnagebilanz die Frachten höher sind als nach Orten mit ausgeglichener Tonnagebilanz. Die Tonnagebilanz eines Hafens ist dann nicht ausgeglichen, wenn sein Empfang größer ist als sein Versand, so daß dadurch die Aussicht, Rückfracht zu erhalten, nicht günstig ist. Da die Fahrt zu Berg gegen den Strom mehr Aufwand an Schleppleistung oder an Betriebsstoff erfordert und außerdem langsamer vor sich geht, so daß der Kahnraum länger von anderer Verwendung ferngehalten wird, sind unter sonst gleichen Umständen die Frachten für die Bergfahrt höher als für die Talfahrt. Ganze Schiffsladungen werden zu billigeren Frachten befördert als Teilladungen. Massengüter, vor allem Schüttgüter, die mit mechanischen Vorrichtungen verladen und gelöscht werden, weisen niedrigere Frachtsätze auf als Stückgüter, weil die schnelle Verladungsmöglichkeit ein nur kurzes Stilliegen des Kahnes im Hafen bedingt.

Für die Nachfrage liegt die obere Grenze der Schiffsfracht auf den Binnenwasserstraßen bei der Eisenbahnfracht zwischen den gleichen Orten. Die Eisenbahnfracht wirkt damit weitgehend bestimmend auf die Frachthöhe im Binnenschiffahrtsverkehr. Im allgemeinen pflegen die Frachten der Binnenschiffahrt 10–15% unter denen der Eisenbahnen zu liegen. Das ist möglich, weil der Aufwand für die Fortbewegung auf dem Wasser geringer ist als für die auf dem Lande, und weil das Verhältnis zwischen Nutzlast und toter Last bei der Binnenschiffahrt günstiger liegt als bei der Eisenbahn. Für die Fortbewegung einer Tonne werden an Leistung benötigt:

auf dem Wasserweg	0,2 PS
auf der Schiene	2,0 PS
auf der Straße	10,0 PS

Das Schiff wird dadurch zum billigsten Transportmittel.

Eisenbahn und Binnenschiffahrt stehen daher in den Zeiten, in denen die Binnenschiffahrt tätig sein kann, in einem lebhaften Wettbewerb. Bei der Abhängigkeit der Frachten der Binnenschiffahrt von denen der Eisenbahn ist die Tarifpolitik der Eisenbahn von erheblichem Einfluß auf die Frachtpolitik und die wirtschaftliche Lage der Binnenschiffahrt.

Wenn jedoch bei rückgängiger Nachfrage nach Transportraum die Einzelschiffer vor die Frage gestellt werden, ob sie ihren Kahnraum in größerem Umfange stillegen müssen, so ziehen sie es vor, zunächst mit ihren Forderungen bis auf die Höhe des notwendigen variablen Aufwandes herunterzugehen. Dann werden allerdings die Aufwendungen für Verzinsung und Tilgung des im Schiff investierten Kapitals nicht gedeckt. Diese Aufwendungen werden hinausgeschoben, denn es kommt den kleinen Schiffern nur darauf an, den notwendigen Lebensunterhalt zu verdienen. Deswegen pflegen auch langanhaltende Depressionen am Schiffsfrachtenmarkt das Angebot an Schiffsraum nur unmerklich zu verringern. Die Schiffe von Schiffseignern, die insolvent werden, werden von den Gläubigern versteigert und dann zu niedrigen Preisen von anderen Kleinschiffern erworben. Diese können dann mit niedrigen Frachten auskommen, und dadurch bleibt der auf dem Frachtmarkt lastende Druck. Bei der stark mittelständischen Betriebsverfassung der Binnenschiffahrt sowie dadurch, daß die Schiffe ähnlich wie Häuser ein Gut sind, das sich nur langsam abnutzt, stellt auch die Krise den gestörten Ausgleich von Angebot und Nachfrage nicht schnell wieder her.

Das war die Lage, als die große Wirtschaftskrise der Jahre 1929–1932 über die Binnenschiffahrt hereinbrach. Der schnelle Rückgang der Produktion bewirkte, daß die Nachfrage nach Transportraum nachließ. Die Eisenbahn suchte dem durch eine Senkung der Tarife zu begegnen, und so entstand ein ruinöser Wettbewerb zwischen Eisenbahn und Binnenschiffahrt sowie innerhalb der Binnenschiffahrt selbst. Er führte zu einem Verzehr der Substanz bei den Binnenschiffern, so daß es bei der Eigenart des Frachtenmarktes der Binnenschiffahrt kaum angängig war, den Ausgleich von Angebot und Nachfrage den Kräften des freien Marktes zu überlassen. Während bisher die Frachten auf Grund des Zusammentreffens von Angebot und Nachfrage börsenmäßig im Bereich der verschiedenen Stromgebiete notiert wurden, ging die Reichsregierung mit einer Verordnung vom Dezember 1931 an eine verwaltungsmäßige Ordnung des Frachtenmarktes. Die Verordnung gab der Reichsregierung die Vollmacht:

1. Schiffahrttreibende zu öffentlich-rechtlichen Verbänden zusammenzuschließen sowie die Ausnutzung des Kahn- und Schlepp-Parkes und ihre Vermehrung zu beschränken;
2. selbst oder durch dazu von ihr ermächtigte Verbände oder andere Stellen Mindest- und Höchstentgelte im Binnenschiffsverkehr festzusetzen sowie die Verteilung des Frachtgutes zu regeln.

Die Verordnung wurde zuerst auf den östlichen Stromgebieten und der Elbe angewandt, wo im Jahre 1932 Frachten-Ausschüsse gebildet wurden. Sie setzten sich paritätisch aus Vertretern der Schiffahrt und aus Vertretern der Verlader zusammen. Ihre Aufgabe war es, Frachtsätze zu ermitteln und festzusetzen, die für beide Teile tragbar waren. Diese Frachtenausschüsse wurden im Gesetz zur Bekämpfung der Notlage der Binnenschiffahrt von 1933 beibehalten und auch auf den westlichen Wasserstraßengebieten gebildet. Der Befugnis der Frachtenausschüsse unterlag es auch, die Schlepplöhne festzusetzen sowie die Vergütungen für alle anderen mit der Schiffsbeförderung unmittelbar im Zusammenhang stehenden Nebenleistungen; ausgenommen waren die Hafengelder, die Kaigebühren und die Ufergelder.

Die Verordnung gab der Reichsregierung weiter die Befugnis, Zwangsverbände der Schiffahrttreibenden zu schaffen. Zunächst wurden auch nur auf den östlichen Gewässern und auf der Elbe die Kleinschiffer in Schifferbetriebsverbänden zusammengefaßt. Später geschah dasselbe auf dem Rhein, wo der bereits vorhandene auf privatrechtlicher Grundlage beruhende Partikulierverband Jus et Justitia öffentlich-rechtlichen Charakter erhielt. Diese Schifferbetriebsverbände hatten für eine gleichmäßige Verteilung der Frachten unter ihre Mitglieder zu sorgen und mit den großen Reedern Verträge abzuschließen, um eine angemessene Beteiligung der Kleinschiffer an dem Gesamtempfang der Verladungen sicherzustellen. Auf den märkischen Wasserstraßen und auf der Elbe wurden die Reeder zu Zwangskartellen zusammengefaßt, um mit den Schifferbetriebsverbänden Beschäftigungsabkommen zu schließen und dann innerhalb der Mitglieder die anfallenden Ladungen zu verteilen. Dadurch wurde es erreicht, daß auf der Elbe die Reeder 42% aller Transporte mit eigenem Kahnraum fahren konnten, aber 58% dem Schifferbetriebsverband zur Verteilung an Kleinschiffer überlassen werden mußten.

Die Zwangsverbände der Schiffahrttreibenden wurden ebenfalls in das Gesetz von 1933 übernommen. Während des zweiten Weltkrieges wurde die Frachtenbildung der Binnenschiffahrt auch der Preiskontrolle unterworfen.

Das Gesetz über die gewerbliche Binnenschiffahrt von 1953, das jetzt gilt, übernahm die Schifferbetriebsverbände als Zusammenschluß der Kleinschiffer und die Frachtenausschüsse mit ihrer Tätigkeit, hob jedoch die Zwangskartelle der Reeder auf. Die Frachtenausschüsse setzen regelmäßig Festfrachten fest. Jedoch kann der Bundesminister für Verkehr im Einvernehmen mit dem Bundeswirtschaftsminister die von den Frachtenausschüssen festgesetzten Frachtsätze als Höchst- oder Mindestentgelte zulassen. Auf diese Weise soll eine beweglichere Anpassung der Frachtsätze an die jeweilige Marktlage ermöglicht werden.

Die Beschlüsse der Frachtenausschüsse bedürfen der Genehmigung durch den Bundesminister für Verkehr. Ist diese erfolgt, so werden die Beschlüsse der Frachtenausschüsse als Rechtsverordnung durch den Bundesminister für Verkehr erlassen, und die Tarifsätze werden im Frachten- und Tarifanzeiger für die Binnenschiffahrt veröffentlicht.

Der Wettbewerb zwischen Binnenschiffahrt und Eisenbahn ist zeitlich und räumlich begrenzt. Außerdem erstreckt er sich weniger auf hochqualifizierte Güter als auf Massengüter, die auf weite Entfernungen befördert werden sollen.

Der Wettbewerb ist zeitlich begrenzt durch den Winter, wenn die Binnenschiffahrt durch die Eisverhältnisse auf den Wasserstraßen lahmliegt oder erschwert wird. Zeitlich begrenzt sind ferner die Einschränkungen der Schiffahrt durch Hoch- oder Niedrigwasser. Räumlich begrenzt ist der Wettbewerb durch den Bereich, aus dem die einzelnen Wasserstraßen ihre Transporte gewinnen, der wiederum davon abhängig ist, inwieweit das Netz der Wasserstraßen verzweigt ist und in sich zusammenhängt. Gebiete mit wenig schiffbaren Wasserstraßen fallen daher für die Binnenschiffahrt aus. In der Bundesrepublik ist das wichtigste Verkehrsgebiet das rheinisch-westfälische Industriegebiet, das am Rhein gelegen, von einem leistungsfähigen Netz von Kanälen durchzogen wird, die ihm außerdem den Anschluß an die Weser und Elbe gewähren. Bei der handtuchartigen Gestalt der Bundesrepublik ist das Einzugs- und Wirkungsgebiet der drei großen Ströme Rhein, Weser und Elbe verhältnismäßig sehr viel größer als im Deutschen Reich von 1937. In seinem Oberlauf besitzt der Rhein durch die Kanalisierung von Neckar und Main einen starken verkehrspolitischen Einfluß auf die Industriegebiete in Württemberg. So hat sich die Wettbewerbslage zwischen Eisenbahn und Binnenschiffahrt zu ungunsten der Eisenbahn erheblich verschärft.

Eine Arbeitsteilung, wie sie etwa im Verhältnis Lastkraftwagen/Eisenbahn möglich ist, ist zwischen Eisenbahn und Binnenschiffahrt nicht durchführbar, da beide Massengüter auf große Entfernungen befördern. Die Anteile der wichtigsten Massengüter am Transportaufkommen von Eisenbahn und Binnenschiffahrt in Prozenten der beförderten Güter in den Jahren 1936–1952 zeigt folgende Zusammenstellung[1]).

Gut	Eisenbahn		Binnenschiffahrt	
	1936	1952	1936	1952
Stein- und Braunkohle	38,8	40,6	37,8	35,1
Steine und Erden . .	19,6	7,6	15,0	18,7
Erze	2,8	6,4	16,5	15,3
Getreide	0,7	0,6	3,2	4,4

Die mittlere Transportweite betrug in km:

	1936	1950	1951	1952	1953
bei der Eisenbahn . . .	163	210	216	211	206
bei der Binnenschiffahrt .	218	224	226	224	220

Gegenüber der Zeit vor dem Kriege ist bei der Eisenbahn die mittlere Transportweite größer geworden, weil der Wettbewerb des Lastkraftwagens auf den nahen Entfernungen die Eisenbahn vermehrt auf weite Entfernungen gedrängt hat, und weil durch die handtuchähnliche Gestalt der Bundesrepublik und durch den eisernen Vorhang vor allem nach Süddeutschland erhebliche Umwege gefahren werden müssen. (s. S. 13). Wenn man die arbeitstäglichen Meßzahlen des Güterverkehrs (1936 = 100) bei der Bundesbahn und bei der Binnenschiffahrt in den Jahren 1948–1953 verfolgt, so ergibt sich folgendes Bild:

	Bundesbahn		Binnenschiffahrt	
	beförderte Güter	Betriebs-netto t/km	beförderte Güter	Betriebs-netto t/km
1948	78	91	58	53
1949	82	104	58	64
1950	84	105	72	84
1951	93	120	88	105
1952	95	120	95	112
1953	90	111	101	114

Das Ergebnis ist, daß die Binnenschiffahrt es vermocht hat, seit 1948 stetig vorwärtsschreitend die Eisenbahn in bezug auf die Menge der beförderten Güter und die Verkehrsleistung einzuholen und zu überholen. Das Niveau der Frachten war allerdings niedrig, die Frachten für Massengüter zwischen Rotterdam und Duisburg betrugen je t:

[1]) Förster. Im Internationalen Archiv für Verkehrswesen, 6. Jahrg. 1954, S. 245.

	zu Tal	1938 = 100	zu Berg	1938 = 100	Preisindex Steinkohle
1938	0,93 RM	100	0,52 RM	100	100
1954	1,20 DM	129	1,40 DM	265	324

Im Gegensatz zur Eisenbahn transportiert die Binnenschiffahrt von Knotenpunkt zu Knotenpunkt. Dabei wird ein erheblicher Teil der Güter an die Binnenschiffshäfen von der Eisenbahn herangefahren. Dort werden die Güter von der Binnenschiffahrt übernommen und dann am Bestimmungshafen wieder an die Eisenbahn abgegeben, die sie dann dem endgültigen Bestimmungsort zuführt. Die Durchführung dieses doppelt gebrochenen Verkehrs hängt aber davon ab, wie die Frachtsätze in den Zu- und Ablauftarifen der Eisenbahn gestaltet sind. Dabei verbleiben allerdings der Eisenbahn die kurzen, weniger gewinnbringenden Strecken. Die Höhe der für die Binnenschiffahrt verbleibenden Frachten hängt ab von der Differenz zwischen der durchgehenden Eisenbahnfracht und der Summe der Zu- und Ablaufsfracht der Eisenbahn. Die Entwicklung zeigte folgendes Bild, wenn man die Entfernung Gelsenkirchen—Hauptbahnhof—Singen für den Kohlenversand zugrunde legt:

Jahr	Bahnfracht direkt M je t	Bahnfracht gebrochen M je t	Differenz für die Binnenschiff. M je t
1913	12,00	7,20	4,80
1924	13,20	8,30	4,90
1932	12,70	9,10	3,60
1950	19,80	15,20	4,60
1951	22,10	20,70	1,40
1952	27,50	25,00	2,50

Dabei ist vorausgesetzt, daß die Kohle ab Zeche in Gelsenkirchen nach Ruhrort mit der Bahn, dann von Ruhrort bis Mannheim mit dem Schiff und von Mannheim bis Singen wieder mit der Bahn befördert wird; vor allem seit 1950 hat sich die Differenz zu ungunsten der Binnenschiffahrt verkleinert, was zur Folge hatte, daß sich die Wettbewerbslage der Binnenschiffahrt gegenüber der Eisenbahn verschlechterte.

Nun aber beträgt die Schiffsfracht für eine Tonne Kohle von Duisburg nach Mannheim rund 11 DM. Die Frachtkosten im gebrochenen Verkehr stellen sich also teurer als im direkten Bahnverkehr. Damit würde aber die Binnenschiffahrt aus dem Kohletransport nach Süddeutschland ausgeschaltet. Dann würde nicht nur die Binnenschiffahrt erheblichen Schaden erleiden, sondern die Folge sein, daß bei der schon vorhandenen Überlastung ihrer Nordsüdstrecken die Bundesbahn gar nicht allein in der Lage wäre, den Kohlentransport nach Süddeutschland zu bewältigen. Die Mitwirkung der Binnenschiffahrt ist also gar nicht zu umgehen, und damit wäre angesichts der hohen Frachtkosten die Gefahr gegeben, daß die Ruhrkohle auf dem süddeutschen Markt im Preise steigt und dadurch die frachtgünstiger gelegene Saar- und lothringische Kohle zum Nachteil der Ruhrkohle verstärkt auf dem süddeutschen Markt auftreten würde. Deshalb wurde durch Verordnung des Bundesverkehrsministers im Juli 1950 eine Frachtausgleichkasse geschaffen. In diese entrichten die Rheinschiffer für alle Kohlentransporte über Bingen nach Süddeutschland 6% der Fracht und des Schlepplohnes. Daraus können die Empfänger und Verbraucher von Kohle, soweit die Mengen im gebrochenen Verkehr ab Rhein/Main/Neckar-Station oberhalb Bingen geliefert werden und soweit sie außerhalb einer Zone wohnen, die mehr als 50 km von den Hauptkohlenumschlagsplätzen oberhalb Bingens entfernt liegen, Frachtvergütung erhalten. Die Höhe dieser Vergütung entspricht dem Betrag, um den die Kosten für den gebrochenen Verkehr die Kosten des direkten Bahnbezuges überschreiten.

Die Domäne der Binnenschiffahrt ist der Erztransport für die Hüttenwerke des Ruhrgebiets. 80% der Erzeinfuhr erfolgt durch die Binnenschiffahrt auf dem Wasserwege. Sie befördert ferner einen großen Teil der Ausfuhr des Ruhrgebietes, weil die Erzeugungsorte der Ausfuhrgüter entfernungsmäßig ungünstig zu den Seehäfen liegen. Die Ausfuhr von Walzstahl, von Halbzeug und von Roheisen aus dem Ruhrgebiet erfolgt zu 70% durch die Binnenschiffahrt und die Ruhrkohlenausfuhr über deutsche und Beneluxhäfen geht zu 60% über Wasser. Diese Güter wird aber die Eisenbahn der Binnenschiffahrt nicht streitig machen können. Der Versuch der Bundesbahn, ihren Anteil an der Beförderung dieser Güter durch Frachtsenkung zu erhöhen, ist nicht geglückt, sondern diese Maßnahme hat nur zu einer für beide Teile nachteiligen Verminderung der Einnahmen geführt.

Diese Politik der Bundesbahn ergibt sich wieder aus dem Bestreben, möglichst zu verhüten, daß Fracht auf andere Transportmittel abwandert, auch wenn dort die Transportleistung billiger angeboten wird. Die Ursache dieser die Einheit des Verkehrs zerstörenden Politik ist, wie schon früher einmal festgestellt, in der politischen betriebsfremden Belastung der Bundesbahn zu sehen. Wenn man der Bundesbahn diese Lasten nicht nimmt, so kann, wie es gerade dieses Beispiel des gebrochenen Rheinverkehrs zeigt, die Einheit des Verkehrs nicht hergestellt werden. Die Ausgleichskasse ist kein geeignetes Mittel dazu, weil sie zu Lasten der Rheinschiffahrt nur die Symptome aber nicht die Ursachen des Übels beseitigt.

Der auf den Rheinfrachten liegende Druck wurde durch ein Überangebot an Tonnage verursacht. Er beruhte weniger auf einem Überangebot an deutscher Tonnage, denn die deutsche Rheinflotte hat die Vorkriegskapazität noch nicht voll erreicht. Schuld daran war vielmehr die ausländische Tonnage, in erster Linie die holländische. Von diesen besonderen Verhältnissen in der Rheinschiffahrt soll im folgenden gesprochen werden.

§ 4
Die Schiffahrt auf dem Rhein, der Donau und den westdeutschen Kanälen

Auf dem Rhein von Rheinfelden an der schweizer Grenze bis Emmerich an der niederländischen Grenze wurden im Jahre 1953 76,9 Mill. t Güter befördert. Das sind 75% der auf den deutschen Wasserstraßen überhaupt beförderten Güter. Diese Bedeutung hat der Rhein, weil er das größte Industriegebiet Europas mit dem Meer verbindet. Der durch zahlreiche Talsperren im Schwarzwald, in der Eiffel, im Sauerland und im Ruhrgebiet regulierte Wasserstand weist verhältnismäßig geringe Schwankungen auf, so daß die Schiffahrt auf dem Rhein das ganze Jahr hindurch aufrechterhalten werden kann.

Die höchsten Wasserstände weisen die Monate Mai bis Juli auf, während im Herbst und Winter die Zeiten niedrigen Wassers liegen. Dann ist es oft nicht möglich, die volle Tragfähigkeit der Schiffe auszunutzen, so daß dadurch eine Verknappung an Schiffsraum entsteht.

Das Gefälle des Stroms und die Stromgeschwindigkeit nehmen nicht gleichmäßig von Süden nach Norden ab.

Mittlere Stromgeschwindigkeit des Rheins

Im Abschnitt	km/h.
Basel—Straßburg	8,0
Straßburg—Lauterburg	7,5
Lauterburg—Mannheim	6,5
Mannheim—Bingen	4,5
Bingen—Bonn	6,5
Bonn—Köln	5,5
Köln—Emmerich	4—4,5
Emmerich—Rotterdam	3,25

Die Folge ist, daß bei der Bergfahrt zwischen Bonn und Bingen, in Salzig, dann in Mannheim und in Straßburg entweder die Schlepper gewechselt oder die Schleppzüge geteilt werden müssen. Für den Verkehr mit Selbstfahrern genügen bei geringem Gefälle auf der Strecke Rotterdam—Duisburg Motorschiffe mit einer Motorenstärke von 1 PS auf 6 t Tragfähigkeit, während auf der Strecke zwischen Bonn und Bingen und oberhalb Mannheim 1 PS auf 2 t Tragfähigkeit benötigt werden. Ein Motorschiff, das die ganze Rheinstrecke von Rotterdam—Basel befahren soll, benötigt also 1 PS auf 2 t, und es benutzt seinen Überschuß an Motorenleistung auf dem Niederrhein um ein anderes Schiff ins Schlepp zu nehmen. Der Wechsel des Schleppers oder die Teilung des Schleppzuges kosten Zeit und Geld. Der Selbstfahrer, der über einen genügend starken Motor verfügt, kann diesen Aufwand an Zeit und Geld sparen und benötigt daher geringere Fahrzeit (s. S. 124).

Der Mittelpunkt des Rheinverkehrs ist Duisburg. Von dort aus gehen unmittelbare Schiffsverbindungen nach ausländischen Seehäfen. So konnten im Jahre 1954 zwischen den deutschen Rheinhäfen und ausländischen europäischen Seehäfen ohne Umladen zu Schiff 631000 t an Gütern befördert werden. Dadurch, daß eine unmittelbare Verbindung zwischen den deutschen Häfen am Niederrhein und den ausländischen Seehäfen in Nordwesteuropa besteht, wird das Umladen vom Binnenschiff auf das Seeschiff erspart, wodurch wiederum die Transportkosten gesenkt und der Verkehr beschleunigt wird. Am Rhein-Seeverkehr sind vor allem deutsche Reedereien beteiligt, die mit Motorschiffen regelmäßig Linien nach den englischen Kanalhäfen, nach den französischen Häfen an der Kanal- und Atlantikküste sowie nach den Häfen der nordischen Staaten unterhalten.

Duisburg ist ferner der Sitz der großen Reedereien, die über 85% der Schleppkraft und über 50% der Güterschiffe verfügen. Von Duisburg aus wird zu Tal nach Holland vor allem Kohle befördert, während im Bergverkehr zwischen Rotterdam und Duisburg der Erztransport für die Hüttenwerke am Rhein überwiegt. Von Duisburg zu Berge geht der Verkehr nach Mannheim und Basel. Der Verkehr mit Basel hat, seitdem das Fahrwasser des Oberrheins verbessert und verbreitert worden ist, auf den mit kräftigen Motoren versehenen Selbstfahrern erheblich zugenommen. Der Umschlag im Baseler Hafen ist außerordentlich gestiegen. Er betrug im Jahre

1925	90000 t
1938	2705000 t
1950	3500000 t
1952	4239000 t
1953	3917000 t

Betrachtet man den Rheinverkehr als Ganzes, so kann man mehrere Verkehrsströme unterscheiden. Sie sind durch die verschiedene ökonomische Struktur des Mittel- und Oberrheingebietes und dann durch die von diesen beiden wieder unterschiedliche Wirtschaftsstruktur am Niederrhein bedingt. Hinzu kommt noch, daß der Rhein ja nicht nur deutsches sondern auch schweizerisches, französisches und holländisches, indirekt auch belgisches Staatsgebiet berührt. Dadurch erhält der Verkehr auf dem Rhein internationalen Charakter. Der erste Verkehrsstrom geht zwischen diesen Anliegestaaten und den Rheinmündungen über die nationalen Grenzen hinweg. Der zweite Strom bewegt sich zwischen den deutschen und den schweizerischen und französischen Rheinhäfen; ein dritter fließt als Binnenverkehr zwischen den deutschen Rheinhäfen selbst und ein vierter geht ebenfalls als Binnenverkehrsstrom vom Rhein durch das westdeutsche Kanalnetz in die anderen Stromgebiete und Binnenhäfen der Bundesrepublik, während der fünfte sich endlich aus den deutschen Rheinhäfen in die Rheinmündungshäfen ergießt. Die Entwicklung dieser Ströme zeigt die folgende Übersicht:

	1000 t			
	1936	1951	1952	1953
1. Internationaler Durchgangsverkehr. . .	2796	5772	5522	5479
2. Verkehr der deutschen Rheinhäfen mit französischen Häfen und der Schweiz . .	2632	2060	2062	2558
3. Verkehr der deutschen Rheinhäfen untereinander	145554	15126	15960	17461
4. Verkehr der deutschen Rheinhäfen mit anderen deutschen Häfen	9992	14732	15738	17825
5. Verkehr der deutschen Rheinhäfen mit den Rheinmündungshäfen.	33363	19979	21264	23064

Die starke Steigerung des internationalen Durchgangsverkehrs ist vor allem auf den vermehrten Verkehr mit der Schweiz zurückzuführen. Der Verkehr der deutschen Rheinhäfen untereinander und der deutschen Rheinhäfen mit anderen deutschen Häfen hat eine große Belebung durch den Wiederaufbau der zerstörten deutschen Städte erfahren, weil dazu große Mengen an Baustoffen herangeführt werden mußten. Dazu kommt die Notwendigkeit, Berlin aus dem Westen mit Massengütern wie Baustoffe und Kohle auf dem Wasserwege zu versorgen, seitdem West-Berlin durch den eisernen Vorhang von seinen natürlichen Bezugsgebieten abgeschnitten worden ist. Wenn demgegenüber der Verkehr mit den Rheinmündungshäfen abgenommen hat, verglichen mit der Zeit vor dem Kriege, so liegt das zunächst an den Beschränkungen des internationalen Handels, die erst allmählich wieder gelockert wurden, an der rückgängigen Erzeinfuhr über Rotterdam und der ebenfalls rückgängigen Kohlenausfuhr über Emmerich. Über Emmerich wurden befördert in 1000 t:

	1936		1951		1953	
	zu Berg	zu Tal	zu Berg	zu Tal	zu Berg	zu Tal
Eisenerze	7749	—	4608	—	6673	—
Steinkohlen	—	16946	—	4548	—	6323

Aus dem internationalen Charakter des Rheinverkehrs ergibt sich auch, daß die den Rhein befahrende Flotte international ist. Die Ladefähigkeit der internationalen Rheinflotte betrug nach den Ermittlungen von Alfons Schmitt:

	1936	1951
insgesamt	7202381 t	6391342 t
davon Niederlande	3814758 = 53%	3189827 = 50%
Deutschland	2089198 = 29%	1649445 = 27%
Belgien	784904 = 11%	884456 = 14%
Frankreich	400226 = 5%	354807 = 6%
Schweiz	113355 = 2%	262807 = 4%

Die niederländische Flotte ist die schärfste Konkurrenz für die deutsche. Die Holländer sind qualitativ und quantitativ den deutschen Schiffen überlegen. Das zeigt schon die Zahl der Selbstfahrer. Den 270000 t deutscher Selbstfahrer stehen 505000 t holländischer Selbstfahrer gegenüber. Dazu kommt, daß der Altersaufbau der holländischen Flotte günstiger ist als der der deutschen. Der Anteil der Schiffe, die unter 20 Jahre alt sind, beträgt bei den Holländern 17,8% und bei den Deutschen nur 14,2%; über 50 Jahre alt sind 30,5% der deutschen Schiffe, aber nur 11,2% der Holländer. Allerdings ist auch die Flotte der Schweiz zahlenmäßig seit der Zeit vor dem Kriege gestiegen, und sie ist zu zwei Dritteln motorisiert. Aber der Verkehr mit der Schweiz hat zugenommen, wie die Zahlen des Güterumschlages im Baseler Hafen zeigen. Die Vermehrung der schweizer Flotte entspricht also dem Verkehrsbedürfnis. Während der Verkehr mit den Rheinmündungshäfen zurückgegangen ist, hat sich die holländische Flotte in dem entsprechenden Maß nicht verkleinert, so daß von den Niederländern ein starker Druck auf die internationalen Frachten auf dem Rhein ausgeübt wird. Die Folge ist ein außerordentlich scharfer Wettbewerb, unter dem naturgemäß die überalterte deutsche Flotte sehr zu leiden hat. Dabei werden am härtesten die Partikuliere getroffen, die ihr gesamtes Kapital in ihrem Schiff investiert haben, und die dieses Kapital auf andere Weise nicht verwenden können. Daraus entsteht bei ihnen die Neigung, Transportdienste auch dann zu leisten, wenn die Frachten nur den variablen Aufwand decken. Innerhalb der deutschen Rheinflotte geht etwa die Hälfte des Angebots von den Partikulieren aus, während die andere Hälfte auf die anderen großen Reedereien entfällt. In Holland dagegen liegt der Großteil der Rheinflotte in der Hand der Partikuliere, während die Reedereien in den Hintergrund treten. Diese waren vor dem zweiten Weltkrieg überwiegend als Tochtergesellschaften deutscher Unternehmen in deutscher Hand und gingen erst nach Beendigung der Feindseligkeiten im zweiten Weltkrieg in holländisches Eigentum über. Frankreich und die Schweiz weisen fast keine Partikuliere auf.

Die deutschen Reedereien sind entweder freie Reedereien, die häufig mit dem Reedergeschäft auch das Speditionsgeschäft verbinden, wodurch sie einen gewissen Gewinnausgleich innerhalb ihres Unternehmens haben, oder aber sie sind Werks-Reedereien, die sich im Eigentum der großen Kohlengruben befinden. Diese können bei niedrigen Frachten auch noch bestehen, weil es ihre wesentliche Aufgabe ist, den Absatz der Kohle für ihre Gruben zu verbilligen und zu beschleunigen. Sie sind also für die Kohlengruben in erster Linie ein Teil ihrer Absatzorganisation. Die dritte Gruppe der Rheinreedereien sind die staatlichen Reedereien, die sich im Besitze der einzelnen Rheinuferstaaten befinden.

An der deutschen Rheinschiffahrt ist das holländische Kapital in Gestalt von Schiffshypotheken sowohl bei den Partikulieren als auch bei den kleinen freien Reedereien erheblich beteiligt. Es ist damit zu rechnen, daß dieser Zustrom holländischen Kapitals weiter zunehmen wird, nachdem der § 7d des Einkommensteuergesetzes gestrichen ist, und solange die Zinssätze auf dem deutschen Kapitalmarkt erheblich über den holländischen stehen.

Die gesamte französische Rheinschiffahrt ist in einem Zwangskartell zusammengefaßt. Dieses Kartell, die Communauté de Navigation Rhénane, besitzt ein weitgehendes Monopol für die Fahrt nach Straßburg. Die schweizerischen Reedereien sind auf privatrechtlicher Grundlage in einer Reihe von Frachtkonventionen und Poolen vereinigt.

Die Frachten für den innerdeutschen Verkehr auf dem Rhein werden zwar durch den Frachtenausschuß in Duisburg geregelt und festgesetzt. Die Frachten für den grenzüberschreitenden Verkehr aber unterliegen, soweit sie nicht durch Konventionen gebunden sind, dem freien Spiel von Angebot und Nachfrage. Dabei lagen diese Frachten infolge der starken Konkurrenz unter den Rheinschiffern bis Ende 1954 unter Druck. Erst Anfang 1955 trat mit dem starken Aufschwung der Konjunktur eine beträchtliche Erholung ein. So sind auf dem Rhein mindestens zwei getrennte Frachtenmärkte vorhanden, die nur in loser Verbindung miteinander stehen. Diese Verhältnisse fordern geradezu eine Ordnung des Frachtenmarktes heraus.

Für den Verkehr mit Straßburg hat man sich mit den Franzosen über eine Regelung der Frachten geeinigt; den Verkehr mit der Schweiz regelt seit 1954 die Konvention von Rheinfelden. Auf dem Gebiet des Stückgutverkehrs ist es im Jahre 1951 zur Duisburger Frachtenkonvention gekommen, der 65 deutsche, belgische, holländische, französische und schweizer Rheinreedereien beigetreten sind. Danach sollen die Frachten als Festfrachten von einer elfköpfigen Kommission von Reedern der verschiedenen Nationen festgesetzt werden.

Um eine ständige Organisation der internationalen Rheinschiffahrt zu schaffen, wurde im Jahre 1953 in Duisburg die Arbeitsgemeinschaft der Rheinschiffahrt ins Leben gerufen. Ihr gehören die meisten Rheinschiffahrttreibenden Deutschlands, Frankreichs, der Niederlande und Belgiens an. Die Arbeitsgemeinschaft will alle Maßnahmen prüfen und fördern, die im Wege der internationalen Zusammenarbeit die Leistungsfähigkeit der Rheinschiffahrt steigern oder verbessern können.

Der Arbeitsgemeinschaft ist es im Jahre 1955 gelungen, zwischen den maßgeblichen Reedereien der Niederlande, Deutschlands, Frankreichs und der Schweiz Konventionen für den Kohle- und Getreideverkehr zu Berg in die Bundesrepublik zustande zu bringen. Die Konventionen setzen Frachtsätze und Transportquoten fest und wollen dadurch den Rheinschiffern auskömmliche und den Verladern gleichmäßige Frachtsätze gewährleisten.

Ein besonderes Interesse hat an der Ordnung des grenzüberschreitenden Rheinverkehrs die Montan-Union. Sie fordert auch hier, daß Disparitäten zwischen den Frachtsystemen im internationalen und im grenzüberschreitenden Verkehr beseitigt werden, die ein Funktionieren des gemeinsamen Marktes verhindern könnten.

Die Höhe der internationalen Rheinfrachten ist, abgesehen davon, ob zu Berg oder zu Tal gefahren wird, neben der zurückzulegenden Entfernung davon abhängig, ob für den Schiffer Gelegenheit zur Rückfracht vorhanden ist oder nicht. In den Häfen des niederrheinischen Industriegebietes, die eng beieinander liegen, ist fast immer Rückfracht vorhanden. Schlechter steht es mit Mannheim und vor allem mit Basel, wie die nachstehende Tabelle zeigt:

Ein- und Ausladungen in Mannheim und Basel (1000 t)

	1952		1953	
	Einladungen	Ausladungen	Einladungen	Ausladungen
Mannheim . .	392,5	4583,7	410,9	4572,1
Basel	296,0	3943	269	3648

Weiter wirkt auf die Höhe der Frachten der Wasserstand ein, so daß die Rheinfrachten im internationalen Verkehr in den Herbst- und Wintermonaten steigende Tendenz aufweisen. Endlich beeinflußt die Tarifpolitik der holländischen, belgischen, französischen und deutschen Eisenbahnen die Höhe der Schiffsfrachten. Dabei ist die Tarifpolitik der italienischen Eisenbahnen dafür bedeutsam, inwieweit ein Teil der Einfuhr nach der Schweiz über den Rhein nach Basel erfolgt, oder aber ob sie vermehrt über die italienischen Seehäfen und die italienischen Eisenbahnen durchgeführt wird. Im Verkehr nach und von der Schweiz haben sich die deutsche, die französische, die belgische, die holländische und die schweizerische Eisenbahnverwaltung auf der einen Seite und die Rheinschiffahrt auf der anderen Seite in dem im Jahre 1931 abgeschlossenen und auch heute wieder in Kraft befindlichen Aver-Abkommen dahin geeinigt, daß sie sich gegenseitig keine Konkurrenz machen werden, und daß sie eine zweckmäßige Verteilung der Transporte auf Eisenbahn und Rheinschiffahrt herbeiführen wollen.

Die Schiffahrt auf dem Rhein ist international auf Grund der Mannheimer Akte von 1868 geregelt. Sie steht auf dem Standpunkt der freien Schiffahrt für die Anliegerstaaten auf dem Rhein von Basel bis zur Mündung. Deshalb dürfen keine Abgaben erhoben werden. Der Versailler Vertrag hat die Bestimmungen der Mannheimer Akte aufrechterhalten. Das ausführende Organ für die Bestimmungen der Mannheimer Akte ist die Zentralkommission für die Rheinschiffahrt, die ursprünglich auch ihren Sitz in Mannheim hatte, sich aber heute in Straßburg befindet. Auf Grund des Versailler Vertrages haben jedoch nicht nur die Anliegerstaaten Sitz und Stimme in der Zentralkommission, sondern auch Belgien, Großbritannien und Italien, weil diese Staaten an der Rheinschiffahrt interessiert seien. Nach deutscher Auffassung bedeutet die Forderung nach freier Schiffahrt auf dem Rhein für alle Anliegerstaaten nur, daß auf dem Rhein von Basel bis zur Mündung für keinen der Anlieger die Freiheit des grenzüberschreitenden Verkehrs behindert werden dürfe. Die Freiheit der Schiffahrt bedeutet aber nicht, daß alle Anlieger das Recht haben sollten, auf ihren Schiffen auch Güter nur zwischen den deutschen Häfen zu befördern, also die sogenannten Cabotage zu betreiben. Der schweizer Professor Dr. Eduard His aus Zürich kam im Jahre 1922 bereits zu dem Schluß, daß der Verkehr zwischen den Binnenhäfen desselben Staates nicht unter den Begriff der internationalen Freiheit der Rheinschiffahrt falle, sondern daß diese der nationalen Gesetzgebung unterliege. Die gleiche Auffassung wird von dem deutschen Rechtsgelehrten Prof. Dr. Ulrich Scheuner in Bonn vertreten.

In den Jahren vor dem zweiten Weltkrieg hatte diese Frage keine Rolle gespielt. Die schweizerische Flotte war damals klein und reichte kaum aus, um den Verkehr zwischen Basel und der Rheinmündung aufrechtzuerhalten. Die Mehrzahl der holländischen Rheinreedereien aber waren Tochterunternehmen deutscher Reedereien oder Industrieunternehmen. Diese stellten ihre Schiffe mietweise den deutschen Stammhäusern zur Verfügung, in deren Hände auch wieder der Gewinn floß. Durch die Folgen des zweiten Weltkrieges aber ist das deutsche Eigentum an diesen Reedereien und an deren in den Niederlanden belegenen Hafeneinrichtungen von Holländern beschlagnahmt worden, so daß damit die holländischen Reedereien auch wirtschaftlich fremde Unternehmen geworden sind. Sie versuchen nach dem zweiten Weltkrieg ihre alte Position, die sie eben als deutsche Unternehmen unter holländischer Flagge im deutschen Binnenverkehr auf dem Rhein eingenommen hatten, sich wieder zu erobern. Doch durch den Eigentumswechsel hat sich die Lage erheblich geändert. Die deutsche Binnenschiffahrt hat kein Interesse daran, das frachtdrückende Überangebot der holländischen Rheinflotte sich im deutschen Innenverkehr noch mehr auswirken zu lassen, als es das bisher schon tut. Gegenüber den schweizerischen Reedereien wird man einwenden können, daß die schweizerische Flotte reichlich durch den wachsenden Verkehr mit Basel ausgelastet und daß demgegenüber die deutsche Flagge nach dem Kriege erheblich zurückgetreten ist. Während vor dem Krieg der Anteil der deutschen Flagge am Verkehr im Baseler Hafen etwa 25% betrug, machte er im Jahre 1952 nur noch 4% aus. Wenn die fremden Flaggen in die deutsche Binnenschiffahrt zwischen den deutschen Häfen am Rhein und auf den westlichen Kanälen eindrängen, so würde die Ordnung, die durch das Binnenschiffahrtsgesetz von 1953 geschaffen worden ist, empfindlich zum Nachteil der deutschen Binnenschiffahrt gestört werden. Die Aufgabe liegt vielmehr darin, durch zwischenstaatliche Vereinbarungen unter Wahrung der Einheit des deutschen Verkehrs die internationale Schiffahrt auf dem Rhein zu ordnen. Eine solche Regelung kann dem Getriebe des freien Marktes nicht überlassen werden. Das haben Alfons Schmitt und auch J. Walter überzeugend nachgewiesen. Die Duisburger Konvention und die Konventionen vom September 1955 sind erfolgversprechende Anfänge.

Eine internationale Ordnung der Rheinschiffahrt und der Frachten kann auch allein einen gesunden Wettbewerb und eine erfolgreiche Zusammenarbeit zwischen Eisenbahn und Binnenschiffahrt und damit auch die deutsche Einheit des Verkehrs herbeiführen.

Dadurch, daß die Deutsche Bundesbahn etwa ihre Frachten im Interesse der Rheinschiffahrt und der übrigen deutschen Binnenschiffahrt heraufsetzt, ist die Frage nicht gelöst. Eine solche Maßnahme wirkt sich auch auf die anderen produzierenden und konsumierenden Teile der deutschen Volkswirtschaft aus, deren Wettbewerbslage dadurch verschlechtert wird, abgesehen davon, daß sich auch die Wettbewerbslage der Deutschen Bundesbahn gegenüber den anderen Eisenbahnen, die mit ihr im europäischen Nordsüdverkehr konkurrieren, ungünstiger gestalten würde.

Auf den westdeutschen Kanälen ist die Frachtenbildung immer weniger durch die Konjunktur beeinflußt gewesen als auf dem Rhein. Infolge der technischen Beschränkung, die auf den Kanälen durch die Abmessung des Querschnitts und der Schleusen gegeben sind, kann die Bewegungsfreiheit der Schiffahrt nicht so groß sein wie auf dem Rhein. Deshalb sind nicht alle Schiffstypen, die den Rhein befahren, auf den Kanälen verwendbar. Das Angebot an Schiffsraum liegt auf den Kanälen in geringerem Maße in den Händen der Partikuliere, weil für sie das Risiko und die Schwierigkeiten der Kanalschiffahrt zu groß sind. Soweit Partikuliere vorhanden sind, haben sie sich zu Transportgenossenschaften zusammengeschlossen, die eng mit den großen Reedereien zusammenarbeiten. Der Wettbewerb mit der ausländischen Flagge fällt weitgehend weg. Die Mehrzahl der Reedereien ist eng mit den als Großverladern in Betracht kommenden Zechen und Hüttenwerken verbunden, und zwischen beiden werden langfristige Transportverträge mit festen Frachten abgeschlossen. Dabei ist die Richtung und die Art des Transportes weitgehend durch den verkehrspolitischen Zweck des Kanals festgelegt. Auf dem Dortmund-Ems-Kanal wird vornehmlich Kohle in Richtung Emden und Erze in Richtung Dortmund befördert. Das entspricht dem Zweck des Kanals als einer Zufahrts- und Abfahrtsstraße des östlichen Ruhrgebiets. Kohle und Erz machen daher 80% der auf dem Kanal beförderten Güter aus. Da es sich in beiden Fällen um große Mengen handelt, die transportiert werden müssen, sind dieser Aufgabe auch nur große Reedereien gewachsen.

Im Gegensatz zum Rhein werden für die Benutzung künstlicher Wasserstraßen und der kanalisierten Flüsse Abgaben erhoben. Diese Abgaben sollen die Höhe der Kosten decken, die dadurch entstehen, daß die Schiffahrt die Kanäle benutzt, und bei den kanalisierten Flüssen soll der Aufwand gedeckt werden, der dem Staat durch die Vertiefung und Verbesserung des Fahrwassers entstanden ist. Diese Abgaben sollen also kein Gewinn für den Staatshaushalt sondern nur Ersatz für Aufwendungen sein. Insoweit sind sie auch durchaus berechtigt, während es unbillig wäre zu verlangen, daß die Schiffahrt allein die Kosten für die Verzinsung und Tilgung des in den Kanälen investierten Kapitals aufbringen soll. Denn die Kanäle dienen nicht nur den Zwecken der Schiffahrt, sondern darüber hinaus der allgemeinen Wasserwirtschaft, also der Entwässerung und der Wasserversorgung, wie das gerade im rheinisch-westfälischen Industriegebiet in erheblichem Umfang der Fall ist.

Auf den westdeutschen Wasserstraßen werden die Abgaben nach einem Tarif erhoben, der die beförderten Güter in sechs Klassen einteilt. Die Tonnenkilometersätze sind für jede Klasse je nach dem Wert der Güter verschieden. Die frachtempfindlichen Güter werden geringer belastet als die weniger frachtempfindlichen, hochwertigen. Der Tarif umfaßt unter anderem in:

Klasse I	hochwertige Fertigwaren
Klasse II	hochwertige Nahrungsmittel
Klasse III	Ölfrüchte, Papier und ähnliches
Klasse IV	Stab- und Formeisen, Futtergetreide
Klasse V	Futtermittel und Baustoffe
Klasse VI	Kohlen, Erze, Erden.

In Klasse I ist nach dem Regeltarif 1,5 Pfennig für den t/km zu zahlen, während in Klasse VI nur 0,5 Pfennig erhoben werden.

Eine solche Einstufung der Güter und die Erhebung der Abgaben nach dem Güterwert steht zwar in keinem Zusammenhang mit den Kosten, die die Benutzung der Wasserstraßen dem Staat verursacht, aber sie entspricht den volkswirtschaftlichen Notwendigkeiten besser als etwa die Erhebung der Abgaben nach dem Gewicht der Ladung ohne Rücksicht auf ihre Qualität oder nur nach dem Tonnengehalt des Schiffes.

Neben den Regeltarifen bestehen noch Ausnahmetarife. 70% der auf den Kanälen beförderten Güter werden zu Ausnahmetarifen abgefertigt. Ihre

Sätze liegen beträchtlich unter denen des Regeltarifs. Die Ausnahmetarife sollen einmal die Binnenschiffahrt im Wettbewerb mit anderen Verkehrsmitteln unterstützen (Eisenbahn, Kraftwagen). Sie wollen ferner aus staatsfinanziellen Gründen den Wettbewerb zwischen den verschiedenen Wasserstraßen regeln, und endlich wollen sie den Wettbewerb zwischen den einzelnen Industriegebieten und Industrien beeinflussen und der Förderung des deutschen Exports dienen, soweit es sich um Transporte handelt, die nach den deutschen Seehäfen (Emden, Bremen, Hamburg) bestimmt sind.

Die Abgaben auf den kanalisierten Flüssen sind im Durchschnitt um 50% niedriger als auf den Kanälen. Aber neben diesen Abgaben werden dort noch Schleusengebühren erhoben. Auch dafür gilt ein sechsklassiger Tarif, ähnlich dem, wie er für die Kanalgebühren aufgestellt ist, doch ist die Höhe der Sätze in den verschiedenen Flußgebieten verschieden.

Auf allen westdeutschen Kanälen nimmt der Bund als Eigentümer der Wasserstraße das Schleppmonopol für sich in Anspruch.

Zwischen der Binnenschiffahrt auf den westdeutschen Kanälen und der Eisenbahn besteht ein lebhafter Wettbewerb, ebenso mit der Rheinschiffahrt. Die Schiffer auf den Kanälen haben damit zu rechnen, daß vor allem im Verkehr mit den deutschen Seehäfen der Verlader den Weg über den Rhein und die belgisch-holländischen Seehäfen oder über die Eisenbahn bevorzugt. Der Weg über den Rhein ist unter Umständen insofern vorteilhafter, als auf dem Rhein im Gegensatz zu den Kanälen keine Abgaben erhoben werden. Durch diese Wettbewerbsmöglichkeiten werden die Frachten auf den Kanälen unter Druck gehalten. Sie werden auf Grund des Gesetzes von 1953 durch einen Frachtenausschuß in Dortmund festgesetzt.

Die Verkehrsziffern auf den westdeutschen Kanälen haben wieder schnell die Höhe aus der Zeit vor dem zweiten Weltkrieg erreicht und sogar bald überschritten. Es wurden befördert[1]):

1936	28 Millionen Tonnen	1952	33 Millionen Tonnen
1950	25 Millionen Tonnen	1953	34 Millionen Tonnen
1951	30 Millionen Tonnen	1954	38 Millionen Tonnen

Während für den Rhein und die westdeutschen Kanäle der Massenverkehr kennzeichnend ist, fehlt dieser auf der Donau. Der bedeutsame Verkehr setzt erst von Regensburg ab ein, wobei zu Tal hauptsächlich Ruhrkohle und zu Berg Roheisen, Mineralöl und Getreide befördert werden. Der eiserne Vorhang hat den Donauverkehr in seiner Entwicklung nach dem zweiten Weltkrieg lange gehemmt. Bis zum Sommer 1955 hatten außer Österreich nur die ungarische und die jugoslawische Schiffahrt den Verkehr mit den deutschen Häfen wieder aufgenommen. Erst im Juli 1955 kam es nach wochenlangen Verhand-

[1]) Karl Förster, Wasserstraßen und Raumplanung, 1954. S. 44.

lungen mit der rumänischen staatlichen Schiffahrtsgesellschaft zu einem Abkommen, wonach deutsche Schiffe wieder alle rumänischen Häfen an der Donau und die beiden Schwarz-Meer-Häfen Braila und Galatz ohne Einschränkung anlaufen dürfen, während den rumänischen Schiffen das gleiche Recht hinsichtlich der deutschen Donauhäfen eingeräumt wurde. Gleichzeitig hat man die Beteiligung deutscher und rumänischer Schiffe am internationalen Donauverkehr geregelt. Der Umschlag im wichtigsten deutschen Donauhafen Regensburg betrug:

1936	0,7 Millionen Tonnen
1951	1,8 Millionen Tonnen
1952	2,4 Millionen Tonnen
1953	2,6 Millionen Tonnen
1954	2,5 Millionen Tonnen

Kennzeichnend für die Donauschiffahrt ist ihre starke Konzentration. Auf deutscher Seite bestehen zwei maßgebende Donau-Reedereien, der Bayerische Lloyd in Regensburg, dessen Kapital sich vor allem im Besitz des Bundes und des Landes Bayern befindet, und die Reederei Joseph Wallner in Deggendorf. Die österreischische Donauschiffahrt beherrschen die Erste Donaudampfschiffahrtsgesellschaft in Wien und die Kontinentale Motorschiffahrtsgesellschaft, ebenfalls in Wien. Diese vier Reedereien haben untereinander einen Vertrag über die gemeinsame Transportabwicklung geschlossen, denen auch im Juli 1954 die ungarisch-sowjetische Schiffahrt beigetreten ist. Damit sind die Donau-Reedereien in der Lage, den Güter- und Tankverkehr zwischen deutschen, österreichischen, ungarischen, rumänischen und jugoslawischen Häfen zu pflegen.

Einen wesentlichen Auftrieb wird der Donauverkehr dann erhalten, wenn der geplante Main-Rhein-Donau-Kanal vollendet sein wird. Die Durchführung des Projektes erfolgt durch die Rhein-Main-Donau-AG in München, die auch die mit dem Kanalbau verbundenen Kraftwerke anlegt. An der Gesellschaft sind der Bund und das Land Bayern maßgeblich beteiligt. Der Kanal wird im großen gesehen den Raum zwischen den Nordseehäfen und Budapest für die Binnenschiffahrt erschließen. Dabei wird vor allem der verkehrsmäßig ungünstig gelegene nordbayerische Raum um Nürnberg sowohl mit dem Rhein als auch mit der Donau verbunden. Bis zum Jahre 1961 soll diese Großschiffahrtsstraße die Stadt Bamberg erreichen. Wenn der Kanal fertig gestellt sein wird, werden im Main-, Rhein- und Donauraum, im Ruhrgebiet, in Frankfurt am Main, in Nürnberg, in Regensburg sowie in Linz und Wien verkehrsreiche Knotenpunkte geschaffen. Aber voll wirksam kann der Kanal erst dann werden, wenn der West-Osthandel, vor allem der traditionelle Handel Deutschlands mit Süd-Osteuropa, wieder ungehindert in Gang kommen kann.

Literatur

Sympher, Die Wasserwirtschaft Deutschlands, 1921.
Karl Förster, Wasserstraßen und Raumplanung, 1954.
W. Teubert, Die Binnenschiffahrt. 1932.
Alfons Schmitt, Die Binnenschiffahrt am Scheidewege. 1951.
F. Schroiff, Die Frachtenbildung der Kanalschiffahrt im Wechsel des Wirtschaftsablaufs. 1948.
A. Napp-Zinn, Binnenschiffahrt und Eisenbahn. 1928.
A. Napp-Zinn, Die Rheinschiffahrt 1913—1925. 1925.
Harms, Kuske und Most, Die Deutsche Rheinschiffahrt. 1930.
Gustav Königs, Die Notlage der Binnenschiffahrt und ihre Bekämpfung. 1937.
Alfons Schmitt, Die Liberalisierung des innerdeutschen Wasserstraßenverkehrs. 1954.
Der Rhein, herausgegeben von der Wasserstraßen- und Schiffahrtsdirektion in Duisburg. 1951.
J. Walter, Einige wirtschaftliche Betrachtungen über die Rheinschiffahrt. 1952.
Westdeutscher Schiffahrts- und Hafenkalender jährl., 22. Aufl. 1955.
Zentralausschuß der Deutschen Binnenschiffahrt, Die Binnenschiffahrt zur Neuordnung des Deutschen Verkehrs. 1954.
Ulrich Scheuner, Das internationale Recht der Rheinschiffahrt. 1954.
Zeitschrift für Binnenschiffahrt.

Kapitel IV

Der Verkehr auf dem Meer

§ 1

Die Bedeutung der Seeschiffahrt

Ohne die moderne Seeschiffahrt wäre eine Versorgung der engräumigen Industriestaaten im Nordwesten Europas mit Nahrungsmitteln und Rohstoffen nicht möglich. Etwa die Hälfte des Welthandels geht über See. Damit ist die Seeschiffahrt die Voraussetzung dafür, daß sich in der Weltwirtschaft eine internationale Arbeitsteilung bilden und erhalten kann. Große Industrie und große Seeschiffahrt stehen in einem funktionellen Abhängigkeitsverhältnis zueinander. Allerdings muß die Seeschiffahrt durch ein leistungsfähiges Eisenbahnnetz ergänzt werden, denn die Eisenbahn ist einmal Zubringer, und dann fährt sie die von der Seeschiffahrt herangebrachten Güter ab und ermöglicht ihre Verteilung auf die im Binnenlande gelegenen Orte des Bedarfs. Eine eigene leistungsfähige Handelsflotte ist daher für die hochentwickelten Industrieländer mit großer Ein- und Ausfuhr eine Lebensnotwendigkeit. Für Deutschland insbesondere waren die Ereignisse während des Koreabooms im Jahre 1951 eine eindrucksvolle Lehre dafür, wie notwendig eine leistungsfähige Handelsflotte ist. Aus Mangel an deutschem Schiffsraum war damals die Einfuhr an Getreide und Kohle gefährdet, und manches Exportgeschäft gelangte aus dem gleichen Grunde nicht zur Ausführung. Außerdem erspart die eigene Handelsflotte Devisen, soweit für Export und Import darauf verzichtet werden kann, fremde Flaggen in Anspruch zu nehmen. Dann bringt die eigene Handelsflotte Devisen ein, wenn sie für ausländische Rechnung fährt. Angesichts der hohen Auslandsverbindlichkeiten der Bundesrepublik ist das für die Gestaltung ihrer Zahlungsbilanz von erheblicher Bedeutung. Die Nettoeinnahmen bzw. die Ersparnisse, die durch die Handelsflotte zugunsten der Bundesrepublik gemacht worden sind, betrugen[1]):

1951	237,9 Millionen DM
1952	498,8 Millionen DM
1953	404,6 Millionen DM

[1]) Heeckt und Stender, Der Wiederaufbau der deutschen Handelsflotte. 1954, S. 5.

Auch die englische und die norwegische Zahlungsbilanz wird durch die Frachteinnahmen der englischen und der norwegischen Handelsflotte im internationalen Verkehr weitgehend beeinflußt. Dabei ist die Handelsflotte einmal ausführendes Organ des Handels nach Übersee und dann gleichzeitig Förderin des Außenhandels. Die Flagge folgt dem Handel ebenso wie der Handel der Flagge folgt.

§ 2

Die Organisation der Seeschiffahrt

a) Größen- und Raumbezeichnung

Die Seeschiffe werden inhaltlich nach Einheiten von 100 Kubikfuß oder 2,815 cbm vermessen. Diese Einheiten bezeichnet man mit Bruttoregistertonnen, wenn der Rauminhalt aller Räume des Schiffes und seiner Aufbauten erfaßt wird. Im Gegensatz dazu meint die Nettoregistertonne nur den Rauminhalt der frachtbringenden Räume ohne den der Betriebs- und Gesellschaftsräume.

Die räumliche Ladefähigkeit der Laderäume wird in Kubikfuß oder in Kubikmetern gemessen. Die Gesamttragefähigkeit eines Schiffes ist das Gewicht in Tonnen, welches das Schiff in vollgeladenem Zustand zuzüglich der Betriebslasten zu tragen vermag, wenn es bis zur Ladelinie einsinkt. Dieses Gewicht bezeichnet man als Deadweight. Wird das Deadweight mit der Umlaufsgeschwindigkeit des Schiffes, d. h. mit der Häufigkeit, mit der das Schiff innerhalb eines bestimmten Zeitraums nach beendeter Reise wieder zu neuer Fahrt zur Verfügung steht, multipliziert, so erhält man die Beförderungsleistungsfähigkeit des Schiffes.

b) Betriebsformen

Man unterscheidet in der Seeschiffahrt die Linienschiffahrt, die Trampschiffahrt und die Spezialschiffahrt.

Die Linienschiffahrt bedient nach einem im voraus festgelegten Plan im voraus festgelegte Häfen in bestimmten festgelegten Zeiträumen ohne Rücksicht auf das Aufkommen und den Umfang der Ladung. Sie wurde mit der Verdichtung des Verkehrs unentbehrlich, und das Dampfschiff war die Voraussetzung für ihre Regelmäßigkeit, Sicherheit und Pünktlichkeit. Ihre Domäne ist neben dem Passagierverkehr der Frachtverkehr mit Stückgut zwischen den Häfen von Weltbedeutung. Daher werden auf der Linienfahrt schnelle und neuzeitliche Schiffe eingesetzt, und die Unternehmen der Linienfahrt verfügen in den Häfen, die sie anlaufen, meist über eigene Kai-Anlagen und Lagermöglichkeit für die von ihnen beförderten hochwertigen Güter.

Im Gegensatz zur Linienfahrt befördert die Trampschiffahrt wenig oder keine Passagiere. Die in der Trampschiffahrt eingesetzten Schiffe fahren nicht nach einem festen Plan, sondern sie nehmen die Frachten dort, wo sie sie finden, und je nach dem Angebot an Fracht wählen sie die Reiseroute. Dabei befördern die Trampschiffe in erster Linie Massengüter wie Erze, Getreide, Kohle, Salpeter, Phosphor und Baumwolle. Hier wird häufig das Chartergeschäft betrieben, bei dem das ganze Schiff für eine bestimmte Zeit dem Verfrachter für seine Zwecke überlassen wird. Außerhalb des Chartergeschäftes fährt die Trampschiffahrt ohne festen Fahrplan und ohne festen Reiseplan. Da die Trampschiffe an feste Routen und Fahrpläne nicht gebunden sind, können sie sich wendig den Schwankungen der Nachfrage nach Frachtraum anpassen. Auf sie fällt daher auch der saisonmäßig bedingte Bedarf an Schiffsraum, wenn aus den überseeischen Agrarländern die Ernte nach Europa verschifft wird. Da die Trampschiffe dann meistens nicht von vornherein nach einem bestimmten Hafen dirigiert werden, hat es der Großhandel mit überseeischen Agrarprodukten in der Hand, noch auf der Fahrt das Schiff mit Ladung dorthin fahren zu lassen, wo sich die besten Verkaufsmöglichkeiten ergeben. Diese Wendigkeit des Transportes, den die Trampschiffahrt ermöglicht, ist eine wesentliche Voraussetzung für die Durchführung des Termingeschäftes an den großen europäischen Rohstoff- und Getreidemärkten.

Der wichtigste Teil der Spezialschiffahrt ist die Tankschiffahrt, die nur nasse Ladung befördert. Ihr Weg führt von den Ölgebieten, vor allem vom Persischen Golf und vom Golf von Mexiko, überall dorthin, wo Öl nicht in ausreichendem Maße vorhanden ist. Das Kennzeichnende der Tankschiffahrt ist, daß ihr die Rückfracht fehlt, weil die Schiffe für die Aufnahme trockener Ladung in der Regel nicht geeignet sind. Deshalb legen sie die Rückreise nach den Ölgebieten in Ballast zurück. Innerhalb der Spezialschiffahrt ist noch die Fruchtfahrt und die Erzfahrt von Bedeutung. Fruchtfahrer sind besonders konstruierte und sehr schnelle Kühlschiffe, die aus den tropischen und subtropischen Ländern Früchte nach Europa befördern.

c) Unternehmungsform

Die Linienschiffahrt wird meist von großen Reedereien betrieben, weil in der Linienschiffahrt nur hochwertige Schiffe verwendbar sind, die außerdem bald veralten. Weil die Linien-Reedereien außerdem in den wichtigsten Hafenplätzen eigene Piers und Schuppen unterhalten, benötigen sie viel Kapital. Die wichtigsten deutschen Linien-Reedereien sind der Norddeutsche Lloyd in Bremen, die Hamburg-Amerika-Linie, die Deutsche Dampfschiffahrtsgesellschaft „Hansa" in Bremen, die Hamburg-Südamerikanische Dampfschifffahrtgesellschaft Eggert und Amsinck in Hamburg sowie die Deutsch-Afrikanische SchiffahrtsGmbH (Afrikalinien), ebenfalls in Hamburg. Von diesen

Reedereien unterhalten der Norddeutsche Lloyd und die Hamburg-Amerika-Linie Linien vor allem nach Nordamerika, nach Nordasien und Australien, die Hansa-Reederei nach Arabien und Indien, die Afrikalinie nach Afrika und endlich die Hamburg-Südamerikanische Dampfschiffahrtsgesellschaft, der Norddeutsche Lloyd und die Hamburg-Amerika-Linie nach Südamerika.

Die Tankschiffahrt, die seit dem Ende des ersten Weltkrieges mit der zunehmenden Verbreitung des Motors ständig an Bedeutung gewonnen hat, befindet sich zu einem erheblichen Teil in den Händen der großen Ölgesellschaften. Daneben gibt es die großen Privatreedereien, die von den Ölgesellschaften unabhängig sind, wie die griechischen Reeder Onassis und Nearchos. Die kleinen Tank-Reeder pflegen in vielen Fällen den Trampverkehr, soweit sie nicht in einem festen Charterverhältnis zu den großen Reedern oder den Ölgesellschaften stehen. 1953 bestanden nach dem Bremer Jahrbuch der Weltschiffahrt rund tausend Tankschiff-Reedereien, darunter waren 35 Großbetriebe, auf die etwa 30% der Bruttotonnage entfielen.

In der Trampreederei herrscht der mittlere und kleine Betrieb vor.

Neben die privaten Reedereien traten nach dem ersten Weltkrieg rein staatliche Unternehmen. Durch den Druck des deutschen U-Bootkrieges hatten sich die USA veranlaßt gesehen, eine rein im staatlichen Besitz befindliche Handelsflotte zu bauen. Auch nach dem zweiten Weltkrieg besaß die amerikanische Regierung eine staatliche Flotte von beträchtlichem Umfang, die allerdings aufgelegt war. Mitte 1955 betrug der Frachtraum der aufgelegten Regierungsflotte etwa 12 Millionen BRT. Wenn eines dieser Regierungsschiffe verkauft oder in Dienst gestellt werden soll, muß der Kongreß dafür ein besonderes Gesetz beschließen. In der Sowjetunion waren die privaten russischen Reedereien nach der Oktober-Revolution von 1917 zugunsten des Staates enteignet worden. Nach dem zweiten Weltkrieg sind vor allem in Südamerika und in der Türkei staatliche Handelsflotten entstanden. Diese Flotten sollten die Lücke in den Versorgungsmöglichkeiten dieser Länder ausfüllen, die sich dadurch gebildet hatte, daß die Handelsflotten der kriegführenden Mächte für die Versorgung dieser Länder ausfielen.

d) Zusammenschlüsse und Vereinbarungen

Die Trampreederei ist in eine große Anzahl mittlerer und kleiner Unternehmen zersplittert. Daraus und aus der Verschiedenheit der Fahrt und der Ladung ergibt sich, daß in der Trampschiffahrt freie Konkurrenz in weitem Umfange besteht.

Im Gegensatz dazu haben die großen Linienreedereien sich zu Vereinbarungen zusammengefunden, um den Wettbewerb zwischen ihnen in geregelte Bahnen zu lenken. Es sind dies die sogenannten Konferenzen. Sie stellen Kartelle in allen ihren Formen als Preis-, Konditionen- und Gebiets-Kartelle dar. Dadurch kommt es, daß in der Linienschiffahrt die Leistungen in weitem Umfange vertretbar sind. Das ist am ausgesprochensten beim Passagierverkehr der Fall, wo sich die verschiedenen Reedereien nur durch die Sorgfalt und die Art der Bedienung der Fahrgäste auf ihren Schiffen unterscheiden. Die Bedingungen, die in den einzelnen Konferenzen aufgestellt werden, sind für jede Linie verschieden, weil auf jeder Linie die Wettbewerbsverhältnisse anders geartet sind.

Die erste Konferenz kam zwischen dem Norddeutschen Lloyd und der Hamburg-Amerika-Linie wegen der Fahrt nach Nordamerika im Jahre 1875 zustande, und zehn Jahre später folgte eine Konferenz aller an der Nordamerikafahrt beteiligten europäischen Reedereien. Nach dem Vorbild dieser Konferenz wurden nach und nach für alle Linien derartige Vereinbarungen getroffen. Das Bremer Jahrbuch der Weltschiffahrt für 1953 erwähnt am Ende 1953 172 Konferenzen in der Weltschiffahrt, von denen allein 73 von Europa ausgingen.

Die Folgen der Konferenzen sind, daß sich mehrere Reedereien zu den auf der Konferenz festgelegten Bedingungen dazu entschließen, Betriebsgemeinschaften zu bilden. Die Betriebsgemeinschaft besteht darin, daß mehrere Reedereien unter gleichen Bedingungen auf gemeinsame Kosten eine oder mehrere Linien gemeinsam betreiben. Der wirtschaftliche Sinn einer Betriebsgemeinschaft liegt in der Ersparung von Aufwand und der Sicherung bestimmter Einnahmen. Eine andere Form der Zusammenarbeit ist der Gemeinschaftsdienst. In diesem Fall regeln mehrere Reedereien den Fahrplan einer Linie gemeinsam und innerhalb der Konferenz zu einheitlichen Bedingungen, betreiben aber den Verkehr im übrigen jede für sich auf eigene Rechnung. Durch beide Maßnahmen wird eine Verdichtung des Verkehrs ermöglicht, die für jede Reederei mit einem verhältnismäßig kleinen Schiffseinsatz durchgeführt werden kann. Auch hier wird für die einzelne Reederei der jeweilige Kapitalaufwand verringert. Nicht selten vereinigen sich mehrere Reedereien zu einer Gewinnabrechnungsgemeinschaft, zu einem Pool, wobei der erzielte Gewinn nach bestimmten vereinbarten Grundsätzen ermittelt und dann nach einem ebenfalls vereinbarten Schlüssel verteilt wird.

Alle diese Maßnahmen, die darauf hinauslaufen, den Linienverkehr für die großen Reedereien mehr oder weniger zu monopolisieren, führen auch häufig zu einer kapitalmäßigen Zusammenführung der großen Reedereien. Diese Entwicklung setzte schon sehr frühzeitig vor dem ersten Weltkrieg in Deutschland und England ein, setzte sich durch den nach dem ersten Weltkrieg herrschenden Kapitalmangel veranlaßt in Deutschland aber auch in England weiter fort und ist auch jetzt aus dem gleichen Grunde nach dem zweiten Weltkrieg wieder in Fluß gekommen.

§ 3

Seefrachten und Seetarife

Auch in der Frachtgestaltung muß scharf zwischen dem Frachtenmarkt der Trampschiffahrt und dem der Linienschiffahrt unterschieden werden, während sich die Frachten der Trampschiffahrt auf dem freien Markt bilden, werden die der Linienschiffahrt durch die vorstehend geschilderten Konferenzen festgesetzt.

Wenn man zunächst davon ausgeht festzustellen, welche Momente ganz allgemein auf der Seite des Angebotes und der Nachfrage für die Frachtenbildung und für die Höhe der Raten in Frage kommen, so ist für das Angebot maßgebend:

1. die Verzinsung des Anlagekapitals;
2. die Höhe der notwendigen Abschreibungen;
3. der Aufwand für die Unterhaltung und Ausrüstung der Schiffe;
4. der Aufwand für die Versicherungen;
5. der Materialaufwand (Kohle, Öl und dergleichen);
6. der Personalaufwand;
7. die Höhe der Hafenabgaben;
8. der Aufwand für Laden und Löschen;
9. die Höhe der Vermittlungsgebühren für die Schiffsmakler.

Vom Aufwand entfallen 60% auf den fixen und 40% auf den variablen Aufwand. Der Anteil des Aufwandes, der unabhängig von der Transportentfernung entsteht, beträgt etwa 50%. Von der zurückgelegten Entfernung ist abhängig die Unterhaltung und die Ausrüstung der Schiffe, der Materialaufwand und vor allem bei der Trampschiffahrt der Aufwand für Löhne und Gehälter, weil dort das Personal in der Regel nur für die Dauer der Charterfahrt oder für eine Reise verpflichtet wird, während bei Linienschiffahrt langfristige Anstellungsverträge überwiegen, um das bewährte Personal festzuhalten.

Für die Höhe der Raten ist nicht nur die Entfernung entscheidend, sondern ebenso ins Gewicht fallend ist der Geldaufwand für das Laden und Löschen, der Aufwand an Zeit, der in den verschiedenen Häfen dazu benötigt wird und die Möglichkeit, Rückfracht zu erhalten. Die großen Welthäfen werden unter diesen Gesichtspunkten für die Berechnung der Fracht in Gruppen zusammengefaßt, wobei dann innerhalb der Gruppen die einzelnen zu ihnen gehörenden Häfen gleichgestellt werden. So werden als europäischer Kontinent die englischen und französischen Kanalhäfen, die holländischen Häfen und die deutschen Nordseehäfen zusammengefaßt. Das sind also Liverpool, London, Le Havre, Cherbourg, Rotterdam, Amsterdam, Antwerpen, Hamburg, Bremen und Emden. Für die Nordamerikafahrt bilden New York, Boston, Baltimore, Newport-News und Norfolk eine Gruppe. Dadurch kommt es, daß nach Häfen, die vom

Ausgangspunkt gleich weit entfernt sind, doch verschieden hohe Frachten unter sonst gleichen Umständen berechnet werden können. Endlich ist für die Höhe der Raten der Wettbewerb zwischen den verschiedenen Reedereien um den Verkehr nach den verschiedenen Häfen maßgebend. Das gilt natürlich in erster Linie für die Trampschiffahrt, während bei der Linienfahrt der Wettbewerb durch die Beschlüsse der Konferenzen geregelt ist.

Die Nachfrage endlich vermag nur einen Satz in der Höhe zu bewilligen, daß sie aus dem Preis, zu dem sie die zur Versendung gelangende Ware am Bestimmungsort möglicherweise wieder verkaufen wird, und dessen Bestandteil die Fracht ist, einen Gewinn erzielen kann.

Die Bemessung der Fracht im Einzelnen richtet sich danach, inwieweit die Ladefähigkeit des Schiffes räumlich oder gewichtsmäßig ausgenützt wird. Es gibt Güter, die viel Raum beanspruchen, aber die Tragfähigkeit des Schiffes nicht voll ausnutzen, während andere bei großem Gewicht dennoch die räumliche Ladefähigkeit des Schiffes unausgenutzt lassen. Deswegen hat der Schiffer die Wahl, die Fracht nach der räumlichen Inanspruchnahme oder nach dem Gewicht zu bemessen. Dabei läßt sich der Schiffer vom Gesichtspunkt der Gewinnerzielung leiten. Er nimmt dann den Maßstab, der ihm die größere Gewinnchance bringt. Weiter sorgt er dafür, daß Ladefähigkeit und Raum des Schiffes bestmöglich ausgenutzt werden, indem er Güter mit abweichenden Raum- und Gewichtsverhältnissen zusammenlädt. Die Höhe der Sätze, die auf die einzelnen Raum- oder Gewichtseinheit des verladenen Gutes berechnet wird, lehnt sich an den Wert der Güter an, nach dem Grundsatz, daß die Belastung so hoch sein kann, wie es der Verkehr trägt und der Wettbewerb gestattet.

Die Frachten der Transportschiffahrt sind entweder Charterfrachten, wobei das ganze Schiff dem Verlader für eine bestimmte Zeit zur Verfügung gestellt wird, oder die Sätze werden nur für eine Reise zwischen zwei bestimmten Häfen vereinbart. Die Frachten im Charterverhältnis pflegen niedriger zu sein als die für die einzelne Reise, weil durch die Charter dem Reeder das Risiko für die Ausnutzung des Schiffes abgenommen ist.

Nach dem Bremer Jahrbuch für die Weltschiffahrt von 1953 zeigte der Index für die Charterfrachten in der Trampschiffahrt nach italienischen Berechnungen folgendes Bild:

1938 = 100	1950 = 291
1947 = 383	1951 = 613
1948 = 317	1952 = 383
1949 = 275	

Die Bewegung der Trampfracht für die Europafahrt gibt das Schaubild 10 und die Zahlenübersicht 7 wieder. Dabei zeigen sowohl der italienische als auch der deutsche Index, wie der sogenannte Koreaboom mit seiner starken Nachfrage nach Schiffsraum die Frachten steil ansteigen ließ, worauf sie nach Beendigung des Booms ebenso schnell wieder abglitten. Nach dem Boom werden die Raten unter Druck gehalten, weil die Trampschiffahrt nur unzureichend beschäftigt werden konnte, denn der dringende Einfuhrbedarf des ausgehungerten und ausgebrannten Europa war befriedigt. Die Hafeneinrichtungen funktionierten wieder besser, und dadurch wurde bisher beschäftigter Schiffsraum beschäftigungslos. Dieses Überangebot an Schiffsraum wurde umso fühlbarer, als im Frühjahr 1954 eine vorübergehende Stockung in der Aufwärtsbewegung der wirtschaftlichen Entwicklung in den USA eintrat. Als sich jedoch in der zweiten Hälfte 1954 die Konjunktur wieder belebte, begannen auch die Frachten in der Trampschiffahrt wieder anzuziehen.

Aus dem Wesen der Trampschiffahrt ergibt es sich, daß die Trampfrachten stark von der Konjunktur beeinflußt werden. Das zeigt deutlich die Entwicklung am Frachtenmarkt für Kohlentransporte von den USA nach den Häfen des europäischen Kontinents. Durch die anhaltende Belebung der Wirtschaft in Europa im Frühjahr 1955 machte sich ein allmählich zunehmender Kohlenmangel in der Bundesrepublik bemerkbar. So war vorauszusehen, daß größere Kohlentransporte von den USA nach der Bundesrepublik erforderlich werden würden. Denn auch in England trat Kohlenmangel ein, so daß auf eine Zufuhr englischer Kohle nicht gerechnet werden konnte. Die eisenschaffende Industrie in der Bundesrepublik hatte daher im Frühjahr 1955 Verkaufsabschlüsse in Höhe von etwa 1,3 Millionen Tonnen Kohle mit amerikanischen Firmen getätigt. Die Folge war, daß die Charterfrachten für Kohle von 44 sh. je t im März 1955 auf 49,6 sh. im April und auf 57,6 sh. im Juni 1955 anstiegen und Ende Oktober 1955 wurden 65—66 sh. je t gefordert. Frachten für Einzelfahrten in Kohle nach dem Kontinent lagen im April 1955 um 2 sh. höher als die Charterfrachten, während sie im Juni bereits auf 4 sh. und mehr gestiegen war. Das Anziehen der Kohlenfrachten übertrug sich im Laufe des Jahres 1955 auch auf die übrigen Trampfrachten.

Der Kohlentransport von Amerika nach Europa stellt eine vollkommen neue nach dem zweiten Weltkrieg aufgetauchte Transportbewegung dar. Sie ist ausgelöst einmal durch die ungenügende Steigerung der englischen Kohlenerzeugung infolge der Sozialisierung des englischen Kohlenbergbaues und dann dadurch, daß durch den Verlust des oberschlesischen Kohlengebietes und durch die Abwanderung von Bergarbeitern aus dem Kohlenbergbau Kohlenmangel in der Bundesrepublik herrscht. Die Kohlenfahrt von Nordamerika nach Europa stellt also eine Strukturwandlung im Schiffsverkehr auf See dar, die sich naturgemäß weitgehend auf die Gestaltung des Frachtenmarktes auswirken muß, wie wir das eben gesehen haben.

Die Frachten für die Trampschiffahrt kommen auf Börsen zustande, wo sich Angebot und Nachfrage treffen. Die für die Weltschiffahrt wichtigste Schiffsfrachtbörse ist die Baltic-Exchange in London. Dort werden im gleichen Raum die Preise für die wichtigsten Rohstoffe und gleichzeitig deren Frachten festgesetzt. Auf diese Weise ist ein enger Zusammenhang zwischen der Bewegung der überseeischen Rohstoffpreise und der Schiffsfrachten hergestellt, denn der Bedarf an Rohstoffen ruft ja einen gleichzeitigen Bedarf an Schiffsraum hervor.

In der Linienschiffahrt beruhen die Frachten auf Tarifen, die durch die Beschlüsse der Konferenzen zustandekommen und für längere Zeiträume zu gelten pflegen. Da diese Tarife auf internationalen Vereinbarungen beruhen, entziehen sie sich weitgehend den Einflüssen der einzelnen nationalen an der Seeschiffahrt beteiligten Staaten. Die Tarife werden auch nicht nach volkswirtschaftlichen Gesichtspunkten gebildet, weil auch das infolge der internationalen Zusammensetzung der Konferenzen nicht möglich ist, sondern hier ist die Richtlinie ausschließlich das Interesse am Gewinn und die Rücksicht auf die Rentabilität.

Die Linienschiffahrt ist in starkem Umfange Personenschiffahrt. Die Personentarife umfassen nicht nur in ihren Sätzen die reinen Beförderungskosten für den Reisenden und sein Gepäck, sondern sie enthalten auch die Verpflegung. Für die Höhe der Personenpassagen ist die Zahlungsfähigkeit der Reisenden maßgebend und, da deren Ansprüche je nach der Höhe ihres Einkommens und Vermögens verschieden sind, gibt es eine verschiedene Ausgestaltung der Beförderungsmöglichkeiten. Man berücksichtigt also hier die Momente, die für die Größe des Aufwandes maßgebend sind auf der einen Seite und auf der anderen Seite den Umstand, daß der Mensch ein außerordentlich sperriges Gut ist, das die Tragfähigkeit und die Laderäume des Schiffes nur schlecht ausnutzt. Im übrigen wird der Beförderungspreis so hoch bemessen, wie ihn der Verkehr tragen kann. Soziale Momente werden nicht berücksichtigt. Die obere Grenze des Beförderungspreises, vor allem für die Luxusbeförderung, bildet der Flugpreis der Flugzeuglinien, die die gleiche Linie befliegen, die auf dem Wasser die Linienschiffahrt betreibt. Auch die Personentarife sind neben der Entfernung auf die Häfen mit ihren Bedingungen abgestellt. Sie werden von den großen Schiffahrtsgesellschaften in der Regel auch veröffentlicht.

Vor dem ersten Weltkrieg war, vor allem auf den Linien vom europäischen Kontinent nach den USA die Beförderung der Auswanderer die Stütze des Passagiergeschäftes. Auch für den Verkehr mit Südamerika hatte die Auswanderung ihre erhebliche Bedeutung. Nach dem ersten Weltkrieg ließ der Auswanderungsverkehr auf der Nordatlantikroute nach, weil die USA die Einwanderung kontingentierten, weil aus Rußland eine Auswanderung durch das bolschewistische Regime praktisch unmöglich gemacht wurde, und weil sich ferner in den Randgebieten des ehemaligen Zarenreiches selbständige nationale Staaten gebildet hatten, aus deren Territorium früher ein erheblicher Teil der Auswanderer stammte, die es aber jetzt vorzogen, aus nationalen Gründen in der Heimat zu bleiben. Deshalb wurde nach dem ersten Weltkrieg der Tourist die Säule des Passagierverkehrs, und sein Einkommen war es, das die durchschnittlichen Fahrpreise bestimmte. Nach dem zweiten Weltkrieg nahm die schnell in ihrer Leistungsfähigkeit gesteigerte Luftfahrt einen Teil der zahlungsfähigen Nachfrage aus der Passagierfahrt den großen Linien-Reedereien fort, und damit trat der Tourist noch maßgeblicher als preisbestimmender Faktor auf der Nachfrageseite hervor. Diese Strukturwandlung im Passagiergeschäft hat die Bedeutung des Güterverkehrs für die Linienschiffahrt stärker betont.

Auch der Güterverkehr vollzieht sich in der Linienfahrt nach Tarifen, die das Ergebnis von Verhandlungen in den Konferenzen sind. Da die Linienschiffahrt schneller, durch bessere Schiffe, sicherer und pünktlicher den Transport durchführt als die Trampschiffahrt, ist sie in der Lage, höhere Raten zu fordern als die Trampschiffahrt. Aber die Macht der Monopolisten, die Frachten weitgehend nach ihren Wünschen festzusetzen, wird durch den Wettbewerb der Trampschiffahrt und dadurch beschränkt, daß zu hohe Frachten irgendwelche Außenseiter veranlassen können, außerhalb der Konferenzbestimmungen die Linienfahrt aufzunehmen und die Konferenzsätze zu unterbieten. Die Freiheit der Meere und der Seeschiffahrt schränkt also die Macht der Großen erheblich ein. Auch wenn die Tarife, die in den Konferenzen zustandekommen, im allgemeinen nicht veröffentlicht werden, so werden sie doch den wichtigsten Schiffsmaklern bekanntgegeben, und die gleichmäßige Behandlung aller Verlader ist üblich. Das ist im Hinblick auf die Konkurrenz der Trampschiffahrt notwendig. Allerdings pflegen die Tarife der Linienfahrt meist nur solche Güter zu umfassen, in denen die Trampschiffahrt nicht oder nur wenig konkurriert. Da ferner das Wesen der Linienschiffahrt darin besteht, im voraus bestimmte Häfen anzulaufen, können die Tarife nur für diese Häfen Geltung haben, so daß für Häfen, die nicht von der Linienschiffahrt berücksichtigt werden, die Trampschiffahrt oder die Küstenschiffahrt eingesetzt werden muß.

Dem Großverladern, die regelmäßig größere Mengen an Gütern verfrachten, müssen auch die Linienreedereien mit Rücksicht auf die Trampschiffahrt entgegenkommen. Mit ihnen werden Frachtverträge meist auf mehrere Monate zu festen Sätzen abgeschlossen, die unter den sonst üblichen Raten liegen. Solche Verlader, die sich verpflichten, für einen bestimmten Zeitraum ihre Verschiffungen ausschließlich durch die Konferenz-Reedereien vornehmen zu lassen, erhalten in Gestalt von Rabatten ermäßigte Sätze. So ist es eine der wesentlichen Funktionen der Trampschiffahrt auf dem Seefrachtenmarkt, das Monopol oder das Oligopol der großen in den Konferenzen verbundenen Linien-Reedereien einzuschränken und auf eine Senkung der Frachten hinzuwirken. Außenseiter und Trampreeder sind die großen Gefahren für die Konferenz.

Die Frachten der Linienschiffahrt sind in der Zeit des Koreabooms nicht so hoch gestiegen wie die der Trampschiffahrt. Die Linienschiffahrt konnte sich diesem Stoßgeschäft nicht ohne weiteres zuwenden, wenn sie nicht darüber den Verkehr auf ihren Linien vernachlässigen wollte. Außerdem sind durch die Bindung an die Beschlüsse der Konferenzen die Linienfrachten weniger beweglich als die der Trampschiffahrt. Für diese war es günstig, daß im Jahre 1951 die Diskrepanz zwischen Angebot und Nachfrage nach Schiffsraum in der Weltschiffahrt besonders groß war. Der Schiffsraum war knapp, weil der Welthandel infolge der Kriegsauswirkungen sehr viel längere Wege einschlagen mußte als vor dem Kriege. Dann war vor allem in den großen Welthäfen südlich des Äquators die Arbeitsleistung der Hafenarbeiter stark gesunken, einige Welthäfen hatten infolge von Kriegszerstörungen die Vorkriegskapazität noch nicht wiedergewonnen. Schließlich war auch die deutsche Handelstonnage noch weit hinter dem Stande vor dem zweiten Weltkrieg zurückgeblieben. So mußte die Trampschiffahrt in erster Linie die Lücke im Tonnageangebot ausfüllen, und hier tritt ihre zweite volkswirtschaftliche Funktion zutage, daß sie die Reserven an Transportraum stellt, wenn unversehens ein Mehrbedarf an Tonnage entsteht. Nach dem Abflauen des Koreabooms wirkte sich von Mitte 1952 ab der Wettbewerb der Trampschiffahrt und der Außenseiter auf die Höhe der Linienfrachten aus und setzte die Raten unter Druck. Die anhaltende wirtschaftliche Belebung in Europa und die Überwindung der kurzen Depression in den USA im Frühjahr 1954 gestatteten es der Linienschiffahrt im Herbst 1954, ihre Frachten um ein geringes zu erhöhen und damit den gestiegenen Aufwand für Personal und Betriebsstoffe in gewissem Umfange auszugleichen.

Dagegen waren die Tankerfrachten wegen des Überangebots alter abwrackreifer Tonnage nach dem Koreaboom ständig gedrückt. Es hat deswegen eine gewisse Zurückhaltung im Bau von Tankschiffen Platz gegriffen. Man baut in der Regel nur dann noch neue Tanker, wenn vorher ein Chartervertrag mit den großen Ölgesellschaften die Beschäftigung des neuen Schiffes auf 6—8 Jahre sichert.

Literatur

Kurt Giese, Das Seefrachtentarifwesen. 1919.
Erich Murken, Die großen Transatlantischen Linienreedereiverbände. 1922.
Bremer Jahrbuch der Weltschiffahrt. Jahrg. 1953. 1954.

§ 4

Der Staat und die Seeschiffahrt

Wenn auch die Seeschiffahrt auf dem Meere außerhalb des Machtbereichs des Staates betrieben wird, und wenn auch das hohe Meer frei von Gebietshoheit ist, so ist es doch nicht frei von Rechtshoheit. Auch die Schiffe, die auf dem Meere fahren, müssen sich ausweisen können. Das geschieht zunächst durch die Flagge, die die Handelsschiffe auf hoher See führen. Sie ist das erkennbare Unterscheidungszeichen, und sie gibt die Nationalität des Schiffes an, die aber mit der Nationalität des Reeders nicht gleich zu sein braucht.

Die Flagge führt das Schiff auf Grund des von seinem Heimatstaat ausgestellten Schiffszertifikats. Das ist das zweite Legitimationsmittel des Schiffs. Diese Urkunde bescheinigt, daß ein Schiff in das Schiffsregister des Staates, dessen Flagge es führt, eingetragen ist. Auf Grund dieser Eintragung führt das Schiff einen Namen, um es gegenüber anderen Schiffen deutlich zu unterscheiden. Der vom Heimatstaat ausgestellte Meßbrief als drittes Legitimationsmittel weist die Vermessung des Schiffes in Tonnen nach.

Der Staat überwacht die Einrichtung des Schiffes zur Verminderung der Seegefahren, er beaufsichtigt die Ausbildung der Offiziere auch der Handelsmarine und stellt ihnen über ihre Eignung Zeugnisse aus. Endlich überwacht er im Interesse des Lebens und der Gesundheit der Mitglieder der Besatzung die Unfallverhütungsmaßnahmen bei der Bedienung der Schiffseinrichtung.

Auch das Verhältnis der eigenen Handelsschiffe zu denen anderer Staaten beeinflußt der Staat. Dabei ergeben sich zwei große Aufgabengebiete:

1. die Sicherung der eigenen Schiffahrt gegen den Wettbewerb der ausländischen Schiffahrtsunternehmer;
2. die Leistungsfähigkeit der eigenen Flotte gegenüber denen anderer Staaten zu steigern.

Der Grundsatz der Freiheit der Meere, der heute allgemein anerkannt ist, endet in den Küstengewässern. Darunter versteht man die Teile des Meeres, die nicht weiter als drei Seemeilen von der Küste entfernt sind. Sie gelten als nationale Gewässer der Anliegerstaaten, die auch der eigenen Schiffahrt dieser Staaten vorbehalten sind. Allerdings haben viele Staaten in besonderen Abmachungen auch Schiffen anderer Staaten die Schiffahrt in den Küstengewässern freigegeben. Deutschland hat grundsätzlich die Küstenschiffahrt zwischen deutschen Häfen der eigenen Flagge vorbehalten, aber durch Staatsvertrag ist auch fremden Schiffen die Schiffahrt in den deutschen Küstengewässern zwischen deutschen Häfen gestattet. Das geschieht z. B. zugunsten der belgischen, der holländischen, dänischen, englischen, schwedischen und norwegischen Schiffe.

Der Schutz der heimischen Schiffahrt gegen den Wettbewerb der fremden Flaggen ist ein altes Gebiet der staatlichen Schiffahrtspolitik. Schon im 14. und 15. Jahrhundert hatte man in England Bestimmungen erlassen, nach denen den englischen Schiffen der Warentransport zwischen England und dem Ausland ausschließlich vorbehalten bleiben sollte. In der zweiten Hälfte des 16. Jahrhunderts unter der Regierung der Königin Elisabeth I. wurde ein Differentialzoll zu ungunsten solcher Waren erhoben, die auf fremden Schiffen eingeführt wurden. Cromwells Navigationsakte von 1651 wollte englischen Schiffen, die britischen Untertanen gehörten, und die überwiegend mit englischen Matrosen bemannt waren, ein Monopol für den englischen Überseehandel geben. Damit sollte einmal der holländische Zwischenhandel getroffen werden, und dann wollte man sich in England auf diese Weise einen Stamm gut ausgebildeter und erfahrener Seeleute für die Kriegsflotte schaffen. Nach der Navigationsakte durften Waren nichteuropäischen Ursprungs nach England und Irland nur auf englischen Schiffen eingeführt werden, die die oben angeführten beiden Bedingungen erfüllten. Europäische Waren durften, falls sie unmittelbar aus dem Ursprungslande kamen, von den Schiffen dieses Landes nach England gebracht werden. Die Einfuhr von Waren aus den englischen Kolonien nach dem Mutterland war allein englischen Schiffen vorbehalten. Die Navigationsakte wurde 1815 teilweise, endgültig aber erst 1852 aufgehoben, als sich die freihändlerische Politik voll durchgesetzt hatte.

Die Navigationsakte stellt das Rezept auch für die heute in Übung befindliche Schiffahrtspolitik einer Reihe von Staaten dar. Die Anwendung solcher Maßnahmen verstößt gegen den Grundsatz der freien Schiffahrt, der sich im 19. Jahrhundert durchgesetzt hatte. Man spricht deswegen von Flaggendiskriminierung, wenn von einer Regierung gegenüber den Schiffen anderer Nationen solche Maßnahmen ergriffen werden, die dem Grundsatz der freien Schiffahrt widersprechen. Gegenüber den Zeiten Cromwells hat man allerdings die Methoden und die Mittel der Flaggendiskriminierung erweitert und verfeinert. Man verlangt, daß Regierungsaufträge, die ins Ausland vergeben worden sind, ausschließlich auf eigenen Schiffen befördert werden, man bestimmt ferner, daß die eigenen Schiffe geringere Konsulats- und Hafengebühren zu entrichten haben als die unter fremder Flagge fahrenden Schiffe, man stellt Waren, die auf fremden Schiffen importiert werden, zollmäßig ungünstiger als wenn sie unter der eigenen Flagge ins Land gebracht werden, und man wendet mit Geschick die Bestimmungen der Devisenzwangswirtschaft an, indem Frachten, die man fremden Reedern schuldet, nicht in fremde Währung umgewandelt werden können, oder man verbietet es fremden Reedern, diese Frachten gegen Unkosten aufzurechnen, die ihnen in den Häfen des Landes entstehen. Endlich stellt man eine 50 : 50%-Klausel auf, wonach die Hälfte der Ein- und Ausfuhr auf eigenen Schiffen verladen werden muß.

So verlangt die ägyptische Regierung, daß sämtliche Baumwollexporte und alle Importe von Material, das für den Ausbau des ägyptischen Eisenbahnnetzes benötigt wird, auf ägyptischen Schiffen befördert werden müssen. Brasilien fordert von den Verladern, die brasilianische Schiffe benutzen, nur die halbe Konsulatsgebühr, während, wenn sie ausländische Schiffe in Anspruch nehmen, die vollen Gebühren erhoben werden, die dann nach dem Wert der zur Verladung kommenden Ware berechnet werden. Brasilianische Frachtschulden, die in Brasilien zahlbar sind, haben eine Fracht-Rimessesteuer von 8% zu zahlen, wenn auf auswärtigen Schiffen verladen wird. Die Steuer fällt fort, wenn die Verladung auf den Schiffen des Lloyd Brasiliero erfolgt, so daß die Steuer praktisch die Fracht um 8% erhöht, die den Frachtschuldner trifft, der nicht auf brasilianischen Schiffen verlädt. Finnland besteht auf dem Grundsatz, daß wegen der Devisenlage finnische Schiffe beim Import ausländischer Waren zu bevorzugen sind. Für die Kohlenfahrt zwischen Deutschland und Finnland werden nur finnische Schiffe benutzt. Frankreich hat durch Gesetz von 1950 die Bestimmung erlassen, wonach für die Benutzung ausländischer Schiffe für französische Ex- oder Importe, die größer sind als 500 Tonnen, die Genehmigung des französischen Handelsministeriums eingeholt werden muß. Danach dürfen Schiffe ausländischer Flagge von Franzosen nur benutzt werden, wenn französischer Schiffsraum nicht zur Verfügung steht. In Portugal erhalten Ladungen nach den portugiesischen Kolonien einen Zollrabatt von 20–30%, wenn die Ladung in portugiesischen Häfen verladen und auf portugiesischen Schiffen befördert wird. Der Verkehr zwischen Portugal und den Kolonien gilt als Küstenverkehr und ist daher der portugiesischen Flagge vorbehalten. Die USA endlich haben bestimmt, daß 50% der Mengen aus den Marshallplan-Lieferungen mit Schiffen befördert werden müssen, die US-Reedern gehören und unter US-Flagge fahren. So wird man heute von einer Freiheit der Seeschiffahrt kaum sprechen können. Die Zeiten scheinen endgültig vorbei zu sein, da sich die einzelnen Nationen in den Handels- und Schiffahrtsverträgen die gegenseitige Meistbegünstigung gewährten, wie das vor dem ersten Weltkrieg üblich war.

Um die Leistungsfähigkeit der eigenen Handelsschiffe gegenüber denen ausländischer Flagge zu steigern, sind weitgehende Förderungsmaßnahmen durch die verschiedenen Staaten erfolgt. Auch das ist eine alte Politik, die eigene Handelsflotte zu fördern, die selbst in England in der Zeit des klassischen Freihandels vor dem ersten Weltkrieg verfolgt wurde. Heute ist nur das Ausmaß solcher Beihilfen erheblich größer und die Form, unter der sie gegeben werden, beträchtlich komplizierter. Man nennt solche Beihilfen, die meist in der Form von geldlichen Zuwendungen erfolgen, Subventionen. Theel unterscheidet bei diesen staatlichen Förderungsmaßnahmen direkte und indirekte Mittel.

Zu den direkten Mitteln gehören:

Baukostenzuschüsse;
Baudarlehen;
Zinszuschüsse;
Verkauf von Beuteschiffen an die Reeder durch den Staat.

Indirekte Förderung erfolgt:

durch Betriebszuschüsse;
durch Zuschüsse für die Postbeförderung durch den Staat, die über den Aufwand für die Beförderung des Postgutes hinausgehen;
durch die Beteiligung des Staates an den Betriebsverlusten;
durch Gewinngarantien, die der Staat gibt;
durch Steuererleichterungen;
durch die Herabsetzung der Schiffahrtsabgaben für die eigenen Schiffe in den nationalen Gewässern;
durch Prämien für das Abwracken alter Schiffe.

Diese Mittel sind sowohl bei den kleinen wie bei den großen seefahrenden Nationen angewandt worden und das sowohl vor und nach dem ersten als auch besonders nach dem zweiten Weltkrieg. England hat zwischen den beiden Weltkriegen für den Bau den beiden Riesendampfern Queen Mary und Queen Elizabeth Zuschüsse gegeben, die Trampreedereien erhielten 1935 bis 1936 vom englischen Staat Betriebszuschüsse. Während der großen Seeschiffahrtskrise der 20er und 30er Jahre übernahm die englische Regierung Zinsgarantien, und nach dem zweiten Weltkrieg wurden der Überseeschiffahrt in erheblichem Umfange Steuererleichterungen zuteil. Die Seeschiffahrt ist in allen Ländern weitgehend vom Staat abhängig geworden, wobei diese Abhängigkeit nach außen nicht immer deutlich in Erscheinung tritt.

Literatur

E. P. Siegert, Subventionen in der Weltschiffahrt. 1930.
G. A. Theel, Staatliche Schiffsbauförderungsmaßnahmen im Ausland. 1954.
R. Huldermann, Die Subventionen der ausländigen Handelsflotten und ihre Bedeutung für die Entwicklung der Seeschiffahrt. 1909.

§ 5

Die großen Seestraßen und Seehäfen

Von der Erdoberfläche umfaßt das Meer rund 70% und das Land rund 30%. Für den Seeverkehr ist aber das Land ebenso wichtig wie die See, denn auf der See vollzieht sich der Verkehr, um den Güteraustausch von Land zu Land zu ermöglichen. Das Land aber und seine Bedeutung im Rahmen der Weltwirtschaft bestimmt die Dichte des Verkehrs und die Wege, die der Seeverkehr nimmt.

Seit der Entdeckung Amerikas hat der Atlantische Ozean die beherrschende Stellung im Seeverkehr, denn er verbindet die beiden industriell am höchsten entwickelten Teile der Erde miteinander, das nordwesteuropäische Industriegebiet und die USA. Von den Randländern des Atlantischen Ozeans gehen die Rohstofftransporte wie Getreide, Mineralöle, Baumwolle und Kaffee nach Europa, während aus Europa hochwertige Industrieerzeugnisse im Gegenverkehr befördert werden.

Schätzungsweise spielt sich die Hälfte des gesamten Weltseeverkehrs auf dem Atlantischen Ozean ab, wobei die nordatlantische Route, die Europa mit den USA verbindet, im Vordergrund steht. Neben dem Frachtverkehr ist ja auch der Personenverkehr außerordentlich entwickelt, und hier fahren die schnellsten und modernsten Schiffe der großen Linien-Reedereien.

Für den Transport von Mineralöl und Baumwolle hat die mittelatlantische Route zwischen Nordwest-Europa und den Häfen des Karibischen Meeres sowie dem Golf von Mexiko, also nach Mexiko und den südöstlichen Häfen der USA, eine erhebliche Bedeutung. Auf der südatlantischen Diagonale ist der Verkehr zwischen Nordwest-Europa und den La Plata-Häfen wichtig, denn hier werden Getreide, Ölsaaten und Gefrierfleisch nach Europa befördert. Auch hier hat vor allem nach den beiden Weltkriegen der Personenverkehr beträchtlich zugenommen. Die afrikanische Route stellt die Verbindung zwischen der Ost- und Westküste Afrikas mit Europa her, die aber an Bedeutung hinter den anderen atlantischen Routen zurücksteht. Wichtiger ist noch die indisch-ostasiatisch-australische Route. Auf ihr erfolgt die Versorgung Europas mit Tabak, Kautschuk, Baumwolle, Kaffee, Reis, Jute und Zinn, während Europa in erster Linie Fertigwaren nach Ostasien, Indien und Australien befördert.

Den Pazifischen Ozean durchquert die nordpazifische Route von den USA nach Ostasien, die in Seatle und in San Franzisko ihren Ausgang nimmt. Die weniger bedeutende südpazifische Route führt von den USA nach Australien, während die ostpazifische Route entlang der Westküste Nordamerikas Nord- und Südamerika miteinander verbindet und in Verbindung mit dem Panamakanal die atlantische nordamerikanische Küstenfahrt zu einer beträchtlichen Konkurrenz auf dem Gebiet des Güterverkehrs für die nordamerikanischen Transkontinentalbahnen werden läßt. Die westpazifische Route endlich verbindet Ostasien mit Australien. Knotenpunkte der Schiffahrt sind der Ärmelkanal zwischen dem europäischen Kontinent und England, der Suez- und der Panama-Kanal.

Der Suez-Kanal ist von einer Aktiengesellschaft gebaut und wird auch seit seiner Eröffnung im Jahre 1869 von dieser Gesellschaft betrieben. Die ägyptische Regierung hat ihr eine Konzession bis zum Jahre 1968 verliehen. Die Mehrheit des Aktienkapitals der Gesellschaft befindet sich in französischer

Hand, während die englische Regierung eine erhebliche Minderheit besitzt. Der Kanal ist 161 km lang und verkürzt die Entfernung zwischen Hamburg und London auf der einen Seite und Indien auf der anderen Seite um etwa 40% und den Weg von Hamburg und London nach Japan um etwa 25%. Vor allem die großen Linien-Reedereien fahren durch den Suez-Kanal, während die Trampschiffahrt die recht hohen Kanalgebühren ersparen will und außerdem bestrebt ist, die Fracht aus den afrikanischen Häfen mitzunehmen. Deswegen zieht sie häufig die Route um das Kap der Guten Hoffnung herum vor.

Auf Grund der Konvention von Konstantinopel vom Jahre 1888 soll der Kanal in Krieg und Frieden allen Nationen für die Schiffahrt offenstehen. Dieser Konvention zuwider hat Ägypten den nach Israel bestimmten Schiffen die freie Durchfahrt verweigert, und deswegen bestehen in den Kreisen der internationalen Schiffahrt Bedenken dagegen, daß im Jahre 1968 nach Ablauf der Konzession für die Suezkanal-Aktiengesellschaft der Kanal in das Eigentum und in die Verwaltung des ägyptischen Staates übergehen soll.

Nach den Zählungen der Suezkanal-Gesellschaft fuhren durch den Kanal im Jahre 1952

in der Nordsüdrichtung	6111 Schiffe
in der Südnordrichtung	6057 Schiffe

Der Güterverkehr belief sich jährlich im Durchschnitt

	1933–1937	1952
in der Nordsüdrichtung	8,6 Mill. t	22,0 Mill. t
in der Südnordrichtung	6,1 Mill. t	19,4 Mill. t

Von den Gütern, die in der Südnordrichtung durch den Kanal befördert werden, steht Mineralöl aus den arabischen Ölfeldern oben an.

Der Panamakanal, von den Amerikanern gebaut und verwaltet, ist 1913 dem Verkehr übergeben worden. Er ist wichtig für den Verkehr von Europa nach der Westküste Südamerikas sowie nach den mittelamerikanischen Ländern. Der Güterverkehr in beiden Richtungen betrug 1951 30,1 Mill. t und 1952 33,6 Mill. t; er bleibt also hinter dem Verkehr durch den Suezkanal zurück.

Der Nordostseekanal endlich hat vor allem Bedeutung für die Küstenschiffahrt und kann sich an Wichtigkeit für den internationalen Verkehr mit den beiden anderen Seekanälen nicht messen. Der Güterverkehr durch den Nordostseekanal betrug in Millionen t:

	In Richtung Ost-West			In Richtung West-Ost		
	1936	1950	1953	1936	1950	1953
	8,6	12,4	14,2	7,9	9,5	12,8
davon Kohle	2,7	2,9	2,1	3,8	4,9	5,2
davon Erze	2,4	2,1	3,9	0,4	0,2	0,5

Der Kanal hat also eine Bedeutung für die Kohlenversorgung der an der Ostsee gelegenen Gebiete und für die Versorgung der Ruhrindustrie mit schwedischen Erzen. In Verbindung mit dem Rhein-Seeschiffahrtsverkehr gibt er der Ruhrkohle die Möglichkeit, erfolgreich in den Küstengebieten der Ostsee mit der englischen Kohle zu konkurrieren.

Neben den großen Seekanälen sind die großen Seehäfen Knotenpunkte des Seeverkehrs. Der Umschlag an Gütern in den wichtigsten Seehäfen zeigt folgendes Bild:

1000 t	1938	1952
London	38600	46000
Rotterdam	42400	39783
Antwerpen	23579	27482
Hamburg	25741	15247
Le Havre	6700	13322
Liverpool	10800	12500
Bremen	9040	9739
New York	–	78570[1])
San Franzisko	–	5788

Die Zahlen weisen auf den scharfen Wettbewerb hin, in dem die durch den Krieg besonders mitgenommenen beiden großen deutschen Nordseehäfen Hamburg und Bremen mit Rotterdam und Antwerpen liegen.

Die Lage Hamburgs ist durch die Zonengrenze besonders erschwert und gerade das Gebiet der sowjetischen Zone, das von der Elbe durchströmt wird, war das natürliche Hinterland Hamburgs. Der Transitverkehr mit Österreich, der Tschechoslowakei und Ungarn hat sich in den letzten Jahren etwas günstiger entwickelt. Der Steigerung dieses Verkehrs und der Belebung der Hamburger Wirtschaft selbst entspringt das Wachsen des Güterumschlages im Hamburger Hafen. Der Warenausgang und -eingang insgesamt im Hamburger Hafen stellte sich in 1000 t:

1938	25737
1952	15247
1953	16478
1954	20647

Der Ausbau des Hamburger Hafens hat seit der Beendigung des zweiten Weltkrieges erhebliche Fortschritte gemacht. Nach dem Bericht der Hamburger Handelskammer für 1954 waren bis zum Oktober 1954 in Prozenten des Standes von 1938 aufgebaut:

[1]) 1950.

Kaimauern für Seeschiffe	83,8%
Landungsanlagen	87,8%
Schwerlastkräne	80,0%
Schwimmende Kohlenheber . . .	62,5%
Schwimmende Getreideheber . .	81,0%
Kühlhäuser	111,8%
Getreidelagerraum	190,7%
Tanklageraum	107,0%
Kaischuppen m²	63,3%

Damit ist die Voraussetzung gegeben, daß Hamburg in kurzer Zeit wieder voll wettbewerbsfähig neben Antwerpen und Rotterdam hintreten kann. Der von Hamburg ausgehende überseeische Personenverkehr wurde 1954 noch zu etwa 70% von Schiffen fremder Flagge bewältigt, und hat 1954 nur etwa $^1/_3$ des Vorkriegsstandes erreicht. Beim Neuaufbau des Hafens hat man jedoch besonderen Wert darauf gelegt, daß die technische Voraussetzung dafür geschaffen würde, um den internationalen Reiseverkehr nach Hamburg und Cuxhafen zu ziehen. Dort sind Anlagen geschaffen worden, die es auch Schiffen mit großen Abmessungen gestatten, unabhängig von Wind und Gezeiten ohne Schlepperhilfe an- und abzulegen und die Fahrgäste mit ihrem Gepäck sowie die Post in kurzer Zeit abzufertigen[1]).

Auch die Häfen von Bremen hatten unter der Einwirkung des Krieges schwer gelitten. Doch hat Bremen in hartem Konkurrenzkampf gegen Rotterdam seine Vorkriegsstellung wieder gewonnen. Der Warenaus- und -eingang in den Bremer Häfen belief sich:

1936	auf	6,8 Mill. t
1952	auf	9,7 Mill. t
1953	auf	9,9 Mill. t
1954	auf	9,8 Mill. t

Bremen hat ebenfalls seine Hafenanlagen weitgehend modernisiert und ist wieder wie früher der bedeutendste deutsche Auswandererhafen.

Für die Wettbewerbslage von Hamburg und Bremen mit Rotterdam und Antwerpen spielen die Seehafenausnahmetarife der Bundesbahn eine erhebliche Rolle. Ihr Vorhandensein ist die Voraussetzung dafür, daß die beiden deutschen Nordseehäfen in der Lage sind, gegen die geographisch günstigere Lage von Rotterdam und Antwerpen zu bestehen. Wenn die Frachten für die internationale Rheinschiffahrt niedrig sind, so ist der Vorsprung Rotterdams über die deutschen Häfen so erheblich, daß sie sich gegenüber dem holländischen Hafen nur mit Hilfe der Seehafen-Ausnahmetarife halten können.

---

[1]) Bericht der Handelskammer Hamburg für das Jahr 1954, S. 78ff.

Das Problem der Modernisierung der Häfen ist aber nicht nur allein ein deutsches Problem, sondern es war auch in einer Reihe von anderen Ländern akut, so vor allem in Südamerika und Afrika. Wenn sich die Durchschnittsgeschwindigkeit der Schiffe im Vergleich mit den Zeiten vor dem zweiten Weltkrieg erhöht hat, so ist dadurch die Möglichkeit gegeben, die Transportleistung des Schiffes zu erhöhen. Doch dieser Vorteil, der sich aus einer Steigerung der Geschwindigkeit der Schiffe ergibt, wurde oft dadurch wieder eingeschränkt, daß in den Häfen, vor allem Südamerikas und Afrikas, die Abfertigung der Schiffe verzögert wurde, weil entweder die Größe der Hafenbecken nicht ausreichte, um die einlaufenden Schiffe aufzunehmen, oder weil die Lade- und Löscheinrichtungen nicht auf der technischen Höhe der Zeit standen und damit den Anforderungen, die an sie gestellt wurden, nicht gewachsen waren. Endlich war die Arbeitsproduktivität der in diesen Häfen beschäftigten Arbeitskräfte oft ungenügend. Das hat dann dazu geführt, daß auf die Fracht nach einer Reihe von Häfen an der afrikanischen und südamerikanischen Küste Aufschläge bis zu 25% erhoben wurden, um die Reeder für die verlängerte Liegezeit der Schiffe zu entschädigen. Durch die langsame Abfertigung in diesen südamerikanischen und afrikanischen Häfen wurde außerdem der Bedarf an Schiffstonnage künstlich aufgebläht. Unter dem Druck der erhöhten Frachten, die natürlich die Einfuhr dieser Länder verteuern mußten, sind diese Mängel inzwischen in weitem Umfange beseitigt worden.

Die Bedeutung eines Hafens hängt außer vom Zustand seiner Lade- und Löscheinrichtungen und der Größe seines Beckens sowie der Tiefe seines Wassers davon ab, wie seine Verbindungen nach dem Hinterland gestaltet sind. Weil Rotterdam, Antwerpen und Hamburg über leistungsfähige Verbindungen auf natürlichen und künstlichen Wasserstraßen, auf Eisenbahnen und Landstraßen in das Hinterland verfügen, haben sie die große Bedeutung als Ausfuhrhäfen für den europäischen Kontinent bekommen. Außerdem hat sich dort ein leistungsfähiger Handel und eine kapitalkräftige Bankenorganisation gebildet, die in Verbindung mit einem erfahrenen Speditionsgewerbe die glatte Abwicklung des Ein- und Ausfuhrhandels und des Verkehrs ermöglicht.

Literatur

A. Napp-Zinn, Art. Seeschiffahrtskanäle im Hwb. der Sozwis.

Governor of the Panama-Canal, Annual Report, jährlich, Washington.

Companie Universelle du Canal des Suez, Le Canal des Suez, jährlich, Paris.

B. Arnold, Grundlagen der Tarifpolitik für den Nordostseekanal. 1951.

§ 6
Die Entwicklung der Welthandelsflotte

Die Entwicklung der gesamten Welthandelsflotte zeigte eine ständige Aufwärtsbewegung, die nur in den Jahren nach dem ersten Weltkrieg als Folge der langanhaltenden Wirtschaftskrise und der daraus entstandenen Weltschiffahrtskrise verlangsamt wurde. Im einzelnen zeigt die Entwicklung der Welthandelsflotte nachstehendes Bild (in Millionen BRT):

	1900	1914	1925	1938	1952
Welthandelsflotte	29,0	49,0	64,6	66,9	90,2
Großbritannien	13,2	19,2	19,4	17,7	18,6
USA	2,0	3,0	13,0	11,4	27,2
Deutschland	2,6	5,4	3,1	4,3	1,7
Frankreich	1,3	2,3	3,5	2,9	3,6
Niederlande	0,5	1,5	2,6	2,8	3,3
Norwegen	1,6	2,5	2,7	4,6	5,9
Japan	0,6	1,7	3,1	5,0	2,8

Während vor dem ersten Weltkrieg die maritime Vorherrschaft Großbritanniens unbestritten war, trat nach dem ersten Weltkrieg an Stelle der abgelieferten deutschen Handelsflotte die der USA als wichtigster Konkurrent auf, der dann nach dem zweiten Weltkrieg England weit überflügelte. Statt dessen traten Deutschland und Japan in den Hintergrund, während von den kleinen seefahrenden Völkern, vor allem die norwegische Flotte zunahm, weil es die Norweger verstanden hatten, trotz der Besetzung durch die Deutschen im Jahre 1940 den größten Teil ihrer Flotte in amerikanische Häfen zu retten.

Innerhalb der Welthandelsflotte ist die Zunahme der Tankschifftonnage besonders bemerkenswert. Sie wuchs von 1,4 Mill. BRT im Jahre 1914 auf 7,7 Mill. BRT in 1930 und auf 11,4 Mill. BRT in 1939. Nach dem zweiten Weltkrieg im Jahre 1953 machte sie mit 21,6 Mill. BRT 25% der Welttonnage aus. Der Bedarf an Treibstoff für Motoren hat mit der zunehmenden Verbreitung des Motors als Antriebskraft in allen Zweigen der Wirtschaft, vor allem innerhalb der Seeschiffahrt selbst, stark zugenommen. Daraus erklärt sich die wachsende Zahl der Tankschiffe und ihre steigende Größe. Die Durchschnittsgröße eines Tankschiffes hat von rund 6000 BRT im Jahre 1939 auf etwa 8000 BRT im Jahre 1953 zugenommen. Ebenso ist ihre Schnelligkeit gewachsen, die vor dem zweiten Weltkrieg durchschnittlich bei 13 sm lag und heute durchschnittlich 16–18 sm beträgt.

In den letzten Jahren war man bestrebt, den Schiffsraum der Tankschiffe dadurch besser auszunutzen, daß man kombinierte Erz/Öl-Schiffe baute, die wahlweise als Erzfahrer oder als Tanker eingesetzt werden können. Dadurch ist es möglich, die Schiffe je nach der Nachfrage nach Schiffsraum vielfältiger zu verwenden, wobei das Optimum einer Reise dann erreicht wäre, wenn beide Ladungsarten gleichzeitig gefahren werden.

Den weitaus größten Teil der Tankerflotte besitzen England und die USA. Am dritten Platz steht Norwegen. Endlich ist noch die Tankflotte der beiden griechischen Reeder Onassis und Nearchos zu erwähnen, die vor allem Schiffe bis zur 50000 BRT-Grenze besitzen.

Deutschland besaß am 1. 1. 1953 61 Tanker mit 155482 BRT. Die Masse der Ölzufuhr nach Deutschland erfolgt jedoch noch unter ausländischer Flagge.

Während der erste Weltkrieg der Welthandelsflotte einen Verlust von rund 13 Mill. BRT brachte, fielen dem zweiten Weltkrieg rund 27 Mill. BRT zum Opfer. Diese Verluste wurden durch amerikanische Bauten noch während des Krieges ausgeglichen, und außerdem erfolgte eine Vermehrung um rund 12 Mill. BRT. Dadurch ist eine starke Verjüngung in den Schiffsbeständen der seefahrenden Nationen eingetreten. In Prozenten des Schiffsbestandes gestaltete sich die Alterszusammensetzung der Flotte so, wie die folgende Übersicht zeigt:

		bis zu 10 Jahren	10–20 Jahre	über 20 Jahre
Welt	1939	25	28	47
	1953	47	30	23
England	1939	32	45	23
	1953	50	31	19
USA	1939	10	44	56
	1953	45	45	10
Frankreich	1939	28	45	27
	1953	58	21	21
Niederlande	1939	37	45	18
	1953	46	32	22
Norwegen	1939	45	34	21
	1953	60	22	18

England, Frankreich und Norwegen verfügen danach über einen Schiffsbestand mit einem Alter von unter 10 Jahren, der beträchtlich über den Weltdurchschnitt hinausgeht. Infolge der Verjüngung des Schiffsbestandes ist auch die Größe des einzelnen für Trockenfracht und Passagiere bestimmten Schiffes im Durchschnitt von 4137 BRT im Jahre 1939 auf rund 6000 BTR im Jahre 1953 gewachsen. Durch die zunehmende Motorisierung der Seeschiffe ist endlich deren durchschnittliche Geschwindigkeit gestiegen. Wir haben also heute in der Weltschiffahrt schnellere, größere und damit leistungsfähigere Schiffe als vor dem zweiten Weltkriege. Dieser Umstand hat sich nach dem Abflauen des Korea-Booms auf die Frachten ausgewirkt, wobei der für den Bau der Schiffe erheblich gestiegene Aufwand sowie die stark erhöhten Aufwendungen für das Personal die Gewinnchancen vermindert haben.

Zu den alten schiffahrtstreibenden Nationen sind noch neue, junge hinzugekommen wie Indien, Liberia und Honduras. Unter den Farben von Liberia, Panama und Honduras fahren Schiffe amerikanischer und europäischer Schiffseigener deswegen, weil dort den Reedern besondere sozialpolitische und steuerliche Vorteile geboten werden, die die Flaggen dieser Länder zu „billigen Flaggen" machen. Damit ist naturgemäß eine nationale Entwurzelung der Reederei verbunden, und es sind deswegen auch in erster Linie Trampreedereien und Tankreedereien, die von diesen Möglichkeiten Gebrauch machen.

Entwicklung der Handelsflotten von Panama, Liberia, Honduras und Indien

1000 BRT

	1913	1947	1953	1954
Panama . . .	0,6	1,7	3,9	4,1
Liberia	–	–	} 1,9	–
Honduras . . .	–	–		
Indien	–	–	0,5	–

Die veränderten wirtschaftlichen Verhältnisse und der Wettbewerb der Luftfahrt haben nach dem zweiten Weltkrieg die Frage auftauchen lassen, ob der Bau von Riesenschiffen, wie es die englischen Queen Mary und Queen Elizabeth sind, noch wirtschaftlich zweckmäßig sein wird. Zunächst hat man nach dem zweiten Weltkrieg den Bau von sogenannten Cargo-Liners den Vorzug gegeben. Es sind dies Schiffe von mittlerer Größe zwischen 10 und 20000 BRT, die wohl eine erstklassige Verpflegung und Unterbringung von Passagieren gewähren, aber die von dem ausgedehnten Luxus, der vor dem zweiten Weltkrieg üblich war, absehen. Sie können zudem in erheblichem Ausmaß Fracht befördern. Allerdings scheint in den letzten Jahren die Neigung zu bestehen, doch wieder zu dem großen Passagierschiff zurückzukehren, so vor allem in Frankreich, den Niederlanden und in Italien. Jedoch sind die französischen und holländischen Neubauten nicht größer als 40–50000 BRT. Die Frage ist aber, ob diese Schiffe rentabel sind. Sie dürften in der Atlantikfahrt bestenfalls die Betriebskosten decken, dagegen kaum genügend Überschüsse abwerfen, um Verzinsung und Tilgung des investierten Kapitals daraus zu bestreiten. Damit sind staatliche Subventionen die Voraussetzung für den Bau und den Betrieb solcher Schiffe. Die Veranlassung für den Bau dürften wohl in erster Linie Rücksichten auf das Prestige der betreffenden Reederei und der Nation sein, unter deren Flagge das Schiff fährt.

In der Trampreederei spielen Prestigefragen keine entscheidende Rolle. Dort schreitet die Motorisierung der Schiffe fort, zumals der Dieselmotor leichter ist als eine Dampfmaschine von gleicher Leistungsfähigkeit und weniger Raum für den Betriebsstoff beansprucht. Das alles kommt der Ladefähigkeit des Schiffes zugute.

Die starke Zunahme der Tankerflotte stellt die Reedereien auch vor die Frage, ob auf diesem Gebiet der Seeschiffahrt nicht des Guten zuviel getan worden ist. Die Schiffe sind auch hier gegenüber der Vorkriegszeit erheblich vergrößert, so daß sich das Verhältnis zwischen Nutzlast und toter Last verbessert hat und außerdem brauchen die großen Schiffe im Verhältnis zur Ladung weniger Personal als die kleinen. Es war bereits ein gewisses Überangebot an Tankertonnage entstanden, das dazu geführt hat, daß etwa 2,5 Mill. BRT Tankertonnage aufgelegt wurden, und daß man eine gewisse Zurückhaltung im Bau neuer Tankertonnage walten ließ (s. S. 155). Mitte 1955 jedoch hat der Bau von Tankschiffen angesichts der steigenden Weltkonjunktur wieder zugenommen.

§ 7

Der zweimalige Wiederaufbau der deutschen Handelsflotte

Innerhalb einer Generation verlor das deutsche Volk zweimal seine Handelsflotte und mußte sie zweimal von Grund auf neu aufbauen. Von den 5,4 Mill. BRT, über die die deutschen Reeder im Jahre 1914 verfügen konnten, haben sie im Kriege und auf Grund des Versailler Vertrages 4,8 Mill. BRT verloren. Es verblieben ihnen nur Schiffe unter 1600 BRT, da alle größeren Schiffe, soweit sie nicht sonst schon den Siegern in die Hände gefallen oder zerstört worden waren, abgeliefert werden mußten. Darüber hinaus war auch die Hälfte der Schiffe zwischen 1600 und 1000 BRT an die Sieger auszuhändigen. 1920 standen für die Überseefahrt nur noch 500000 BRT wenig geeigneten und meist veralteten Dampfschiffraumes sowie Segelschiffe mit rund 250000 BRT zur Verfügung.

So verlangte die deutsche Volkswirtschaft den sofortigen Aufbau einer neuen Flotte, und dabei war das brennendste Problem die Finanzierung. Da die Reeder ihr Kapital weitgehend verloren hatten, mußte das Reich auf dem Wege der Entschädigung der Reeder eingreifen. Es kam zu einem Abfindungsvertrag zwischen ihnen und dem Reich, auf Grund dessen sie etwa 6—700 Mill. RM erhielten. Dazu kamen Mittel, die die schwere Industrie aus ihren Inflationsgewinnen in der Schiffahrt investierte, und endlich flossen den Reedereien aus dem Agentur- und Schiffahrtsgeschäft Einnahmen in Devisen zu, deren Gegenwert sie in Neubauten anlegten. Endlich erhielten die großen Schiffahrtsgesellschaften Entschädigungen für ihre in den USA beschlagnahmten Vermögensgegenstände, nachdem diese frei geworden waren. Diese Beträge machten etwa 75 Mill. Dollar aus. Als die deutsche Währung im Jahre 1924 stabilisiert worden war, konnten die Reederei-Gesellschaften an den deutschen und zum Teil auch an den ausländischen Kapitalmarkt herantreten, und sich auf diese Weise durch die Erhöhung ihrer Stammkapitale und durch die Ausgabe von Obligationen die notwendigen Mittel verschaffen, um den eingeleiteten Wiederaufbau weiterfortzuführen. Ende 1925 verfügte Deutschland bereits wieder über eine eigene Handelstonnage von 3,1 Mill. BRT, so daß damit der Wiederaufbau der deutschen Handelsflotte im wesentlichen beendet war.

Hand in Hand mit dem Wiederaufbau des Schiffsbestandes ging auch der Wiederaufbau des Liniennetzes. Schon vor dem ersten Weltkrieg war die Masse der deutschen Handelsflotte im Linienverkehr eingesetzt gewesen. Jetzt wurde planmäßig mit ausländischen Reedereien zusammengearbeitet, um den Linienverkehr wieder aufzunehmen. Die Hapag z. B. errichtete einen gemeinsamen Dienst für Passagiere mit den United America Lines nach der Ostküste der USA, und der Norddeutsche Lloyd tat das gleiche mit der United States Mail Steamship Co. zwischen Bremen und New York. Ein Teil dieser Gemeinschaftsdienste endete 1929, als die deutsche Handelsflotte stark genug geworden war, um einen ausreichenden Linienverkehr ausschließlich mit eigenen Schiffen durchzuführen. Das Erstarken der deutschen Handelsflotte und der großen deutschen Reedereien machte die Bestrebungen englischer und amerikanischer großer Reedereien, einen eigenen Liniendienst zwischen Hamburg und New York oder zwischen Bremen und New York aufrechtzuerhalten, zunichte. Die beiden großen deutschen Reedereien, der Norddeutsche Lloyd und die Hamburg-Amerika-Linie, verfügten 1927 gemeinsam über einen Schiffsraum von etwa 1,5 Mill. BRT. Durch eine enge Zusammenarbeit im deutschen Liniennetz vermochten sie den Wettbewerb der englischen, amerikanischen und japanischen Reedereien im nordatlantischen Verkehr erfolgreich zu bestehen.

Der Wettbewerb mit den ausländischen Schiffahrtsunternehmen machte allerdings bald den Zusammenschluß der maßgebenden deutschen Schiffahrtsgesellschaften notwendig, um die Kapitalkraft der deutschen Gesellschaften und damit ihre Wettbewerbsfähigkeit zu stärken. So kam es, daß die großen Gesellschaften eine Reihe kleinerer übernahmen und sich bis 1926 fünf große Gruppen heraushoben, deren Tonnagebestand sich wie folgt entwickelte (in BRT):

	1913	1926	1939
Hamburg-Amerika-Linie .	1360360	876700	751035
Norddeutscher Lloyd . .	982900	613056	580269
Hamburg-Süd.	384900	154500	385350
Hansa	343620	189620	290563
Woermann-Afrika-Linien .	213880	91900	162049
	3285650	1925776	2169266

Im Jahre 1930 kam ein auf 50 Jahre geschlossener Gemeinschaftsvertrag zwischen Hapag und Lloyd zustande, wonach sämtliche Dienste der beiden Gesellschaften einheitlich geregelt, durchgeführt und die Gewinne gepoolt wurden.

Deutschland trat also nach dem ersten Weltkrieg mit einer modernen, gut gebauten Flotte und mit Reedereien in die Weltschiffahrt wieder ein, die es sich hatten angelegen sein lassen, durch gute Organisation und durch Zuverlässigkeit ihrer Dienste dem fremden Wettbewerb zu begegnen, dem sie jedoch kapitalmäßig unterlegen waren.

Als Außenseiter wären unter diesen Umständen die deutschen Schiffahrtsgesellschaften den ausländischen Reedereien sehr unangenehme Konkurrenten gewesen, insbesondere angesichts der krisenhaft sich verschärfenden Lage auf dem Frachtenmarkt. So gelang es schon 1921 der Hamburg-Amerika-Linie in die unter englischer Führung stehende Atlantikkonferenz einzutreten, und ebenso öffneten sich ihr im Jahre 1923 die Kuba-Mexiko-Konferenz und die Westindische Konferenz. Auch die anderen deutschen Reedereien vermochten in diesen Jahren wieder Zutritt zu den Konferenzen zu erhalten.

Die Weltwirtschaftskrise von 1929–1932 traf die kapitalmäßig noch schwachen deutschen Reedereien schwer, und das Reich war gezwungen, um Zusammenbrüche zu vermeiden, die großen Schiffahrtsgesellschaften in erheblichem Maße finanziell zu stützen.

Das Ende des zweiten Weltkrieges brachte abermals die Vernichtung der deutschen Handelsflotte. Nach den Bedingungen der Kapitulation vom Mai 1945 mußten alle Seeschiffe über 1500 BRT an die Sieger abgeliefert werden. Nur 130000 BRT wurden an Küstenschiffen belassen. Neubauten durften nicht hergestellt werden, und da Deutschland nur ein geographischer Begriff, im übrigen ein von den Siegermächten verwaltetes und besetztes Land war, konnte nicht, wie nach dem ersten Weltkrieg, sofort aus eigener Kraft und eigenem Willen an den Wiederaufbau der Handelsflotte herangegangen werden. Erst nachdem die Deutsche Bundesrepublik errichtet worden war, gelang es 1949 durch das Washingtoner Abkommen die Beschränkungen zunächst für den Wiederaufbau einer leistungsfähigen Küstenflotte einigermaßen zu beseitigen. Das Petersberger Abkommen vom gleichen Jahre erlaubte auch den Bau von Hochseeschiffen, begrenzte aber noch deren Größe und Geschwindigkeit. Am 3. April 1951 fielen dann auch die letzten Beschränkungen, die die Größe und die Geschwindigkeit der deutschen Handelsschiffe betrafen. Dadurch sowie durch die Ereignisse in Korea, die zu einer starken Steigerung der Frachten führten, endlich durch das allmähliche Aufblühen des deutschen Außenhandels, der mehr als vor dem Kriege auf die Wege über See angewiesen war, seitdem der eiserne Vorhang die Welt in zwei streng voneinander abgeschlossene Hälften teilte, wurde der Aufbauwille der deutschen Reeder kräftig gefördert und angetrieben. Allerdings trat diesem Willen die Knappheit an Kapital und der Mangel an Schiffbaumaterial hemmend entgegen. Nach Lage der Dinge mußten erhebliche Mittel der öffentlichen Hand investiert werden. Zur Finanzierung des Wiederaufbaues standen im wesentlichen fünf Quellen zur Verfügung, nämlich:

1. Bundeshaushaltsmittel als Wiederaufbaudarlehen auf Grund des Gesetzes über den Wiederaufbau der deutschen Handelsflotte von 1950;
2. ERP-Gegenwerte;
3. Gewinne der privaten Wirtschaft, soweit sie als Darlehen auf Grund des § 7d des Einkommensteuergesetzes dem Schiffbau zugewandt wurden[1]);
4. Mittel aus dem Verkauf von Schiffspfandbriefen;
5. die Eigenmittel der Schiffahrt- und Schiffbau-Unternehmen.

Die Geber der 7d-Gelder begnügten sich aber nur zum Teil mit der Stellung eines Gläubigers den Reedereien gegenüber. Oft legten sie Wert darauf, an den Reedereien beteiligt zu werden, und so drangen auf diesem Wege schiffahrtsfremde Persönlichkeiten in eine Reihe von Reedereigesellschaften ein, in denen sie sich maßgebenden Einfluß zu verschaffen wußten.

Die Aufwendungen für die deutsche Seeschiffahrt machten nach Heeckt und Stender in den Jahren 1949—1954 rund 2,0 Milliarden DM aus.

Am 1. 1. 1955 zählte die deutsche frachtfahrende Seetonnage ohne Küstenschiffahrt und ohne Fischerei und Spezialschiffe:

	717 Trockenschiffe	mit 1842818 BRT und
	81 Tankschiffe	mit 264221 BRT
Im Ganzen:	798 Einheiten	mit 2107039 BRT.

64% der 2107039 BRT sind Neubauten und 36% gehören zur Alttonnage. 21,8% der Tonnage sind über 25 Jahre alt, wobei die alten Schiffe vornehmlich in den Klassen bis 1000 BRT vertreten sind. 38 Schiffe = 4,5% von den 798 Einheiten sind größer als 7000 BRT. Diese Schiffe machen 16,5% der Gesamttonnage aus. Von der Gesamttonnage entfielen am 1. 4. 1955 allein 435781 BRT auf die drei großen Reedereien Norddeutscher Lloyd, Hamburg-Amerika-Linie und Deutsche Schiffahrtsgesellschaft Hansa. Ein Vergleich mit 1939 ergibt für diese Reedereien folgendes Bild:

[1]) Nach § 7d des Eink.St.Ges. können Zuschüsse und unverzinsliche Darlehen in dem Jahr, in dem sie gegeben werden, als Werbungskosten von dem zu versteuernden Einkommen abgesetzt werden, wenn sie einem Unternehmen überlassen werden, das bei einer Werft im Gebiet der Bundesrepublik den Bau eines Schiffes in Auftrag gegeben hat, und wenn dieses Schiff nach seiner Fertigstellung in das Eigentum des betreffenden Unternehmens übergeht.

BRT:	1939	1955
Hamburg-Amerika-Linie . .	751035	143449
Norddeutscher Lloyd	580269	169392
Hansa	290563	122140
	1621867	435931

Die Frage ist nun, wie weit der Wiederaufbau der deutschen Handelsflotte noch fortgesetzt werden soll, um den Bedarf an Schiffsraum für die deutsche Volkswirtschaft zu decken. Nach den Plänen des Bundesverkehrsministeriums ist eine Handelsflotte von rund 3,5 Millionen BRT vorgesehen. Da von dieser Zahl am 1. 1. 1955 $^2/_3$ erreicht waren, hielt man in den Kreisen der Bundesregierung den Zeitpunkt für gekommen, die für den Ausbau der Handelsflotte bestimmten Mittel zu kürzen, und die Reeder mehr als bisher auf die eigenen und die am Kapitalmarkt erhältlichen Mittel zu verweisen. Heeckt und Stender haben ihren Schätzungen die gegenüber der Vorkriegszeit gesteigerte Leistungsfähigkeit der neugebauten Schiffe in Rechnung gestellt und auch berücksichtigt, daß die Bundesrepublik heute mehr Waren einführen muß als vor dem Kriege. Sie haben weiter beachtet, daß ein erheblicher Teil der deutschen Handelsflotte im Cross-Verkehr tätig ist[1]). Sie kommen dann zu dem Ergebnis, daß Deutschland zu Beförderungszwecken rund 4,2 Mill. BRT bedarf. Anfang 1955 wäre aber die Hälfte dieses Bedarfs beschafft gewesen, während der Rest in etwa fünf Jahren fertiggestellt werden könne, falls es gelingt, die dafür erforderlichen Mittel aufzubringen. Diese würden abermals etwa 2 Milliarden DM betragen, so daß in den nächsten fünf Jahren jährlich etwa 400 Mill. DM allein für den weiteren Ausbau der Handelsflotte benötigt werden würden.

Nun ist aber das Einkommensteuergesetz am 1. 1. 1955 dahin geändert worden, daß die Vergünstigungen des § 7d fortfallen. Damit ist die Finanzierungsbasis erheblich schmaler geworden. Außerdem sind im Bundeshaushalt aus den vorn angegebenen Gründen die Darlehnsmittel für die Seeschiffahrt gegenüber 1954 im Haushaltsplan für 1955 um 20 Mill. DM von 70 auf 50 Mill. DM gekürzt, und endlich fällt die Steuerbefreiung der Schiffspfandbriefe fort. Damit ist die Hauptlast der Finanzierung des weiteren Ausbaues der deutschen Handelsflotte auf die Schultern der Reedereien und den Kapitalmarkt gelegt. Aber dessen Leistungsfähigkeit ist beschränkt und wird es auch in absehbarer Zeit bleiben. Außerdem wirken sich am deutschen Kapitalmarkt herrschenden hohen Zinssätze ungünstig auf die Rentabilität der Kapitalinvestitionen aus. Eine derartig hohe Zinsbelastung aber entfällt bei den ausländischen Reedereien, die über große Eigenkapitalien und beträchtliche in den Nachkriegs-

[1]) Cross-Verkehr ist der Verkehr für fremde Rechnung zwischen verschiedenen Auslandshäfen, ohne daß von den Schiffen auf ihren Fahrten der Heimathafen berührt wird.

jahren angesammelte Reserven verfügen. Damit aber ist die Wettbewerbslage der ausländischen Reedereien den deutschen gegenüber erheblich günstiger.

Inwieweit etwa ausländisches Kapital die Neigung hat, den deutschen Seeschiffbau zu unterstützen, wird man abwarten müssen. Vielleicht kann die Weltbank als leistungsfähiger Kapitalgeber in Frage kommen, die bereits an holländische und norwegische Reeder beträchtliche Kredite vergeben hat. Diese Kredite würden allerdings nur für die großen in der internationalen Schiffahrt bekannten Unternehmen in Frage kommen.

Bei alledem wird man nicht vergessen dürfen, daß die Spanne zwischen Kosten und Erträgen recht eng geworden ist. Das hat dazu geführt, daß sowohl von der ausländischen Schiffahrt als auch von den deutschen Reedereien Schiffe aufgelegt worden sind, wobei es sich natürlich in erster Linie um solche Schiffe handelt, die ihrer veralteten technischen Einrichtungen wegen nicht mehr mit Gewinn eingesetzt werden konnten. Deutsche Reedereien haben im Jahre 1954 rund 71000 BRT Schiffsraum entweder abgewrackt oder an das Ausland verkauft. Wenn man alle diese Umstände berücksichtigt, so dürfte es wohl zweckmäßig sein, den weiteren Ausbau der deutschen Handelsflotte mit einer gewissen Zurückhaltung durchzuführen und sich zunächst einmal auf das vom Bundesministerium für den Verkehr gesteckte Ziel zu beschränken.

Der Mangel an Kapital und die Schwierigkeit, Kapital im Ausland zu beschaffen, wird wahrscheinlich wie nach dem ersten Weltkrieg dazu führen, daß sich eine Anzahl kleinerer Unternehmen mit den großen Schiffahrtsgesellschaften zusammenschließt. Es dürfte daher eine Periode der Konzentration in der deutschen Seeschiffahrt bevorstehen. Den Anfang haben offenbar die Afrika-Reedereien gemacht, die sich zur Deutsch-Afrikanischen Schiffahrtsgesellschaft mbH. zusammengeschlossen haben.

Der Bau großer Passagierschiffe, wie sie vor dem Kriege die großen deutschen Schiffahrtsgesellschaften vor allem in der Atlantikfahrt eingesetzt hatten, dürfte für die deutschen Reeder jetzt kaum in Frage kommen. Die großen Schiffe waren damals selbst in der Atlantikfahrt nicht immer in der Lage, neben den Betriebskosten auch den Aufwand für Tilgung und Verzinsung des investierten Kapitals zu decken. Diese Schiffe konnten weder in Deutschland noch im Ausland ohne staatliche Subventionen gehalten werden. Der Bau eines solchen großen Schiffes dauert etwa drei Jahre; allein darin liegt ein erhebliches Risiko. Niemand kann bei der schnellen Entwicklung der Luftfahrt und bei der Unsicherheit der politischen Verhältnisse übersehen, wie sich in drei Jahren die Lage der Weltschiffahrt gestalten wird. Bei der Kapitalknappheit der gerade im Aufbau befindlichen deutschen Schiffahrtsgesellschaften ist ein solches Risiko kaum tragbar, und deshalb wird der mittelgroße Cargo-Liner doch wohl der gegebene Schiffstyp für die großen deutschen Reedereien sein. Aber man wird sich den veränderten Bedürfnissen der Passagiere anpassen müssen. Vor dem Kriege wünschten sie den Luxus der großen Hotels auf dem Meere wiederzufinden. Heute muß zwar aller Komfort und alle Bequemlichkeit geboten werden, doch mehr als das Bedürfnis nach Luxus steht heute der Wunsch nach Ruhe und Entspannung im Vordergrund. Auch in der Zusammensetzung der Fracht hat sich eine Strukturwandlung vollzogen. In der Linienschiffahrt beginnt jetzt das Stückgut durch Massengüter wie Getreide, Düngemittel, Ölkuchen, Wolle und Kaffee verdrängt zu werden. Das Verhältnis von Massen zu Stückgut, das im Hamburger Hafen verladen wurde, stellte sich im Jahre 1936 wie 52 zu 48; 1954 aber wie 65 zu 35, und in Bremen war das Verhältnis 1936 39 zu 51 und 1954 54 zu 46.

Neben den Mitteln für Neubauten müssen auch beträchtliche Kapitalien für Ersatzbauten bereitgestellt werden. Ein großer Teil der alten Tonnage entspricht nicht mehr den Anforderungen der heutigen Zeit. Die Reedereien haben nach 1949 Schiffe im Ausland gekauft. Es hat sich aber gezeigt, daß diese Schiffe qualitativ für den Linienverkehr nicht mehr ausreichten.

Nachdem die ersten Fesseln gefallen waren, die die deutsche Seeschiffahrt beschränkten, konnte die Masse der deutschen Handelsflotte nur im Trampverkehr eingesetzt werden, weil es an Schiffen fehlte, die für den Linienverkehr geeignet waren. Erst nach 1951, als die letzten Beschränkungen für den Schiffsbau fielen, trat der Linienverkehr wie vor dem Kriege wieder in den Vordergrund. Bis zum Jahre 1954 ist es dann den deutschen Reedereien gelungen, alle großen Liniendienste der Vorkriegszeit wieder aufzunehmen. Allerdings konnte die frühere Abfahrtsdichte noch nicht wieder erreicht werden. Der Mangel an Schiffen zwang dazu, die Liniendienste mehrerer Reedereien im Gemeinschaftsdienst zu betreiben. 1950 hatte der Norddeutsche Lloyd in Gemeinschaft mit der Hapag mit Charterschiffen die ersten Abfahrten nach der Ostküste der USA sowie nach Kuba und Mexiko eröffnet. Ende 1950 begann die Hansa-Linie wieder mit dem Persien-Dienst, und seit 1953 betreiben Hapag und Lloyd einen Gemeinschaftsdienst nach Ostasien. Auch die Afrika-Linie und die anderen Reedereien, die im Liniendienst tätig gewesen waren, hatten bis 1955 ihre Dienste wieder aufgenommen. Seit 1952 verkehren zwei Fracht-Motorschiffe des Norddeutschen Lloyd zwischen Bremen und den Kanarischen Inseln, die von dort Bananen und Tomaten nach der Bundesrepublik bringen.

Allerdings war es den deutschen Reedereien nicht wie nach dem ersten Weltkrieg gelungen zu verhindern, daß auch englische und amerikanische Reedereien regelmäßige Dienste von Bremen und Hamburg aus nach den großen Überseehäfen gehen ließen. Dazu war den deutschen Reedern zu lange der Wiederaufbau ihrer Flotten verwehrt worden.

Bei der gedrückten Lage am Seefrachtenmarkt gelang es den deutschen Reedereien von 1953 ab auch wieder in den großen Konferenzen Fuß zu fassen. Es ist dabei allerdings zu erheblichen Kämpfen gekommen, doch sahen es die ausländischen Reeder auch diesesmal lieber, wenn die deutsche Konkurrenz durch die Beschlüsse der Konferenzen gebunden wieder auf dem Weltmeer erschien, als daß sie als Außenseiter auftrat, der die an sich schon gedrückten Raten noch weiter drücken konnte. So gehörten 1955 der Norddeutsche Lloyd 51 und die Hamburg-Amerika-Linie 47 Konferenzen an.

Literatur

Hans Priester, Der Wiederaufbau der deutschen Handelsflotte. 1926.
Hermann Pantlen, Der Wiedereintritt Deutschlands in die Weltschiffahrt. 1927.
Sven Helander, Die internationale Schiffahrtskrise. 1928.
Hugo Heeckt und Heinz Stender, Der Wiederaufbau der deutschen Handelsflotte. 1954.
G. A. Theel, Die deutsche Handelsschiffahrt 1914–1938–1955. Vorträge aus dem Institut für Verkehrswissenschaft an der Universität Münster. Heft 2. 1955.
„Hansa". Deutsche nautische Zeitschrift.
Lloyd's Register. London.
Fairplays Annual Summary of British Shipping and Finance.
Brasseys Naval and Shipping Annual. London.

Kapitel V

Der Luftverkehr

§ 1

Eigenart und Entwicklung des Luftverkehrs

Kennzcichen des Luftverkehrs sind Schnelligkeit und hohe Transportkosten. Das t/km, das ein Luftverkehrsunternehmen verkauft, ist erheblich teurer als das der anderen Verkehrsmittel. Trotzdem besteht eine wachsende Nachfrage danach. Für die Nachfrage ist die große Schnelligkeit entscheidend, die aber nur auf langen Strecken voll zur Geltung kommt. Im Luftverkehr unterscheidet man:

Kurzstrecken bis zu 1500 km Streckenlänge,
Mittelstrecken von 1500 bis 3000 km Streckenlänge,
Langstrecken von über 3000 km Streckenlänge.

Wenn die Entfernung, die im Flugzeug zurückgelegt werden soll, unter 300 km liegt, wird ein erheblicher Teil des Zeitgewinns, den der Flugzeugtransport den anderen Transportweisen gegenüber schafft, durch die Zeit, die für die An- und Abfahrt zum Flughafen sowie für das Landen und Starten des Flugzeuges benötigt wird, absorbiert. Der Transport mit dem Flugzeug ist nur dann für den Verlader oder für den Reisenden von Vorteil, wenn die Reisezeit durch die Luft etwa 2½mal kürzer ist als die auf der Erde mit der Eisenbahn oder dem Kraftwagen.

Der durchschnittliche Zeitaufwand für eine Luftreise in Minuten gerechnet sieht etwa folgendermaßen aus[1]):

Länge der Reise km	An- und Abfahrt zum Flugplatz Min.	Abfertigung Min.	Abflug u. Landen Min.	Flugzeit Min.	Ges. Reisezeit Min.	davon Flug %
200	55	47	15	40	157	31
400	55	48	20	75	198	38
700	55	55	24	124	258	48
1000	55	65	25	170	315	54

[1]) Nach Air Research Bureau, Brüssel, Internal Air Transport in Europe, S. 40. 1953.

Im europäischen Luftverkehr pflegen deshalb 50% der Reisenden mehr als 400 km und im inneramerikanischen Verkehr mehr als 300 km zurückzulegen.

Aus dem gleichen Grunde ist der Luftverkehr ein Knotenpunktverkehr zwischen großen Städten mit mehr als 2–300000 Einwohnern. In den USA kamen nach Pirath im Jahre 1950 auf Städte über 250000 Einwohner

76% der Fluggäste
92% der Fracht
93% der Post.

Der Luftverkehr braucht Raum und Entfernung, und beides ist in Europa nur in beschränktem Umfang vorhanden. Die Grenzen der zahlreichen, oft kleinen Staaten unterteilen den Raum und nehmen damit dem Luftverkehr seine Bewegungsmöglichkeit. Das Zentrum des europäischen Wirtschaftslebens ist auf einen verhältnismäßig engen Raum mit dem Schwerpunkt in Nord-West-Europa im Raum London-Paris-Frankfurt am Main-Antwerpen zusammengepreßt. Auf dem europäischen Kontinent ist das Eisenbahn- und Straßennetz dicht ausgebaut und ermöglicht gute und schnelle Verbindung. Der Luftverkehr bietet in Europa jedoch auf kurze Strecken dann Vorteil, wenn es gilt, Wasser zu überqueren, wie das im Verkehr zwischen dem europäischen Kontinent und England und mit den nordischen Staaten erforderlich ist. Der Wechsel vom Land- zum Wassertransport beansprucht Zeit, die der Luftverkehr nicht benötigt. Daher nimmt der Luftverkehr zwischen London und dem Kontinent 38,6% der Passagier-km in Anspruch, die im europäischen Luftverkehr geflogen werden, und 57,3% der Passagiere im europäischen Luftverkehr fliegen über Wasser und über Land, während über Land allein nur 42,7% der Passagiere fliegen. Die am dichtesten beflogene Strecke ist die zwischen London und Paris, und im Verkehr zwischen diesen beiden Städten benutzen 31,5% aller Reisenden das Flugzeug.

Die geographischen und politischen Verhältnisse bringen es mit sich, daß die Verkehrsleistung im europäischen Luftverkehr erheblich hinter der im Binnenverkehr in den USA und im interkontinentalen Verkehr zurückbleibt. Das zeigen deutlich die auf das Jahr 1951 bezogenen Zahlen, die die geleisteten t/km wiedergeben:

Verkehrsbereich	Millionen t/km		
	Passagiere	Fracht	Post
Europa	178	34,8	9,6
USA	1473	329,1	93,0
Interkontinental	795	249,2	97,7

Im Gegensatz zum europäischen Luftverkehr kann sich der amerikanische ungehindert entfalten, weil ihm Raum und Entfernung zur Verfügung stehen.

Außerdem sind die Zentren der wirtschaftlichen Kraft in den USA nicht auf so engem Raum zusammengeballt wie in Europa. So kommt es, daß von den 46 Milliarden Passagier-km, die der Weltluftverkehr im Jahre 1953 leistete, auf Westeuropa nur 13,7% mit 6,3 Milliarden Personen-km, dagegen auf die USA 63,5% mit 29,2 Milliarden Personen-km entfiel. Damit wird dort das Flugzeug zu einem beachtlichen Konkurrenten der Eisenbahn im Personenverkehr, während der Güterverkehr als ausgesprochener Massenverkehr noch von den Eisenbahnen weitgehend beherrscht wird.

Lange Strecken werden vor allem im interkontinentalen Verkehr geflogen. Aber auch dort steht die wichtigste Verbindung, nämlich die zwischen Europa und den Oststaaten der USA, in der Zahl der Verkehrsgelegenheiten und der wöchentlich angebotenen Sitze hinter dem inneramerikanischen Verkehr zurück. Im Transatlantikverkehr wird das Flugzeug zu einem beachtlichen Konkurrenten der großen Schiffahrtslinien.

Das wöchentliche Angebot im planmäßigen interkontinentalen Luftverkehr zwischen den Bevölkerungszentren der nördlichen Halbkugel betrug im Winter 1954/55[1]):

Verbindung	Zahl der Luftverkehrsgesellschaften	Zahl der Verkehrsgelegenheiten	Wöchentlich angebotene Sitzplatzkapazität	Sitz je Flugzeug
Westküste Nordamerika—Ostküste Nordamerika .	5	600	36 200	60
Europa—Ostküste Nordamerika	12	120	6 600	56
Europa—Naher Osten . . .	19	119	6 200	54
Naher Osten—Mittlerer Osten	12	45	2 400	52
Mittlerer Osten—Südostasien	10	36	1 800	50
Südostasien—Japan. . . .	11	28	1 500	52
Japan—Westküste Nordamerika	3	6	350	58

Im Nordatlantikverkehr beginnt sich das Flugzeug ebenbürtig neben das Passagierschiff zu stellen. Das zeigt ein Vergleich der Entwicklung von Schiffs- und Flugpassagen. Es beliefen sich[2]):

	die Schiffspassagen		die Flugpassagen	
	Anzahl	%	Anzahl	%
1938	598 000	100		
1947	457 500	70,3	194 000	29,7
1950	676 000	68,1	316 684	31,9
1952	807 054	64,5	445 658	35,5
1953	855 774	62,1	522 493	37,9

[1]) Dr. Heinz Röhm, Im Int. Archiv für Verkehrswesen 1955. S. 249.
[2]) Wirtschaftskorrespondent Nr. 12 vom 24. 3. 55 S. 10.

Im Jahr 1953 sind fast ebenso viele Reisende mit dem Flugzeug über den Atlantik geflogen, wie im Jahre 1938 mit dem Schiff herübergefahren sind. Die Zunahme des Verkehrs hat allerdings die Schiffspassagen auch steigen lassen, aber der Luftverkehr hat sich doch einen wachsenden Anteil zu sichern gewußt. Je mehr sich die wirtschaftlichen Verflechtungen zwischen den USA und Europa enger gestalten, umsomehr wird mit einer weiteren Zunahme des Luftverkehrs zwischen Europa und der Ostküste der USA zu rechnen sein. Einen großen Einfluß auf die Entwicklung wird die Gestaltung der Massenkaufkraft haben, und dann wird die weitere Zunahme des Verkehrs davon abhängen, ob die Fluggesellschaften in der Lage sind, die Flugpreise noch mehr zu senken und die Flugzeit abzukürzen.

Im Verkehr zwischen Europa und den Häfen der südamerikanischen Ostküste zeigt sich, daß der Anteil der Flugpassagen an den Gesamtpassagen niedriger liegt als im Nordatlantikverkehr. Der plötzliche Klimawechsel, den der Flug von Europa nach den tropischen und subtropischen Gegenden Südamerikas zur Folge hat, ist oft gesundheitlich nicht bekömmlich, und deswegen wird häufig die Schiffsreise dem Flug vorgezogen. Denn bei der Schiffsreise vollzieht sich der Klimawechsel allmählich. Dennoch ist das Flugzeug in der Südamerikafahrt eine empfindliche Konkurrenz für die Schiffahrtslinien, weil die Luftreise nicht wesentlich teurer ist als die Überfahrt mit dem Schiff und sehr viel weniger Zeit beansprucht. Die Reise zu Schiff von Hamburg nach Rio de Janeiro nimmt durchschnittlich 28 Tage in Anspruch. Sie kostet in der ersten Klasse 2300 DM und in der Touristenklasse 1400–1500 DM. Der Flug Hamburg—Rio beansprucht 24 Stunden und kostet 3000 DM. Dabei pflegen die Reisenden, die sich zur Fahrt nach Südamerika des Flugzeuges bedienen, die Rückreise nach Europa aus gesundheitlichen Gründen meist mit dem Schiff zurückzulegen.

Schiffs- und Flugpassagen im Verkehr zwischen den europäischen, Atlantik- und Mittelmeerhäfen und den Häfen der südamerikanischen Ostküsten

Jahr	Schiffspassagen	Flugpassagen	Flugpassagen in % der Gesamtpassagen
1952	149 932	42 950	22,2
1953	204 097	37 766	15,5
1954	194 518	40 665	17,2

Der Luftverkehr ist ein Kind des ersten Weltkrieges, in dem und durch den die Entwicklung des Flugzeuges rasche Fortschritte machte. Zunächst diente das Flugzeug ausschließlich dem Passagierverkehr; erst als Maschinen mit größerer Tragfähigkeit gebaut werden, und als die aerodynamische Form des Rumpfes Hohlräume schuf, die zwar nicht der Beförderung von Personen, wohl aber der Unterbringung von Fracht dienen konnten, trat der Güterverkehr neben den Personenverkehr, weil es dadurch möglich war, das Verhältnis von toter Last zur Nutzlast zu verbessern. Im Vordergrund der verfrachteten Güter standen Post und Zeitungen sowie sehr transportempfindliche Waren von geringem Gewicht wie Blumen, Frischgemüse, Obst und dergleichen. Aber bald gewann das Frachtgeschäft zunehmend an Bedeutung, wie die Zahlenübersicht 8 zeigt. Dennoch steht auch heute noch im Luftverkehr der Passagierverkehr im Vordergrund, auf den in Europa allein 80% der Verkehrsleistungen entfallen.

Je weniger in großräumigen Ländern das Transportwesen entwickelt ist, um so größer ist die Bedeutung des Luftverkehrs und der Anteil der Fracht an seinen gesamten Verkehrsleistungen. Das geht aus der nachstehenden Tabelle hervor. Es wurden geleistet:

Millionen t/km 1951	Passagiere	Fracht	%-Anteil der Passagiere	%-Anteil der Frachten
Welt	3115	1140,3	73,3	26,7
USA	1473	422,1	85,3	14,7
Südamerika	193	141,1	57,2	42,8
Afrika	34	17,8	65,7	34,3
Asien	78	48,7	61,3	38,7

Der hohe Anteil der Fracht an den Verkehrsleistungen in Südamerika, Asien und Afrika tritt deutlich zutage, und so trägt der Luftverkehr zur Erschließung solcher Länder bei, die sonst verkehrsmäßig noch wenig erschlossen sind, oder in denen die verkehrsmäßige Erschließung auf erhebliche Geländeschwierigkeiten stößt, wie das in Columbien oder Brasilien der Fall ist. In Columbien trennen die Küste hohe Berge vom Inneren des Landes, und dort wurden im Jahre 1953 täglich zwischen 200 und 400 t Güter auf Flugzeugen von der Küste in das Innere des Landes geflogen.

In Brasilien waren weite Gegenden des Landes bisher entweder gar nicht oder nur mit zeitraubenden Schwierigkeiten zu erreichen, so daß sie für die wirtschaftliche Nutzung des Landes ausfielen. Sie sind erst durch den Luftverkehr wirtschaftlich erschlossen worden. Bei der Unwegsamkeit des Landes und dem nur wenig entwickelten Eisenbahn- und Straßennetz stellt in Brasilien der Luftverkehr das Rückgrat des Verkehrswesens dar. Das hat nach dem zweiten Weltkrieg dort dazu geführt, daß in kurzer Zeit 40 Luftverkehrsgesellschaften gegründet wurden, von denen allerdings bis 1954 31 aus finanziellen Gründen ihren Betrieb wieder einstellen mußten.

Auch im Luftfrachtverkehr stehen die USA an erster Stelle. Im Jahre 1953 wurden in der Welt 1 Milld t/km geleistet; davon entfielen auf die USA

532,6 Mill. t/km = 53,3 % und auf Westeuropa 183,1 Mill. t/km = 18% der Weltleistung.

Literatur

Claude E. Puffer, Air Transportation, Philadelphia. 1951.
Carl Pirath, Voraussetzungen und Möglichkeiten des europäischen Luftverkehrs. 1952.
Air Transports, Facts and Figures; Air Transport Association, Washington.
E. Hansen, Das Flugzeug im Wettbewerb mit Eisenbahn und Überseeschiffahrt. 1951.
K. F. Reuss, Jahrbuch der Luftfahrt, München.
ICAO, Monthly Bulletin.
IATA Bulletin.
Journal of the Royal Aeronautic Society, London.
Flugwelt seit 1949.
Weltluftfahrt seit 1949/50.
Interavia seit 1946.

§ 2

Die Organisation des Weltluftverkehrs

Ende 1954 gab es in der Welt etwa 250 Luftverkehrsunternehmen. Neben Großbetrieben mit Luftflotten von 200 Flugzeugen und mehr gab es kleine Unternehmen mit 2—3 Maschinen. Westeuropa allein wird von 22 Luftverkehrsgesellschaften beflogen, von den 15 ihren Sitz in Europa haben. Die größte der europäischen Gesellschaften ist die Air France in Paris.

Die Luftverkehrsgesellschaften sind entweder staatliche Gesellschaften, wie es in Frankreich die Air France ist und in England die beiden großen Gesellschaften, die British European Airways (BEA) und die British Overseas Air Corporation (BOAC), oder sie sind gemischtwirtschaftliche Unternehmen, an denen staatliches und privates Kapital beteiligt sind wie in den Niederlanden, der Schweiz und den nordischen Staaten, und endlich sind rein private Gesellschaften vorhanden wie in den USA und in England.

Der internationale zivile Luftverkehr hat seine Regelung durch das Chicagoer Abkommen gefunden. Es geht davon aus, daß jeder Staat die ausschließliche und vollständige Gewalt über seinen Luftraum besitzt. Danach besteht also keine allgemeine Luftfreiheit. Deswegen bedürfen die internationalen planmäßigen Luftverkehrslinien, wenn die Flugzeuge das Gebiet der im Chicagoer Abkommen zusammengeschlossenen Staaten überfliegen oder darin einfliegen wollen, der Genehmigung und einer Konzession, um den Luftverkehrsbetrieb aufzunehmen. Die Aufnahme des Luftverkehrs zwischen den einzelnen Mitgliedern des Abkommens bedarf also jedesmal eines zweiseitigen Abkommens, in dem auf der Grundlage des Chicagoer Abkommens die Einzelheiten festgelegt werden. Bisher ist es noch nicht gelungen, diese zweiseitigen Abkommen durch eine multilaterale Vereinbarung zu ersetzen.

Auf Grund des Chicagoer Abkommens wurde die International Civil Air Organisation (ICAO) geschaffen, der 65 Staaten angehören. Sie regelt den internationalen Flugverkehr, fördert seine Wirtschaftlichkeit und ist vor allem bestrebt, für seine Sicherheit zu sorgen. Aus diesen Gründen bedürfen alle im internationalen Luftverkehr tätigen Gesellschaften der Konzessionierung durch ihren Heimatstaat.

Während die ICAO eine staatliche Organisation ist, ist die International Air Transport Association (IATA) ein privatrechtlicher Zusammenschluß der im internationalen Verkehr tätigen Luftverkehrsgesellschaften. Die IATA hat die Aufgabe, Flugpreise und -Frachten zu regeln und die Verkehrsbedingungen zu verbessern. Sie ist ein internationales Kartell, dem 73 Luftverkehrsgesellschaften angehören.

Die in der IATA zusammengeschlossenen Gesellschaften betreiben in erster Linie das Passagiergeschäft und als Ergänzung dazu, um den Raum des Flugzeuges auszunutzen, den Frachtverkehr. Diese Gesellschaften haben ein die Welt umspannendes Netz von Linien aufgebaut, die regelmäßig beflogen werden. Die Leistungen der wichtigen Verkehrsgesellschaften gibt die nachstehende Aufstellung wieder.

Leistungen der wichtigsten Luftverkehrsgesellschaften im Jahre 1953

	Passagier/km (1000)	t/km (1000)
American Air Lines	5294705	586326
Trans World Air Lines	4634811	488797
United Air Lines	4367095	468255
Eastern Air Lines	4021568	404017
Pan American Air Lines	3187022	399272
North West Air Lines	1369000	149332
Air France	1683534	218598
British Overseas Air Corp.	1471890	200280
British Eurpean Airways	742884	74871
SAS	793378	95533
Sabena	464182	60726

Die Zahlen zeigen das Überwiegen des Passagiergeschäfts bei allen Gesellschaften. Die Gesellschaften, die auf der Grundlage eines weiträumigen Gebietes stehen, wie die amerikanischen Gesellschaften, die Air France und die British Overseas Air Corp. haben bedeutend größere Leistungen aufzuweisen als die Gesellschaften, bei denen das nicht der Fall ist, wie die Sabena und die SAS.

Nach dem zweiten Weltkrieg aber haben sich neben diese IATA-Gesellschaften auch andere Gesellschaften gestellt, die sich ausschließlich dem Luftfrachtgeschäft widmeten. Die Gründer dieser vor allem in den USA zustandegekommenen Unternehmen waren ehemalige Kriegsflieger, die mit billig aus den aufgelösten Luftwaffenbeständen erstandenen Flugzeugen Luftverkehrsgesellschaften ins Leben riefen. Sie gaben sich ausschließlich dem Frachtgeschäft hin und brachten damit eine ganz neue Note in die Organisation und in den Ablauf des Luftverkehrs hinein. Dadurch entstand zwischen ihnen und den alten Gesellschaften sowohl ein Wettbewerb als vor allem eine Arbeitsteilung.

Für die Entwicklung dieser Art des Luftverkehrs waren in den Jahren nach dem zweiten Weltkrieg in erster Linie die USA ausschlaggebend. Dort hat sich auch eine weitgehende Spezialisierung des Luftverkehrs herausgebildet, die durch die oberste Luftbehörde gefördert wurde. Das Civil Aeronautic Board (CAB) hatte schon früh damit begonnen, den Luftverkehr in geregelte Bahnen zu lenken. Es hat die Entwicklung nicht allein dem freien Spiel der Kräfte überlassen, wohl auf Grund der Erfahrungen, die man mit der Methode des Laisser-faire in den Entwicklungsjahren der Eisenbahnen gemacht hat.

Der CAB erläßt Vorschriften für die zivile Luftfahrt, erteilt mit Zustimmung des Präsidenten der USA die Genehmigung für den Betrieb von Fluggesellschaften und regelt deren Tarifpolitik.

In den USA gibt es verschiedene Arten von Luftverkehrsgesellschaften.

1. Die Domestic Trunk Lines. Es sind dies 13 Gesellschaften, die im Inlande Fernverkehrsdienst betreiben und einen Linienverkehr aufrechterhalten. Sie widmen sich vornehmlich dem Passagierverkehr mit dem Frachtverkehr als Nebenbetrieb. Jede der 13 Gesellschaften hat ein bestimmtes Streckennetz zugewiesen erhalten, wodurch jede Konkurrenz zwischen Gesellschaften ausgeschaltet ist.

2. Die Domestic Local Service Lines. Diese 14 Gesellschaften leisten Zubringerdienste, indem sie Anschlüsse für mittlere und kleinere Orte an die Linien der Domestic Trunk Lines herstellen.

3. International and Oversea Lines. Darunter fallen 18 Gesellschaften. die über den Inlandsverkehr hinaus im regelmäßigen Linienverkehr die Verbindung mit anderen Ländern, vor allem mit den anderen Kontinenten herstellen.

4. Die Territorial Lines. Sie verbinden die nordamerikanischen Besitzungen mit dem Mutterland.

5. Die All Cargo Lines. Diese Gesellschaften sind im Jahre 1949 unter dem Einfluß des CAB geschaffen worden. Sie betreiben das Frachtgeschäft im planmäßigen Linienverkehr, aber nicht das Passagiergeschäft. Von den fünf vorhandenen Gesellschaften arbeiten vier nur innerhalb der USA und eine stellt die Verbindung mit Guatemala und Bogota her. Jede dieser Gesellschaften

hat ein bestimmtes Streckennetz, auf dem sie nur amerikanische Gütern befördern dürfen.

6. Die sogenannten nichtkonzessionierten Fluggesellschaften. Ihnen ist die Einrichtung eines planmäßigen Linienverkehrs untersagt. Meist ist ihnen nur eine bestimmte Anzahl von Flügen im Monat gestattet, so daß sie vor allem den Bedarfsverkehr befriedigen, der stoßweise anfällt, wobei die Regierungsaufträge für die Versorgung der amerikanischen Truppen auf den anderen Kontinenten eine erhebliche Rolle spielen. Diese nichtkonzessionierten Luftverkehrsgesellschaften üben im Luftverkehr etwa die gleiche Funktion aus, wie die Trampschiffahrt im Seeverkehr.

Der Luftfrachtverkehr wird in den weiträumigen USA zunehmend wichtiger. Nach den Angaben des Deutschen Instituts für Luftverkehrsstatistik in Frankfurt am Main entfielen im Jahre 1952 64% des Luftfrachtverkehrs der Welt allein auf die USA. Nach der gleichen Quelle kam bis 1950 der Hauptteil des amerikanischen Luftfrachtaufkommens auf die Domestic Trunk Lines. Doch konnten die All Cargo Lines ihren Anteil von 1950 bis 1953 erheblich steigern.

%-Anteil der verschiedenen Luftverkehrsgesellschaften am Luftfrachtverkehr in den USA 1950 und 1953

Jahr	Dom. Trunk Lines	Local Serv. Lines	Intern. Lines	Territ. Lines	All Car. Lines	Andere
1950	52,6	0,4	24,6	1,5	13,2	7,7
1953	40,4	0,5	19,6	0,7	21,6	17,2

Endlich müssen noch die Hubschrauberlinien erwähnt werden, die Post zwischen den Flughäfen und den Postämtern der dazugehörenden Großstädte und deren Vororte befördern.

Das amerikanische Luftverkehrsystem stellt ein vielgestaltiges, gut durchorganisiertes Gebilde dar, das natürlich die weiten Räume, die großen Entfernungen und den Wohlstand der USA zur Voraussetzung hat. Das Vordringen des reinen Luftfrachtverkehrs ist gerade für amerikanische Verhältnisse charakteristisch. Aber dadurch dürfte den Eisenbahnen und deren Güterverkehr nur wenig Abbruch getan werden, da diese nach wie vor den Verkehr mit Massengütern behalten werden, der in den USA eine große Rolle spielt, und für den sich das Flugzeug nicht eignet.

In England erteilte das Air-Transport-Advising-Council (ATAC) als die vom Ministerium für Transport und zivile Luftfahrt eingesetzte Stelle, die über die Zulassung von Luftverkehrsunternehmen entscheidet, nur sehr zurückhaltend Konzessionen an neue Gesellschaften. Großbritannien verfügte nach dem zweiten Weltkrieg über zwei nationalisierte Luftverkehrsgesellschaften, die

British European Airways (BEA) und die British Overseas Air Corporation (BOAC). Man wollte diesen beiden Gesellschaften nach dem Kriege zunächst Zeit lassen, um sich zu konsolidieren. Erst allmählich erhielten auch Privatgesellschaften in größerem Ausmaß Konzessionen, wodurch sie im planmäßigen Linienverkehr tätig sein konnten.

Von diesen neuen Gesellschaften ist aber keine eine reine Luftfrachtgesellschaft, sondern sie sind in starkem Maße am Passagierverkehr innerhalb des Britischen Commonwealth interessiert. Diese neuen 52 privaten Luftverkehrsgesellschaften haben sich in der British Independent Air Transport Association (BIATA) zusammengeschlossen. Im Jahre 1951/52 betrug der Anteil der BIATA-Gesellschaften an den Leistungen des gesamten britischen Luftverkehrs 18,9%. Die Gesellschaften haben einen planmäßigen Kurzstreckenverkehr als Liniendienst zwischen England und den Inseln in der Irischen See sowie zwischen England und dem europäischen Kontinent aufgebaut. Dieser Kurzstreckenverkehr ist lohnend, weil die verhältnismäßig langsame Fahrt mit dem Schiff über See trotz der Kürze der Entfernungen die Geschwindigkeit des Flugzeuges voll zur Geltung kommen läßt. Mit den alten Gesellschaften, der BEA, die England mit dem Herz des europäischen Kontinent verbindet, und der BOAC, die den transkontinentalen Dienst versieht, ist so eine weitgehende Arbeitsteilung geschaffen, die eben auf den besonderen geographischen englischen Verhältnissen beruht.

In Frankreich endlich, dem dritten Land mit ausgedehntem überseeischen territorialen Besitzungen, hat der Luftverkehr die Aufgabe, die weit abgelegenen und in ihrem Inneren oft schwer zugänglichen Gebiete der Französischen Union mit dem Mutterland zu verbinden. In diesen Dienst teilen sich eine Reihe von Fluggesellschaften mit der Air France, auf die diese allerdings einen entscheidenden kapitalmäßigen Einfluß hat. Diese Tochtergesellschaften ergänzen das Luftnetz der Air France, und man kann zwei Gruppen unterscheiden: die eine Gruppe hat ihren Sitz in Frankreich und Nordafrika; sie versieht den Verkehr zwischen Frankreich und seinen afrikanischen Territorien. Die andere Gruppe ist in Indochina tätig. Alle beide Gruppen unterhalten einen planmäßigen Luftverkehr und befördern etwa die Hälfte des französischen Frachtaufkommens. Das Deutsche Institut für Luftverkehrsstatistik macht darüber folgende Angaben für das Jahr 1952:

	Frz. Luftverkehr i.G.	Davon %-Anteile der Air France	anderen frz. Ges.
Geflogene t/km	100	56,7	43,3
Beförd. Passagiere	100	63,9	36,1
Passagier/km	100	68,3	31,7
Fracht	100	50,0	50,0
Fracht t/km	100	59,0	41,0

Beide Gruppen unterhalten innerhalb der französischen Gebiete in Afrika und Indochina einen regelmäßigen und planmäßigen Personenverkehr, der bei der großen Ausdehnung und der Unwegsamkeit dieser Gebiete von erheblichem Belang ist.

Im Weltluftverkehr verlagert sich innerhalb des Passagierverkehrs das Schwergewicht mehr und mehr zum Touristenverkehr. Er wird von den IATA-Gesellschaften beherrscht. Sie haben zwei Beförderungsklassen eingeführt, eine erste und eine Touristenklasse. Im Jahr 1954 waren von den Passagieren, die die 12 am Nordatlantikverkehr beteiligten Luftverkehrsgesellschaften über den Atlantik beförderten, fast 70% Touristen. Man schätzt, daß sich in absehbarer Zeit das Verhältnis zwischen Touristen und Passagieren erster Klasse wie 80:20 stellen wird. Diesem Wandel müssen die Luftverkehrsgesellschaften ihre Flugzeugtypen und ihre Flugpläne anpassen. Die Einführung der Touristenklasse hat allerdings die Saisonschwankungen in der Benutzung der Flugzeuge durch die Passagiere erheblich verschärft. Aber auf der anderen Seite hat das CAB festgestellt, daß im inneramerikanischen Luftverkehr die Touristenklasse für die Luftverkehrsgesellschaften gewinnbringend, und daß trotz ihrer Einführung der Verkehr in der ersten Klasse nicht zurückgegangen ist.

Diese Wandlung ist natürlich auf dem engen europäischen Raum von besonderer Bedeutung, wo der Wettbewerb der Luftverkehrsgesellschaften untereinander außerordentlich lebhaft ist. Die erste Folgerung daraus haben die nordischen Luftverkehrsgesellschaften gezogen, die sich schon im Jahre 1951 zu einer einzigen Gesellschaft zusammengeschlossen haben, dem Scandinavian Air Lines System (SAS). Die Swiss Air, die holländische KLM sowie die belgische Sabena haben das sogenannte Beneswiss Agreement geschlossen. Da alle drei Gesellschaften Flugzeuge gleichen Typs haben, haben sie vereinbart, daß sie gegenseitig ihre Flugzeuge in den Flughäfen betreuen würden, um dadurch an Personal und Material zu sparen. Die Air France, die BEA, die BOAC, die KLM, Sabena, SAS und Swiss Air haben sich zu einem Comittee for Purchases of Aviation Material zusammengeschlossen. Auf diesem Wege sollen Ersatzteile für Flugzeuge einheitlich in den USA eingekauft werden, und außerdem will das Comittee darauf hinweisen, daß bestimmte Ersatzteile auch in Europa hergestellt werden. Im europäischen Luftverkehr ist es endlich nach dem Muster der Konferenzen in der Seeschiffahrt zu 14 Pool-Abkommen zwischen den beteiligten europäischen Gesellschaften gekommen, die eine enge Zusammenarbeit der Gesellschaften im Rahmen der IATA-Bestimmungen und eine Verteilung der Gewinne nach einem bestimmten Schlüssel vorsehen.

Der Europa-Rat wollte noch einen Schritt weitergehen und eine Vereinheitlichung des europäischen Luftverkehrs herbeiführen. Auf seine Anregung hatte daher die ICAO im Frühjahr 1954 eine Konferenz nach Straßburg einberufen, auf der nach Methoden und Wegen gesucht werden sollte, um eine enge technische und kommerzielle Zusammenarbeit sowohl zwischen den europäischen Luftverkehrsgesellschaften als auch zwischen den europäischen Staaten herbeizuführen. Letztes Ziel war, eine einheitliche große Luftverkehrsgesellschaft zu errichten und den Luftverkehr von den Fesseln zu befreien, die ihn in Europa so wenig beweglich machen. Aber diese Pläne scheiterten daran, daß die einzelnen europäischen Luftverkehrsgesellschaften zu verschieden in ihren Verkehrszielen und in ihrer Kapitalstruktur waren, weil ihr Kapital sich teils im Besitz der öffentlichen Hand, teils im Privatbesitz befindet. Außerdem stieß man weiter auf den Widerstand der europäischen Regierungen aus nationalen Prestigegründen. So gelangte man nur zu einer europäischen Zivil-Luftfahrtkommission, die einmal im Jahr zusammenkommen soll, um dann im wesentlichen nur beratende Funktionen auszuüben.

Literatur

Wegerdt, Internationale Regelung des Luftverkehrs, Ztschr. für Verkehrswiss. 21. Jahrg. 1950/51.

Berchtold, Europa und die Entwicklungstendenzen der Weltluftfahrt. Int. Archiv für Verkehrswesen. Jahrg. 1953.

A. Mayer, Internationale Luftfahrtabkommen. 1953.

Deutsches Institut für Luftverkehrsstatistik, Entwicklung des Luftfrachtverkehrs nach 1945. 1954.

Deutsches Institut für Luftverkehrsstatistik, Entwicklung des Luftfrachtgeschäftes nach 1945. 1954.

Arbeitsgemeinschaft deutscher Verkehrsflughäfen, Bestehende Formen kommerzieller und technischer Zusammenarbeit zwischen europäischen Luftverkehrsgesellschaften im kontinentalen Luftverkehr. 1953.

Voigt, Alfred, Das Frachtwesen im Luftverkehr. 1954.

Eichler-Röhm, Luftfracht, Weltverkehr und westdeutscher Export. 1951.

E. Pleines, Gegenwartsaufgaben der Verkehrsluftfahrt und der Luftverkehrswirtschaft. 1954.

Air Research Bureau Brüssel, Internal Air Transport in Europe. 1953.

Air Research Bureau, Intra-European Air Cargo Traffic. 1955.

§ 3

Frachtenbildung und Rentabilität

Die Flugpreise im Passagierverkehr sind von seiten der Nachfrage bestimmt durch die Höhe des Einkommens der Passagiere, die Dringlichkeit und den Zweck der Reise. Dabei spielt die Bewertung der Schnelligkeit und der Bequemlichkeit der Luftreise eine entscheidende Rolle.

Um mehr Passagiere befördern zu können, haben die Luftverkehrsgesellschaften die beiden Klassen eingeführt und damit das Platzangebot vergrößert. Auf diese Weise ist auch den kleineren Einkommen die Möglichkeit gegeben, vom Luftverkehr Gebrauch zu machen. Die durch das vermehrte Platzangebot verbesserte Ausnutzung der Flugzeuge hat es den Gesellschaften gestattet, von 1949 bis 1953 die Flugpreise um etwa 40 % zu senken. Dabei hat man die Erfahrung gemacht, daß die Zahl der Reisenden um so mehr zunahm, je mehr die Flugpreise gesenkt wurden.

Die Tarifpolitik der Luftverkehrsgesellschaften ist im internationalen Verkehr an der Gewinnerzielung ausgerichtet. Die Grundlage der Tarifberechnung ist der Aufwand, der im Vergleich mit anderen Verkehrsmitteln sehr hoch ist. Die geradezu sich überstürzende technische Entwicklung verlangt sehr hohe Abschreibungen. Das Verhältnis der Abschreibungen zu den Gesamtaufwendungen bei den vier größten im inneramerikanischen Verkehr tätigen Luftverkehrsgesellschaften schwankt zwischen 14 und 6,7 %[1]).

Nach einer Zusammenstellung des Deutschen Instituts für Luftverkehrsstatistik, der die Aufwandsstruktur von Luftverkehrsgesellschaften der USA zugrunde liegt, stellte sich die Verteilung des Aufwandes wie folgt. Es entfielen:

auf den Flugbetrieb	30%
auf die Wartung des Fluggerätes	10%
auf die Amortisation des Fluggerätes	10%
auf die Bodendienste	50%

Daraus geht hervor, daß die variablen Aufwendungen einen erheblichen Teil des Aufwandes ausmachen, daß aber nur ein Teil des Aufwandes von der Transportentfernung abhängt, nämlich der Aufwand für Treib- und Schmierstoffe, die etwa die Hälfte des Aufwandes für den Flugbetrieb ausmachen. Daher sind die Kosten für die Verkehrsleistung um so geringer, je mehr Fracht und Passagiere das Flugzeug zu befördern vermag, je größer die durchflogene Strecke ist, und je weniger Treibstoff die Motore des Flugzeuges verbrauchen. Deswegen hat man sich in den letzten Jahren bemüht, den Kraftstoffverbrauch um etwa 40 % zu senken, und weiter sind die Luftverkehrsgesellschaften bestrebt, ihre Flugpläne so zu gestalten, daß der Kurzstreckenverkehr möglichst in den Langstreckenverkehr eingegliedert wird. Das ist aber nur möglich, wenn die Gesellschaften über große Flugnetze verfügen und auch die dafür erforderliche große Luftflotte besitzen. Das alles aber drängt auf eine zunehmende Konzentration der Luftverkehrsgesellschaften in Europa hin. Dieser Zusammenschluß ist eine wesentliche Voraussetzung für eine weitere Senkung der Flugpreise und damit für die Zunahme des europäischen Flugverkehrs. Die zweite Voraussetzung ist, daß es gelingt, die Kaufkraft der breiten Massen hochzuhalten, deren Zunahme in Westeuropa und in den USA wesentlich dazu beigetragen hat, die Passagierzahl und die Leistungen des Luftverkehrs zu erhöhen.

[1]) Archiv-Dienst der Air France. Nr. XIII. Januar 1955.

Weil in den USA auch im Binnenverkehr der Weitstreckenflug im Vordergrund steht, sind die Kosten im Passagierverkehr je Sitz dort geringer, und sie sind um so niedriger, je größer die Tragfähigkeit des Flugzeuges ist. Wenn man wieder den Ermittlungen des Deutschen Instituts für Luftverkehrsstatistik folgt, so stellen sich die Gesamtbetriebskosten je Sitz in Europa und den USA im Jahre 1952 wie folgt:

Flugzeugtype	In Europa	In den USA	
		Inlandsverkehr	Internat. Verkehr
Convair	0,15 DM	0,08 DM	0,133 DM
DC6-Constellation .	0,174 DM	0,93 DM	0,168 DM

Wenn die Gesamtkosten je Sitz für die amerikanischen Gesellschaften im internationalen Verkehr höher sind als im Inlandsverkehr, so sind daran die höheren Landegebühren auf nichtamerikanischen Flugplätzen und in Europa die höheren Kraftstoffpreise schuld. Für den Liter Kraftstoff zahlten die amerikanischen Flugzeuge im Jahre 1952 im Inlande 0,1915 DM, im Auslande dagegen 0,2615 DM.

Sobald es sich um IATA-Gesellschaften handelt, sind Flugpreise und Frachtraten von der IATA festgelegt. Die Frachtraten werden in der Regel nach dem Bruttogewicht der Ladung erhoben, wobei allerdings für sperrige Güter der Raumbedarf des Frachtstückes mit in Rechnung gestellt wird, und zwar derart, daß im europäischen Verkehr 7 cm^3 pro kg, im außereuropäischen Verkehr 9 cm^3 pro kg gerechnet werden.

Die Regeltarife werden für bestimmte Strecken als Stationstarife aufgestellt. Von den Regeltarifen werden Rabatte gewährt, und zwar:

1. ein Mengenrabatt von durchschnittlich 25 % der Normalrate, wenn der Verfrachter Sendungen über 45 kg (100 lbs.) aufgibt. Man will dadurch zum Versand großer und schwerer Sendungen anregen, um die Trag- und Ladefähigkeit des Flugzeuges voll auszunutzen und um die Abfertigung zu verbilligen und zu beschleunigen.
2. Spezialfrachten werden gewährt, wenn sie von der IATA auf Antrag einer der angeschlossenen Gesellschaften gebilligt worden sind, weil dadurch Güter in größerem Umfang dem Luftverkehr zugeführt werden können. Diese Spezialtarife entsprechen etwa den Ausnahmetarifen der Eisenbahn, nur daß sie nicht aus volkswirtschaftlichen Gründen, sondern ausschließlich mit Rücksicht auf die Gewinnerzielung der Luftverkehrsgesellschaften eingeführt werden.

Die Luftverkehrsgesellschaften pflegen zu den Sätzen des Regeltarifs und der Spezialtarife auch noch Wertzuschläge zu erheben. Dabei werden drei Gruppen unterschieden:

1. Der Wert der Ware liegt unter 16,50 Dollar je kg; in diesem Fall werden keine Wertzuschläge erhoben;
2. Der Wert liegt zwischen 16,50 Dollar bis unter 196 Dollar je kg; dann kann je nach der Höhe der Normalrate ein Wertzuschlag zwischen 0,05% und 0,25 % des Wertes erhoben werden;
3. Der Wert liegt über 196 Dollar je kg, so wird zur Normalrate ein Aufschlag von 0,075 % bis 0,95 % des Warenwerts erhoben.

Auch diese Zuschläge entspringen dem Gewinnstreben der Gesellschaften, die die Ware so hoch belasten wollen, als es der Verkehr tragen kann.

Für Sendungen unter 5 kg werden die Minimalsätze berechnet, die im Verkehr zwischen Europa und den USA 7—8 Dollar betragen. Diese Minimalsätze sollen die Luftverkehrsgesellschaften für die erhöhten Verwaltungskosten entschädigen, die ihnen diese kleinen Sendungen verursachen. Nach einer Feststellung der KLM hätten im Jahr 1953 46 % aller von ihr im Luftverkehr beförderten Sendungen ein geringeres Gewicht als 5 kg gehabt[1]).

Die Frachten der IATA-Gesellschaften betragen durchschnittlich 0,36—0,40 Dollars je t/km im innereuropäischen Verkehr, während die Sätze im inneramerikanischen Verkehr sich um 0,14 Dollar je t/km bewegen. So kommt es, daß aus den vorn angegebenen Gründen die Luftfrachten im inneramerikanischen Verkehr nur um ein geringes über der Fracht für Bahnexpreß liegen. Es wurden im zweiten Halbjahr 1953 für 100 lbs. (45 kg) auf der Strecke Burbank (Calif.) — New York gezahlt[2]):

für Luftfracht	19,5 Dollar
für Bahnexpreß	17,0 Dollar
für Bahnfracht	8,5 Dollar
für Lkw-Fracht	7,5 Dollar.

Wenn man aber allein die Frachtkosten für Luftverkehr, Eisenbahn und Seeschiff einander vergleichsweise gegenüber stellt, so erhält man noch keinen richtigen Eindruck von der Wettbewerbsfähigkeit des Flugzeuges gegenüber den anderen Verkehrsmitteln. Entscheidend ist nämlich dabei, daß der Versender bei der Verladung hochwertiger Stückgüter, die ja nur für einen Transport im Flugzeug in Frage kommen, beim Luftverkehr an Verpackung und an Versicherungsspesen spart, und dazu kommt dann noch der Zeitgewinn. Da die Ladung im Flugzeug weniger umgeladen zu werden braucht, da sie ferner geringeren Stößen und Beschädigungen als beim Schiffs- und Eisenbahntransport ausgesetzt ist, kann die Verpackung leichter und daher billiger sein. Aus den gleichen Gründen ist das Transportrisiko geringer, und deswegen können die

[1]) Deutsches Institut für Luftverkehrsstatistik, Entwicklung des Luftverkehrsgeschäftes nach 1945, S. 43.

[2]) Deutsches Institut für Luftverkehrsstatistik, a. a. O. S. 74.

Versicherungsprämien niedriger sein. Besonders kommt das verringerte Risiko dann zur Geltung, wenn der Bestimmungsort der Sendung in einem Überseeland nicht unmittelbar an der Küste, sondern im Inneren liegt, so daß die Ladung an der Küste vom Schiff auf den Kraftwagen oder auf die Eisenbahn umgeladen werden muß. So betragen z. B. die Versicherungsprämien von einem Hafen der Bundesrepublik nach einem ägyptischen Hafen für Seefracht etwa 3,5‰ und für die Luftfracht nur 3‰ vom Wert der Ware. Nach dem Inneren Ägyptens dagegen bleibt die Prämie für Luftfracht auf 3‰, bei Seefracht erhöht sie sich dagegen auf 6,5‰. Aus diesen Gründen ist auch das Flugzeug, wenn es sich um die Beförderung hochwertiger Güter handelt, auf große Entfernungen mit der Eisenbahn sehr wohl wettbewerbsfähig. Das zeigen die folgenden beiden Beispiele[1]):

Es soll eine Sendung im Wert von 20000 DM und im Nettogewicht von 70 kg von Frankfurt am Main nach Rom befördert werden. Der Transport kostet

	auf dem Luftweg	auf der Eisenbahn
Gewicht der Ware	70 kg	70 kg
Gewicht der Verpackung	10 kg	30 kg
	80 kg	100 kg
Reine Transportkosten	121,– DM	47,– DM Eilgut
Wertzuschlag 0,05% des Gesamtwertes	10,– DM	
Fracht insgesamt	131,– DM	47,– DM
Versicherung	300,– DM	400,– DM
Transportkosten im Ganzen . .	431,– DM	447,— DM

Von Frankfurt nach New York soll eine Ladung Photo-Apparate befördert werden; das Gesamtgewicht beträgt 60 kg, wovon 12 kg Seeverpackung. Der Gesamtwert der Sendung stellt sich auf 5000 Dollar und der Wert je kg (48 kg) = 104,20 Dollar. Die Sendung wird nach der Spezialrate von 1,42 Dollar je kg befördert. Für den Lufttransport kann die Verpackung um 20%, d. h. von 12 auf 9,6 kg vermindert werden; dann beträgt das Gesamtgewicht beim Lufttransport

58 kg × 1,42 $.	=	82,36 $
Wertzuschlag 0,25% des Gesamtwertes	=	12,50 $
Versicherung 0,34%	=	17,00 $
Im Ganzen		111,86 $

[1]) Deutsches Institut für Luftverkehrsstatistik a.a.O. S. 54ff.

Demgegenüber stellt sich der Seetransport von Hamburg aus

Expreßgutfracht Frankfurt-Hamburg 22,80 DM	=	5,40 $
Frachtrate Hamburg-New York 1,75% des Wertes	=	87,50 $
Versicherung 0,63% des Gesamtwertes	=	31,50 $
		124,40 $

Im Personenverkehr ist das Flugzeug dann ein beachtlicher Konkurrent der Eisenbahn, wenn es sich darum handelt, große Entfernungen zurückzulegen, wie sie im transkontinentalen Verkehr in den USA vorkommen. Die erhebliche Konkurrenz, die in den USA das Flugzeug den Eisenbahnen auf dem Gebiet des Personenverkehrs macht (s. S. 111) wird umso schärfer werden, je mehr es den Luftverkehrsgesellschaften gelingt, ihren Aufwand und damit auch die Flugpreise weiter zu senken.

Unter den europäischen Verhältnissen wird wahrscheinlich das Flugzeug hochwertiges Stückgut, das auf große Entfernungen versandt werden soll, an sich ziehen. Das geht aus der Zusammensetzung des Luftexportes aus der Bundesrepublik hervor. Vom Gesamtwert dieses Exportes entfielen nach einer Zusammenstellung von Eichler und Röhm im Juni 1951 auf[1]):

Optische Instrumente und feinmechanische Güter . .	51 %
Maschinenteile, elektrische Erzeugnisse	17 %
Schmuck	11 %
Erzeugnisse der Chemie und Pharmazie	2 %
Textilien	2 %
Verschiedenes	17 %

Die Frachten der nicht in der IATA zusammengeschlossenen Gesellschaften bilden sich weitgehend auf dem freien Markt. In der Londoner Baltic-Exchange hat sich bereits eine Luftfrachtenbörse gebildet, wobei auf der Seite des Angebots die BOAC- und BIATA-Gesellschaften stehen. Dieser freie Markt für Luftfrachten wirkt sich lockernd auf die starren Frachten der IATA-Gesellschaften aus. In den USA besteht keine Luftfrachtenbörse, denn dort haben die Domestic Trunk Lines eine den Markt beherrschende Stellung inne.

Die hohen Kosten für den t/km lassen die Frage nach der Rentabilität des Luftverkehrs auftreten. Nach den Berichten der IATA nahmen die in ihr zusammengeschlossenen Gesellschaften im Jahre 1953 als Gesamtbetriebseinnahme 10,5 Milliarden DM ein. Davon mußten an die Regierungen als Steuern, Abgaben und Gebühren 1,3 Milliarden DM abgeführt werden. Da sich unter diesen Steuern auch Steuern vom Einkommen befinden, müssen zum mindesten ein Teil der Gesellschaften mit Gewinn gearbeitet haben. Wie jedoch der Generaldirektor der IATA, Sir W. P. Hildreds, auf der 10. Generalversammlung der

[1]) Eichler-Röhm, Luftfrachtweltverkehr und westdeutscher Export. 1951. S. 44.

IATA in Paris im September 1954 ausführte, ist der Spielraum zwischen Einnahmen und Ausgaben sehr eng. Die IATA-Gesellschaften bezahlen für jeden Dollar Einnahme 13 cts Steuern und Gebühren. Nach Abzug aller Betriebskosten verbleibt den Gesellschaften je Dollar Einnahme noch 1 ct. Daraus ist der Kapitaldienst zu leisten, daraus müssen die Aktionäre befriedigt und Reserven geschaffen werden.

So ist ein erheblicher Teil der Gesellschaften bei der außerordentlich schnellen Entwicklung der Technik, die sehr erhebliche Abschreibungen fordert, auf staatliche Subventionen angewiesen. In den Jahren 1951 und 1952 hatten die sechs großen europäischen Luftverkehrsunternehmen eine Einnahme von insgesamt 180 Milliarden frcs; davon entfielen 16 % auf Subventionen. Die im Auslandsverkehr tätigen nordamerikanischen Luftfahrtgesellschaften hatten 1952/53 eine Gesamteinnahme von 312 Millionen Dollar, davon entfielen 35 Millionen Dollar auf Subventionen.

Die Methoden, nach denen die Subventionen vergeben werden, sind außerordentlich verschieden. In den USA erhalten die Luftverkehrsgesellschaften für die Beförderung der Post sehr erhebliche Zuschüsse, die durchaus den Charakter von Subventionen haben. Eine andere Methode besteht darin, die Subventionen mit den Leistungen der Gesellschaften in Übereinstimmung zu bringen. Dabei kann man als Maßstab die geleisteten Personen-km zugrunde legen. Dann werden die Gesellschaften dadurch veranlaßt, große Flugzeuge mit großen leistungsfähigen Motoren zu verwenden und lange Strecken zu befliegen. Allerdings dürfen die Subventionen die Höhe der Einnahmen nicht überschreiten, sondern sie müssen die Form eines Zuschusses behalten, weil sonst die Gefahr besteht, daß unwirtschaftlich starke Motore verwandt werden, und daß überhaupt der Gesichtspunkt der wirtschaftlichen Betriebsführung außer acht gelassen wird. Eine andere Methode legt die Flugleistungen in Gestalt von t/km und Flug-km zugrunde. Dabei wird zweckmäßigerweise auch der Ausnutzungsgrad des Flugzeuges mitherangezogen, um auf eine wirtschaftliche Betriebsführung hinzuwirken. Endlich kann der Staat mit eigenen Flugzeugen Linien betreiben oder sich allein oder mit privaten Kapitalgebern gemeinsam an der Errichtung von Luftverkehrsgesellschaften beteiligen, wie das in den Niederlanden, in der Schweiz, in der Bundesrepublik und in den nordischen Staaten der Fall ist. Jedenfalls geht es dem Flugzeug ebenso wie der Eisenbahn, die auch erst mit Hilfe von staatlichen Subventionen über die Kinderkrankheiten ihres Betriebes hinwegkommen mußte, ehe sie finanziell auf eigenen Füßen stehen konnte.

Literatur

G. du Merle, Rentabilité des Avions commerciaux. Paris 1953.
Henri Bouché im Bolletino des Centro per lo Sviluppo dei Transporti aeri, Jahrg. 11. 1953. No. 9—10.

Dr. Heinz Röhm, Maßstäbe zur Beurteilung der Wirtschaftlichkeit von Luftverkehrsunternehmen.
Deutsches Institut für Luftverkehrsstatistik, Die Entwicklung des Luftfrachtgeschäfts nach 1945. 1954.

§ 4
Die Flughäfen

Fast mehr noch als bei der Seeschiffahrt hängen der reibungslose Luftverkehr und seine Sicherheit von der Einrichtung der Flughäfen ab. Die meisten Unglücke entstehen beim Landen, und es ist daher von besonderer Wichtigkeit, daß alle Nachteile beseitigt sind, die sich aus schlechter Sicht, Nebel und Dunkelheit ergeben.

Die Flughäfen befinden sich entweder in der Hand der Gemeinden, auf deren Boden sie liegen, oder sie werden von Gesellschaften betrieben, an denen die öffentliche Hand maßgeblich beteiligt ist. Die in der Bundesrepublik gelegenen Flughäfen haben sich zu einer Arbeitsgemeinschaft deutscher Verkehrsflughäfen zusammengeschlossen.

Da das Flugzeug nur dann seine Geschwindigkeit voll ausnutzen kann, wenn es nicht durch zu häufige Landungen seinen Flug unterbrechen muß, kommt es darauf an, die Flughäfen dorthin zu legen, wo sich der Verkehr konzentriert. Flughäfen gehören daher an die Verkehrsschwerpunkte, wobei gute An- und Abfahrmöglichkeiten für Eisenbahn und Kraftwagen vorhanden sein müssen, damit sich der Zubringerdienst bequem und ohne zu großen Zeitverlust abspielen kann. Im allgemeinen ist es unzweckmäßig, wenn ein Flughafen weiter als 30 Kraftwagenminuten vom Mittelpunkt des Verkehrszentrums entfernt liegt. Die durchschnittliche Entfernung der Flughäfen vom Zentrum der Stadt beträgt in den USA 13,2 km oder 25,4 Kraftfahrminuten und in Europa 12,4 km oder 26,3 Autominuten.

Flughäfen liegen an den Brennpunkten des wirtschaftlichen Lebens; in der Bundesrepublik sind das in erster Linie Berlin, Frankfurt am Main, München, Düsseldorf und Hamburg, und im übrigen Europa London, Paris und Amsterdam, in den USA New York, Chicago und San Francisco.

Es starteten Flugzeuge:

Flughafen	1937	1952	1953
Berlin	12 059	12 777	21 452
Frankfurt am Main	7 091	12 388	13 150
Hamburg	5 012	11 747	19 482
Düsseldorf	2 117	5 546	6 726
München	3 421	3 326	4 012
London (Nat. Airp.)	—	25 419	31 000
New York (La Guardia)	—	92 800	100 000
Chicago	—	147 500	165 150

Die Aufgabe der Flughäfen besteht darin, daß sie den Flugzeugen die Aufnahme und Abgabe von Passagieren und Fracht ermöglichen, daß sie den Flugzeugen Gelegenheit geben, sich neu mit Treibstoff zu versehen, und daß auf ihnen Maßnahmen zur Wartung und Unterhaltung der Flugmaschinen ergriffen werden können. Dabei kommt es vor allem darauf an, den Aufenthalt auf den Flugplätzen, die nicht Endpunkte sondern, nur Durchgangspunkte sind, so kurz wie möglich zu gestalten. Es ist auch gelungen, die Zeit durch die Abfertigung der Passagiere und der Fracht ständig herabzusetzen, obwohl dieser Vorgang in Europa wegen der vielen Grenzformalitäten noch erheblich länger dauert als in den USA. Ebenso hat man es erreicht, die Zeiten für die Versorgung des Flugzeugs mit Brennstoff und seine sonstige betriebliche Wartung durch ein gut eingespieltes Personal erheblich zu drücken. Die Verminderung der Abfertigungszeiten im europäischen Luftverkehr ist eine Voraussetzung dafür, daß hier das Flugzeug in erfolgreichen Wettbewerb mit Eisenbahn und Kraftwagen im innereuropäischen Verkehr treten kann.

Literatur

Forschungsergebnisse des Verkehrswissenschaftlichen Instituts für Luftfahrt an der Technischen Hochschule in Stuttgart, Heft 2, 1930; Heft 11, 1937; Heft 13, 1939.

§ 5

Der Wiedereintritt Deutschlands in den Weltluftverkehr

Ebenso wie beim Verkehr auf der Erde ist Deutschland, und heute die Bundesrepublik, aus geographischen und wirtschaftlichen Gründen das Herzstück des europäischen Luftverkehrs. Nach dem ersten Weltkrieg hatten die Siegermächte jedoch Deutschland zunächst von der Entwicklung des Luftverkehrs ausgeschlossen und ihm auch Beschränkungen im Bau und Betrieb von Flugzeugen auferlegt. Der Versailler Vertrag enthielt ein halbjährliches Bauverbot für Flugzeuge, untersagte deren Einfuhr und verbot die militärische Luftfahrt. Das Londoner Reparationsabkommen von 1921 verlängerte das Bauverbot bis zum Mai 1922 und gestattete darüber hinaus deutschen Flugzeugen nur beschränkte technische Leistungen. Erst durch die Pariser Luftfahrtvereinbarungen von 1926 wurden diese Beschränkungen für die zivile Luftfahrt aufgehoben.

Die Weimarer Verfassung hatte die Gesetzgebung über die deutsche Luftfahrt dem Reich übertragen. Das Luftverkehrsgesetz von 1922 legte die Genehmigungspflicht für die Anlage von Flughäfen und für die Errichtung von Luftverkehrsunternehmen fest. Aus einer Vielzahl nicht lebensfähiger Luftverkehrsunternehmen — zeitweise gab es damals in Deutschland allein rund 60 Unternehmen — entstand schließlich im Jahr 1926 die Deutsche Lufthansa

A.G. Ihr Aktienkapital betrug 25 Millionen RM, Aktionäre waren Reich, Länder und Kommunen sowie mit 27 % die private Wirtschaft, jedoch keine Flugzeugfabriken.

Die Deutsche Lufthansa schuf damals ein ausgedehntes Luftverkehrsnetz mit dem Mittelpunkt Berlin. Sie war mit 50 % an der deutsch-russischen Luftverkehrsgesellschaft Deruluft, beteiligt, die einen regelmäßigen Linienverkehr von Berlin nach Moskau über Königsberg unterhielt. Ebenso war die Lufthansa maßgebend am Kondor-Syndikat beteiligt, das ein Luftverkehrsnetz in Südamerika errichtete. Dieses Netz wurde 1934 mit dem europäischen Verkehrsnetz der Lufthansa durch eine planmäßig betriebene Postlinie verbunden, die zuletzt nach Rio de Janeiro, Buenos Aires, Santiago und Lima ging. Damit hatte die Lufthansa neben dem kontinentalen auch den interkontinentalen Dienst aufgenommen. In China war die Lufthansa zu einem Drittel an der Eurasia beteiligt. Flugstrecken nach dem mittleren und fernen Osten wurden eröffnet.

Dem zweiten Weltkrieg fiel auch die Deutsche Lufthansa zum Opfer. Durch die Kontrollratsgesetze wurde nach der bedingungslosen Kapitulation die Herstellung, der Besitz und der Betrieb von Luftfahrzeugen allen deutschen Staatsbürgern verboten. Ab 1951 wurden Teile der Lufthoheit wieder deutschen Stellen übertragen. (Flughäfen, Flugsicherung.) Segelflug- und Freiballonsport wurden gestattet. Da in zunehmendem Umfang Verwaltungsaufgaben der Luftfahrt deutschen Stellen übertragen wurden, wurde im Bundesverkehrsministerium eine Luftfahrtabteilung errichtet.

Aber erst die Pariser Verträge gaben am 5. Mai 1955 der Bundesrepublik die volle Lufthoheit zurück; nur die Regelung des Luftverkehrs mit Berlin haben sich die Westmächte noch vorbehalten. Da das Grundgesetz (Art. 73, 6) die Gesetzgebung für den Luftverkehr dem Bund überträgt, ist die allgemeine Aufsicht darüber mit der Ratifikation der Pariser Verträge auf das Bundesverkehrsministerium übergegangen. Seine Regelung erfolgt noch durch das Luftverkehrsgesetz von 1936 mit seinen Novellen von 1938, 1941 und 1943. Die Zulassung der Flugzeuge ist Aufgabe des Luftfahrtbundesamts in Braunschweig.

In der Zeit nach der Kapitulation bis zum Jahre 1955 sind rund 30 ausländische Verkehrsgesellschaften im Luftverkehr über deutschem Boden tätig gewesen. Sie unterlagen der Aufsicht des von der alliierten Hohen Kommission errichteten Civil Aviation Board in Wiesbaden.

Im Juni 1955 ist die Bundesrepublik auf ihren Antrag in die ICAO aufgenommen worden. Mit den USA, dem Vereinigten Königreich von Großbritannien und Nordirland sowie mit Frankreich wurden im Jahre 1955 Luftverkehrsabkommen geschlossen, und der Abschluß weiterer ähnlicher Abkommen mit anderen Staaten steht bevor.

Auf Grund von Sondergenehmigungen konnte die in den Jahren 1953–54 entstandene neue Deutsche Lufthansa im März 1955 den Flugbetrieb eröffnen. Sie hat ein Aktienkapital von 50 Millionen DM. Ihr Flugzeugpark besteht aus 11 amerikanischen Maschinen und weitere vier sollen im Frühjahr 1956 geliefert werden. Ursprünglich war ein Park von 24 Flugzeugen vorgesehen, doch ließ sich diese Absicht aus finanziellen Gründen nicht sogleich in vollem Umfang verwirklichen. Doch strebt die Deutsche Lufthansa nach einer allmählichen Ausweitung ihres Liniennetzes und ihres Flugzeugparkes.

Wenn die Wahl auf amerikanische Flugzeuge gefallen ist, so hat man das aus dem Grunde getan, weil man erstklassiges und völlig erprobtes Material beschaffen wollte, das bereits technisch und betriebswirtschaftlich in jeder Beziehung bewährt war. Dazu kam, daß man Flugzeuge brauchte, die in verhältnismäßig kurzer Zeit voll zum wirtschaftlichen Einsatz gebracht werden konnten, und daß die Lieferfirmen angemessene finanzielle Erleichterungen gewährten. Im übrigen sind von den rund 3000 Flugzeugen des gewerblichen Verkehrs der in der IATA zusammengeschlossenen Gesellschaften etwa 80% amerikanischen Ursprungs.

Im April 1955 hat die Lufthansa den planmäßigen Verkehr innerhalb der Bundesrepublik begonnen. Im Mai 1955 wurden Linien nach London, Paris und Madrid eröffnet, und vom Juni 1955 ab wurde ein regelmäßiger Dienst nach den USA aufgenommen. Im Sommer 1956 sollen neue Strecken nach Südamerika und nach dem mittleren Osten folgen.

Mit ausländischen Gesellschaften hat die Lufthansa Vereinbarungen über eine Zusammenarbeit abgeschlossen, so mit der BOAC und der Air France. Mit der Air France und der spanischen Iberia sind Pool-Abkommen zustandegekommen. Der Abschluß weiterer derartiger Abkommen ist vorgesehen. Der Wiedereintritt der Bundesrepublik in den Weltluftverkehr erfolgte in geordneten Bahnen und ohne schädigenden Konkurrenzkampf.

Die ersten Flugkapitäne der Lufthansa wurden in England geschult. In der Anlaufzeit sind amerikanische und britische Flugkapitäne als Kommandanten tätig.

Die Frage ist sicher berechtigt, ob die Wiedererrichtung der Deutschen Lufthansa vom verkehrspolitischen Gesichtspunkt aus notwendig war, und ob es sich nicht nur um einen politischen Akt im Interesse des Prestiges der Bundesrepublik handelt. Der Bundesrepublik liegt jedoch sehr daran, daß der deutsche Luftverkehr nicht nur im Interesse der ausländischen Luftverkehrsgesellschaften betrieben wird, sondern daß dabei die Belange der deutschen Wirtschaft und die Einheit des deutschen Verkehrs gewahrt werden. An dem Luftverkehr mit Berlin, der vom deutschen Standpunkt aus ganz besondere Bedeutung hat, kann die Deutsche Lufthansa nach den Pariser Verträgen allerdings nicht teilnehmen. Aber die Deutsche Lufthansa wird sich auch in den Dienst der deutschen Ausfuhr an hochwertigen Qualitätsprodukten stellen.

Die Deutsche Lufthansa ist als 73. Gesellschaft in die IATA aufgenommen worden, und ihre Tarife entsprechen daher denen der anderen IATA-Gesellschaften.

Zur Zeit ist die Deutsche Lufthansa das einzige deutsche Luftfahrunternehmen in der Bundesrepublik. Außerdem bestehen einige Firmen, die sich meist mit gemieteten ausländischen Flugzeugen im gewerblichen Gelegenheitsluftverkehr betätigen.

In jüngster Zeit haben in den Kreisen der deutschen Wirtschaft Erwägungen stattgefunden, die eine Errichtung von solchen Bedarfsluftverkehrsgesellschaften auf breiterer Grundlage zum Gegenstand haben. Im Ausland hat sich ja ein solcher Bedarfsluftverkehr neben dem planmäßigen Linienverkehr in erheblichem Ausmaß entwickelt (s. S. 184) und teilweise arbeiten diese Gesellschaften mit gutem Erfolg. In Deutschland liegen allerdings die Verhältnisse anders als in England und Amerika. Deshalb wird es in Deutschland zweckmäßig sein, daß man sich in der Gründung von Gesellschaften des Bedarfsluftverkehrs zurückhält, damit sich die Erscheinungen, wie sie sich nach dem ersten Weltkriege eingestellt hatten, nicht wiederholen. Es wird deswegen verhindert werden müssen, daß solche Unternehmen entstehen, die von vornherein unwirtschaftlich arbeiten, und daß sich im Anfangsstadium der deutsche Luftverkehr in ungesunder Weise zersplittert.

Der Luftverkehr innerhalb der deutschen Bundesrepublik ist zur Zeit in erster Linie Kurzstreckenverkehr. Die Masse des deutschen Luftfrachtverkehrs entfällt auf Transporte zwischen Berlin und der Bundesrepublik, weil zwischen Berlin und Hamburg bzw. Hannover eine „Luftfrachtbrücke“ für die Beförderung von Gütern besteht, die keine Warenbegleitscheine durch die von den Russen besetzte Zone Deutschlands erhalten. Das Statistische Bundesamt hat ermittelt, daß von der gesamten deutschen Luftfrachtbeförderung im Jahre 1953 entfielen:

auf den Inlandsverkehr	77,6 %
(darunter Berlin-Verkehr	76,6 %)
Verkehr aus dem Ausland	8,2 %
Verkehr nach dem Ausland	8,6 %
Durchgangsverkehr	5,6 %
	100,0%

Da die Raumgröße auch eines vereinten Deutschlands innerhalb der nationalen Grenzen im wesentlichen nur Kurzstreckenflüge zuläßt, dürfte kaum damit zu rechnen sein, daß sich der Luftfrachtverkehr innerhalb der deutschen Grenzen merklich erweitern wird. Wenn es gelingt, den Export an hochwertigen deutschen Qualitätswaren noch zu steigern, und wenn die den internationalen Handel noch einschränkenden Bestimmungen, die die europäischen Länder erlassen haben, einmal aufgehoben werden, dann können sich gewisse Chancen für den Luftfrachtverkehr nach dem Ausland ergeben, der dann wohl in überwiegendem Maße der Deutschen Lufthansa zugute kommen dürfte.

Literatur

Heinz Röhm, Die Stellung der Bundesrepublik im Weltluftverkehr und der Wiederaufbau der Deutschen Lufthansa. Int. Archiv für Verkehrswesen 1955.

Eichler-Röhm, Luftfrachtweltverkehr und deutscher Export. 1951.

Bundesverkehrsminister Seebohm in der 98. Sitzung des Deutschen Bundestages vom 14. Juli 1955.

Kapitel VI

Post- und Nachrichtenverkehr

§ 1

Begriff, Aufgabe und Leistungen der Post

Die Post ist als Anstalt des öffentlichen Rechts ein Großbetrieb in der Hand des Staates. Sie organisiert und führt die Beförderung von Nachrichten durch; sie nimmt Güter innerhalb kleiner Gewichtsgrenzen verpackt entgegen und läßt sie befördern, und sie übermittelt Geldbeträge. Um ihre Aufgabe zu erfüllen, bedient sie sich zwar aller Mittel, die der Raumüberwindung dienen, aber sie ist selbst kein Transportmittel.

Die Aufgaben der Post umfassen fünf Dienste:

I. den Nachrichtendienst, und zwar
   1. den Briefversand,
   2. den Zeitungsversand.

II. den Fernmeldedienst, und zwar
   1. den Telegraphen- und Fernschreiberdienst,
   2. den Fernsprechdienst.

III. den Geldübermittlungs- und Sparkassendienst, und zwar
   1. den Postanweisungsdienst,
   2. den Postscheck- und Postsparkassendienst.

IV. den Paketdienst.

V. den Postreisedienst.

Die gesamte Postverwaltung liegt beim Bunde, der das Posthoheitsrecht gemäß Artikel 87 GG. ausübt. Das Posthoheitsrecht umfaßt alle Tätigkeiten der Nachrichtenübermittlung und sämtliche Dienstzweige der Deutschen Bundespost. Es wird durch den Postzwang ergänzt. Der Postzwang ist das gesetzliche Gebot an alle Staatsbürger und Behörden, bestimmte Dinge ausschließlich durch die Post befördern zu lassen. Das Posthoheitsrecht verbietet also anderen Personen innerhalb des Bundesgebietes, Postanstalten irgendwelcher Art zu errichten, und der Postzwang befiehlt, daß für bestimmte Zwecke die Post von allen benutzt werden muß, um Nachrichten zu befördern. Der Postzwang erfaßt in der Bundesrepublik die entgeltliche Beförderung von Briefen, von Orten mit Postanstalt nach anderen Orten des In- und Auslandes mit einer Postanstalt (Ferndienst). Innerhalb des Gemeindebezirks ihres mit einer Postanstalt versehenen Ursprungsortes dürfen Briefe gegen Entgelt nicht von Personen oder Unternehmen befördert werden, die aus der Einsammlung von Briefen, Drucksachen und dergleichen ein Gewerbe machen, auch dann nicht, wenn im Einzelfall der Bote die Eigenschaft eines Eilboten haben würde. Es soll damit jede privatpostähnliche Betätigung im Ortsdienst verhindert werden. Zeitungen politischen Inhalts, die mehr als einmal wöchentlich erscheinen, müssen, wenn sie von Orten mit einer Postanstalt nach Orten mit einer Postanstalt befördert werden sollen, durch Inanspruchnahme der Post befördert werden. Für Zeitungen gilt also der Postzwang nur im Ferndienst.

Damit ist der Post im Nachrichten- und Fernmeldedienst ein weitgehendes Monopol eingeräumt. Da aber die Post im Interesse der Allgemeinheit wirken soll, unterliegt sie

1. der Dienstpflicht,
2. der Beförderungspflicht,
3. dem Tarifzwang[1]).

Das Monopol soll der Post keine ökonomische Machtstellung verschaffen, damit sie daraus den höchstmöglichen Gewinn erzielen kann, sondern der Staat hat sich das Posthoheitsrecht vorbehalten und den Postzwang eingeführt, um den Postdienst im Interesse der Allgemeinheit so auszugestalten, daß sich die größte gesellschaftliche Leistung mit dem geringsten Aufwand ergibt, und daß auch die Post in die Einheit des Verkehrs eingeordnet wird.

Während in der Bundesrepublik und den meisten anderen Ländern alle Tätigkeiten der Nachrichtenübermittlung in der Hand der Post vereinigt sind, haben einzelne Staaten den Fernsprechdienst privaten Gesellschaften überlassen. Das ist z. B. in den USA der Fall, wo die Masse der Fernsprecheinrichtungen in der Hand der American Telephon- and Telegraph Co. liegt. Dort sind auch Telegraphie und Fernschreiber privaten Unternehmen überlassen, die beides auf erwerbswirtschaftlicher Grundlage betreiben. In Europa ist der Fernsprechdienst in den nordischen Staaten teilweise privaten Erwerbsgesellschaften überlassen.

Im Nachrichtendienst steht die Briefpost an erster Stelle. Man versteht darunter die Beförderung von Briefen, Postkarten, Drucksachen, Warenproben, Geschäftspapieren und Päckchen. Die Nachrichtenübermittlung durch Briefe und Postkarten ist eine Massenerscheinung, die dem individuellen Mitteilungsbedürfnis der breiten Massen in demselben Maße dient, wie dem kaufmännischen und behördlichen Nachrichtenverkehr. Im kaufmännischen Leben ist die Drucksache ein Werbemittel von großer Bedeutung, das die Käufer über die Marktlage unterrichtet und den freien Wettbewerb intensiviert.

[1]) S. S. 39.

Die Menge der Briefpost, die der Post übergeben wird, hängt einmal davon ab, inwieweit die bildungsmäßige und kulturelle Höhe der breiten Massen zu einem lebhaften brieflichen Gedankenaustausch führt. Daneben ist aber auf die Menge der Briefpost auch die konjunkturelle Lage von Einfluß. In Zeiten konjunkturellen Aufschwungs pflegt daher die Briefpost zuzunehmen. An Briefsendungen wurden in der Bundesrepublik befördert:

Jahr	Millionen Stück	Stück je Einwohner
1936 . . .	3 469,1	92
1950 . . .	4 181,0	88
1951 . . .	4 497,3	93
1952 . . .	4 949,2	102
1953 . . .	5 596,6	114

Mit zunehmender wirtschaftlicher Belebung zeigen also die Briefsendungen absolut und auf den Einwohner berechnet steigende Mengen. Zeitungen werden von der Post den Agenturen der Zeitungsverlage in Form von Paketen oder aber den Beziehern unmittelbar in einzelnen Nummern zugestellt. Hierbei muß die Beförderung so schnell erfolgen, daß der Inhalt der Zeitung nicht veraltet ist, wenn sie in die Hände des Beziehers gelangt. Im Gebiet der Bundesrepublik wurden bei der Post an Zeitungsnummernstücken zur Beförderung aufgeliefert:

Jahr	Millionen Stück
1939 . . .	634,0
1950 . . .	440,3
1951 . . .	468,1
1952 . . .	506,0
1953 . . .	547,0

Zur Beförderung der Briefpost und der Zeitungen, und dasselbe gilt von den Paketen, bedient sich die Post in erster Linie der Eisenbahn, dann eigener Lastkraftwagen, des Flugzeuges sowie im überseeischen Verkehr der Handelsschiffe. Eisenbahn, Flugzeug und Handelsschiffe müssen entschädigt werden. Post und Eisenbahn sind verpflichtet, ihren Betrieb miteinander in Übereinstimmung zu bringen.

Fernsprecher, Telegraph, Fernschreiber und Funkdienst verwenden den elektrischen Strom, um Nachrichten zu befördern. Da die Nachrichtenübermittlung auf diesem Wege außerordentlich schnell erfolgt, spielen Telegraph, Funk, Fernschreiber und Fernsprecher im Welthandel mit Waren und mit Geldkapital eine besonders wichtige Rolle. Ohne diese Nachrichtenmittel wäre ein Weltmarkt im heutigen Ausmaß gar nicht möglich. Allerdings beginnt das

Telegramm angesichts der technischen Vervollkommnung des Fernsprechers und im Inlande der zunehmenden Verbreitung des Fernschreibers an Bedeutung zu verlieren. Der Fernsprecher gestattet die persönliche Aussprache beider Parteien und erlaubt es sofort die entsprechenden Weisungen zu geben, und der Fernschreiber gestattet schnelle schriftliche Nachrichtenübermittlung von Haus zu Haus und den sofortigen Empfang einer schriftlichen Antwort. Telegramme sind heute das eilige Nachrichtenmittel derjenigen Kreise, die keinen eigenen Fernsprech- oder Fernschreiberanschluß besitzen. Außerdem sind Telegramme das Mittel einer schnellen Nachrichtenbeförderung in das Ausland, wenn keine Fernschreibermöglichkeit besteht. Im Deutschen Reich wurden an Telegrammen aufgegeben:

Jahr	Millionen Stück	Stück auf 100 Einwohner
1929 . . .	40,1	47,1
1932 . . .	24,4	26,0
1936 . . .	21,5	25,5

und in der Bundesrepublik:

Jahr	Millionen Stück	Stück auf 100 Einwohner
1936 . . .	12,5	33,3
1950 . . .	27,4	57,6
1951 . . .	26,4	55,0
1952 . . .	26,6	54,9
1953 . . .	27,4	56,0

Demgegenüber entwickelten sich die Ferngespräche:
im Deutschen Reich:

Jahr	verm. Ferngespr. Milliarden	Gespr. auf 100 Einwohner
1929 . . .	2,59	4053
1932 . . .	2,16	3316
1933 . . .	2,17	3342
1936 . . .	2,56	3793

und in der Bundesrepublik:

Jahr	verm. Ferngespr. Milliarden	Gespr. auf 100 Einwohner
1936 . . .	1,37	3662
1950 . . .	2,03	4277
1952 . . .	2,36	4875
1953 . . .	2,53	5156

Den stärksten Fernsprechverkehr mit 10954 Gesprächen je hundert Einwohner und den ausgedehntesten Telegrammverkehr mit 130,1 Telegrammen je Einwohner hatte Hamburg, wo sich die regen Überseebeziehungen bemerkbar machen, in denen das Telegramm noch eine erhebliche Rolle spielt, und dann ist Hamburg weiter einer der wirtschaftlichen Zentralpunkte in Norddeutschland, von dem aus ein reger Nachrichtenaustausch nach den anderen wirtschaftlichen Zentren der Bundesrepublik ausgeht.

Der Geldübermittlungs- und Sparkassendienst macht die Post zu einer der größten Geldanstalten. Die Postanweisung ist dazu bestimmt, Geldbeträge an solche Personen zu versenden, die über keine irgendwie geartete Bankverbindung verfügen. Für eine derartige Geldbeförderung kommen vor allem kleinere Beträge in Betracht. Größere Summen werden, soweit sie nicht auf dem Bankwege überwiesen werden, durch Postscheck übertragen. Das Postscheckkonto soll für den Unternehmer die Kassenhaltung in gewissem Umfang ersetzen und ihm eine schnelle und bequeme Verfügung über seine flüssigen Geldmittel gestatten. Der Postscheckdienst ist eine Stelle, in die alle Überweisungssysteme innerhalb der Volkswirtschaft einmünden. Die Volkswirtschaft hat von den Postscheckgeldern insofern Nutzen, als die Post diese Mittel wieder in bestimmtem Umfang der Wirtschaft zur Verfügung stellt, so daß sie nicht ohne volkswirtschaftlichen Nutzen in den Kassen der einzelnen Unternehmer oder Privatleute ruhen. Von den Postscheckgeldern verbleiben ein Drittel in jederzeit verfügbarer Form auf den Girokonten der Landeszentralbanken, während die restlichen zwei Drittel teils als mittel-, teils als langfristige Kredite an die öffentliche Hand ausgeliehen oder in ausreichend gesicherten Schiffs- oder Hypothekenpfandbriefen angelegt werden.

Die Zahl der Postscheckkonten und die darauf befindlichen Guthaben sind nach der Währungsreform stetig gewachsen. Es betrugen:

	1950	1951	1953
Zahl der Konten	982951	1012893	1143735
Guthaben am Jahresende in Millionen DM	887,2	999,3	1136,6

Der Postsparkassendienst soll vor allem kleinen Sparern die bequeme Möglichkeit geben, ihre Ersparnisse auch in kleinsten Beträgen beim nächsten Postamt einzuzahlen und sie so volkswirtschaftlich wirksam zu machen. Die Zunahme der Sparer und der Sparguthaben bei Banken, Sparkassen und bei der Postsparkasse selbst hat gezeigt, daß die Postsparkasse keine überflüssige Einrichtung ist. Bei der Postsparkasse betrugen:

	1950	1952	1953	
Zahl der Sparbücher	2173912	3252788	4497645	Stück
Einlagenbestand	134,1	327,3	586,2	Mill. DM
Einlagen bei den sonstigen Sparkassen	2731,4	4850,3	7326,3	Mill. DM

Auf dem Gebiet des Postscheck- und Postsparkassenwesens steht die Post mit den anderen Geldinstituten im Wettbewerb. Der Vorteil des Guthabens bei der Postsparkasse besteht darin, daß bei jeder Postanstalt Einzahlungen wie Abhebungen vorgenommen werden können.

Auch im Paketdienst unterliegt die Post dem Wettbewerb. In Paketen sollen Kleingüter versandt werden. Darin liegt die Aufgabe der Post, weil bei ihr vom Briefversand her bereits die erforderlichen Einrichtungen dazu vorhanden sind. Aufgabe der Eisenbahn dagegen ist die Beförderung großer und schwerer Güter. Neben der Eisenbahn ist der wichtigste Konkurrent der Post der Spediteur, der den Sammelladungsverkehr vor allem der Großversender von Kleingütern organisiert, und dann die großen Mengen entweder im eigenen Lastkraftwagen befördert oder sie der Bahn zuführt. Zwischen der Bahn und der Post besteht seit 1931/32 ein Abkommen, wonach der Post das Kleingut bis zu 7 kg und der Eisenbahn die schwereren Stücke für den Expreßgutverkehr vorbehalten bleiben. Deshalb sollen für Kleingutsendungen bis 7 kg die Posttarife billiger und für Güter über 8 kg die Expreßguttarife der Bahn billiger sein. In der Gewichtsstufe von 7—8 kg herrscht Gebührengleichheit. Bahn und Post haben sich ferner verpflichtet, keine Propaganda zu treiben, die ausdrücklich gegen das andere Unternehmen gerichtet ist. Ein Abkommen mit den Spediteuren ist bisher noch nicht zustande gekommen.

Mit wachsendem Wohlstand nimmt auch die Zahl der Pakete, die versandt werden, zu. An gewöhnlichen Paketsendungen wurden von der Post befördert:

	Zahl der Pakete 1000 Stück	Auf je 100 Einwohner Pakete Stück
1950	171828	360
1952	194705	402
1953	204365	417

Die meisten Pakete je 100 Einwohner wurden in den Oberpostdirektionsbezirken Stuttgart, Tübingen und Neustadt an der Weinstraße versandt. Es entfielen 1953 dort an gewöhnlichen Paketen auf je 100 Einwohner:

im Bezirk Stuttgart . . .	653 Stück
im Bezirk Tübingen . . .	648 Stück
im Bezirk Neustadt . . .	503 Stück

Diese Bezirke sind Standorte hochqualifizierter Industrien, die für den Versand ihrer Waren in beträchtlichem Umfang vom Paket Gebrauch machen. Dazu gehören die Betriebe der Trikot- und Leinenindustrie, deren Erzeugnisse im allgemeinen in Paketen von durchschnittlich 5 kg Gewicht versandt werden, die Uhren- und feinmechanische Industrie, die Verlagsanstalten und insbesondere die Schuhfabriken in Stuttgart, Tuttlingen und in der Umgebung von Pirmasens. Der Raum Pirmasens allein hat einen Anteil von 1% am Gesamtaufkommen der von der Deutschen Bundespost beförderten Pakete. Mit Paketgroßraumwagen holt die Post im ganzen Raum von Pirmasens bei den Schuhfabriken die Schuhpakete ab und führt sie zentral dem Postamt in Pirmasens zu, wo täglich 20–30000 Schuhpakete und Schuhpäckchen aufgeliefert werden.

Im Postreisedienst endlich ist die Post ebenfalls dem Wettbewerb der Eisenbahn, der Kommunen als Halter von Kraftomnibussen und des privaten Kraftwagengewerbes ausgesetzt.

Post und Bundesbahn sind, wenn sie den Verkehr mit Kraftfahrzeugen zum Zweck der Personenbeförderung ausüben wollen, an die Genehmigung der Landesverkehrsbehörden gebunden. Im Jahre 1940 haben Post und Eisenbahn miteinander ein Abkommen geschlossen, wonach der Personen-Linienverkehr mit Kraftfahrzeugen, soweit er Fernverkehr ist (Verkehr auf den Autobahnen und Schienenparallelverkehr zur Bahn), Aufgabe der Bundesbahn sein soll, während die Post den Zubringerverkehr zu solchen Verbindungen und den Nahverkehr übernimmt. Der Pendelverkehr der arbeitenden Bevölkerung, den der Krieg verstärkt hat, hat zu einer ständigen Erweiterung des Netzes von Kraftomnibuslinien der Post geführt.

Kraftpostdienst der Bundespost

	1936	1950	1952	1953
Zahl der Linien	1393	1427	1619	1665
Streckenlänge km . . .	31705	37118	43764	45342
Gefahrene km (1000 km)	54426	87156	115653	126414
Beförderte Personen (1000)	41206	143154	214445	248016

Literatur

Handwörterbuch des Postwesens.
Archiv für Post- und Fernmeldewesen.
Zeitschrift für Post- und Fernmeldewesen.
Geschäftsberichte der Deutschen Bundespost.

§ 2

Zur neueren Geschichte des Postwesens in Deutschland

Eine deutsche Reichspost gibt es seit der Gründung des Bismarckschen Reiches. Aber damals war das Reichsgebiet nicht identisch mit dem Reichspostgebiet. In Süddeutschland gehörten Bayern und Württemberg nicht zum Reichspostgebiet; beide Staaten behielten ihre eigene Postverwaltung, die bayerische und die württembergische Post blieben finanziell selbständig, und beide hatten das Recht, eigene Wertzeichen zu verwenden. Damit bestanden tatsächlich drei verschiedene Postverwaltungen mit verschiedenen Postfreimarken nebeneinander im Reichsgebiet. Erst mit dem Jahre 1900 verzichtete Württemberg auf das Recht, eigene Postwertzeichen herauszugeben, während es nach wie vor seine eigene Verwaltung behielt. Bayern versagte sich einer entsprechenden Anregung der Reichspostverwaltung und berief sich auf seine Reservatrechte.

Die Reichspostverwaltung war eine Reichsbehörde, deren Leitung dem Staatssekretär des Reichspostamtes in Vertretung des Reichskanzlers oblag. Der Überschuß der Einnahmen über die Ausgaben der Reichspost floß in die Reichskasse, und die Höhe der Gebühren wurde jeweils durch besonderes Gesetz vom Reichstag beschlossen. Die gleichen Grundsätze galten für das Fernsprech- und Telegraphenwesen, dessen Leitung mit der der Reichspost vereinigt war.

Eine vollständige Einheit des deutschen Postwesens stellte erst die Weimarer Verfassung her. Ihr Artikel 88 bestimmte, daß Post-, Telegraphen- und Fernsprechwesen ausschließlich Sache des Reiches sei. An die Spitze der Reichspost- und Telegraphenverwaltung trat nunmehr der Reichspostminister, dem ein Verkehrsbeirat beratend zur Seite stand. Die Gebühren wurden auf Grund der Vorlage des Reichspostministers vom Reichstag als Gesetz nach Höhe und Aufbau beschlossen. Die bayerischen und württembergischen Sonderrechte wurden gegen Entschädigung aufgehoben.

Die schwierige Finanzlage, in die die Reichspost durch den Krieg und die ihm folgende Inflation gebracht worden war, hatte dazu geführt, daß der Post erhebliche Zuschüsse aus der Reichskasse gewährt werden mußten, um die entstandenen Fehlbeträge zu decken. Man wollte die Finanzen des Reiches nunmehr dadurch entlasten, daß der Post- und Telegraphenbetrieb im Rahmen der allgemeinen Reichsverwaltung verselbständigt wurde. Dem diente das Reichspostfinanzgesetz von 1924. Es schuf den Reichspost- und Telegraphenbetrieb als ein selbständiges Sondervermögen des Reiches unter der Bezeichnung Deutsche Reichspost. Das auf diese Weise entstandene öffentlich-rechtche Unternehmen wurde vom Reichspostminister unter Mitwirkung eines Vierwaltungsrates geleitet. Die Post wurde nunmehr verpflichtet, ihren Haushalt aus eigener Kraft im Gleichgewicht zu halten. Zuschüsse aus der Reichskasse wurden nicht mehr gewährt. Von den reinen Überschüssen waren jedoch Teile an die Reichskasse zu überweisen. Für die Verpflichtungen der Reichspost haftete nur das Sondervermögen, das jedoch nicht für die Verbindlichkeiten des Reiches haftete. Auf diese Weise waren die Finanzen der Reichspost aus den allgemeinen Reichsfinanzen herausgelöst, und damit war der unmittelbare Einfluß des Parlaments auf Verwaltung und Geschäftsführung der Reichspost ausgeschaltet. Der Reichstag vermochte allerdings dem Reichspostminister als parlamentarischem Reichsminister sein Mißtrauen auszusprechen und auf diesem Wege einen Einfluß auf die Geschäftsführung der Reichspost auszuüben.

Der Verwaltungsrat bestand aus 41 Mitgliedern, die aus den Abgeordneten des Reichstages, den Mitgliedern des Reichsrates, aus den Angehörigen des Reichsfinanzministeriums, aus Angehörigen der Wirtschaft und des Verkehrs sowie des Postpersonals vom Reichspräsidenten ernannt wurde. Dieser Verwaltungsrat hatte nunmehr über die Festsetzung des Haushaltes der Reichspost zu beschließen, er stellte die Grundsätze für die Benutzung von Post, Fernsprecher und Telegraph auf, und ihm oblag es, auch die Höhe der Gebühren festzusetzen. Sollte ein Beschluß des Verwaltungsrates nach Auffassung des Reichspostministers in Widerspruch mit der vom Reichskanzler und dem Reichskabinett festgelegten Politik stehen, so konnte der Reichspostminister die Entscheidung der Reichsregierung anrufen. Das Reichspostfinanzgesetz gestaltete also die Verwaltung der Post beweglicher und machte es überflüssig, daß bei einer Änderung der Gebühren die doch recht schwerfällige und umständliche Maschine der Gesetzgebung durch den Reichstag in Bewegung gesetzt werden mußte. Doch hatte das Gesetz die Reichspost als Hoheitsverwaltung voll erhalten und ihr damit die Pflicht auferlegt, ihre Tätigkeit nach dem Grundsatz der Gemeinwirtschaftlichkeit durchzuführen.

Im Jahre 1934 wurde durch ein Gesetz der nationalsozialistischen Machthaber der Verwaltungsrat aufgelöst und an seine Stelle ein Beirat gesetzt, der aber keine Beschlüsse fassen konnte. Die Leitung der Reichspost lag nunmehr allein in den Händen des Reichspostministers, der auch allein Rechtsverordnungen über die Bedingungen erlassen konnte, unter denen die Verkehrseinrichtungen der Reichspost benutzt werden konnten.

Der Zusammenbruch von 1945 setzte der Tätigkeit der Deutschen Reichspost ein Ende.

Nachdem die Deutsche Bundesrepublik im Herbst 1949 gegründet worden war, wurden die im Vereinigten Wirtschaftsgebiet nach 1945 ins Leben gerufene Postverwaltung und ebenso die in der französischen Besatzungszone im Jahre 1950 zu einer Bundespostverwaltung unter der Bezeichnung Deutsche Bundespost zusammengefaßt. Das Grundgesetz sah in seinem Artikel 87 vor, daß die Bundespost in bundeseigener Verwaltung mit eigenem Verwaltungsunterbau geführt werden solle. Artikel 73 verlieh dem Bund die ausschließliche Gesetzgebung über das Post- und Fernmeldewesen.

Die Deutsche Bundespost wird vom Bundesminister für das Post- und Fernmeldewesen nach den Bestimmungen des Postverwaltungsgesetzes von 1953 geleitet. Sie ist ein Sondervermögen des Bundes mit eigener Haushalts- und Rechnungsführung, das von dem übrigen Vermögen des Bundes getrennt zu halten ist. Für die Verbindlichkeiten der Deutschen Bundespost haftet nur das Sondervermögen, das jedoch von einer Haftung für die sonstigen Verbindlichkeiten des Bundes befreit ist. Bei der Leitung und Verwaltung der Deutschen Bundespost sind die Interessen der deutschen Volkswirtschaft zu berücksichtigen.

Dem Bundesminister für Post- und Fernmeldewesen steht für die Leitung und Verwaltung der Deutschen Bundespost ein Verwaltungsrat zur Seite. Er besteht aus 24 Mitgliedern, und zwar

aus 5 Vertretern des Deutschen Bundestages;
aus 5 Vertretern des Deutschen Bundesrates;
aus 5 Vertretern der Gesamtwirtschaft;
aus 7 Vertretern des Personals der Deutschen Bundespost sowie aus je einem Sachverständigen auf dem Gebiete des Nachrichten- und des Finanzwesens.

Die Mitglieder werden von der Bundesregierung auf Vorschlag des Bundesministers für das Post- und Fernmeldewesen für die Dauer einer Wahlperiode des Bundestages ernannt.

Der Verwaltungsrat beschließt über den Haushaltsplan der Deutschen Bundespost, der so aufzustellen- und durchzuführen ist, daß die notwendigen Ausgaben aus den Einnahmen bestritten werden können. Zuschüsse aus der Bundeskasse werden nicht geleistet. Der Verwaltungsrat beschließt weiter über die Bedingungen, unter denen die Einrichtungen des Post- und Fernmeldewesens benutzt werden dürfen, und setzt die Gebühren dafür fest. Endlich faßt er darüber Beschluß, ob neue Dienstzweige aufgenommen, ob alte aufgegeben werden, welche grundlegenden Neuerungen durchgeführt und welche technischen Anlagen geändert werden sollen.

Der Bundesminister für Post- und Fernmeldewesen muß dem Verwaltungsrat zur Stellungnahme zuleiten:

1. die Grundsätze für die Aufnahme von Krediten;
2. Vorschläge, in welcher Höhe Schulden getilgt werden sollen;
3. die Grundsätze für die Anlage von Rücklagen;
4. die Grundsätze, nach denen die Postscheck- und Postsparguthaben anzulegen sind;
5. die jährlich zu erstattenden Geschäftsberichte.

Von den jährlichen Betriebseinnahmen hat die Deutsche Bundespost an die Bundeskasse abzuliefern:

6%, wenn die Betriebseinnahmen niedriger sind als 2 Milliarden DM.
$6^2/_3$%, wenn die Betriebseinnahmen 2 Milliarden DM übersteigen.

Das Postverwaltungsgesetz hat somit im wesentlichen die bewährten Bestimmungen des Postfinanzgesetzes zu neuem Leben erweckt.

Unter dem Bundesminister für das Post- und Fernmeldewesen stehen die 20 Oberpostdirektionen als regionale Mittelbehörden, denen als lokale Behörden wiederum die Post-, Fernsprech- und Telegraphenämter unterstehen. Den Mittelbehörden sind gleichgestellt das Posttechnische Zentralamt sowie das Fernsprechtechnische Zentralamt, beide in Darmstadt, und die Hauptverwaltung der Versorgungsanstalt der Deutschen Bundespost in Stuttgart. Zur Durchführung des Postscheckdienstes bestehen 12 Postscheckämter, die den für ihren Sitz zuständigen Oberpostdirektionen unterstellt sind, und das gleiche gilt für die beiden Postsparkassenämter. Sechs Bahnpostämter an den großen Verkehrsknotenpunkten sorgen für die Versendung der Post auf der Eisenbahn.

Die Deutsche Bundespost gehört dem Weltpostverein und dem Internationalen Fernmeldeverein an. Der Weltpostverein entstand auf Anregung des damaligen Generalpostmeisters Stephan im Jahre 1874 als Allgemeiner Postverein. 1878 erhielt er die Bezeichnung Weltpostverein. Mit 90 Mitgliedern gehören ihm heute praktisch alle Staaten der Welt an. Seit 1878 ist er jedesmal nach fünf Jahren auf den Weltpostkongressen erneuert worden. Die im Weltpostverein zusammengeschlossenen Länder stellen ein einheitliches Postgebiet für den gegenseitigen Austausch von Briefsendungen dar, und diese Einheitlichkeit drückt sich in dreifacher Weise aus:

1. in der Einheitlichkeit des Portos;
2. in der Gleichheit der Portoteilung;
3. in der Transitfreiheit.

Das Einheitsporto wird in Goldfranken zu 100 Goldcentimes berechnet. Der Goldfrank hat ein Gewicht von $^{10}/_{31}$ Gramm Gold von 0,900 Feingehalt, so daß ein Goldfrank = 1,3721 DM und eine D-Mark = 0,7288 Goldfrank ist. Die Gebühr für gewöhnliche Briefe bis zu 20 Gramm beträgt zur Zeit 20 Goldcentimes. Jedes Land kann diese Gebühr bis zu 60% erhöhen oder bis zu 20% ermäßigen. In Deutschland beträgt die Gebühr für einen einfachen gewöhnlichen Auslandsbrief zur Zeit 0,29 Goldcentimes.

Die Gleichheit der Portoteilung geht von der Erfahrung aus, daß die Zahl der aus einem Mitgliedsland abgehenden Briefe und die in ein Mitgliedsland eingehenden Auslandsbriefe etwa gleich groß ist, da jeder Brief in der Regel eine Antwort fordert. Deshalb behält bei gewöhnlichen Briefsendungen jeder Staat die eingehenden Porti ohne gegenseitige Abrechnung der eingenommenen Gebühren für sich. Abgerechnet werden dagegen alle anderen Sendungen.

Die Transitfreiheit umfaßt den ungehinderten Durchgang von Briefposten und einzelnen Sendungen durch die Länder der Mitgliedstaaten. Die erstrebte Unentgeltlichkeit des Durchgangs ist allerdings noch nicht erreicht. Vielmehr werden Durchgangsgebühren auf Grund von statitischen Ermittlungen erhoben, die alle drei Jahre während eines Zeitraums von 14 bzw. 28 Tagen vorgenommen werden.

Innerhalb des Weltposterreins bestehen einige Sondergruppen, die vereinbart haben, daß sie im Briefverkehr untereinander nur das Inlandsporto berechnen. Solche Sondervereinbarungen bestehen zwischen Frankreich und den Benelux-Staaten, unter den nordischen Staaten und endlich als amerikanisch-spanische Postunion zwischen den USA, den mittel- und südamerikanischen spanischsprechenden Staaten auf der einen und Spanien auf der anderen Seite.

Der Weltpostverein hat auf dem Brüsseler Weltpostkongreß von 1952 seinen Mitgliedern empfohlen, den Luftpostzuschlag bei Briefen fortfallen zu lassen. Allerdings ist dem bisher noch nicht Folge geleistet worden, weil der Zuschlag an private Luftverkehrsgesellschaften zu zahlen ist, der dann auf Kosten der einzelnen Postverwaltungen gehen würde. Auf dem gleichen Weltpostkongreß ist beschlossen worden, die Bundesrepublik in den Weltpostverein aufzunehmen, obwohl sie damals noch kein souveräner Staat war. Die Souveränität ist sonst die Voraussetzung, um die Mitgliedschaft des Weltpostvereins zu erwerben.

Der Internationale Fernmeldeverein will auf dem Gebiet des Fernmeldewesens seine Mitglieder ebenso zu einer Einheit zusammenfassen, wie es auf dem Gebiet des Postwesens der Weltpostverein getan hat. Er regelt unter seinen Mitgliedern die Betriebs- und die Gebührenfrage sowie das Abrechnungswesen. Er hat drei Unterabteilungen:

1. den Internationalen beratenden Ausschuß für den Fernsprechdienst;
2. den Internationalen beratenden Ausschuß für den Funkdienst;
3. den Internationalen beratenden Ausschuß für den Telegraphendienst.

Die Deutsche Bundesrepublik ist ebenfalls Mitglied des Internationalen Fernmeldevereins.

Literatur

Karl Sautter, Geschichte der deutschen Post, Teil III. 1871—1945. 1951.
Geschäftsberichte der Deutschen Bundespost.

§ 3
Tarifwesen

Die Eigenart der Post besteht darin, daß sie für bestimmte Zweige ihres Gesamtdienstes ein Monopol besitzt, daß ihre verschiedenen Leistungen nicht miteinander vergleichbar sind, weil sie in verschiedener Art bestimmte Bedürfnisse befriedigen und in ihrer Aufwandsstruktur verschieden geartet sind. Die Post muß aber in ihren Gebühreneinnahmen zum mindesten ihren Aufwand erstattet erhalten. Dabei kommt es nicht darauf an, daß die einzelne Gebühr für eine spezielle Leistung den speziellen Aufwand deckt, sondern die Einnahmen als Ganzes müssen die Ausgaben als Ganzes gesehen decken.

Da die Post mit ihren Dienstleistungen im Interesse der deutschen Volkswirtschaft wirken soll, so wird bei der Festsetzung der Tarife davon auszugehen sein, daß sie

1. alle Benutzer gleichmäßig behandelt, daß also nicht einzelne Benutzergruppen den anderen gegenüber bevorzugt werden;
2. daß alle Benutzer, gleich in welchen Gegenden des Bundesgebietes sie wohnen, die gleichen Gebühren entrichten, so daß nicht wirtschaftlich zurückgebliebene und weniger entwickelte Gebiete etwa höhere Gebühren entrichten als die wirtschaftlich besser gestellten;
3. daß die Gebühren veröffentlicht werden, damit sie berechenbar sind;
4. im Interesse der Wirtschaft eine möglichst große Stetigkeit der Gebühren erwünscht ist und daß
5. im Interesse der glatten und schnellen Abwicklung des Verkehrs die Tarife möglichst einfach und übersichtlich gestaltet werden.

Wenn man die Entgelte, die die Post für ihre Dienste erhält, als Gebühren bezeichnet, so ist das historisch begründet, weil das Postregal ein Hoheitsrecht des Staates war, während die Eisenbahnen ursprünglich meist von privaten Gesellschaften betrieben wurden. Sie verlangten für ihre Dienste ein Entgelt, das sie mit dem gleichen Namen bezeichneten, wie es die Frachtfahrer als Vorläufer der Eisenbahnen getan haben.

Da die Post in ihren verschiedenen Dienstzweigen verschiedene Leistungen bietet, ist es wichtig, die verschiedenen Leistungen gegeneinander abzuwägen und sie in ein bestimmtes Verhältnis zueinander zu setzen. Dadurch kann die Post einmal die Nachfrage auf die verschiedenen Dienste lenken und dann weniger ertragreiche Dienstzweige aus den Erträgen derjenigen unterhalten, die erhebliche Überschüsse liefern können. Die Tarifpolitik muß also einheitlich sein, damit in dem vielgestaltigen Betrieb der Post die innere Einheit nicht verlorengeht.

Da die Briefpost die Grundlage des gesamten Postbetriebs ist, müssen auch die Erwägungen, die sich auf den Aufbau des Tarifwesens erstrecken, von der Briefpost ausgehen. Das Porto für den einfachen gewöhnlichen Brief ist die Grundlage des Tarifsystems. Von den Erträgnissen des Jahres 1953 entfielen bei der Deutschen Bundespost 47% auf die Postgebühren und 40% auf die Fernsprechgebühren. Das Fernmeldewesen wird also vom Fernsprecher mit seinen Gebühren getragen.

Geht man nun von der Struktur des Aufwandes aus, so steht entsprechend der Eigenart des Postdienstes der Personalaufwand im Vordergrund. In den arbeitsintensiven Betriebsstellen, also in der Brief-, Paket- und Geldbeförderung, machen die Personalausgaben 50% der Ausgaben aus, während sie in den kapitalintensiven Dienstzweigen des Fernmeldedienstes nur etwa 23% der Ausgaben betragen.

Beim Briefdienst entsteht die Masse der Kosten durch die Abfertigung der Briefsachen. Das aber ist im wesentlichen menschliche Arbeit, wie das Einsammeln der Briefe, ihre Abstempelung und Sortierung, die Verladung und Verteilung. Demgegenüber ist der eigentliche Beförderungsaufwand nur gering. Die Berechnung des Beförderungsaufwandes erfolgt auf Grund der von der Eisenbahn für die Post aufgewandten Achs/km, und diese Achs/km-Vergütung beeinflußt die gesamte Gebührenskala für die Beförderung der Post- und Paketsendungen.

Bei der Festsetzung der Höhe des Tarifs wird weiter davon ausgegangen, daß der Brief wichtigstes Mitteilungsmittel für die Wirtschaft und für die breiten Massen ist. Dadurch wird zunächst mit einem Massenanfall von Briefen gerechnet werden müssen, so daß die Wahrscheinlichkeit besteht, daß der Aufwand für die Briefpost durch einen verhältnismäßigen niedrigen Portosatz für den einzelnen Brief gedeckt werden kann. Dieser Satz wird sich dem Einkommen der am wenigsten bemittelten Gruppen anpassen müssen, wenn die Post als gemeinnützige Anstalt ihrer Aufgabe, dem Mitteilungsbedürfnis aller zu dienen, entsprechen sollte. Auch die Wirtschaft hat durchaus ein Interesse am billigen Briefporto. Allerdings wird sich dieses gemeinwirtschaftliche Verhalten auf Briefe von einem solchen Gewicht beschränken können, das zwar eine durchaus ausreichende Nachrichtenübermittlung ermöglicht, aber an den Verladeraum und damit an die Beförderungskosten keinen übermäßigen Anspruch stellt. Dieser sogenannte einfache gewöhnliche Brief ist das Fundament, auf dem sich das Tarifgebäude des Brief- und Gelddienstes aufbaut.

Da es sich um einen Massenverkehr handelt, der mit möglichst geringem Aufwand abzuwickeln und so einfach wie möglich zu gestalten ist, ist das Einheitsporto am Platze. Von dieser Erwägung ist bereits die englische Postverwaltung im Jahre 1840 ausgegangen, als sie für den einfachen gewöhnlichen Brief das Pennyporto einführte. Diesem Beispiel der englischen Post sind dann die anderen Postverwaltungen gefolgt. Dabei hat man die Gewichtsgrenze für den einfachen gewöhnlichen Brief auf 20 Gramm festgesetzt. An diesem Gewicht hat man bis heute festgehalten. Sobald aber diese Grenze überschritten wird, wird überall das Porto meist verdoppelt. Dabei ist weniger die Absicht, Gewinne zu erzielen, maßgebend, als vor allem die Absicht, Mittel zu gewinnen, aus denen der Aufwand solcher Dienstleistungen gedeckt werden kann, bei denen aus gemeinwirtschaftlichen Gründen die Gebühren nicht in der Höhe erhoben werden können, um die für die einzelne Leistung entstehenden Kosten zu decken.

Die offenen Briefsendungen in Gestalt der Drucksachen haben für die Werbetätigkeit der Wirtschaft eine große Bedeutung. Dabei ist es die Aufgabe der Post, diese Tätigkeit nicht zu erschweren, um den freien Wettbewerb innerhalb der Volkswirtschaft zu fördern. Auch bei der Festsetzung des Drucksachenportos ging man von dem gewöhnlichen Brief aus und setzte das Porto für die niedrigste Gewichtsstufe der Drucksache in ein bestimmtes Verhältnis zum Porto des einfachen gewöhnlichen Briefes. Das Verhältnis hat vor dem ersten und zweiten Weltkrieg zwischen 30 und 26% gestanden, Mitte 1955 betrug es 28,6%.

Die Frage, die immer wieder von der Wirtschaft, besonders in Zeiten stockender Konjunktur, angeschnitten wird, ist, ob nicht möglichst niedrige Postgebühren vor allem für Briefsendungen aller Art den Verkehr erheblich steigern und damit auch die Einnahmen der Post erhöhen würden. Die Erfahrung hat jedoch gezeigt, daß die erwartete Verkehrssteigerung nach Portoermäßigungen fast immer ausgeblieben ist. Das war 1931 und 1932 deutlich zu beobachten. Die Größe des Verkehrs ist weniger eine Funktion der Tarifhöhe als der konjunkturellen Entwicklung. Deshalb brachte bei aufsteigender Konjunktur die Tariferhöhung für einfache Briefe von 10 auf 15 Pfg. im Jahre 1927 keinen Rückgang des Verkehrs, und die Ermäßigung von 1932 hatte keine Zunahme zur Folge. Je niedriger im Rahmen des allgemeinen Preisniveaus die Postgebühren bereits liegen, um so weniger vermag ihre Senkung den Verkehr anzuregen und um so weniger wirkt ihre Erhöhung hemmend auf den Verkehr.

Da der Briefdienst stark arbeitsintensiv organisiert ist, und auch kaum anders organisiert werden kann, braucht eine Vermehrung des Verkehrs noch nicht zu einer entsprechenden Erhöhung der Überschüsse der Einnahmen über die Ausgaben bei der Post zu führen. Personalbedarf und Lohnaufwand vermehren sich bei steigendem Verkehr, wenn auch nicht im proportionalen Ausmaß. Die Briefbeförderung unterliegt also nur in beschränktem Umfang dem sogenannten Gesetz der Massenproduktion.

Wenn man den Index der Grundstoffpreise und der Lebenshaltung auf der Grundlage von 1938 mit der Bewegung des Index der Tarife für den einfachen gewöhnlichen Brief und für die Drucksache von 20 Gramm vergleicht, so ergibt sich das folgende Bild:

Jahresdurchschnitt	Index der Grundstoffpr.	Index der Lebenshaltung	Index des Porto für den einfach. Brief	Für die Drucksache 20 g
1938	100	100	100	100
1950	207	156	166	133
1951	250	168	166	133
1953	251	168	166	133
1954	252	169	166	233

Es zeigt sich, daß die Post die Briefgebühren unter dem allgemeinen Preisniveau gehalten hat, weil sie den einfachen Brief als Mitteilungsmittel der breiten Masse schonen wollte. 1954 wurde das Drucksachenporto schärfer angehoben aus der Erwägung heraus, daß die Versendung der Drucksachen im wesentlichen aus Gründen der Gewinnerzielung erfolgte, und daß bei steigender Konjunktur und steigenden Gewinnen eine Gebührenerhöhung durchaus noch tragbar wäre. Die steigende Konjunktur hat auch dann den Verkehr stärker anwachsen lassen als die Ausgaben, so daß die mit der Tariferhöhung erstrebte Einahmesteigerung sich auch einstellte.

Beim Fernmeldedienst stehen weniger die Nachrichtenbedürfnisse der breiten Massen im Vordergrund als die der Erwerbswirtschaft. Ihr gibt die schnelle Nachrichtenübermittlung auf große Entfernungen die Möglichkeit, günstige Lagen auf den Weltmärkten auszunutzen. Ein solches Handeln liegt durchaus im Interesse der Volkswirtschaft, und deswegen sprechen auch beim Zustandekommen der Tarife im Fernmeldewesen gemeinwirtschaftliche Gründe mit. Eine übermäßige Verteuerung des Dienstes gegenüber den Tarifen anderer Postverwaltungen würde die eigene Volkswirtschaft benachteiligen und ihre Verbindung mit dem Weltmarkt lockern.

Der Telegraphendienst ist im Gegensatz zur Briefversendung kapitalintensiv organisiert. Es kommt also hier darauf an, die vorhandenen Einrichtungen, vor allem die Leitungen, voll auszunutzen. Dabei ist aber zu beachten, daß nicht nur der Fernsprecher mit dem Telegramm konkurriert, sondern in gewissen Grenzen ebenso der Eilbrief, der eine ausführliche Darlegung der in Rede stehenden Angelegenheit gestattet. Es besteht eine räumliche und zeitliche Grenze, bei der das Telegramm dem Eilbrief nicht mehr überlegen ist, und wo der Schnelligkeitsvorsprung des Telegramms dem Eilbrief gegenüber so gering ist, daß der Eilbrief vorgezogen wird.

Beim Telegramm hängt die Gebühr am Wort, wobei zunächst eine Mindestgebühr festgesetzt wird, über die hinaus dann für jedes Wort eine bestimmte Gebühr erhoben wird. Die Mindestgebühr soll im wesentlichen den fixen Aufwand decken, während die Wortgebühr den variablen ersetzen soll. Für die

Höhe der Gebühr ist maßgeblich, daß die Einrichtungen in den wirtschaftlich abgelegenen Gebieten, die die vorhandenen Telegrapheneinrichtungen nur wenig ausnutzen, aus den Überschüssen, die die wirtschaftlich voll entwickelten Gebiete liefern, mitunterhalten werden müssen.

Um die Leitungen voll auszunutzen, um weiter die Inanspruchnahme des Telegraphendienstes zeitlich mehr zu verteilen, und um endlich auch Kreisen mit geringerer Zahlungsfähigkeit die schnelle Übermittlung von Nachrichten zu ermöglichen, werden Brieftelegramme zu ermäßigten Gebühren befördert. Der Text eines Brieftelegramms wird nach den vollbezahlten Telegrammen befördert und dann dem Empfänger mit der nächsten Briefzustellung zugeführt.

Auch das Fernsprechwesen gehört zu dem kapitalintensiven Dienstzweigen. So hat die Tarifpolitik auch hier die Aufgabe, einmal die Mittel zur Verzinsung und Tilgung des Anlagekapitals zu schaffen und dann den variablen Aufwand zu decken. Die zweite Aufgabe besteht darin, die Höhe der Gebühren so festzusetzen, daß die Zahl der auf eine Sprechstelle entfallenden Gespräche möglichst groß gehalten wird, um das investierte Kapital intensiv auszunutzen. Wenn also der Aufwand auch hier die Grundlage für die Tarifüberlegungen ist, so wird man dabei nicht von der Deckung des Aufwandes für die einzelne Sprechstelle, sondern von dem insgesamt in diesem Dienstzweig entstehenden Aufwand ausgehen müssen. Andernfalls wäre es nicht möglich, in entlegenen kleinen Orten Fernsprechanlagen zu schaffen. Damit würde aber der gemeinnützige Zweck des Fernsprechdienstes nicht erfüllt.

Der Aufbau des Tarifs unterscheidet die Grundgebühr von der Gesprächsgebühr. Bei Ortsgesprächen ist die Gesprächsgebühr eine Einheitsgebühr, während bei Ferngesprächen nach Orten außerhalb der Sprechstelle ein nach Entfernungszonen aufgebauter Einzelgesprächstarif verwandt wird.

Die Höhe der Grundgebühr ist nach der Größe des Ortsnetzes gestaffelt. Je größer das Ortsnetz, um so höher ist die Grundgebühr. Sie ist dazu bestimmt, den fixen Aufwand zu decken, der vor allem in den Kosten für die Anlage und die Unterhaltung der Leitungen besteht. Die Gesprächsgebühr dagegen soll den variablen Aufwand vergüten, der sich aus dem Verbrauch des elektrischen Stroms und den Löhnen für das im Fernsprechwesen tätige Personal zusammensetzt. Der größte Teil der Kosten einer Fernsprechstelle entfällt auf die Anlagekosten. Diese sind um so niedriger, je dichter das Leitungsnetz ist, weil der Großteil der Anlagekosten durch das Legen der Leitungen entsteht. Je dichter aber das Netz der Leitungen ist, um so kürzer können die Zuleitungen sein, und um so mehr wird durch neu hinzukommende Anschlüsse das vorhandene Leitungsnetz ausgenutzt. Danach müßte eigentlich mit zunehmender Größe des Ortsnetzes die Grundgebühr sinken[1]). Dann aber würden die kleinen Netze in wirtschaftlich

[1]) Telegraphenpraxis 1927 S. 636f.

schwachen Gegenden besonders hoch belastet werden, was den gemeinwirtschaftlichen Aufgaben der Post widersprechen würde. So müssen die kleinen Netze von den großen mit durchgehalten werden, und die großen müssen die Mittel abwerfen, damit die Post ihre Ausgaben durch die Einnahmen decken kann.

Für die Höhe der Gebühren ist aber noch die Erwägung von Gewicht, daß von einem Anschluß im Monat eine Mindestzahl von Gesprächen geführt werden muß, damit dieser für die Post kein Verlustgeschäft bedeutet. Wenn die Gebühren zu niedrig festgesetzt werden, so besteht die Gefahr, daß sich die Fernsprechteilnehmer zu stark durch die Wenigsprecher vermehren, und das muß sich auf den Ertrag ungünstig auswirken. Den Wenigsprechern macht die Post die Benutzung des Fernsprechers dadurch möglich, daß sie an öffentlichen Plätzen und an den Brennpunkten des Verkehrs sowie in den Postämtern selbst Fernsprechautomaten aufstellt, von denen aus gegen die Zahlung der Gesprächsgebühren gesprochen werden kann.

Auch der Fernsprechverkehr drängt sich im allgemeinen an bestimmten Tagesstunden zusammen. Dadurch werden die Anlagen in den Nachtstunden nur unvollkommen ausgenutzt. Aus diesem Grunde werden Gespräche in den Nachtstunden mit billigeren Gebühren berechnet. Jedoch ist der Anreiz, diese Vergünstigung zu benutzen, beschränkt, weil sich das Geschäftsleben an bestimmten Tagesstunden abspielt und gerade in diesen Stunden die Notwendigkeit zu telefonieren gegeben ist.

Beim Geldverkehr richtet sich die Höhe der Gebühr nach der Höhe der Geldsendung. Dabei ist wiederum maßgebend, daß die Postanweisung in den kleinen Beträgen den unbemittelten Klassen zur Verfügung stehen muß. Allerdings müssen bei der Bemessung der Gebühr die Leistungen der Post, die gegenüber dem einfachen gewöhnlichen Brief vermehrt sind, berücksichtigt werden. Die Annahme und die Auszahlung des Geldbetrages, die Verbuchung und Prüfung der Anweisung verursachen erhöhte Arbeitsleistungen, dann müssen die Kosten für die Bereitstellung der Geldmittel und die erhöhte Haftung der Post mit in Rechnung gestellt werden.

Um den bargeldlosen Verkehr zu fördern, betragen die Gebühren bei der Benutzung des Postschecks nur die Hälfte der für die Postanweisung berechneten Entgelte. Da die Post für die überlassenen Postscheckguthaben keine Zinsen gewährt, diese aber selbst zinstragend ausleiht, so können durch den Zinsertrag die Kosten des Postscheckdienstes mit gedeckt werden, was den Gebühren zugute kommt.

Im Päckchen- und Paketversand tritt die Post mit dem Expreßgutverkehr der Eisenbahn und dem Sammelladungsverkehr der Spediteure in Wettbewerb. Für die Gebührenbemessung im Paketdienst ist das Abkommen mit der Bundesbahn maßgebend (s. S. 205). Die Gebühren müssen so gestaltet sein, daß vor allem der hohe Personalaufwand gedeckt wird, der die Abfertigung der Pakete verursacht. Die Grundlagen für die Gebühren des Kleingutverkehrs ist das 5-kg-Paket. Dabei wird wieder der soziale Gedanke mitsprechen müssen, daß das 5-kg-Paket ebenso wie die Päckchen auch in weitem Maße Mittel der ärmeren Schichten zu gegenseitiger Hilfe sind.

Nach dem Grundsatz, daß der Kleingutverkehr der Post und der Großgutverkehr der Eisenbahn gehört, ist das Höchstgewicht der Pakete auf 20 kg festgesetzt. Der Tarif ist ein Zonentarif mit vier Zonen und 16 Gewichtsstufen.

Literatur

K. Timm, Tarifwesen und Tarifpolitik der Deutschen Reichspost. 1939.
H. Hellmuth, Betriebswirtschaftslehre der Deutschen Reichspost. 1929.
H. Hellmuth, Die Tarifpolitik der Deutschen Reichspost im Nachrichten-, insbesondere im Drucksachenverkehr; in Zeitschrift für Verkehrswissenschaft, 1931.
Karl Sautter, Geschichte der deutschen Post, Teil III, 1951.

§ 4

Die Finanzlage der Deutschen Bundespost

Für die Zeit bis 1924 läßt sich kaum ein vergleichbarer Überblick über die Finanzlage der Deutschen Reichspost geben, weil der Haushalt der Post ganz eng mit dem Haushalt des Reiches verknüpft war. Die von der kameralistischen Buchführung errechneten Abschlüsse und Überschüsse stellen keinen Gewinn dar, weil es nicht festzustellen ist, ob sich an den Vermögenswerten der Reichspost Veränderungen durch Abnutzung oder Verlust oder gar Wertsteigerungen ergeben haben. Gewinne werden erst mit dem Inkrafttreten des Reichspostfinanzgesetzes ausgewiesen. Vorher aber wurde schon die Betriebszahl errechnet, d. h. das prozentuale Verhältnis, in dem die Ausgaben zu den Einnahmen standen. Diese Zahl bewegte sich von 1871 bis 1900 stets um 90 herum.

In den Jahren 1924—1938 zeigt die Reichspost mit Ausnahme der Krisenjahre 1931—1934 stets eine Betriebszahl unter 100. Sie bewegte sich zwischen 74,3 und 98,6. Dementsprechend konnte auch die Post einen Gewinn ausweisen.

Nach dem zweiten Weltkrieg und nach der Schaffung der Deutschen Bundespost im Jahre 1949 waren in großem Umfange Kriegsschäden zu beseitigen, und der Fortschritt der Technik forderte gebieterisch die Erneuerung des stark überalterten Materials. Fernsprecher, Fernschreiber, Telegraph und Funk mußten in ihren Einrichtungen den technisch fortgeschritteneren internationalen Netzen angepaßt werden. Hand in Hand damit mußte eine Rationalisierung des Betriebes, vor allen des Paketdienstes, gehen, denn der Personalaufwand begann ständig zu steigen. Die Mittel zu den notwendigen Investionen mußten im wesentlichen den Überschüssen entnommen werden, die auch der Betrieb infolge des laufend wachsenden Verkehrs abwarf, denn der Kapitalmarkt war nicht in der Lage, die erforderlichen Mittel herzugeben. Gebührenerhöhungen waren zunächst in den ersten Jahren nach der Währungsreform von 1948 nicht erforderlich. Im Jahre 1950 begannen die Verkehrsleistungen die Vorkriegsleistungen zu erreichen. Starke Zunahmen waren vor allem im Fernsprechdienst, im Telegraphen- und Fernschreibeverkehr zu verzeichnen. Im Fernmeldedienst erfolgte der Übergang vom personalintensiven zum kapitalintensiven Nachrichtendienst. Die dazu erforderlichen Mittel mußten wiederum im wesentlichen den Überschüssen entnommen werden. In den Jahren 1950—1954 wurden jährlich rund 500 Millionen DM investiert.

Obwohl die Einnahmen auf die beschäftigte Arbeitskraft gerechnet von 7787 DM im Jahre 1951 auf 8181 DM im Jahre 1952 stiegen, verschlechterte sich doch infolge der immer weiter steigenden Personalaufwendungen die Betriebszahl. Sie hatte sich von 88,9 im Jahre 1950 auf 95,6 im Jahre 1951 verschlechtert. Die Frage einer Gebührenerhöhung tauchte auf, um die Einnahmen dem gestiegenen Personalaufwand anzupassen.

Im Jahre 1952 war die Kapazität der Verkehrseinrichtung der Deutschen Bundespost voll ausgenutzt. Jede weitere Verkehrssteigerung verlangte daher weiteren Investionsbedarf und weiteren Personalaufwand. Der erforderliche Kapitalbedarf konnte jedoch den jeweiligen Jahresergebnissen nicht mehr entnommen werden und auch der Kapitalmarkt vermochte die erforderlichen langfristig verfügbaren Mittel nicht herzugeben. Die kurzfristigen Kredite nahmen daher zu, in geringem Umfange konnten ERP-Mittel eingesetzt werden, und außerdem griff man auf die zur Anlage verfügbaren Postscheckgelder zurück. Mit Hilfe der Bank deutscher Länder wurden unverzinsliche Schatzanweisungen der Deutschen Bundespost mit einer Laufzeit bis zu einem Jahr aufgelegt. Es wurden also nur kurzfristig zur Verfügung stehende Mittel in erheblichem Umfange zu langfristigen Investierungen verwandt.

Durch die steigenden Personalausgaben entstand im Jahre 1952 zum ersten Male ein Verlust von 51 Millionen DM. Er wurde in Höhe von 50 Millionen dadurch gedeckt, daß man auf die gesetzliche Rücklage zurückgriff, so daß nur noch ein ungedeckter Verlust von einer Million DM verblieb. Das Jahr 1953 brachte trotz steigenden Verkehrs und trotz weiter zunehmender Produktivität der Arbeit einen weiteren Verlust von 40 Millionen DM und eine Zunahme der Verschuldung. Verlust und Verschuldung stiegen 1954 weiter und außerdem bestand ein Investions- und Nachholbedarf von insgesamt 2,4 Milliarden Mark für die nächsten fünf Jahre. So war im Jahre 1954 die Gebührenerhöhung unvermeidlich, und außerdem war es nicht mehr zu umgehen, daß man vom Kapitalmarkt die Mittel für die Konsolidierung der kurzfristigen Schulden und für die Durchführung wenigstens eines Teiles des Investitionsprogramms aufnahm. Die Gebührenerhöhung ließ den einfachen gewöhnlichen Brief und die

Postkarte unberührt; sie erstreckte sich auf die Drucksachen, die Gebühren für die Geldversendung und die Fernsprechgebühren. Unter dem Einfluß der weiter ansteigenden Konjunktur zeitigte sie den beabsichtigten Erfolg.

Im August 1955 gelang es, die erste Tranche von 125 Millionen DM einer langfristigen 200-Millionen-DM-Anleihe der Deutschen Bundespost am Kapitalmarkt glatt unterzubringen, die zur Konsolidierung der kurzfristigen Verschuldung verwandt wurde. Für das Jahr 1955 waren für Investitionen 695 Millionen DM veranschlagt, die wiederum in erster Linie für die Verbesserung und Erweiterung des Fernsprechverkehrs bestimmt waren, wo Mitte 1955 noch rund 60000 Fernsprechanschlüsse fehlten. Die Steigerung der Einnahmen durch die erhöhten Gebühren und die Schuldenkonsolidierung haben die Finanzlage der Deutschen Bundespost gefestigt.

Literatur: Geschäftsberichte der Deutschen Bundespost.

Schlußbetrachtung

Die Einheit des Verkehrs

Die Einheit des Verkehrs herzustellen, ist die Aufgabe der Verkehrspolitik. Sie zu erkennen und darzulegen, ist die Aufgabe der Wissenschaft vom Verkehr. Die Einheit des Verkehrs ist dann vorhanden, wenn die verschiedenen Verkehrsmittel in der Lage sind, das Transportbedürfnis der Volkswirtschaft arbeitsteilig mit dem geringsten Aufwand zu befriedigen, so daß die Güter jeweils von dem Verkehrsmittel befördert werden, das in der Lage ist, sie auf die technisch zweckmäßigste und auf die wirtschaftlich billigste Art zu transportieren. Um die Einheit des Verkehrs herzustellen, kommt es also darauf an, daß jeder Aufwand fortfällt, der dem Verkehr wesensfremd ist. Das sind die politischen Lasten der Bundesbahn, weil sie dem Verkehr mit einem Aufwand belasten, der mit der Transporttätigkeit und der Transportaufgabe der Bundesbahn nichts zu tun hat. Aber der Aufwand wird auch über das notwendige Ausmaß erhöht, wenn der Lastkraftwagen mit einem seinem Wesen fremden Tarif belegt wird, der ihn zwingt, höhere Vergütungen für seine Transportleistungen zu nehmen, als sie dem für die Leistung erforderlichen Aufwand entsprechen.

Die Einheit des Verkehrs befindet sich in ständiger Bewegung. Technische Fortschritte, wirtschaftliche Bewegungen und politische Ursachen verändern dauernd die Grundlage, auf denen sie ruht. Aus diesem Grunde muß die Verkehrspolitik jederzeit bereit sein, einzugreifen, um die gestörte Einheit des Verkehrs wiederherzustellen. Diese ordnende Aufgabe ist die ursprüngliche und wichtigste Aufgabe der Verkehrspolitik.

Wenn die Verkehrspolitik die Einheit des Verkehrs herstellen will, so bedarf sie dazu eines Mittelpunktes, um den diese Einheit gestaltet werden kann. Ein solcher Mittelpunkt kann in den großen Industriestaaten nur die Eisenbahn sein, weil sie allein in der Lage ist, den Massenverkehr an Menschen und Gütern zu bewältigen, ohne den die Existenz eines solchen Industriestaates gar nicht denkbar ist. Die Eisenbahn wird in ihrer Aufgabe ergänzt durch Binnenschiffahrt, Lastkraftwagen und Flugzeug sowie endlich durch die Handelsflotte auf der See, denn die Eisenbahn kann der Industrie die erforderlichen überseeischen Rohstoffe nur zuführen, wenn sie ihr von der Handelsflotte über See herangebracht werden, und die Handelsflotte kann die zum Export bestimmten Güter der Industrie nur dann in die Räume über See schaffen, wenn die Eisenbahn sie ihr zu den Ausfuhrhäfen heranführt. Dabei zeigt es sich schon, daß die Aufgabe, die Einheit des Verkehrs herzustellen, in jedem Lande anders geartet sein muß, da jedesmal die wirtschaftlichen, die geographischen und schließlich auch die gesellschaftlichen Verhältnisse anders gelagert sind. So wird die Einheit des Verkehrs mit anderen Mitteln hergestellt werden müssen beispielsweise in der Sowjetunion und den USA, anders in England und in Holland und anders endlich in der Bundesrepublik. Gerade in der engräumigen Bundesrepublik mit ihrem engmaschigen Straßen- und Eisenbahnnetz, mit den Zusammenballungen der Produktionsstätten und Massen auf wenigen engen Räumen, mit der langgestreckten handtuchförmigen Gestalt des Staatsgebietes, ist die Eisenbahn das Rückgrad des Verkehrswesens. Das haben die Erfahrungen der letzten Jahrzehnte eindringlich gezeigt.

Wenn man deswegen die Einheit des Verkehrs auf der Eisenbahn aufbaut, so heißt es nicht etwa, daß damit der technische Fortschritt, den Kraftwagen und Flugzeug repräsentieren, gehemmt werden soll. Die Eisenbahn kann allerdings nur dann im Mittelpunkt des Verkehrs stehen und das Fundament seiner Einheit bilden, wenn auch sie sich den Anforderungen der Zeit in technischer und wirtschaftlicher Beziehung gewachsen zeigt. So muß auch die Eisenbahn den Weg der Motorisierung und Elektrifizierung beschreiten.

Der Motor hat eine außerordentliche Beweglichkeit in das Verkehrswesen gebracht. Dementsprechend wird man die Eisenbahn auch von den starren Fesseln befreien müssen, in die man sie einst geschlagen hat, um zu verhindern, daß sie ihre ursprüngliche monopolistische Machtstellung zum Nachteil der Allgemeinheit ausschlachten könnte. Da Kraftwagen und Flugzeug das Monopol der Eisenbahn gebrochen haben, da beide die Verkehrsmittel sind, zu deren Wesen Schnelligkeit und Beweglichkeit gehört, wird man nicht umhin können, der Eisenbahn in ihrer Betriebsführung ebenfalls eine größere Beweglichkeit einzuräumen. Andernfalls muß die Eisenbahn in den Hintergrund gedrängt werden. Deswegen wird zu überlegen sein, ob man nicht die der Eisenbahn auferlegte Betriebspflicht insoweit lockert, daß die Eisenbahn nicht Verkehrsleistungen weiter aufrechtzuerhalten gezwungen ist, in denen sie dem Kraftwagen nicht gewachsen sein kann. Die zweite Überlegung würde sein, inwieweit man nicht der Bundesbahn eine Unternehmungsform gibt, die der Verwaltung eine größere Freiheit und Beweglichkeit gewährt, als das bei einer öffentlich-rechtlichen Unternehmung möglich ist. Damit aber ist die Frage angeschnitten, ob nicht die Form einer irgendwie gearteten Gesellschaft für die Bundesbahn doch geeigneter ist. Die Deutsche Reichsbahngesellschaft der Jahre 1924—1937 hat es doch sehr wohl verstanden, in einer außerordentlich beweglichen Geschäftsführung die finanziellen Interessen mit der gemeinwirtschaftlichen Aufgabe der Deutschen Reichsbahn in Übereinstimmung zu bringen.

Die Einheit des Verkehrswesens kann unter den Verhältnissen, wie sie in der Bundesrepublik vorliegen, nur hergestellt werden, wenn es gelungen ist, die Zusammenarbeit von Eisenbahn und Kraftwagen herzustellen. Die Mittel dazu sind Beweglichkeit und größere Freiheit in der Betriebsführung der Eisenbahn, die Bereitstellung der Mittel, um der Eisenbahn diejenigen Investitionen zu ermöglichen, mit deren Hilfe der Betrieb rationalisiert werden kann. Auf der Seite des Kraftwagens aber wird Sorge getragen werden müssen, daß die schnell vorwärtsschreitende technische Entwicklung und der sprunghaft angewachsene Lastkraftwagenverkehr nicht die Einheit des Verkehrs dadurch sprengen, daß er sich über die Aufnahmefähigkeit und Leistungsfähigkeit des vorhandenen Straßennetzes rücksichtslos hinwegsetzt. Diese gegenseitige Anpassung von Straßennetz und Lastkraftwagenverkehr ist das Problem, mit dem sich die Verkehrspolitik fast aller Länder auseinander zu setzen hat. Die Herstellung der Einheit des Verkehrs unter den besonderen Verhältnissen der Bundesrepublik ist aber nicht nur ein Ordnungs-, sondern auch ein Investitionsproblem, und so kann hier die Einheit des Verkehrs nur erreicht werden, wenn die Verkehrspolitik nicht nur Ordnungs-, sondern auch Investitionspolitik ist.

In den engräumigen westeuropäischen Staaten und bei der engen verkehrsmäßigen Verbundenheit dieser Länder untereinander, die die moderne Technik und der moderne Verkehr geschaffen haben, genügt es nicht mehr, die Einheit des Verkehrs allein im nationalen Rahmen zu schaffen. Die Entwicklung drängt vielmehr auf eine westeuropäische Verkehrseinheit hin, und gewisse Ansätze sind bereits vorhanden, um diese Entwicklung zu fördern[1]).

Damit befassen sich eine Reihe internationaler Gremien; nämlich:

1. die Wirtschaftskommission der Vereinten Nationen für Europa;
2. der Europäische Wirtschaftsrat;
3. der Europarat;
4. die Europäische Gemeinschaft für Kohle und Stahl;
5. die Europäische Konferenz der Verkehrsminister.

[1]) S. S. 68.

Die Wirtschaftskommission der Vereinten Nationen für Europa entstand im Jahre 1947, um Maßnahmen anzuregen und mitdurchzuführen, die den wirtschaftlichen Aufbau Europas erleichtern, die das wirtschaftliche Leben in Europa heben und die wirtschaftlichen Beziehungen der europäischen Länder untereinander und mit der übrigen Welt stärken sollten. Für die Fragen des Verkehrs wurde ein Binnenverkehrsausschuß gebildet, der die internationale Zusammenarbeit im Verkehr zu fördern hatte. Durch die Arbeit des Ausschusses sind eine Reihe von wichtigen Abkommen zustande gekommen, aus denen hier hervorgehoben werden soll

das Abkommen über den Straßenverkehr von 1949 und

die Erklärung über den Bau internationaler Hauptverkehrsstraßen von 1950.

Der Binnenverkehrsausschuß hat sich darüber hinaus ein Arbeitsprogramm gegeben, dessen wichtigste Punkte sind:

a) auf dem Gebiet des Eisenbahnverkehrs:
   Untersuchungen über die Harmonisierung der Tarifstrukturen und über der Vereinheitlichung der Tarifelemente;
   Beseitigung der Diskriminierungen und die Entwicklung direkter internationaler Tarife;
   die Konzentrierung des internationalen Güterverkehrs auf die wirtschaftlichsten Beförderungswege.
b) im Straßenverkehr und Straßenbau:
   Ausbau und Verbesserung des Personen- und Güterverkehrs auf der Straße;
   Ausbau der internationalen Hauptverkehrsstraßen.
c) in der Binnenschiffahrt:
   Ausarbeitung eines Abkommens über einen einheitlichen internationalen Beförderungsvertrag für die Binnenschiffahrt.

Endlich will der Ausschuß darauf hinwirken, daß eine nach einheitlichen Gesichtspunkten aufgebaute europäische Verkehrsstatistik für alle Verkehrsmittel und eine ebensolche internationale Güterbewegungsstatistik geschaffen wird.

Der Europäische Wirtschaftsrat wurde 1948 gegründet, um das europäische Wiederaufbauprogramm der USA, den sogenannten Marshallplan, durchzuführen. Zur Lösung der mit dem Wiederaufbau Europas verbundenen Verkehrsprobleme wurde vom Europäischen Wirtschaftsrat ein Binnenverkehrsausschuß ins Leben gerufen. Er sollte auf die Beseitigung von Verkehrsbeschränkungen und Diskriminierungen im zwischenstaatlichen Verkehr, auf die Anpassung des europäischen Verkehrsapparates an das allgemeine europäische Niveau hinwirken und Maßnahmen erwägen, die zu einer Steigerung der Leistung und der Wirtschaftlichkeit im europäischen Verkehr hinzielten.

Der Europarat hat sich vor allem bemüht, die Organisation des europäischen Verkehrswesens zu verbessern und zu vereinheitlichen. Daraus sind drei Pläne entstanden: der Plan des französischen Abgeordneten Bonnefous, des Holländers van de Kieft und des französischen Abgeordneten Lemaire. Dazu kommt als vierter Plan, der des Italieners Grafen Sforza, der sich jedoch ausschließlich mit Vorschlägen befaßt, einen einheitlichen europäischen Luftverkehr herzustellen. Die Einzelheit dieser Pläne sind aus der Übersicht am Schluß zu ersehen. Verwirklicht ist bisher keiner von ihnen.

Die europäische Konferenz der Verkehrsminister ist auf deutsche und französische Anregung hin zum ersten Male im Oktober 1953 zusammengetreten, und bei dieser Zusammenkunft wurde ein Protokoll unterzeichnet, das die Europäische Konferenz der Verkehrsminister als ständige Einrichtung ins Leben rief. Einmal im Jahr sollen sich die Verkehrsminister zu gemeinsamer Beratung versammeln.

Die Konferenz hat sich mit der Vereinheitlichung des Eisenbahnverkehrs, der Standardisierung des rollenden Materials, der weiteren Entwicklung der europäischen Güterwagengemeinschaft, der Bildung einer internationalen Gesellschaft zur Beschaffung von Eisenbahnmaterial[1]) und mit der Schaffung eines Netzes von Trans-Europa-Expreßzügen befaßt. Im Juni 1956 sollen derartige Züge zum ersten Male zum Einsatz gelangen. Im Straßenbau und Straßenverkehr soll der Ausbau der internationalen Hauptverkehrsstraßen miteinander in Einklang gebracht werden, auf dem Gebiet der Binnenschiffahrt will die Konferenz eine Harmonisierung der nationalen und internationalen Binnenschiffahrtstarife und die Aufhebung der noch bestehenden Cabotagebestimmungen erreichen[1]). Im übrigen hält es die Konferenz der Verkehrsminister für notwendig, um eine geordnete europäische Verkehrspolitik in die Wege zu leiten, daß die Verkehrsinvestitionen, die die einzelnen Länder vornehmen, aufeinander abgestimmt werden, und ebenso setzt sie sich für Maßnahmen ein, um eine enge Zusammenarbeit zwischen dem Verkehr auf der Erde und dem in der Luft herzustellen.

Die Europäische Gemeinschaft für Kohle und Stahl hat bereits positivere Erfolge erreicht, als sie die direkten internationalen Eisenbahntarife für Kohle und Erze geschaffen hatte[2]). Aus ihren Kreisen ist der Kapteijn-Monnet- und Benelux-Plan hervorgegangen. Sie waren Gegenstand der Beratung auf der Außenministerkonferenz der Montanstaaten in Messina im Juni 1955, wo beschlossen wurde, daß gemeinsame Entwicklungspläne für die Errichtung eines europäischen Netzes von Kanälen, Autobahnen und elektrifizierten Eisenbahnlinien, für die Normung des Materials und für die bessere Koordinierung des Luftverkehrs aufgestellt werden sollten.

---

[1]) S. Übersicht 9.
[2]) S. S. 80.

Auch die Regierung der Bundesrepublik hat der Messina-Konferenz eine Denkschrift über die Organisation und Vereinheitlichung des Verkehrs vorgelegt.

Die Übersicht[1]) über die Pläne für die Vereinheitlichung des europäischen Verkehrs zeigt eine Fülle von Anregungen, und mehrere einflußreiche Organisationen arbeiten daran, diese europäische Verkehrseinheit herzustellen. Man ist vielleicht geneigt zu sagen, daß dieses Problem bereits von einer Überzahl von Organisationen in Angriff genommen worden ist.

Aber diese Einheit wird kaum zu erreichen sein, ohne daß die beteiligten Länder gewisse Opfer bringen, und es ist die Frage, inwieweit diese Opfer durch die Vorteile der europäischen Verkehrseinheit aufgewogen werden. Diese aber verlangt die Einordnung in ein einheitliches europäisches Verkehrswesen, und damit wird von den einzelnen Ländern auch die Aufgabe gewisser politischer Rechte und Voreingenommenheiten gefordert. Deshalb wird ohne festen politischen Zusammenschluß der europäischen Länder auch eine europäische Verkehrseinheit sich nicht schaffen lassen. Dazu aber ist eine Umstellung des wirtschaftlichen und politischen Denkens der europäischen Völker und ihrer Regierungen notwendig. Der Weg dahin aber ist schwer und lang.

Literatur

Wiel, Der verkehrswirtschaftliche Zusammenhang Europas. 1949.

Die Entwicklung der europäischen Zusammenarbeit im Verkehr; im Europa-Archiv, 10. Jahrg. 1955. 18. Folge.

Authenrieth, Voraussetzungen und Aufgaben einer europäischen Verkehrsgemeinschaft. Int. Archiv für Verkehrswesen 1953. S. 141.

Georges Dreyer, La vie internationale, in schweiz. Archiv für Verkehrswissenschaft und Verkehrspolitik, laufend.

K. Ottmann, Supranationale Eisenbahnen. Int. Archiv f. Verkehrswesen, 7. Jahrg. 1955. S. 457.

Heft 10 der Aktuellen Bibliographie des Europa-Archivs.

[1]) S. S. 226/27.

	Bonnefous Mai 1951	von de Kieft November 1951	Sforza 1951	Lemaire September 1952	Kapteijn Februar 1955
1. **Ziel**	Europäische Verkehrsbehörde für 25 Jahre	Europäisches Verkehrsamt	Europäische Luftkonvention und europäischer Luftbetrieb	Europäischer Binnenverkehrsrat	Unabhängiger Sachverständigen-Ausschuß im Rahmen der **Montan-Gemeinschaft.** Ernennung d. Mitglieder ohne Rücksicht auf Nationalität. Vorschlag durch Hohe Behörde, Zustimmung d. Gemeinsamen Versammlung
2. **Zuständigkeit**	Schiene, Straße, Binnenschiffahrt, Küstenschiffahrt, innereurop. Luftverkehr, Hafenanlagen	Schiene, Straße, Wasserstraße	Luftfahrt	Schiene, Straße, Wasserstraße	Schiene, Straße, Wasserstraße (Luftfahrt ?)
3. **Einzelheiten** (Vorgehen und Befugnisse)	– **Entscheidungsbefugnis,** wenn es sich um Verkehre handelt, die 2 oder mehrere Länder betreffen – **Empfehlungsbefugnis,** wenn es sich um nationale Verkehre handelt, die mit den vorstehenden in Verbindung stehen (Punkt 2)	Durchführung von Untersuchungen und Vorlage von **Empfehlungen**	Entscheidungsbefugnisse in allen Fragen des europäischen Luftverkehrs	Vorlage von **Empfehlungen** auf Grund der von den bestehenden staatlichen u. nichtstaatlichen Organisationen ausgeführten Arbeiten	**I. Vorschläge** f. Integration u. Koordinierung d. **gesamten europ. Verkehrs** im Zusammenwirken m. d. bestehenden Organisationen **II.** Vorlage d. Vorschläge an d. Verkehrsminister, Ministerrat u. Hohe Behörde d. Montan-Gemeinschaft **III.** Jahresbericht an Gemeinsame Versammlung.

Monnet April 1955	Lemaire April 1955	Benelux-Plan Mai 1955	Memorandum Bundesregierung Mai 1953	Messina Juni 1955
Erweiterung der Zuständigkeit der **Hohen Behörde** d. **Montan-Gemeinschaft** auf Verkehr, Energie und Atomenergie für friedliche Zwecke	**Ständiger Ausschuß** im Rahmen d. Europ. **Konferenz der Verkehrsminister.** Begrenzte Anzahl unabhängiger Mitglieder ohne Bindungen an ihre Regierungen	**Organ** zum gemeinsamen **Studium** von Ausbauplänen im **Rahmen d. „Sechs“** für europ. Netz von Kanälen, Autobahnen, elektr. Eisenbahnlinien, Standardisierung d. Ausrüstung, Koordinierung des Luftverkehrs Errichtung eines **Verkehrs-Ausrüstungsfonds**	**Studien** unter Leitung des **Ministerrates der Montan-Gemeinschaft** für europ. Netz von Kanälen, Autobahnen, elektr. Eisenbahnlinien, Standardisierung der Ausrüstung, Koordinierung des Luftverkehrs **(Ständiges Konsultativ-Organ)**	**Gemeinsame Prüfung** von Entwicklungsplänen im **Rahmen der „Sechs“** für gemeinsame Entwicklung großer Verkehrswege (europ. Netz von Kanälen, Autobahnen, elektr. Eisenbahnlinien; Normung des Materials, Mittel und Wege für bessere Koordinierung des Luftverkehrs)
Schiene, Straße, Wasserstraße, Luftfahrt (Energie, Atomenergie für friedliche Zwecke)	Schiene, Straße, Wasserstraße, Luftfahrt	Schiene, Straße, Wasserstraße, Luftfahrt (Energie, Atomenergie für friedliche Zwecke)	Schiene, Straße, Wasserstraße (Energie, Atomenergie f. friedliche Zwecke, Europ. Universität)	Schiene, Straße, Wasserstraße, Luftfahrt (Energie, Atomenergie für friedliche Zwecke, soziale Zusammenarbeit)
I. Entscheidungsbefugnisse **II.** Bei Bestimmung der Organe, denen diese Befugnisse übertragen werden, muß sowohl auf die Spezialisierung Rücksicht genommen werden, die die Verschiedenartigkeit der zu behandelnden Fragen erfordert, als auch die Einheitlichkeit des Handelns für die gesamte Gemeinschaft gewährleistet werden **III.** Später Einführung einer **demokratischen Kontrolle** durch Erweiterung der Gemeinsamen Versammlung zu einer Europ. Versammlung **IV.** Teilnahme oder Assoziierung steht **allen Ländern** offen	**I. Vorbereitung** der Beschlüsse des Ministerrates d. Europ. Konf. d. Verkehrsmin. durch den Sachverständigenausschuß unter Mitwirkung der bestehenden Fach-Gremien (intern. Org.) sowie nationaler Ausschüsse jedes Landes **II. Erweiterung der Befugnisse** des Ausschusses in 3 Phasen: **1. Phase:** Empfehlungen **2. Phase:** Kontrolle d. Durchführung der Beschlüsse **3. Phase:** Übertragung von Vollmachten im internationalen Verkehr **Demokr. Kontrolle** durch Berat. Versammlung des Europarats	**I.** Einberufung einer **Konferenz:** a) **Prüfung u. Ausarbeitung der Vertragstexte** über die Verfolgung der genannten Ziele unter Berücksichtigung der bereits von der Montan-Gemeinschaft erzielten Ergebnisse b) **Prüfung u. Ausarbeitung der Vertragstexte** für Voraussetzungen und Programm einer allgemeinen **Integration der europ. Wirtschaft** sowie für Errichtung des **institutionellen Rahmens** **II.** Verträge sollen **allen** an der Konferenz teilnehmenden **Staaten offenstehen**	**I.** Behandlung der **konsultativen** Aufgaben im **Ministerrat** der Montan-Gemeinschaft **II. Verwaltungsmäßige** Behandlung im Rahmen der **Hohen Behörde** **III.** Ausarbeitung der Einzelheiten durch **Regierungskonferenz** der „Sechs“ **IV.** Durchführung der **Studien auf dem Verkehrsgebiet** in Zusammenarbeit mit den bestehenden Gremien **V.** Beitritt soll **jedem Staat offenstehen**	**I.** Einberufung einer oder mehrerer **Konferenzen** zur Ausarbeitung von **Verträgen oder Abkommen** **II.** Vorbereitung der Konferenzen durch **Ausschuß von Regierungsvertretern** (mit Sachverständigen) unter Vorsitz einer politischen Persönlichkeit **III.** Zusammenarbeit mit Hoher Behörde, OEEC, Europarat und **Europ. Konferenz der Verkehrsminister** **IV.** Vorlage eines Gesamtberichts an die Außenminister bis 1. 10. 1955 **V.** Einladung an England zur Beteiligung an den Arbeiten **VI. Beteiligung anderer Staaten** an den Konferenzen wird von den Außenministern zu gegebener Zeit geprüft.

Namen- und Schlagwortverzeichnis

(Die Zahlen bezeichnen die Seiten)

Anhang

Karte 1

Eisenbahn-Schnellverkehr in Ost und West

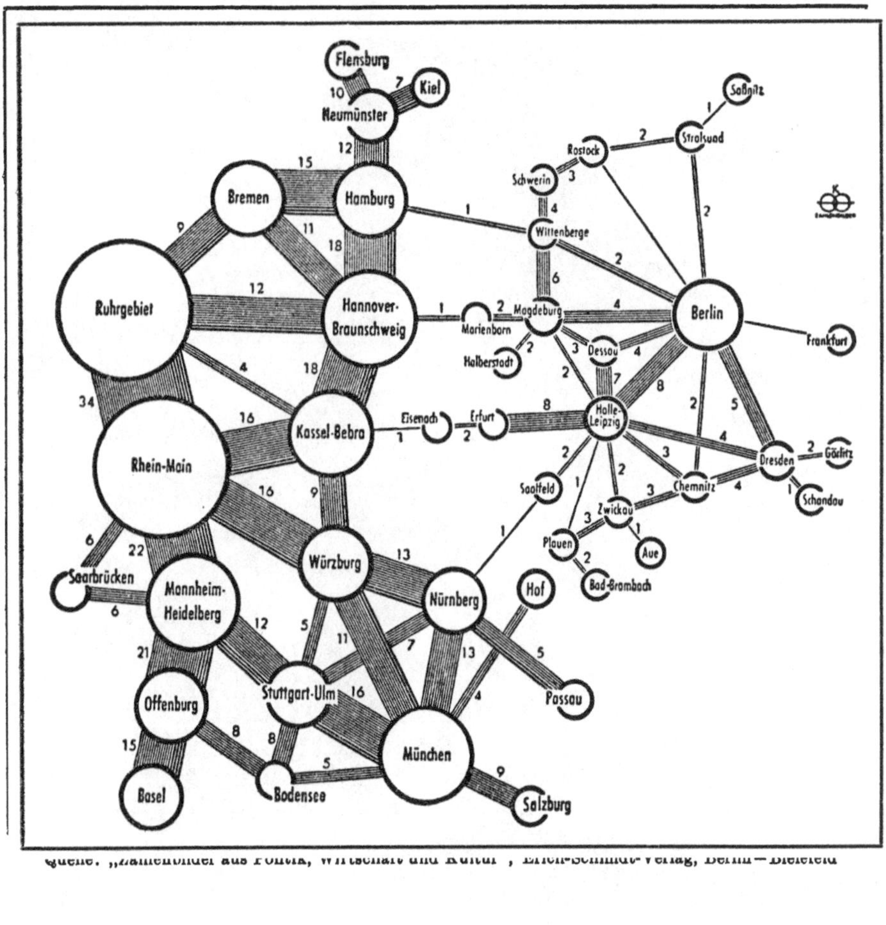

Quelle: „Zahlenbilder aus Politik, Wirtschaft und Kultur", Erich-Schmidt-Verlag, Berlin — Bielefeld

Karte 2

Bauvorhaben der Dringlichkeitsstufe I

Mit Genehmigung des Bundesverkehrsministeriums

Karte 3

Die westdeutschen Binnenwasserstraßen

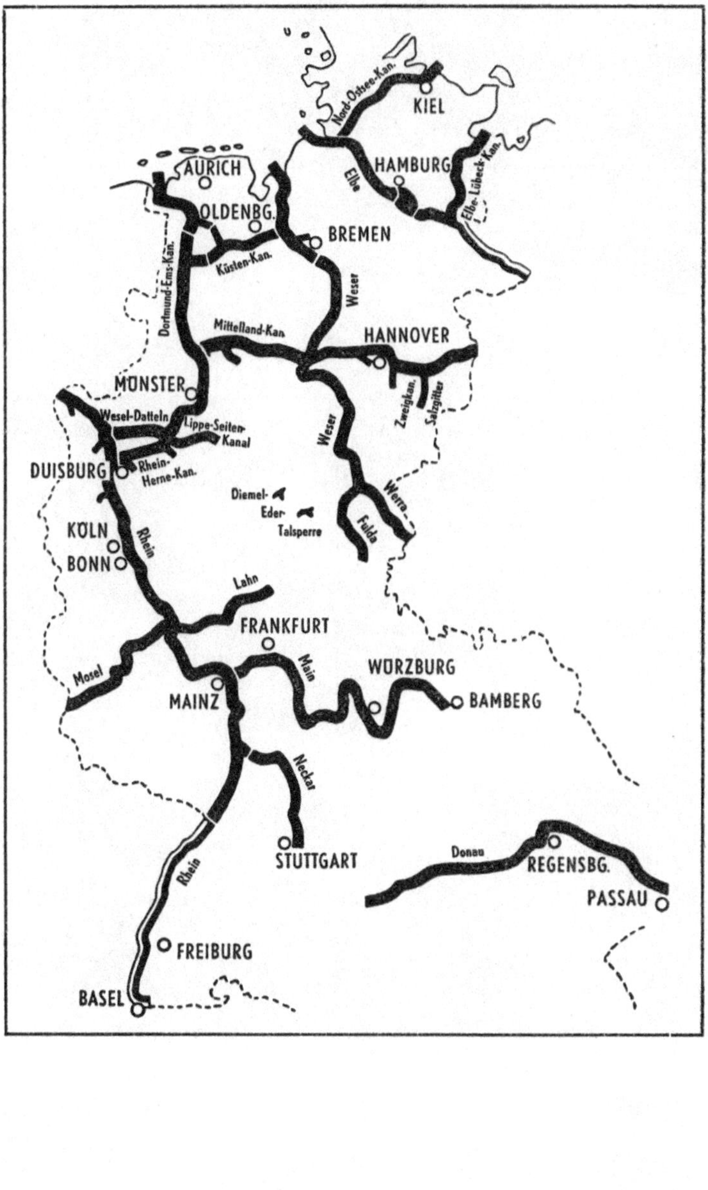

Schaubild 1

Entwicklung der Verkehrseinnahmen der Deutschen Bundesbahn 1951 bis 1954

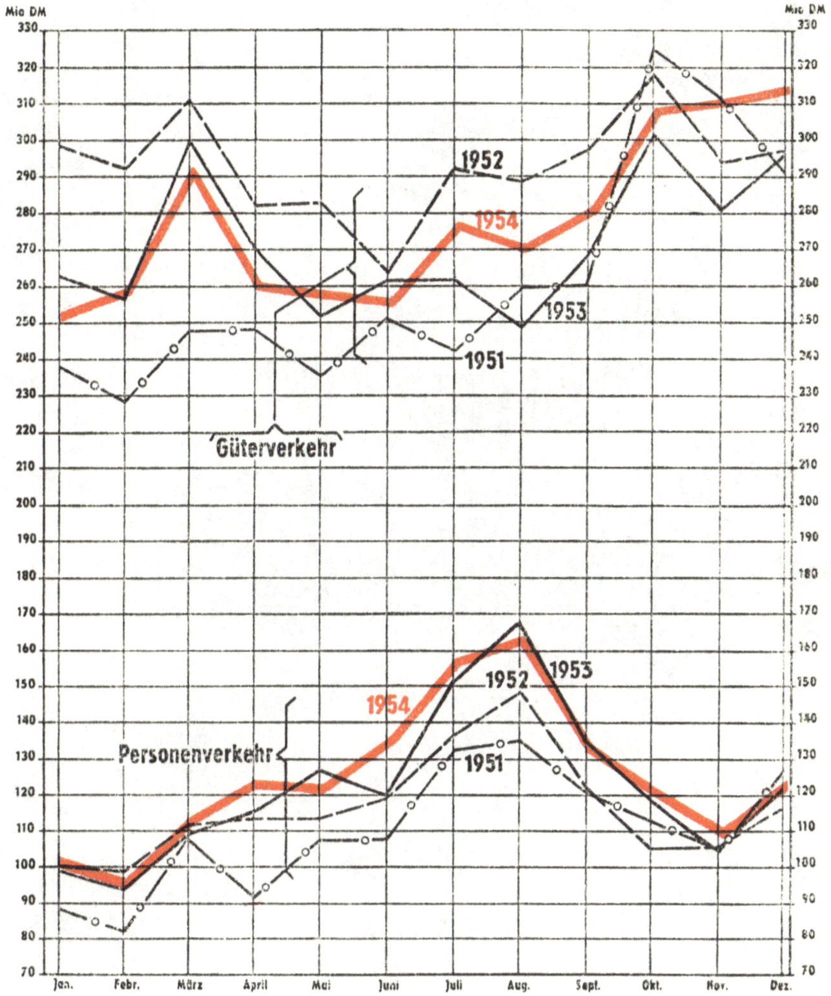

Quelle: Hauptverwaltung der Deutschen Bundesbahn

Schaubild 2

Entwicklung der Gesamteinnahmen der Deutschen Bundesbahn 1951 bis 1954

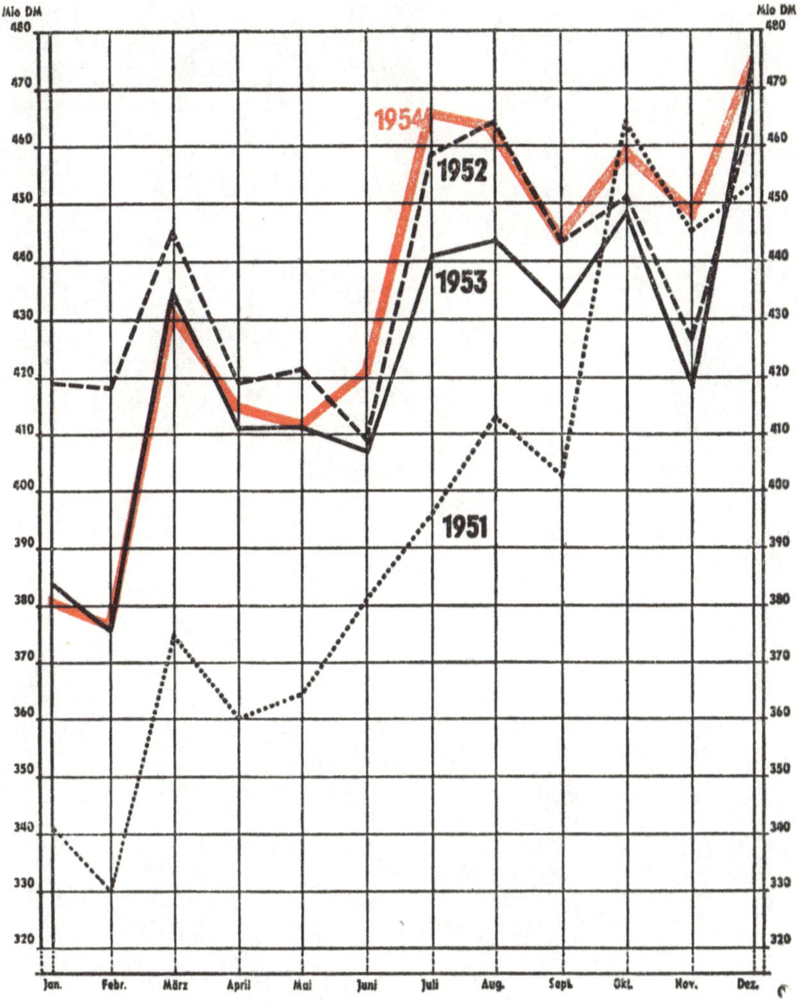

Quelle: Hauptverwaltung der Deutschen Bundesbahn

Schaubild 3

Entwicklung der Einnahmen aus dem Personenverkehr der Deutschen Bundesbahn (Januar bis Dezember, 1950 bis 1954)

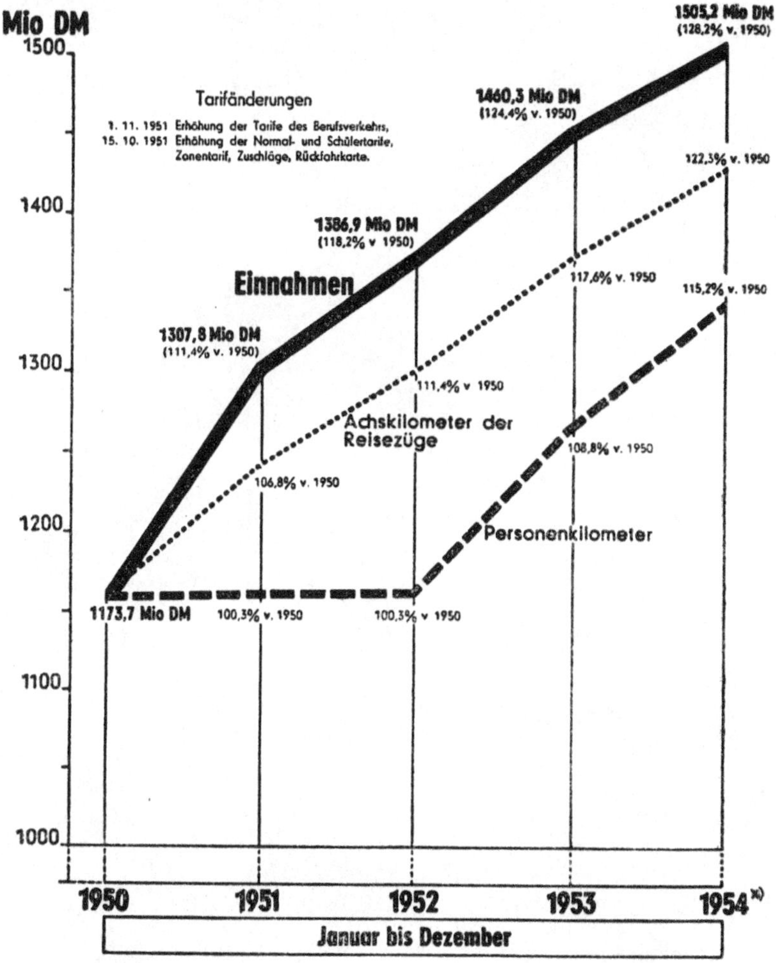

x) vorl. Ergebnis

Quelle: Hauptverwaltung der Deutschen Bundesbahn

Entwicklung der Einnahmen aus dem Güterverkehr der Deutschen Bundesbahn
(Januar bis Dezember, 1950 bis 1954)

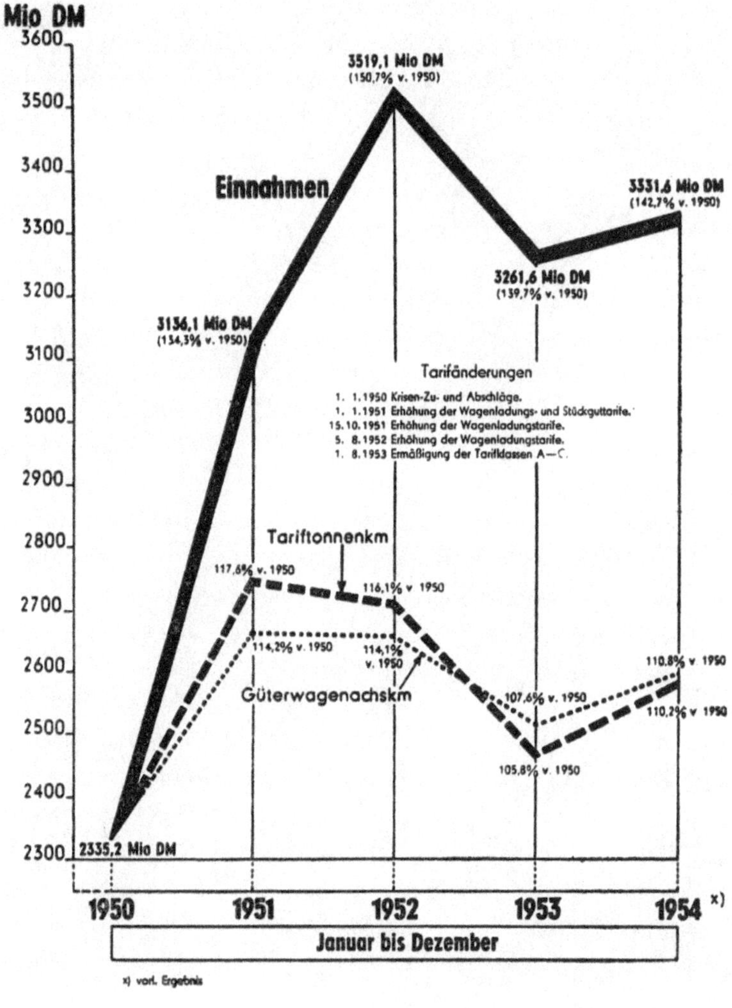

Quelle: Hauptverwaltung der Deutschen Bundesbahn

Schaubild 5

Entwicklung des Sozialproduktes und der Einnahmen der DB aus dem öffentlichen Verkehr

1952 = 100

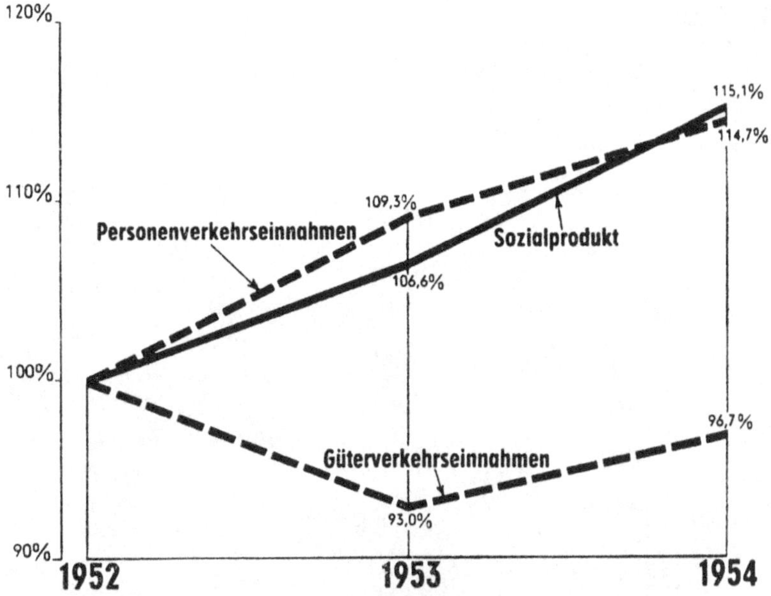

Entwicklung der Einnahmen der DB in absoluten Zahlen

Jahr	Einnahmen in Mio DM	
	Personenverkehr	Güterverkehr
1952	1 214	3 294
1953	1 327	3 062
1954	1 393	3 184

Die Einnahmen aus dem Besatzungsverkehr wurden nicht berücksichtigt, da sie mit der Entwicklung des Sozialprodukts in keinem Zusammenhang stehen. Der Besatzungsverkehr erbrachte in den Vergleichsjahren folgende Einnahmen in Mio DM:

	Personenverkehr	Güterverkehr
1952	173	225
1953	134	199
1954	112	148

Quelle: Hauptverwaltung der Deutschen Bundesbahn

Schaubild 6

Gesamteinnahmen und Wirtschaftsausgaben der Deutschen Bundesbahn (Januar bis Dezember, 1950 bis 1954)

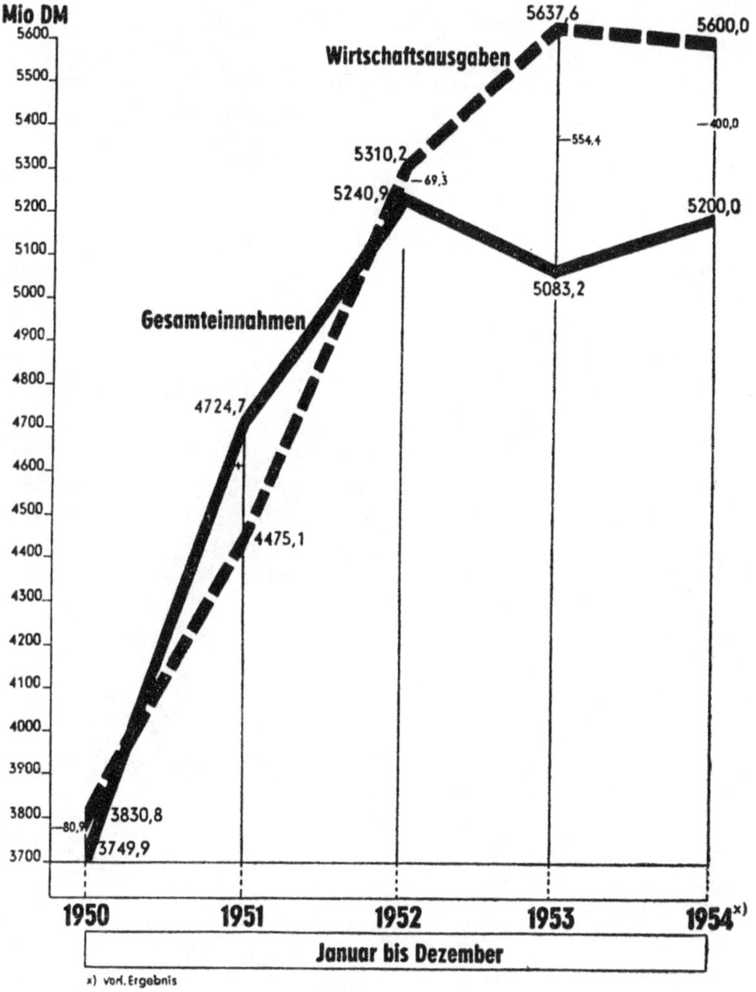

Quelle: Hauptverwaltung der Deutschen Bundesbahn

Schaubild 7

Entwicklung der Personalausgaben und der Zahl der Personenköpfe bei der Deutschen Bundesbahn 1950 bis 1954

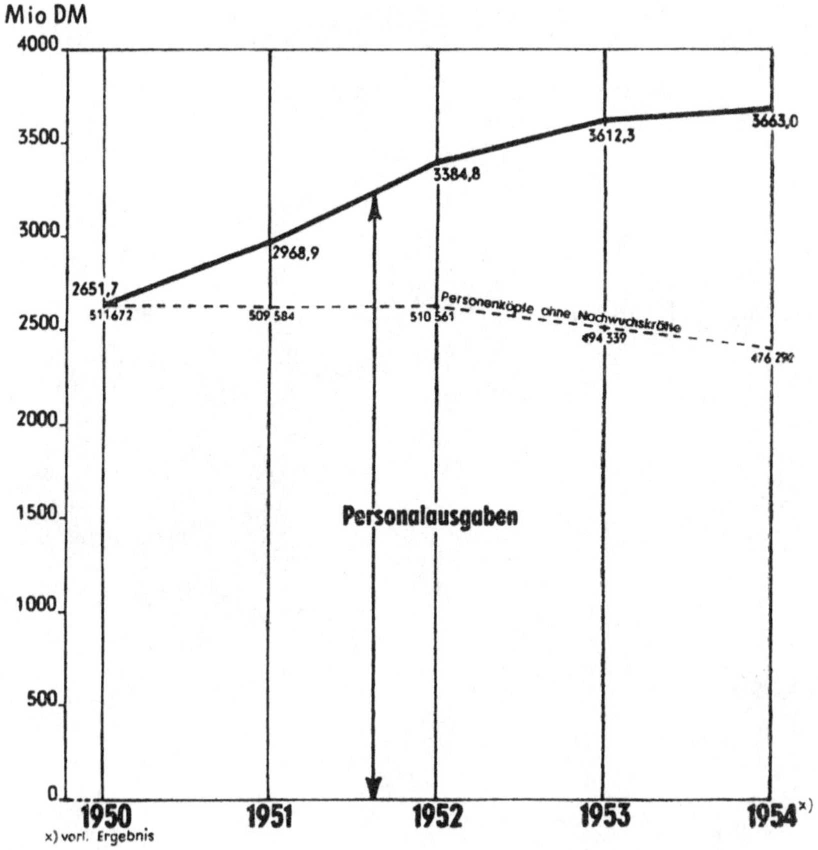

Quelle: Hauptverwaltung der Deutschen Bundesbahn

Schaubild 8

Entwicklung der Verschuldung der Deutschen Bundesbahn

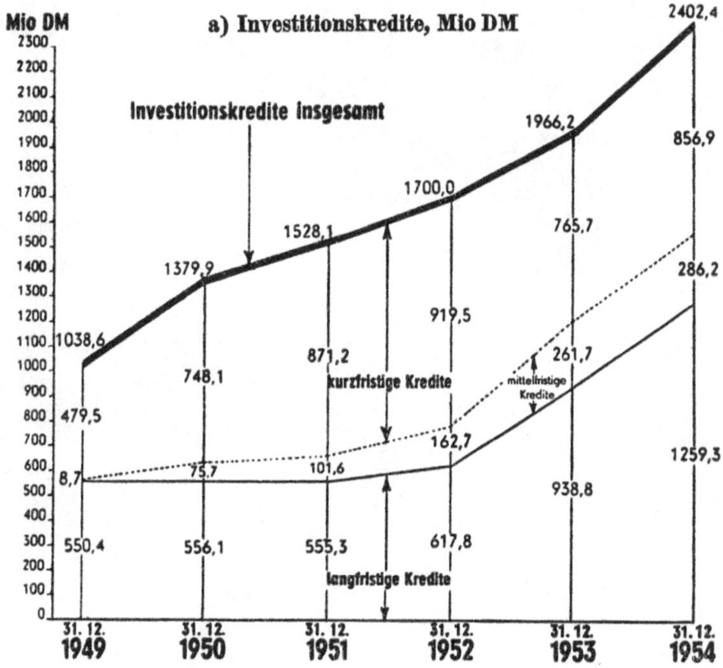

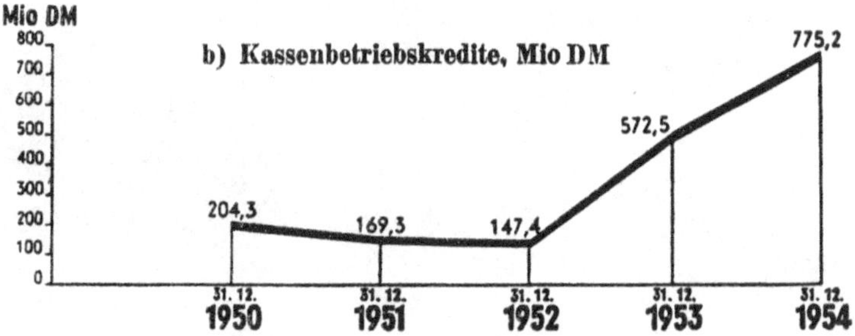

Quelle: Hauptverwaltung der Deutschen Bundesbahn

Schaubild 9

Tarifindizes der Deutschen Bundesbahn und Preisindizes 1936 = 100

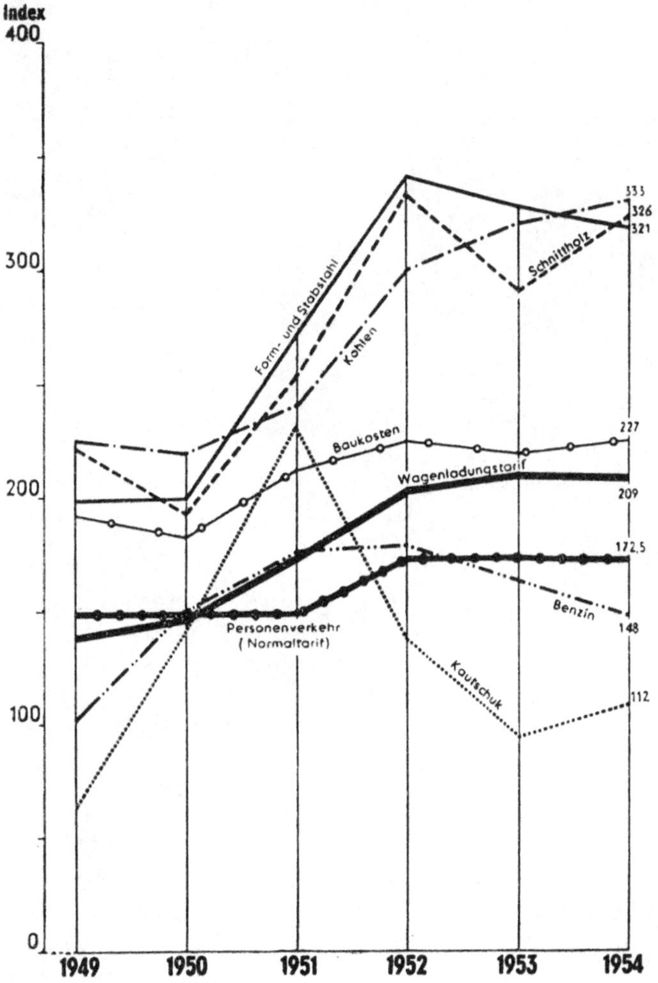

Quelle: Hauptverwaltung der Deutschen Bundesbahn

Schaubild 10

Deutscher Seefrachten-Gesamtindex
1952 bis 1954 in monatlichen Durchschnitten

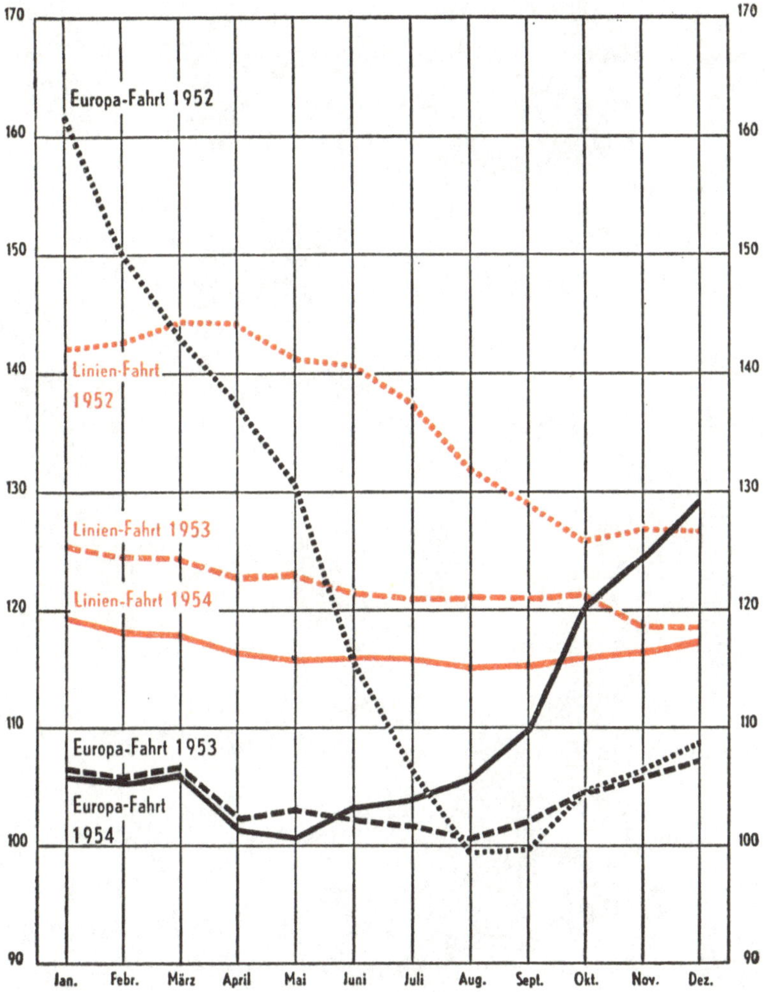

Basis: IV. Quartal 1950=100

Zahlenübersicht 1

Umfang des Güterverkehrs im Bundesgebiet

Verkehrszweig	Einheit	1936	1950	% von Gesamt	1951	% von Gesamt	1952	% von Gesamt	1953	% von Gesamt
Güterverkehr auf Eisenbahnen DR bzw. DB										
beförderte Güter	Mio t	276 1)	229 2)	25,7	255 2)	.	262 2)	28,6	247 2)	.
darunter Kohle	Mio t	.	90	.	103	.	105	.	97	.
Nettotonnenkilometer der Güterwagen	Mrd	46,1	48,1	61,1	55,1	.	55,3	56,0	50,9	.
mittlere Transportweite	km	167	210	—	216	—	211	—	206	—
Ladegewicht aller Güterwagen	1000 t	6 386	.	.	5 859	55,9	5 724	52,9	5 743	51,0
Güterverkehr auf Binnenwasserstraßen des Bundesgebietes										
beförderte Güter	Mio t	100	72	8,1	88	.	95	10,4	101	.
darunter Kohle	Mio t	38	26	.	30	.	33	.	31	.
Tonnenkilometer	Mrd	20,1	16,7	21,2	21,0	.	22,5	22,8	22,9	.
mittlere Transportweite	km	201	233	—	239	—	236	—	226	—
Tragfähigkeit der deutschen Binnenschiffahrtsflotte	1000 t	4 718 3)	3 132	.	3 195	30,5	3 412	31,5	3 584	31,8
Güterverkehr auf Straßen des Bundesgebiets										
beförderte Güter	Mio t	.	590	66,2	.	.	559	61,0	.	.
darunter gewerbl. Fernverkehr	Mio t	6,0	15,1	.	.	.	32,1		.	.
darunter Werkfernverkehr	Mio t	3,5	35,6	.	.	.	24,0	.	.	.
Tonnenkilometer	Mrd	.	13,9	17,7	.	.	20,9	21,2	.	.
darunter gewerbl. Fernverkehr	Mrd	1,6	4,2	.	.	.	7,8	.	.	.
darunter Werkfernverkehr	Mrd	0,5	2,4	.	.	.	3,9	.	.	.
mittlere Transportweite	km	.	24	—	.	—	37	—	.	—
darunter gewerbl. Fernverkehr	km	264	278	—	.	—	243	—	.	—
darunter Werkfernverkehr	km	134	68	—	.	—	163	—	.	—
Nutzlastkapazität Lkw	1000 t	393,2	698,6	.	784,8	} 13,6	941,5	} 15,6	1 070,1	} 17,2
Nutzlastkapazität Anhänger	1000 t	.	576,7	.	641,0		744,9		863,9	

1) Gesamtverkehr (Schiene + Schiff + Straße) der DR im Bundesgebiet (umgerechnet)

2) Schienenverkehr (öffentlicher, Besatzungs- und Dienstgutverkehr)

3) Einschl. der deutschen Schiffe unter fremder Flagge

Tarifindizes der DB und Preisindizes

1	2	3	4	5	6	7	8
Bezeichnung	1936	1949	1950	1951	1952	1953	1954 (Jahresende)
Tarifindizes							
Personenverkehr Normaltarif . .	100	150	150	150	172,5	172,5	172,5
Güterverkehr Wagenladungen	100	140	148	176	205	211	209
Preisindizes							
Kohle[1])	100	226	222	243	303	321	333,1
Form- u. Stabstahl[1])	100	200	200	274	344	328	320,8
Schnittholz[2]) . .	100	223	194	256	337	292	326
Benzin[2])	100	103	152	178	182	167	148
Rohkautschuk[2]) .	100	65	143	233	140	95	112
Baukosten[2]) . . .	100	193	184	213	227	220	227[3])
Lebenshaltungsindex[2])	100	166	156	168	171	168	169

1) Quelle: Wirtschaftliche Monatsübersicht; 1936 = 100; DB-Preise
2) Jahresdurchschnitt (Quelle: Wirtschaft und Statistik); 1938 = 100
3) November 1954; 1938 = 100

Zahlenübersicht 3

1. Eisenbahnfahrpreise für Personen nach dem Stand vom 1. 6. 1954

Tarif	Maß-einheit	1. 6. 1932	1. 4. 1946	25. 7. 1948	15.10. 1951	23. 5. 1954
Sätze je km						
3. Klasse	Rpf./Pf.	4,0	8,0	6,0	6,90	6,90
2. Klasse	Rpf./Pf.	5,8	11,6	8,7	10,35	10,35
1. Klasse	Rpf./Pf.	8,7	17,4	13,1	13,80	13,80

Quelle: Statistisches Jahrbuch für die Bundesrepublik Deutschland. 1954.

Zahlenübersicht 4

2. Eisenbahnfrachten im Güterverkehr nach dem Stand vom 1. 6. 1954

Frachtsätze bei 150 km Entfernung
RM/DM

Frachtpflichtiges Gewicht Regelklasse bzw. Ausnahmetarif	Stichtag der Neufestsetzung					
	1. 10. 1936	1. 1. 1950	1. 1. 1951	15.10. 1951	5. 8. 1952	1. 8. 1953
Stückgut (Sätze je 100 kg und Zuschläge je Sendung)						
1—500 kg						
Sätze je 100 kg	2,80	3,92	4,90	6,36	6,36	6,36
Zuschlag je Sendung.	0,36	0,50	0,63	0,82	0,82	0,82
501—1000 kg						
Sätze je 100 kg	2,52	3,53	4,32	5,40	5,40	5,40
Zuschlag je Sendung.	0,36	0,50	0,62	0,77	0,77	0,77
mehr als 1000 kg						
Sätze je 100 kg	2,26	3,16	3,79	4,55	4,55	4,55
Wagenladungen von mindestens 15000 kg (Sätze je 100 kg)						
Regelklasse A 15	1,59	1,80	2,11	2,64	2,82	2,25
„ B 15	1,43	1,69	1,98	2,44	2,61	2,19
„ C 15	1,22	1,60	1,87	2,26	2,42	2,10
„ D 15	1,03	1,49	1,74	2,07	2,21	1,99
„ E 15	0,86	1,30	1,52	1,78	1,90	1,90
„ F 15	0,70	1,10	1,29	1,50	1,61	1,61
„ G 15	0,56	0,91	1,06	1,22	1,31	1,31
Ausnahmetarif AT 6 B 1 (Kohle) . .	0,57	0,89	1,06	1,23	1,32	1,32

Quelle: Statistisches Jahrbuch für die Bundesrepublik Deutschland. 1954.

Belastung repräsentativer Kraftwagentypen mit Steuern auf Grund der Bestimmungen des Verkehrsfinanzgesetzes vom 6. 4. 1955

		Bisherige Steuern			Verkehrsfinanzgesetz 1955 vom 6. 4. 1955					
		KFZ-Steuer Dpfg/Br.-t/km	Mineralöl-Steuer Dpfg/Br.-t/km	Gesamt-Steuer KFZ + Mineralöl Dpfg/Br.-t/km	KFZ-Steuer Dpfg/Br.-t/km	Mineralöl-Steuer Dpfg/Br.-t/km	Gesamt-Steuer KFZ + Mineralöl Dpfg/Br.-t/km	KFZ-Steuer Dpfg/Br.-t/km	Mineralöl-Steuer Dpfg/Br.-t/km	Gesamt-Steuer KFZ + Mineralöl Dpfg/Br.-t/km
1	Volkswagen . . .	1,10	1,27	2,37	0,88	1,43	2,31			
2	M.Benz 170 S . . .	1,10	1,19	2,29	0,88	1,34	2,22			
3	Opel Kapitän . . .	1,54	1,48	3,02	1,23	1,66	2,89			
4	Opel 1,5 t	0,62	0,94	1,56	0,605	1,03	1,635			
5	M.Benz 3,5 t . . .	0,41	0,15	0,56	0,54	0,46	1,00			
6	MAN 6 t	0,19	0,11	0,30	0,36	0,34	0,70			
7	M.Benz 6,6 t . . .	0,18	0,095	0,275	0,38	0,29	0,67			
8	Büssing 8 t	0,14	0,11	0,25	0,33	0,34	0,67			
9	Kaelble B (-9 t) . .	0,13	0,14	0,27	0,33	0,43	0,76	Steuer-Ermäßigung für Anhänger um 25% bis 31. 3. 1957 (§ 11 Abs. 2 Ziff. 1)		
10	Südwerke B (-11 t)	0,14	0,10	0,24	0,32	0,31	0,63			
11	Büssing 12 t . . .	0,11	0,08	0,19	0,37	0,25	0,62			
12	KOM Büssing 5 t	0,28	0,10	0,38	0,47	0,31	0,78			
13	Anhänger Voges 5 t	0,30	0,035	0,335	1,09	0,11	1,20	0,82	0,11	0,93
14	Schenk 8 t . . .	0,12	0,055	0,175	0,59	0,17	0,76	0,443	0,17 0,135	0,613 0,58
15	Lindner 10 t . .	0,15	0,034	0,184	0,65	0,105	0,755	0,49	0,105	0,595
16	Eylert 12 t . . .	0,11	0,03	0,14	0,60	0,092	0,692	0,45	0,092	0,542
17	Braunschw. 16,5 t	0,13	0,028	0,158	0,73	0,086	0,816	0,55	0,086	0,636
18	Schenk 17,5 t . .	0,13	0,03	0,16	0,75	0,092	0,842	0,56	0,092	0,652
19	8,5 t Lastzug D.Benz 3,5 t . . Voges 5 t	0,30 (0,23)	0,075	0,375 (0,305)	0,69 (0,45)	0,23	0,92 (0,68)	0,57 (0,39)	0,23	0,80 (0,62)
20	16 t Lastzug Büssing 8 t . . . Schenk 8 t . . .	0,13 (0,11)	0,085	0,215 (0,195)	0,425 (0,31)	0,26	0,685 (0,57)	0,365 (0,275)	0,26	0,625 (0,535)
21	24 t Lastzug Südwerke 8 t . . Braunschw. 16,5 t	0,13 (0,098)	0,06	0,19 (0,158)	0,55 (0,34)	0,19	0,74 (0,53)	0,445 (0,29)	0,19	0,635 (0,48)
22	24 t Lastzug Büssing 12 t . . . Eylert 12 t . . .	0,12 (0,09)	0,06	0,18 (0,15)	0,48 (0,35)	0,19	0,67 (0,54)	0,42 (0,32)	0,19	0,61 (0,51)
23	30 t Lastzug Büssing 12 t . . Schenk 17,5 t . .	0,12 (0,09)	0,057	0,177 (0,147)	0,555 (0,37)	0,18	0,735 (0,55)	0,465 (0,325)	0,18	0,645 (0,505)

Bemerkung: Bei den Lastzügen gehen die in Klammern gesetzten Steuerbeträge (Dpfg/Br.-t/km) von der Annahme aus, daß zu jedem Lkw nur ein Anhänger gehört.

Zahlenübersicht 6

Tramp Shipping Freights Index

veröffentlicht von: Chamber of Shipping
(Reisecharterdaten)

	1952	1953	1954
Januar	146,4	79,3	71,9
Februar	140,6	80,0	77,6
März	122,4	83,2	77,4
April	108,4	85,6	75,8
Mai	105,8	82,2	77,4
Juni	91,2	73,8	77,6
Juli	73,5	75,8	79,7
August	71,2	73,9	80,1
September	76,3	73,9	90,6
Oktober	84,9	77,5	99,5
November	88,0	73,8	110,4
Dezember	83,7	71,5	115,5
Jahresdurchschnitt	99,3	77,5	86,1

Basis: 1952=100

Zahlenübersicht 7

Deutscher Seefrachten-Gesamtindex

veröffentlicht vom Bundesverkehrsministerium

	Europa-Fahrt	Linien-Fahrt	Europa-Fahrt	Linien-Fahrt	Europa-Fahrt	Linien-Fahrt
	1952		1953		1954	
Januar	161,6	142,3	106,5	125,5	105,9	119,5
Februar	149,9	142,9	105,8	124,7	105,5	118,4
März	143,0	144,5	106,7	124,6	106,5	118,2
April	137,5	144,4	102,4	123,0	101,3	116,5
Mai	130,8	141,5	103,0	123,1	100,7	116,0
Juni	115,7	141,0	102,2	121,7	103,3	116,2
Juli	106,5	137,9	101,6	121,3	104,0	116,1
August	99,4	132,3	100,5	121,4	105,8	115,5
September	99,7	129,3	102,0	121,3	109,9	115,6
Oktober	104,6	126,2	104,6	121,6	120,3	116,4
November	106,6	127,3	106,1	119,0	124,5	116,9
Dezember	108,8	127,1	107,3	118,9	129,2	117,7

Basis: IV. Quartal 1950=100

Zahlenübersicht 8

Entwicklung des Weltluftverkehrs

Planmäßige internationale und Inlandstrecken

(Statistik der Internationalen Zivilluftfahrt-Organisation ICAO)

Jahr	Geflogene km Millionen	Beförderte Passagiere Millionen	Zunahme gegenüber Vorjahr in %	Fracht-Tonnen/km Millionen	Post Tonnen/km Millionen	Durchschnitts-Passagierzahl je Flugzeug	Zunahme gegenüber Vorjahr in %	Durchschnitts-Reiselänge je Passagier (km)	Zunahme gegenüber Vorjahr in %
1954	1 940	57,8	+ 11	1 045	317	26,5	+ 7	891	+ 1
1953	1 860	52,0	+ 16	1 016	274	24,7	+ 6	887	+ 1
1952	1 705	45,0	+ 13	975	256	23,2	+ 6	880	+ 2
1951	1 570	39,9	+ 28	905	234	21,9	+ 15	863	— 1
1950	1 432	31,2	+ 18	757	209	19,1	+ 10	875	— 1
1949	1 345	26,5	+ 13	569	187	17,3	+ 5	879	— 1
1948	1 270	23,5	+ 12	417	166	16,5	— 1	889	— 1
1947	1 140	21,0	+ 15	273	128	16,6	+ 1	900	+ 6
1946	940	18,2	+ 96	120	98	16,5	+ 20	852	— 3
1945	600	9,3		113	132	13,7		882	

Quelle: Interavia 10 (1955) Nr. 4